一橋大の英語
20カ年［第9版］

黒下俊和 編著

はしがき

本書は，一橋大を志望している受験生のために，合格のための本格的な記述力・答案作成力を，過去問演習を通じて養成していくことをねらって書かれたものです。

一橋大は東大と並ぶ最難関大学のひとつであり，入試問題そのものの難易度も高く，２次試験科目数も東大と似通っています。また，２次試験の配点比率が非常に高いという点も東大と共通しており，東大の文系と両天秤にかける受験生が多いことがひとつの特徴となっています。

とは言うものの，東大の英語と一橋大の英語とでは，その出題形式や問題の傾向はずいぶん異なります。一橋大では，文法問題はあまり出題されていません。読解問題では，小説はほとんど出題されず，論説文が多く難解で，読み解くには骨が折れます。英作文問題も，見かけほど簡単ではなく，論題や形式は多岐にわたり，柔軟かつ深い考察力が求められます。

したがって，もし一橋大と東大の両方を視野に入れて受験勉強をしている人がいるとしたら，一橋大対策には東大向けの受験勉強が大いに役立つ部分もあれば，東大型では通用しない部分もあるということを，肝に銘じておいてください。一橋大の受験を考えているのであれば，本書を利用して早めに過去問に取り組み，出題の傾向や難易度を，実際の入試問題を通じてつかんでおくことをお勧めします。

本書は，全３章構成で，前期日程の入試問題を解説しています。特に「第１章 読解」と「第２章 英作文」の２つが中心となっています。「読解編」は，赤本の解説よりもさらにわかりやすいものをという趣旨のもとに書き下ろし，「英作文編」も，それぞれのテーマの背景知識や答案作成のプロセスを，赤本よりもかなり詳しく，頁を割いて解説しています。

本書に収録されている自由英作文問題は全部で 20 題（論題数 60 問）あります。自由英作文の論題および形式すべてについて答案を作成する練習を積んでいけば，合格に必要な作文力は十分身につくことでしょう。読解問題も 38 題収録されています。本書を１冊仕上げたときの達成感や充実感は，きっとみなさんの大きな自信となっていくことでしょう。

みなさんが本書を十二分に活用し，一橋大に合格することを願っています。努力は必ず報われます。「継続は力なり」，「強く思えば実現する」ということを信じて，頑張っていきましょう。

編著者しるす

CONTENTS

第1章 読 解

第2章 英作文

第3章　文法・語法

（編集部注）本書に掲載されている入試問題の解答・解説は，出題校が公表したものではありません。

一橋大英語の分析と攻略法

分 析 Analysis

1 読解と英作文中心の出題。2025年度からリスニングが廃止

2004年度までは文法・語法問題が出題され，大問5題の構成が続いていたが，2005～2011年度の間，文法・語法問題のない4題構成が続いた。2012～2019年度は再び文法・語法問題が出題され，5題構成となっていたが，2020～2023年度は再び文法・語法問題がなくなった。2020年度は4題構成，2021～2023年度は読解1題（ただし分量は従来の2題分）+英作文1題+リスニング1題の3題構成であった。なお，2025年度入試ではリスニングを実施しないことが発表されている（2024年3月編集時点）。

2 本格的な記述力が問われる読解問題

読解問題の設問形式は，本文の内容に応じて出題されるので多岐にわたっており，選択式のものも多い。しかし，メインはやはり内容説明・英文和訳といった毎年必ず出題される記述式のものであり，ここが点差の開くところであろう。

また，読解問題の内容説明は，字数が指定されていることが多い。制限字数はかなり厳しく，過不足なく説明するために必要な最低限の字数しか与えられていない。したがって，該当箇所を和訳してそれを削っていくという作業だけでは，制限字数内にうまく収まらない場合が多い。英文和訳的な読解力だけでなく，大意を読み取ってその趣旨を制限字数内にまとめられる表現力が必要である。読解問題の内容説明は，この要約作業が適切にできるかどうかで差がつくだろう。

3 画像や状況に応じて多面的に考察させる英作文

一橋大の英作文問題は，前期日程・後期日程ともに語数指定の自由英作文が出題され，いずれも多面的で深い考察力と，高度な構成力・表現力・想像力が求められるものとなっている。与えられた3つの論題から1つを選んで意見を述べるという意見論

述型の出題が長年続いたが，2015年度から，絵や写真，1コマ漫画を利用した画像説明型のもの，また，シチュエーション英作文とも言える状況対応型のものや，架空のことわざの意味を説明するといった状況説明型のものが出題されるようになり，形式が多様化してきている。また語数も過去20年間で，100語以上（2004年度），150語まで（2005年度），120～150語（2006～2015年度），100～130語（2016～2020年度），100～140語（2021～2023年度）と変化している。

自由英作文の論題パターン

過去20年の一橋大の英作文問題は，以下の7つのタイプに分けることができる。

自由論述　命題に対して意見・感想を自由に述べたり説明したりするもの。
例）「『教育は，あなたの鏡を窓に変える』とは？」（2015年度）

理由説明　命題がなぜ正しいのか〔誤りなのか〕の理由を説明するもの。
例）「日本でも同性婚を合法化すべきである。これが正しい理由を説明せよ」（2013年度）

賛否表明　命題に対して賛否を述べるもの。
例）「東京は日本文化の代表ではない。賛成か反対か」（2012年度）

発　案　個人の好みや希望・アイデア・未来予想を問うもの。
例）「入学後に一橋大で身につけたいものを1つ述べよ」（2010年度）

画像説明　絵・写真・イラストを説明するもの。
例）「写真〔絵〕について書け」（2016・2019・2022・2023年度）

状況対応　与えられた見出しのニュース記事や，状況に応じた手紙を書くもの。
例）「ニュースの見出しに合う記事を書け」（2018年度）
「状況に対する適切な手紙を提示された相手に対して書け」（2017年度）

状況説明　ことわざなどで与えられた状況について意味や解釈を説明するもの。
例）「『豚と農夫は友人になろうとすべきではない』ということわざは，どういう意味だと思うか」（2021年度）

自由英作文の論題については，2004～2023年度までの前期日程・後期日程の出題傾向を一覧にしたので，確認してほしい（9～13ページ）。一橋大の英作文問題は，基本的には前期日程・後期日程ともに同じタイプの問題が出題されてきた。本書に掲載の前期日程の英作文の論題だけでなく，後期日程の論題も見ておくと傾向がよりいっそうわかるだろう。

それぞれの論題（画像の場合はその内容）と，そのキーワードは次の通りである。

自由英作文の論題とキーワード

年度/日程	論　題		キーワード
23〔前〕	1	バイオリンを弾く男性とその演奏を聴いている３人の男性たちの絵について書け。 画像説明	絵 / 人物 / 社会
	2	予期せぬ出来事に驚き，ろうばいする画家の絵について書け。 画像説明	絵 / 人物
	3	鎧や楽器の前で矢を持ち微笑むキューピッドと，見守る犬の絵について書け。 画像説明	絵
23〔後〕	1	貧しく荒涼とした荒れ地で作業をする女性たちの絵について書け。 画像説明	絵 / 人物 / 社会
	2	古代都市で日陰に座って休憩している女性たちの絵について書け。 画像説明	絵 / 人物 / 社会
	3	砂漠の窪地から上半身を出して銃を構える兵士たちの絵について書け。 画像説明	絵 / 人物 / 社会
22〔前〕	1	ベンチに座って新聞を読んでいる彫像に話しかけている男性の写真について書け。 画像説明	写真 / 人物
	2	右手前に黒い彫像，左手に噴煙に立ち向かう機動隊の群れを写した写真について書け。 画像説明	写真 / 社会
	3	闘う古代の剣闘士の扮装をした男たちと，そのショーを見物する人々の写真について書け。 画像説明	写真 / 歴史
22〔後〕	1	手をつなぎ，肩を寄せて話をしながら歩く２人の男性の写真について書け。 画像説明	写真 / 人間関係
	2	独特な衣装をまとい，剣を持つ２人の写真について書け。 画像説明	写真 / 民族 / 歴史
	3	白いドレスを着て墓石に向かって座る女性の写真について書け。 画像説明	写真 / 人物
21〔前〕	1	豚と農夫は友人になろうとすべきではない。 状況説明	風刺 / 警句 / 教訓
	2	遅い返事は全く返事がないよりも悪い。 状況説明	逆説 / 警句 / 教訓
	3	適切な１語〔ひと言〕は１冊の不適切な本よりも効果がある。 状況説明	逆説 / 警句 / 教訓
21〔後〕	1	川で眠ると海で目覚めることになる。 状況説明	警句 / 教訓
	2	足がなければ靴は価値がない。 状況説明	警句
	3	チョウでさえ腹を立てる。 状況説明	警句 / 教訓 / 比喩
20〔前〕	1	あなたのお気に入りの日本の本を，日本語を話さない人に紹介せよ。 発　案	文学 / 娯楽
	2	自分を誇らしく思った状況を述べよ。 発　案	人生 / 自己評価
	3	友人と知人の違いを説明せよ。 自由論述	人間関係
20〔後〕	1	子供の時に学んだ大切な教訓について述べよ。 発　案	人生 / 教訓
	2	忘れられない旅行について述べよ。 発　案	人生 / 旅行
	3	良い教師と悪い教師の違いを説明せよ。 発　案	教育 / 人間

年度/日程		論題	キーワード
19〔前〕	1	遠くに山が見える湖とおぼしき水面を背に，寒そうに肩をすくめて岸に腰かけている老人の写真について書け。 画像説明	写真 / 人物
	2	まっすぐに延びる2つの高いフェンスの間に設置された，らせん状に延々と続く鉄条網の写真について書け。 画像説明	写真 / 政治 / 社会
	3	十数名の男たちが描かれた，100年ほど前の東欧を舞台にしたとおぼしき絵画について書け。 画像説明	絵 / 社会 / 人物
19〔後〕	1	窓辺で幼い少女を抱きかかえている初老の男性を描いた，宗教画とおぼしき絵画について書け。 画像説明	絵 / 人物 / 風景
	2	遠くには山が見え，建物の前では十数名の男たちが集まって話し合っている，15世紀ルネッサンス期のイタリアが舞台とおぼしき絵画について書け。 画像説明	絵 / 人物 / 風景 / 建物
	3	背景がデフォルメされた絵画。大勢の集会のように見え，こぶしを振り上げている者も何人かいる。何かに抗議しているか決起集会のように見える絵について書け。 画像説明	絵 / 社会 / 人物
18〔前〕	1	「アマゾンの熱帯雨林で奇妙な新種の昆虫が発見された」という見出しのニュース記事を書け。 状況対応	記事 / 生物
	2	「男が犬を噛んで逮捕された」という見出しのニュース記事を書け。 状況対応	記事 / 人物 / 事件
	3	「厚生省は出生率の大幅増加を期待している」という見出しのニュース記事を書け。 状況対応	記事 / 社会 / 出生率
18〔後〕	1	「NASAが2025年に宇宙飛行士を月に送ることに」という見出しのニュース記事を書け。 状況対応	記事 / 宇宙開発
	2	「日本がGDPの10％増加を発表」という見出しのニュース記事を書け。 状況対応	記事 / 経済
	3	「日本が新憲法に動物の権利を含めることに」という見出しのニュース記事を書け。 状況対応	記事 / 動物愛護
17〔前〕	1	あなたの誕生日を忘れていた恋人に，あなたがどれほど落胆しているかを伝える手紙を書きなさい。 状況対応	手紙（気持ちを伝える）
	2	海外旅行の飛行機の旅で多くの問題があり，休暇が台無しになった。航空会社の社長に対して苦情の手紙を書きなさい。 状況対応	手紙（苦情）
	3	家に引きこもっている友人に，何をすべきか助言する手紙を書きなさい。 状況対応	手紙（不登校解決）
17〔後〕	1	読書が趣味のあなたが近所の大きな書店でアルバイトをしたい時，店長に面接を求める手紙を書きなさい。 状況対応	手紙（面接依頼）
	2	地元の劇場でアマチュア劇団の演劇を見たが，予想に反して素晴らしいものだった。芝居を称賛する手紙を舞台演出家に書きなさい。 状況対応	手紙（称賛を伝える）
	3	景気後退がこのまま続くと従業員の3分の1を一時解雇しなければならない工場主のあなたが，その可能性を全従業員に警告する手紙を書きなさい。 状況対応	手紙（一時解雇の可能性の通知）

年度/日程		論　題	キーワード
16〔前〕	1	1人の少女が窓の敷居にもたれて，雨模様の外の景色をぼんやりと眺めている写真について書け。 画像説明	写真 / 生活
	2	農家の庭の，猫とネズミ，家禽と牛，羊，老人を描いた1コマ漫画について書け。 画像説明	1コマ漫画 / 風刺
	3	泣いている女性と，服を着たままベッドに横たわっている男性の絵について書け。 画像説明	絵 / 人生
16〔後〕	1	ジャングルの中で，胸に手を当てた老婆と，その斜め後ろにたたずむ少女の絵について書け。 画像説明	絵 / 物語
	2	10人あまりの男性がテーブルを囲み，1人が立ち上がって熱弁を振るっている1コマ漫画について書け。 画像説明	1コマ漫画 / 風刺
	3	布にくるまれて眠っている新生児と，それを顔の所まで引き寄せて目を閉じている男性の顔のアップの写真について書け。 画像説明	写真 / 人生
15〔前〕	1	「教育は，あなたの鏡を窓に変える」という引用文が何を意味しているのかを説明せよ。 自由論述	教育 / 人生
	2	「テレビのニュース番組や新聞記事は，政治的見解は避けて事実のみを述べるべき」という意見に賛成または反対の理由を説明せよ。 賛否表明	報道 / 言論 / 社会
	3	ルノワールの「舟遊びをする人々の昼食」の絵について説明せよ。 画像説明	美術 / 社会
15〔後〕	1	日本の5,000万人以上の人がSNSを使って個人的体験談をネットで公開している。SNSに多く上げすぎることが賢明ではない理由を説明せよ。 理由説明	社会 / SNS
	2	人気アーティストのアンディ＝ウォーホルはかつて，「将来は誰でも15分間は世界的有名人になれるだろう」と言ったが，あなたがどんなことで有名になるのか，そして有名でいられるその15分間に何をするつもりなのかを説明せよ。 発　案	人生
	3	日本の外国語教育は，英語を単に奨励するのではなく，2カ国語以上の外国語を流暢に話せるよう生徒を奨励すべきである。この意見に賛同する理由を説明せよ。 理由説明	語学教育
14〔前〕	1	公共の場は全面禁煙にすべきである。賛否とその理由も説明せよ。 賛否表明	価値観 / 健康 / 社会
	2	日本の若者が国政選挙の投票に行かないのは国の将来に関心がないからだ。賛否とその理由も説明せよ。 賛否表明	若者の未来観 / 心理 / 価値観
	3	「『目には目を』は全世界を盲目にする」というガンディーの意見への賛否とその理由も説明せよ。 賛否表明	世界平和
14〔後〕	1	友人がいなければ他の物が全てあっても誰も生きたいと思わない。これが正しい理由を説明せよ。 理由説明	人生 / 人間
	2	大学生は単なる読書技術や専門知識よりも批判的読書や思考の技術を身につけるほうが大切だ。これが正しい理由を説明せよ。 理由説明	読書 / 教育
	3	食べ物が人格に影響を及ぼす。これが正しい理由を説明せよ。 理由説明	生活科学

年度/日程		論　題	キーワード
13〔前〕	1	絶滅危惧言語は政府が保護しなければならない。これが正しい理由を説明せよ。 理由説明	言語 / 文化 / 社会
	2	短所のない人間は長所もほとんどない。これが正しい理由を説明せよ。 理由説明	心理 / 人間
	3	日本で同性婚を合法化するのは良い考えだ。これが正しい理由を説明せよ。 理由説明	結婚 / 人権 / 社会
13〔後〕	1	お金しか生まない事業は良くない事業だ。これが正しい理由を説明せよ。 理由説明	経営 / 社会
	2	日本には少数民族は暮らしていない。これが誤りである理由を説明せよ。 理由説明	日本社会 / 民族
	3	人類よりも高知能の火星の生命体が人類にとって危険である理由を説明せよ。 理由説明	知的生命体
12〔前〕	1	東京は日本文化の代表ではない。賛成か反対か。 賛否表明	文化
	2	科学技術によって人間の知能は向上しているのか，あるいは逆に，低下しているのか？　それはなぜか？ 賛否表明	科学技術
	3	西暦3000年の世界がどのようになっているかを説明せよ。 発　案	未来観
12〔後〕	1	国民の幸福に関して政府はどの程度責任を負うべきか。 自由論述	政治
	2	タイムトラベルができるとしたら，歴史上のどの時点に行きたいか。 発　案	歴史
	3	自然災害に備えてあなたとあなたの家族はどのような準備をしているか。 自由論述	災害準備
11〔前〕	1	もし無人島に行って生活しなければならないとしたら，どのような3つの品物を持っていくか。 発　案	価値観
	2	あなたは日本のアニメが，他の国々の目に映る日本のイメージにどのような影響を与えていると思うか。 発　案	アニメ文化
	3	尊敬する歴史上の人物と，その理由について書け。 発　案	偉人
10〔前〕	1	あなたは社会に対してどのような環境保護の貢献ができるか。 発　案	環境
	2	入学を許可されたら一橋大学で身につけたいものを1つ述べよ。 発　案	大学生活
	3	外国語教育を早期に始めることは良い考えである。 自由論述	語学教育
10〔後〕	1	今まででお気に入りの本は何か。 発　案	読書 / 価値観
	2	子供たちにとって，知識と創造性とではどちらが大切か。 自由論述	教育 / 価値観
	3	英語以外の第2外国語を学ぶことは大切だ。 自由論述	語学教育
09〔前〕	1	ユーモアのセンスは人生で最も大切なものの1つである。 自由論述	価値観 / 人生
	2	日本は豊かな国である。 自由論述	日本社会
	3	10年後の自分の姿をどのように思い描くか。 発　案	将来の夢

年度/日程	論　題	キーワード
09〔後〕	1　権力には常に責任が伴う。　自由論述	社会 / 人生
	2　オリンピックは国際親善よりもむしろナショナリズムを助長する。　自由論述	オリンピック / 国際社会
	3　知は金銭よりも貴重である。　自由論述	価値観 / 人生
08〔前〕	1　日本人にはもっと長い休暇が必要だ。　自由論述	日本人 / 雇用形態 / 国際化
	2　低い出生率は実は日本にとっては問題ではない。　自由論述	日本 / 少子高齢化 / 年金
	3　言葉の力。　発　案	言語 / 人間関係 / 名演説
08〔後〕	1　宇宙探検（探査）はお金の無駄である。　自由論述	宇宙開発 / 科学技術 / 未来
	2　あなたが首相なら何をするか？　発　案	人生 / 価値観 / 日本社会
	3　教育の主目的は就職することである。　自由論述	教育 / 価値観
07〔前〕	1　日本は民主主義社会ではない。　自由論述	日本 / 民主主義
	2　日本ではクリスマスを祝うべきではない。　自由論述	日本 / 宗教 / クリスマス
	3　日本の学年度は9月から始めるべきだ。　自由論述	日本 / 教育制度 / 国際化
07〔後〕	1　世界平和という概念はまったく非現実的である。　自由論述	世界平和 / 国際政治
	2　モバイル・テクノロジーが今日そして将来私の生活に与える影響。　自由論述	技術 / 生活 / 価値観
	3　私が最も訪れたい場所。　発　案	人生 / 価値観 / 旅行
06〔前〕	1　あなたなら1億円で何をするか？　発　案	人生 / 価値観 / 経済
	2　日本は外国人労働者に対して門戸を開くべきだ。　自由論述	日本 / 労働 / 国際化
	3　日本の成人年齢は他の多くの国のように18歳にすべきだ。　自由論述	日本 / 法律 / 国際化
06〔後〕	1　恐れられることは尊敬されることよりも重要だ。　自由論述	人生 / 価値観
	2　宗教は現代社会の中で居場所がない。　自由論述	宗教 / 価値観
	3　今日の世界で大学教育は役に立たない。　自由論述	大学教育 / 国際情勢 / 社会
05〔前〕	1　私にとって尊敬されることは重要ではない。　自由論述	人生 / 価値観
	2　今日の世界で，多文化主義は重要だ。　自由論述	国際情勢 / 文化 / 民族
	3　日本の次期首相には女性が選ばれるべきだ。　自由論述	日本 / 政治
05〔後〕	1　人類は自然にかえるべきである。　自由論述	人類 / 文明
	2　高校教育はもっと実用的（実践的）であるべきだ。　自由論述	高校教育 / 現代社会
04〔前〕	1　早婚よりも晩婚の方が望ましい。　自由論述	結婚 / 価値観 / 少子高齢化
	2　男女の役割は家庭でも職場でも同等であるべきだ。　自由論述	男女差別 / 価値観
	3　現代社会はもっと伝統を重んじるべきだ。　自由論述	社会 / 伝統文化
04〔後〕	1　日本人が話をする時に相手の目を直視しないのは嘘をついているからなのか？　自由論述	日本人 / 比較文化
	2　日本では部活の先輩に敬語を使うべきなのか？　自由論述	日本人 / 比較文化

※ 2011 年度の後期日程個別学力試験は，東北地方太平洋沖地震の影響により中止された。

攻 略 法

読解力・記述力のアップを！

一橋大の英語を攻略するためには，まず何よりも文脈を読み取る力が必要である。段落ごとの要点，そして全体の趣旨を正確に読み取ったうえで，さらにそれらを要約し論理的に表現する力も求められる。これらがないと，合格答案を作成するのは難しいだろう。そのためには論説文を多く読み，論理的思考力を高める練習をすること。

もちろん，英語の語彙力や文法・構文の知識が必要なのは言うまでもない。できれば，文法の基礎固めは遅くとも夏休みまでにはすませておくようにしよう。

記述力を養成する

記述力は，実際に書かないと身につかない。段落ごとの要点や全体の趣旨を簡潔にまとめる練習をするなどして，とにかく書いてみることが大切である。文章を書くことが嫌いな者は，残念ながら一橋大の受験に向いているとは言い難いだろう。

結局，２次試験での合否を決めるのは「表現力」や「文章力」であり，その原動力となるのが「記述力」なのだ。早い時期から練習を積んで，長い文章を手短にまとめる力や，論理的に文章を構成し組み立てていく力を養成していこう。

A　長文読解問題の攻略

読解問題全体で 60 分程度が目安
英文を読む前に設問をチェックしておこう！

1　空所補充

空所補充問題は，語句レベルのものもあれば，文レベルのものもある。前置詞を補充させてイディオムの知識を問うものも含めて，結局は文脈把握ができているかどうかを見る設問が多いと言える。

空所補充問題はバラエティーに富んでいるので，問題英文を読む前にまず，設問をチェックしておくことが必要である。設問を確認したら，該当箇所の前後に特に気を配りながら，落ち着いて英文を読んでいこう。

2 英文和訳

一橋大の英文和訳問題は，それほど難解ではない。国公立大２次試験の標準レベルと考えてよいだろう。構文把握に関してもパズルのように難解なものは少ないが，一橋大の過去問以外にも，『基礎英文問題精講』（旺文社）といった少し難度の高い問題集に取り組んでおくとよい。

3 内容説明

内容説明問題の正答率を高めるには，本文全体の流れを見渡す幅広い視野で読み，本文の要点や筆者の主張をしっかりと把握することが大切である。大事な箇所をつかむ力を養うために，パラグラフリーディングの練習を積んでおくのがよい。

「第１章　読解」では，全体の論旨の流れを把握しやすいように「全訳」に続けて「各段落の要旨」のコーナーを設けている。自分でも各段落の要約文を書いてみて，本書の「各段落の要旨」を活用し，全体の趣旨が読み取れたかどうかをチェックしてみよう。

内容説明問題は解答字数が指定されている場合が多いので，過去問で練習を積む際には，実際に書いてみることが大切。その作業を省くと，本番で通用する力がつかない。また，該当箇所の分量に対して指定の字数が少ない場合は，要約作業も必要になる。要約力も，実際に書いてみることによって身についていくので，まめに書いてみよう。他大学では，東大前期日程〔１〕の問題(A)が，要約の練習にはうってつけである。

B　英作文問題の攻略

自由英作文は 30～35 分程度が目安

画像説明・状況対応・状況説明等の多様な形式への対策が必要

英作文問題の指示文は英語で与えられるので，まずは論題パターンを正しく読み取り，要求に合う英文を書いていくことが大切である。単に自分の考えを述べるだけでよいのか，はたまた賛否を明らかにする必要があるのか，あるいはまたその理由の説明が必要なのかを確認すること。

2015・2016・2019・2022・2023 年度に出題された**画像説明**は，画像からより多くの情報が読み取れるものほど書きやすいので，情報をどれだけ多く英語で表現できるかを選択の基準にするとよいだろう。画像説明の問題に関しては，観察力と推理力，想像力が不可欠であるのは言うまでもないが，あくまでも画像データから推測できる範囲内で英文を作成するのが原則。したがって，まず画像情報を注意深く読み取る必要があるだろう。そのうえで，次のパターンのいずれかで答案を作成していけばよい。

- 複数の要素が含まれている画像の，特徴的な部分を列挙していく形で客観的に描写する。
  例）2022 年度前期日程 論題(1)，(2)，(3)／2019 年度前期日程 論題 3／2015 年度前期日程 論題 3
- 画像の印象的な部分をとらえて，推測と想像を交えて論理的に説明する。
  例）2023 年度前期日程 論題(1)，(3)／2019 年度前期日程 論題 1，2／2016 年度前期日程 論題②，③
- 画像で与えられた情報をもとに，想像を膨らませて物語風の英文を作る。人物の名前や身分，場所，時代背景といったものは，画像に合うように設定する。
  例）2023 年度前期日程 論題(2)／2016 年度前期日程 論題①

2017・2018 年度に出題された 状況対応 の場合は，与えられたシチュエーションを正しく把握する必要がある。そして，与えられた論題のうち，自分が最も書きやすいと思うものを選ぶ。

ただし，一見書きやすそうな論題も，いざ書き始めてみると，いろいろと問題が生じる場合がある。たとえば，2017 年度前期日程論題 2 の「航空会社の社長に苦情の手紙を書く」というシチュエーションは，社長に手紙を書かなければならないような事態を複数個考えるとなると，なかなか難しいのではないだろうか。選んだ後で解答作成が難しいとわかったら，他の選択肢に切り替えることも必要だ。しかし逆に，細かい設定が与えられていないのだから，現実的側面はある程度無視して，アイデアを自由に書けばよいのだと考えることもできる。一橋大の英作文問題は，論理的に破綻したり，語数稼ぎのために同じ内容を繰り返したりするといったことがない限り，解答内容はある程度の許容範囲をもって受け入れられるとも考えられる。肝心なのは，説得力のある理由がきちんと述べられていることと，文法と語彙が正しく使えているかどうかであろう。

2021 年度に出題された，「架空のことわざの解釈」という形で与えられた 状況説明 は，ことわざや警句・教訓といったものの成り立ちを理解したうえで，出題者がそのことわざを作成した意図や隠された比喩を読み取って英文を作成する必要がある。与えられたことわざの特殊な状況を，人生の幅広い状況に適用できる真理に一般化すればよい。

一橋大の英作文問題の代名詞となっていた 2015 年度までの自由英作文は，いわゆる意見論述型のタイプで，2020 年度は 5 年ぶりにこの形式で出題された。このタイプはまず与えられた論題をよく読み，自分が書きやすいと思うものを選ぶこと。基本的に意見論述型なので，日頃から関心をもっていた論題や，過去に考察したことのある論題，あるいは背景知識のある論題の場合は書きやすい。なじみのある論題が出た場合はラッキーと思って書き進めるとよい。そうでない場合は，論題の意味を正確に把握するところから始めよう。意見論述型の自由英作文のパターンは，『分析』の「自由英作文の論題パターン」で説明したように 自由論述 理由説明 賛否表明 発　案 の4パターンがある。

いずれの場合も，文章は無駄なく論理的に組み立てられ，説得力のあるものでなければならない。つなぎ言葉を効果的に用いると，全体がより緊密で論理性のあるものとなる。

このうち 賛否表明 は，賛否いずれかの立ち位置を定めて書くのが一般的だが，一橋大の自由英作文の場合は，必ずしも「全面的に賛成（または反対）」といった立場を取る必要はなく，「基本的には賛成だが，受け入れ難い部分もある」「この部分が改善されれば賛成するが，そうでない場合は反対」といった，「部分的に賛成」とか「条件付きで賛成」といった立場でもよいと考えられる。要は，その理由がきちんと説明できていればOKということだ。

理由説明 の場合は，自分の価値観や日頃の意見に合わない論題は決して選んではならない。やむなく異なる立場に立って意見・理由を書かなければならない場合は，自分と意見の異なる人の言い分をまとめるという意識のもとで書くとよい。この場合は個人の意見は徹底して封印し，第三者になったつもりで書かないと，論理的に矛盾が生じたり論理が破綻したりする恐れがあるので注意が必要である。

意見論述型の自由英作文であろうと，画像説明型や状況対応・説明型の自由英作文であろうと，過去問や類似の問題にあたって，練習を積んでおくこと。時間を設定して，その中で実際に語数制限を守って答案を作成してみることをすすめる。東大の英作文問題が毎年形式を変えて出題されてきたように，一橋大も今後，問い方を変えてきたり，新たな形式の英作文問題が出題されたりする可能性はある。『大学入試 すぐ書ける自由英作文』（教学社）など，入試頻出の重要テーマを集めた参考書を通読し，応用力をつけておけば，本番でどんなテーマが出題されても，冷静に対応できるだろう。

C　文法・語法問題の攻略

基礎力チェックに最適！

2004年度までは，複数の短文の空所に共通する英単語を補う形式の問題が出題されていた。また，過去には，語の定義を表した文の空所に適語を補わせる出題が見られたこともある。2012年度には文法問題が読解をかねた正誤問題という形で8年ぶりに出題された。2013・2014・2016〜2018年度には語句の整序問題，2015・2019年度には誤り箇所の指摘問題が出題された。2020・2022・2023年度には大問ではないが，読解問題の設問の形で語句整序問題が出題された。語彙・イディオム・構文・慣用表現の知識を総合的にチェックするのにはこれらの問題は効果的である。英作文に通じる表現力の養成も期待できるので，必ずやっておこう。

第1章　読　解

1 2023年度〔1〕

次の英文を読み，下の問いに答えなさい。（＊を付した語句には，問題文の末尾に注がある。）

Meat is essential, or so some of us think: that humans have always eaten it; that it is the anchor of a meal, the central dish around which other foods revolve. But the United Nations Food and Agriculture Organization reports that the consumption of beef per person worldwide has declined for fifteen years. Nearly a fourth of Americans claimed to have eaten less meat in 2019, according to a Gallup poll*. The recipe site Epicurious, which reaches an audience of 10 million, provides far less beef recipes in 2020. Diners at some McDonald's restaurants can now have a vegan* McPlant instead of a cheeseburger. Fake meat products are estimated to reach $85 billion in sales by 2030, according to a recent study, and Tyson Foods, one of the biggest beef packers* in the United States, has introduced its own plant-based line of products.

Even some of the world's most expensive restaurants, where steak is usually served as the conclusion of a multiple-course meal, have abandoned meat within the past year, including the $440-per-person Geranium in Copenhagen (still serving seafood) and the $335-per-person Eleven Madison Park in Manhattan. Could this be the beginning of the end of meat — or at least red meat?

Those who believe humans are born carnivores* might laugh. Indeed, archaeological* evidence shows that we have been carnivores for longer than we have been (A) human. As the science journalist Marta Zaraska explains, two million years ago, early hominids* in the African savanna were (B) eating whatever animals they could catch, from wild pigs and hedgehogs to giraffes and rhinos.

Yet it wasn't (C) human nature to do so. Meat-eating was an adaptation, since, as Zaraska points out, we lack the great yawning jaws and blade-like teeth that enable true carnivores to kill with a bite and then tear raw flesh straight off the bone. To get at that flesh, we had to learn to make weapons and tools, which required using our brains. These in turn grew, a development that some scientists attribute to the intake of calories from animal protein, suggesting that we are who we are — the intelligent humans of today — because we eat meat. But others credit the discovery of fire and the introduction of cooking, which made it easier and quicker for us to digest meat and plants alike, freeing up energy to fuel a bigger brain.

Whatever the cause of our heightened mental abilities, we continued eating meat and getting smarter, better with tools and better able to keep ourselves alive. (1) Then, around 12,000 years ago, our hunter-gatherer ancestors started to raise animals, grow crops and build permanent settlements, or else were driven out by humans who did. Our diet changed.

Far from being essential, for most people around the world, meat has been only occasional, even incidental, to the way we eat. This was true outside of the West well into the 20th century, but even in Europe before the 19th century, the average person depended on grains that made up close to 80 percent of the diet. The Old English "mete" was just a general word for food.

The rich were different, of course, with the resources to dine as they pleased. And not just royals and aristocrats: In 18th-century England, as incomes rose, an ambitious middle class began to claim some of the same privileges as their supposed social superiors. The Finnish naturalist Pehr Kalm, in a 1748 account of a visit to London, reports, "I do not believe that any Englishman who is his own master has ever eaten a dinner without meat." (2) Those not so fortunate as to control their own lives had to make do, as the British poor had done for centuries, with mostly oatmeal, perhaps with some vegetables. So meat was not merely a food — it was a symbol. To eat it was to announce one's mastery of the world.

No wonder, then, that the citizens of a newborn nation, one that imagined itself fashioned on freedom and the rejection of the Old World, should embrace it. "Americans would become the world's great meat-eaters," the former Librarian of Congress Daniel J. Boorstin writes in *The Americans: The Democratic Experience*. And the meat that would come to define Americans was beef: a fat piece, dark-striped from the grill but still red at the heart, bleeding and leaking life.

However, cows are not native to the Americas. The Spanish brought the first cows to the New World in the late 15th century. They were used to turn the sugar mills in what was then the West Indies, on plantations that relied on enslaved people for labor. Later, in both North and South America, the spread of cattle herds became a means of grabbing land from its original inhabitants. "By occupying the vast spaces between population centers, cattle helped secure colonial control of more and more territory," writes Rosa E. Ficek, a cultural anthropologist at the University of Puerto Rico. (3)The beef Americans eat is the beef of empire.

For some, that image of conquest is, arguably, what makes beef so difficult to give up. The so-called "tomahawk steak", named after the ax wielded by some North American Native peoples, is big enough to feed two. But its tomahawk-like shape may also make some Americans nostalgic for the often lawless and sometimes violent Old West. In the decades after the Civil War, a romanticized vision of the cowboy was advertised as the embodiment of American values: a vaguely rebellious figure, quick with a gun, and a rough individualist, driving cattle across the plains while hunters and settlers killed the native bison* that once (D) there, and driving out Native peoples along the way. Beef is the myth of the American frontier.

It was also the foundation of enormous wealth, and it wasn't the cowboys who got rich. "It is difficult to turn a living thing into a meal," notes the American business historian Roger Horowitz. "Animals' bodies resist becoming an expression of our will." The profit (E) in running the meatpacking factories, which were among the first pioneers of the industrial assembly line, and in the railroads, which carried live animals, and then, with the development of refrigerated cars, in the freshly butchered meat that would eventually reach every corner of the country.

It's impossible to talk about beef without talking about capitalism: Cattle were one of the earliest forms of private property, and in England starting in the 12th century, the need for more grassland (F) to privatization of what had once been common lands, and peasants with no land of their own had to sweat and slave for wages. Today, the mean hourly wage of an American meat worker is $15, just over the poverty level to support a family of four, although (G) serious injuries such as amputations*, head wounds and severe burns. In the United States, meatpacking factories average about seventeen major incidents each month requiring hospitalization and two amputations a week, according to data from the Occupational Safety and Health Administration.

The American activist Carol J. Adams has written of the morality of transforming "living beings into objects." She is referring to animals and their hidden deaths; the workers, and their suffering, are invisible, too. The meat comes to the table, a mass of flesh, carefully stripped of any sign of what it was before.

Americans eat less beef than they used to, down more than a third from a peak of 42.7 kilograms per person in 1976. This is part of an overall trend of eating less meat in the United States, and most respondents to the 2019 Gallup poll said they did so for health reasons — as opposed to animal welfare or the damage to the environment from gigatons of greenhouse gases released by cows, or the 111 million acres of forest that disappeared between 2001 and 2015, replaced by grassland — which suggests that self-interest, rather than compassion, is still the main motive for people to change their behavior.

The idea that not eating meat is a (H) (and possibly un-American) persists in the technological race to create non-meat alternatives. The Israeli-based company Redefine Meat, founded in 2018, sells steaks 3-D printed from vegan ingredients. It takes pains to insist on its website, "We don't just love meat; we're obsessed with it," and promises "the same great meat you know and love, simply better." Burger King has introduced a plant-based version of the Whopper, their number-one seller, featuring "Impossible Burger" patties that bleed when cut.

Impossible Burger patties contain heme, a protein present in animal flesh but here derived from plants. Heme adds flavor, but it's the texture that really matters, spilling under the teeth like real blood. Unlike the fake meat cooked for centuries in China — lotus root* standing in for pork ribs, and crispy layers of tofu skin* for duck skin — these fakes aim to provide not just the taste and feeling but the cultural importance of the real thing.

It's as if the only way to get people to stop eating beef is to trick them into thinking they're still eating it. Nothing has been lost, no sacrifice required. We can save the planet from those greenhouse gases without giving up the pleasure of sinking our teeth into what at least feels like animal flesh, rich with fat, full of juices. <u>This is how deep it goes</u>(4), the myth of settlement and conquest, with the trickle of blood on the plate to reassure us that our own runs red.

注 Gallup poll 米国の統計学者 G. H. Gallup が始めた世論調査
vegan 完全菜食主義者向けの
beef packer 牛肉加工卸売業者
carnivore 肉食動物
archaeological 考古学上の
hominid ヒト科の動物
bison 野牛
amputation (脚・腕などの)切断
lotus root レンコン
tofu skin 湯葉(豆乳を加熱した時表面にできる薄皮を用いた食品)

1 下線部(1)を和訳しなさい。

2 下線部(2)を和訳しなさい。

3　下線部(3)のように言えるのはなぜか，本文の内容に即して80字以内の日本語(句読点を含む)で説明しなさい。

4　下線部(4)が表す内容を30字以内の日本語(句読点を含む)で説明しなさい。

5　空欄(A)，(B)，(C)に入れる語の組み合わせとして最も適切なものを，下の選択肢イ～ニから選び，その記号を解答欄に書きなさい。

	(A)		(B)		(C)
イ	closely	——	occasionally	——	significantly
ロ	fully	——	regularly	——	necessarily
ハ	generally	——	skillfully	——	rarely
ニ	particularly	——	barely	——	essentially

6　空欄(D)，(E)，(F)に入れる動詞として最も適切なものを以下の中から選びそれぞれ正しい形に直して，解答欄に書きなさい。ただし，各動詞は1回のみ使用できるものとする。

break　　feed　　lead　　lie

7　空欄(G)に入れるものとして，以下の語を最も適切な順に並べ替えたとき，3番目と8番目に来るものをそれぞれ解答欄に書きなさい。

are	likely	meatpackers	more	others
suffer	than	three	times	to

8　空欄(H)に入れる語として，最も適切な英語1語を本文中から抜き出し，解答欄に書きなさい。

9　人類の知力が発達した理由について，本文中に示された二つの説をそれぞれ60字以内の日本語(句読点を含む)で述べなさい。

10 以下の選択肢イ～ホのうち本文の内容と一致するものを一つ選び，その記号を解答欄に書きなさい。

イ Americans now eat more vegetables as part of a sustainable lifestyle.

ロ Cowboys who conquered the new frontier were the first capitalists.

ハ Cows have such a strong will that their flesh is hard to process.

ニ Fake meat is favored by people who cannot afford the real thing.

ホ The word “meat” didn’t originally refer to animal flesh.

全　訳

■肉食についての歴史的考察

❶ 肉は必要不可欠なものだ。私たちの中にはそのように考える者もいるようだ。人間は常に肉を食べてきたとか，肉は食事の最強部分であり，それを中心に他の食物がその周りにあるといった料理なのだ，というように。しかし，国連食糧農業機関が報告しているところによると，世界の1人当たりの牛肉消費量は，この15年間減少している。ギャラップ調査によると，アメリカ人の4分の1近くが，2019年に食べた肉の量が減ったと回答している。レシピサイトのエピキュリオスは，利用者が1千万人に達するが，2020年に提供している牛肉のレシピははるかに少ない。マクドナルドの店によっては，今や客はチーズバーガーの代わりに，完全菜食主義者向けのマックプラントを食べることができる。最近の研究によると，疑似肉製品の売り上げは2030年までに850億ドルに達すると見積もられている。さらに，アメリカ最大の牛肉加工卸売業者の1つ，タイソンフーズは，植物を主成分とする商品の独自の製造ラインを導入した。

❷ 世界の最高級レストランでは，通常，コース料理の締めくくりとしてステーキが出されるが，そのような店ですら，この1年以内に肉を出すのをやめたところがある。たとえば，客単価が440ドルの，コペンハーゲンのゼラニウム（海鮮料理はまだ提供している）や，客単価が335ドルの，マンハッタンのイレブンマディソンパークといった店だ。これは肉——あるいは少なくとも赤肉——の，終わりの始まりになる可能性があるのだろうか？

❸ ヒトは生来肉食動物であると信じている者は，笑うかもしれない。実際，考古学上の証拠が示すところによると，私たちは完成されたヒトである期間よりも，肉食動物である期間のほうが長いのだ。科学ジャーナリストのマルタ=ザラスカが説明しているように，200万年前，アフリカのサバンナにいた初期のヒト科の動物は定期的に，野生のブタやヤマアラシから，キリンやサイに至るまで，捕獲できる動物なら何でも食べていたのだ。

❹ しかし，そのようなことをするのが必ずしもヒトの性質だったわけではない。肉を食べることは，適応の1つだったのだ。というのも，ザラスカが指摘しているように，真の肉食動物がひと噛みで相手を殺して生肉を一気に骨から引き裂くことができるような，大きく開く巨大な顎やナイフの刃のような歯が私たちにはないからだ。その肉を手に入れるためには，私たちは武器や道具を作ることを学ばねばならなかったが，それには頭脳を使う必要があった。そして今度はこの脳が増大したのだ。動物性たんぱく質由来のカロリーの摂取が要因となり，肉食が故に人類が今

の人類――今日の知性ある人類――になったと一部の科学者たちが示唆しているところの，発達が生じたのだ。しかし，火の発見と調理の導入のおかげだと考える科学者もいる。火と調理のおかげで，私たちは肉と植物を同じようにより容易に，そして素早く消化でき，より大きくなった脳に供給するためのエネルギーを作ることができたのだ。

❺ 私たちの知的能力が増大した原因が何であれ，私たちは肉を食べ，頭がよくなり，道具を使う能力が向上し，生きていくのがうまくなっていった。(1)それから，およそ1万2千年前，狩猟採集民だった人類の祖先が，動物を飼育し，作物を栽培し，永住地を築き始めた。そうしなかった祖先たちは，これらを行った人間たちに土地を追い出された。私たちの食生活は変化したのだ。

❻ 必要不可欠どころか，世界の大半の人間にとって，肉は，食事の仕方において，たまに食べるだけか，付随的ですらあるものだった。これは西洋以外では，20世紀になってもそうであったが，19世紀以前にはヨーロッパですら，一般人は，食生活の80パーセント近くを占めていた穀類に依存していた。古期英語の“mete”は，食べ物を表すただの一般語でしかなかったのだ。

❼ もちろん金持ちたちは，自分たちが好きなように食べるための資金があったので，違っていた。それは王族や貴族だけではなかった。18世紀の英国では，収入が上がるにつれて，野心的な中流階級が，上流階級と彼らが考える者たちと同じ特権の一部を要求し始めた。フィンランドの博物学者，ペール=カルムは，1748年のロンドン訪問の記述で，こう報告している。「自由な意思決定ができるイギリス人が，誰であろうと肉なしのディナーを食べたことがあるとは，私は信じない」(2)自分の人生を思い通りにできるほど幸運でない者は，イギリスの貧しい人々が何世紀もの間そうしてきたように，たいていはオートミールで，もしかしたら野菜ですませねばならなかった。ゆえに，肉は単なる食べ物ではなかったのだ。肉は1つの象徴だった。肉を食べることは世の中に対する自分の力を知らしめることだったのだ。

❽ ならば，自由と旧世界の拒絶を基盤に形成されていると自らを想像する新生国家の国民が，肉を信奉するのも無理はない。「アメリカ人は世界の主要な肉食者になるだろう」と，アメリカ連邦議会図書館の元館長ダニエル=J. ブーアスティンは，『アメリカ人：民主主義の体験』の中で述べている。そしてアメリカ人を定義することになる肉は，牛肉だった。グリルで焼かれて縞模様の黒い焦げ目がついているけれど中心部はまだ赤く，血を滴らせ生命を流している，分厚い一切れの牛肉だったのだ。

❾ しかしながら，牛は南北アメリカ大陸が原産ではない。スペイン人が15世紀後期に最初の牛を新大陸に持ち込んだのだ。牛は，その当時の西インド諸島で，労働

力を奴隷に頼っていたプランテーション農場の砂糖キビ圧搾機を回すために使われた。のちに，北アメリカと南アメリカの両方で，拡大した牛の群れが，もともといた先住民から土地を奪い取る手段になった。「人が居住している拠点間にある広大な無人の土地を占有することによって，牛の群れは，ますます多くの領地を安定的に植民地支配することに役立ったのです」と，プエルトリコ大学の文化人類学者，ローザ=E. フィセクは書いている。アメリカ人が食べる牛肉は，帝国の牛肉なのだ。

❿ ある者にとっては，征服についてのそのようなイメージのせいで，おそらく，牛肉が非常に放棄しがたいものとなっている。北アメリカのいくつかの先住民族が巧みに使った斧にちなんで名づけられた，いわゆる「トマホークステーキ」は，2人の人間が食べられるほど大きい。しかしそのトマホークに似た形状ゆえに，アメリカ人の中には，ときには無法でときには暴力的だった開拓時代のアメリカ西部に，郷愁を覚える者もいるのだ。南北戦争後の数十年間，美化されたカウボーイ像が，アメリカ人の価値観を具現化したものとして宣伝された。それは，どことなく反抗的な人物で，すぐに銃を抜く粗暴な個人主義者であり，猟師や開拓者たちがかつてそこで餌を食べていた原地の野牛を殺す一方で草原を駆け巡って牛の群れを追い立て，その途上にいた先住民族を追い出した人物である。牛肉はアメリカの開拓時代の辺境の神話なのだ。

⓫ それはまた莫大な富の基盤であったが，金持ちになったのはカウボーイたちではなかった。「生き物を食事に変えるのは困難です」と，アメリカの経営史家の，ロジャー=ホロウィッツは指摘する。「動物の体は，我々の意志を表したものになることに抗うのです」 利益は食肉加工工場を経営することで生まれたが，精肉工場は，産業における流れ作業の草分けの1つだった。さらに，利益は鉄道でも生まれた。鉄道は生きた動物を運んだが，その後，冷凍車が開発され，食肉処理されたばかりの肉に利益が生まれ，その肉は最終的に，国の隅々まで届くこととなったのだ。

⓬ 資本主義について語ることなしに牛肉について語ることは不可能だ。牛は最も古い形態の私有財産の1つであり，イギリスでは12世紀に始まり，より多くの草原を必要とすることが，かつては共有地だった土地の私有地化を招いた。そして，自分の土地を持たない小作農は，賃金を得るために汗水たらして奴隷のように働かねばならなかった。今日，アメリカの食肉労働者の平均時給は15ドルで，4人家族を養う貧困線をわずかに上回った額である。食肉加工業者は，腕や脚などの切断や頭部の負傷，重度のやけどといった重い怪我を負う可能性が他の職業従事者の3倍も高いにもかかわらずだ。労働安全衛生局のデータによると，アメリカ合衆国では，食肉加工工場で，入院を要する大事故が毎月平均約17件起こっており，切断事故は週2件発生している。

⓭ アメリカの活動家，キャロル=J. アダムズは，「生き物を物体に」変えることの

道徳性について書いている。彼女は，動物とその隠された死に言及している。そして労働者と彼らの苦難も表面に出てこないのだ。肉は食卓に届く。ひとかたまりの肉として。それがかつて何であったかを示す痕跡はすべて，注意深くはぎとられて。

⓮ アメリカ人が食べる牛肉の量はかつてよりも減った。ピークだった時の1976年の1人当たり42.7キログラムから，3分の1以上減少したのだ。これはアメリカで食べる肉が減っているという全体的な傾向の一部であり，2019年のギャラップ調査に対する回答者の大半は，健康上の理由でそうしていると述べた。動物福祉という理由でもなく，牛が放出する何十億トンもの温室効果ガスが環境に与える被害という理由でもなく，2001年から2015年の間に牧草地に取って代わられたことから消失した，1億1千百万エーカーの森林という理由でもなかったのだ。このことが示唆しているのは，弱者に対する慈悲心ではなく，利己心がいまだに，人が己の行動を変える主要な動機であるということなのだ。

⓯ 肉を食べないのは犠牲的行為であるという考え（そしてこれはたぶんアメリカ的ではない）は，肉でない代替品を開発する技術競争の中に根強く残っている。2018年に設立された，イスラエルに本社を置くRedefine Meat社は，3-Dプリンターで作られた，動物性原料が含まれていないステーキを販売している。Redefine Meat社はそのウェブサイトでわざわざ次のように主張している。「私たちは肉が大好きなだけではありません。肉にとりつかれているのです」と。そしてこう約束する。「あなたたちが知っている大好きな肉と同じ素晴らしい肉で，それよりも単純に上質なのです」 バーガーキングは，その最も売れている商品であるワッパーの，植物を原料としたバージョンを導入し，切ったときに血が流れ出す「インポッシブルバーガー」パティを売りにしている。

⓰ インポッシブルバーガーパティは，ヘムを含んでいる。ヘムは，動物の肉に存在しているタンパク質だが，このパティのヘムは植物から抽出される。ヘムは風味を添えるが，実際に大切なのはその食感で，噛むと本物の血液のように口の中にあふれる。中国で何世紀にもわたって調理されてきた疑似肉――豚のあばら肉に代わるレンコンや，アヒルの皮の代用のパリッと焼いた何層もの湯葉――と違って，これらの疑似肉は，味と食感のみならず，本物が持つ文化的重要性をも提供することを目指しているのだ。

⓱ まるで，人に牛肉を食べるのをやめさせる唯一の方法は，彼らをだまして，自分がまだ牛肉を食べていると思い込ませることであるかのようだ。失われているものは何もないし，何の犠牲も求められていない。私たちは少なくとも，脂肪がたっぷりとあって肉汁に満ちた，動物の肉のような感じがするものに歯を沈める喜びを放棄することなく，あの温室効果ガスから地球を守ることができる。これが，それ，つまり植民と征服の神話がいかに深く浸透しているかということなのだ。皿の上には血が滴り，私たちに，自身の血が赤く流れているのだと安心させてくれながら。

肉食について考察した論説文。まず，現在の肉食の世界的傾向について述べ，続いて，生物学的観点から，人類の進化と肉食の関係について述べる。さらに，歴史的観点から，世界の肉食について述べた後，アメリカにおける肉食について，歴史的背景とともに述べており，この部分が本英文の主眼となっている。最後の3段落では，植物成分の疑似肉について，本物の肉と対照した考察がなされる。最終段は，語句による明確な言及はないものの，アメリカの肉食について述べており，第10段と強く結びついている。

各段落の要旨

❶ 必要不可欠と考える者もいる肉だが，近年その消費は減少し，疑似肉の売り上げが増えている。
❷ 世界の最高級レストランの中には，肉を出すのをやめたところがある。
❸ ヒトはその進化の過程において，肉食動物であった期間が長かった。
❹ ヒトの身体構造は本来肉食に向いておらず，肉食は生存の手段であったが，肉を手に入れて調理・摂取する過程で，ヒトの脳は発達し，知性ある現人類となった。
❺ 1万2千年前に人類は畜産・農耕や定住生活を始め，食生活が変化した。
❻ 実は肉食は世界の大半で，まれであり，19世紀以前にはヨーロッパですら，食生活の8割を穀類に依存していた。
❼ もちろん金持ちは食べたいものを食べていた。18世紀の英国では，肉食は地位や力の象徴だった。
❽ 自由や旧世界への拒絶を基盤とする新生国家アメリカの住民が肉を信奉するのも無理はない。そして，アメリカ人を定義する肉は牛肉だった。
❾ 牛は最初，スペイン人が15世紀後期に新大陸に持ち込んだ。そして，大量の放牧は先住民から土地を奪い取る手段となり，多くの領地を安定的に植民地支配することに役立った。アメリカ人が食べる牛肉は，帝国の牛肉なのだ。
❿ 牛肉は征服というイメージと強く結びついており，開拓時代のアメリカ辺境の歴史を語り継ぐ神話となっている。ゆえに，人によっては牛肉を手放すことが非常に難しいと感じる。
⓫ 牛肉で利益を得たのは，カウボーイではなく，食肉加工業者や鉄道業者たちであった。
⓬ 牛の飼育の歴史は資本主義の歴史にほかならなかった。そして今日でも，アメリカの食肉加工業で，労働者が低賃金で危険な作業に従事している。
⓭ 一連の食肉加工の過程では，動物そのものとその死，そして労働者と彼らの苦難は隠れたままで，表面に出てこない。
⓮ アメリカ人が食べる肉の量はかつてよりも減ったが，その理由は，自分の健康のためという利己的なものでしかない。
⓯ 肉の代替品を開発する技術競争のなかには，肉を食べないのは犠牲的行為であるという考えが根強く残っている。
⓰ 疑似肉は植物由来だが，味と食感だけでなく，本物が持つ文化的重要性をも提供することを目指している。

⑰ 脂肪と肉汁に満ち，血が滴るような肉に喜びを見出すのは，植民と征服の神話がいかに深く浸透しているかを意味している。

解 説

問1 Then, around 12,000 years ago, our hunter-gatherer ancestors started to raise animals, grow crops and build permanent settlements, or else were driven out by humans who did.

▶「それから，およそ1万2千年前，我々の狩猟採集民の先祖たちが動物を育て，作物を栽培し，恒久の開拓地を建造し始めた。さもなければそれを行った人間によって追い出された」が直訳。

▶ raise …，grow …，build … は started to から枝分かれしている。

▶ started to … settlements と were driven … who did は，hunter-gatherer ancestors から枝分かれしている。

▶ or else「さもなければ」は，「人類の祖先が started to raise … settlements をしなかった場合は」ということ。この後の were driven out … の部分が仮定法にはなっていない点に注意。つまりここは仮定法ではなく，「それをしなかった先祖はそれをした先祖に追い出された」という過去の事実を述べているだけなのだと読み取る。

▶ did は started to raise … settlements の代動詞。

語句 hunter-gatherer「狩猟採集民」 permanent settlement「永住地，恒久の開拓地」 drive *A* out「*A* を（場所から）追い出す〔追い払う／駆逐する〕」

問2 Those not so fortunate as to control their own lives had to make do, as the British poor had done for centuries, with mostly oatmeal, perhaps with some vegetables.

▶「自分自身の人生を思い通りにできるほど幸運でない者は，イギリスの貧しい者が何世紀もの間そうしていたように，たいていはオートミールで，もしかすると野菜で間に合わせねばならなかった」が直訳。

▶ Those not so … = Those（= The people）who were not so …

▶ so ～ as to …「…できるほど～で」（= ～ enough to …）

▶ as the British … の as は〈様態〉を表し，「～ように」の意味。as … for centuries は挿入節。had done は had made do の代動詞。過去完了時制に注意して和訳する。

語句 make do with ～「～（ありあわせのもの）で何とかする，～で間に合わせる，～ですませる」→本文では，with の部分が2カ所に分かれている点に注意。the

British poor＝poor British people「貧しい英国人」 mostly「たいてい」 perhaps「もしかすると，ひょっとすると」

問3 ▶ The beef Americans eat is the beef of empire.「アメリカ人が食べる牛肉は，帝国の牛肉である」という記述を具体的に説明する。

▶下線部はこの段落の要旨を「帝国」という言葉でまとめたものである。この段落の第2～5文（The Spanish brought … of Puerto Rico.）の記述を見ると，15世紀後半以降，スペインは労働力として新大陸に持ち込んだ牛の放牧地を獲得する必要があり，この行為を通して広大な土地を先住民から奪い取り，植民地支配を強め，領土を広げていったことがわかる。このような植民地政策はまさに帝国主義にほかならなかった。この「放牧→土地が必要→先住民から土地を奪う→植民地支配→領土が拡大」という流れを80字以内でまとめればよい。

語句 cattle herds「牛の群れ」 grab「～を奪い取る」 original inhabitants「先住民」 vast spaces between population centers「人が住んでいる居住地と居住地の間に広がる広大な地域」 secure「～を獲得する，～を得る，～を実現する」 colonial control of ～「～の植民地支配」→「～を植民地支配すること」

問4 ▶ This is how deep it goes は「これはそれがいかに深く根付いているかということだ」が直訳。この文が，第10段（For some, that …）の「アメリカの開拓と牛肉の歴史」に関する内容を受けていることを読み取り，アメリカの肉食と植民の歴史との関連をコンパクトにまとめる。

▶ This が受けているのは，最終段第1文（It's as if …）の「まるで，人に牛肉を食べるのをやめさせる唯一の方法は，彼らをだまして，自分がまだ牛肉を食べていると思い込ませることであるかのようだ」であり，間接的には，その後の最終段第3文（We can save …）に書かれた具体的な内容（「(疑似肉であろうとなかろうと) 脂肪と肉汁たっぷりの，動物の肉のような感じがするものを食べる喜びを放棄することなく，牛が放出する温室効果ガス（第14段第2文（This is part …））から地球を守ることができる」）も受けていると考えられる。これは単純に言うと「アメリカにおける肉食の喜び」または「アメリカの肉食文化」とまとめることができる。あるいは，第10段第1文（For some, that …）の「牛肉が非常に放棄しがたいものになっている」や，第15段第3文（It takes pains …）の we're obsessed with it「我々は肉に取りつかれている」という記述も参考にして，「アメリカ人の肉への執着」などとすることもできるかもしれない。

▶ it は直後の the myth of settlement and conquest「定住〔植民〕と征服の神話」を指している。これは第10段第1文（For some, that …）および同段最終文（Beef is the …）の記述に対応した語句である。

●代名詞 it は通例，既出の事柄を指し，「これから述べること」を指す場合は指示代名詞 this を用いるのがふつうである。

●しかし it には「これから述べること」を指したり，先取りしたりする用例も存在する。本英文の場合は，主語に This が用いられているので，それと区別するためにこの用法の it が用いられていると思われる。

▶字数が制約されているので，the myth of settlement and conquest を中心にまとめる。settlement「定住，移住，植民」と conquest「征服」については，第9段（However, cows are …）と第10段第1文（For some, that …）（⇒アメリカ人の「征服の象徴としての肉食への執着」）および同段最終文（Beef is the …）（⇒牛肉はアメリカ辺境の神話）の記述を参考にまとめる。また，「アメリカの肉食文化」「アメリカにおける肉食の喜び」（「アメリカ人の肉食への執着」）については，最終段第1～3文（It's as if … full of juices.）や第10段第1文（For some, that …）あるいは第15段第3文（It takes pains …）などに加えて，最後から2つ目の段最終文（Unlike the fake …）の cultural importance（of the real thing）「（本物が持つ）文化的重要性」という記述も参考にまとめる。

▶〔解答〕は他に，「アメリカの肉食文化は，植民と征服の物語と深く結びついている。」「アメリカの肉食文化は，植民と征服の神話の根深さを示している。」「アメリカにおける肉食の喜びは植民と征服の神話に根ざしている。」「アメリカ人の肉への執着は植民と征服の神話の根深さの象徴だ。」（いずれも30字以内）といったものが考えられる。

語句　myth「神話。誤りであったり正しいとは言い切れなかったりするのだが，人が真実だと思い込んでいること」→ここでは字数の制約上，単純に「神話」と訳しておく。

問5　▶選択肢はすべて副詞である。まず第3段の文脈を手がかりに空欄に入る語を決定する。

▶（　A　）:「我々は（　A　）人間であった期間よりも肉食動物であった期間のほうが長い」という文脈から，空欄（　A　）には，「完全に人間になる」という意味を表す fully が入ると考える。

▶（　B　）:「200万年前のアフリカのサバンナでは，初期人類は，捕まえられる動物は何でも（　B　）に食べていた」という文脈に合う語を考え，regularly「定期的に」を選ぶ。直前文（Indeed, archaeological evidence …）の「我々は（　A　）人間であった期間よりも肉食動物であった期間のほうが長い」という内容もヒントになる。skillfully「巧みに，上手に」を入れるとすると「器用に食べていた」という意味になりそうだが，それに関連しそうな記述はないので不適切。
▶（　C　）：第4段第1文（Yet it wasn't …）は前段最終文（As the science …）の内容を受けて「しかし…」と続き，第4段第2文（Meat-eating was …）で「肉食は1つの適応形態だった」と述べられている。したがって，空欄を含む第4段第1文は「肉食は必ずしも，ヒトの習性ではなかった」という内容と考えるのが自然。
▶ロの組み合わせが適切。

問6　▶選択肢となる語が4つしかないので，それぞれを空欄に放り込んで意味を成すかどうかを確認してもさほど手間と時間はかからない。
▶（　D　）：空欄の前後が the native bison that once（　D　）there であるところから，空欄（　D　）に入る動詞の主語は bison「野牛」だということがわかる。there「そこで」は the plains「草原」を受けた副詞なので，「そこ（＝草原）で草を食べていた」という意味を表す feed「餌を食べる」の過去形，fed を入れる。
▶（　E　）：空欄直後の in に注目し，lie を入れると，The profit lies in ～ で「利益が～にある」⇒「～で利益が生まれる」という意味になる。時制を過去形に合わせ，自動詞 lie の過去形である lay を入れる。
▶（　F　）：空欄直後の to に注目し，lead の過去形である led を入れると，「より広大な草原に対する需要が，かつては共有地だった土地の私有地化を生んだ」という意味になる。空欄（　F　）を含む第12段第1文（It's impossible to …）に「資本主義なくして牛肉について語ることはできない」といった内容があり，その直後で「牛は私有財産の最も初期の形態の1つ」といった内容が述べられていることもヒントになるだろう。lead to ～「～を招く〔生む〕，（主語の結果）～が生じる」
語句　capitalism「資本主義」　privatization「民営化」

問7　▶該当箇所の文脈から，どのような意味の英文になるのかをある程度推測しておく。そして，与えられた語から，イディオムや構文が作れないかを検討する。
▶空欄（　G　）の後にいくつかの重傷例が紹介されていることから，「アメリカの精肉業界の労働者は大きな怪我を負いやすい」という意味になると推測できる。
▶主語は meatpackers「食肉加工業者」と考え，are，likely，to や more，than，three，times という語から「3倍以上～する可能性がある」という意味の語句ができると推測する。others は other workers を表す代名詞ととる。suffer は「(重傷) を負う」という意味で使用するので，空欄の最後に持ってくる。以上から，meatpackers are three times more likely than others to suffer という英語ができる。more likely と than others の位置に注意する。

問8 ▶「肉を食べないことは（ H ）であるという考えは，肉の代替品を開発する技術競争の中に根強く残っている」という文の空欄に，本文中から語を見つけて入れる問題。直後文（The Israeli-based company …）以降では，そういった考えを持った技術競争の担い手である開発業者の努力について詳しく述べられている。空欄（ H ）を含む第15段の第3文（It takes pains …）の後半には，Redefine Meat社の宣伝文句として「疑似肉は本物の肉と変わらないし，それ以上だ」とあり，最終段第2文（Nothing has been …）には著者の言葉として「(疑似肉を食べることで）失われているものは何もないし，何の犠牲も求められていない」とある。したがって，開発業者たちは肉を食べられないことを否定的にとらえており，それゆえ，そう感じさせないための擬似肉商品の開発に取り組んでいることが推測できるため，最終段第2文のsacrifice「犠牲（的行為)」が最も適切な語である。

問9 ▶「人類の知的発達」については第4段（Yet it wasn't …）に述べられている。この段落の第3・4文（To get at … we eat meat.）と，最終文（But others credit …）がそれぞれの該当箇所。この2カ所をそれぞれ60字以内にまとめる。

▶第4段第3・4文：To get at that flesh, we had to learn to make weapons and tools, which required using our brains. These in turn grew, a development that some scientists attribute to the intake of calories from animal protein, suggesting that we are who we are—the intelligent humans of today—because we eat meat.

- この文の意味の流れを簡略化すると …「武器と道具を作る」⇒「脳を使う」⇒「脳が発達」(←「動物性たんぱく質の摂取のおかげ」) ⇒「今日の知性ある人間となる」(←「肉を食べるから」) となる。

語句 get at ～「～を手に入れる」 which の先行詞は we had to learn … and tools の部分。These は brains を指す。a development that 以下は These in turn grew の内容を同格的に言い換えて具体的に説明した表現になっている。attribute to ～「～に原因があるとする」 intake「摂取」 we are who we are「人類は今の人類になっている」

▶第4段最終文：But others credit the discovery of fire and the introduction of cooking, which made it easier and quicker for us to digest meat and plants alike, freeing up energy to fuel a bigger brain.

- この文の意味の流れを簡略化すると…「火の発見と調理の導入」⇒「肉も植物も同じように消化が早くなる」⇒「より大きな脳に送り込むエネルギーが増える」となる。

語句 credit「～に功績があると思う，～のおかげだと思う」 which の先行詞は the discovery … cooking。free up ～「(他を減らして) ～を作る〔増やす〕，～を使えるようにする」 fuel「～に燃料（エネルギー）を供給する」

問10 ▶イ．「現在アメリカ人は，持続可能なライフスタイルの一部として，以前より多くの野菜を食べている」

「持続可能なライフスタイルの一部として」という記述は本文中にない。むしろ，第14段第2文（This is part of …）からは，アメリカ人の牛肉の消費量が減ったのは，主に健康のためであり，牛による温室効果ガスや牧草地による森林の消失といった理由ではあまりないことがわかる。

▶ロ．「新たな辺境を征服したカウボーイたちは，最初の資本主義者だった」

「カウボーイたちは最初の資本主義者だった」という記述は本文中にない。第11段第1文（It was also …）や第11段最終文（The profit lay …）からは，利益を上げたのはカウボーイたちではなく，食肉加工業者や鉄道業者たちであったことがわかる。

▶ハ．「牛は非常に意志が強いので，その肉は加工するのが難しい」

第11段第2・3文（“It is difficult … of our will.”）には，「生き物を食事に変えるのは難しい」「動物の身体は我々の意志の表現物となることに抵抗する」といったロジャー=ホロウィッツの発言はあるものの，「牛は意志が強い」という記述は本文中にない。

▶ニ．「疑似肉は本物を買う余裕がない人に好まれている」

「本物を買う余裕がない人に好まれている」という記述は本文中にない。

▶ホ．「『肉』という語は，もともとは動物の肉を指してはいなかった」

第6段最終文（The Old English …）の「(meat を表す）古期英語の “mete” は食べ物を表す単なる一般語でしかなかった」という記述に一致する。

問1 それから，およそ1万2千年前，狩猟採集民だった人類の祖先が，動物を飼育し，作物を栽培し，永住地を築き始めた。そうしなかった祖先たちは，これらを行った人間たちに土地を追い出された。

問2 自分の人生を思い通りにできるほど幸運でない者は，イギリスの貧しい人々が何世紀もの間そうしてきたように，たいていはオートミールで，もしかしたら野菜ですませねばならなかった。

問3 15世紀にスペイン人が労働力としてアメリカ大陸に持ち込んだ牛は，放牧のための広大な土地を先住民から奪い取り，大陸がどんどん植民地支配されていくのに貢献したから。(79字)

問4 アメリカの肉食文化は，植民と征服の歴史に深く根ざしている。(29字)

問5 ロ

問6 D．fed E．lay F．led

問7 3番目：three 8番目：others

問8 sacrifice

問9 ① 脳を使って武器や道具を作り，肉を手に入れるようになると，今度はその動物性たんぱく質の摂取によって脳が増大した。(55字)

② 火と調理のおかげで，肉と植物をより容易に素早く消化でき，その結果，より大きな脳に供給するエネルギーを作ることができた。(59字)

問10 ホ

解 答

2

2022年度〔1〕

次の英文を読み，下の問いに答えなさい。(＊を付した語句には，問題文の末尾に注がある。)

Picture two cartoon characters, one round and the other spiky. Which would you name Bouba, and which one Kiki? And which do you then think is more outgoing? Perhaps surprisingly, most of you will probably attribute the same name and characteristics to each of the shapes. A growing body of research suggests that people tend to make a range of judgments based on nothing (A) the sound of a word or name.

At its most basic, this is known as the *bouba-kiki* effect, or *maluma-takete* effect, because of how our minds link certain sounds and shapes. (1) Across many different languages, people tend to associate the sounds "b", "m", "l", and "o" (as in the made-up words *bouba* and *maluma*) with round shapes. The sounds "k", "t", "p", and "i", as in the nonsense words *kiki* and *takete*, are commonly seen as spiky. These associations may be partly rooted in the physical experience of saying and hearing sounds, with some feeling more effortful and rough than others.

Surprisingly, the *bouba-kiki* effect even extends into human relationships, and how we imagine the personalities of people we've never met. Cognitive psychologist* David Sidhu at University College London and psycholinguist* Penny Pexman at the University of Calgary have found that people perceive certain personal names such as Bob and Molly as round, and others such as Kirk and Kate as spiky. In French, they showed the same effect with the "round" Benoit versus the "spiky" Eric. In a separate study, participants pictured people with those names as having rounded or spiky personalities. "The basic thing we find is that if you compare these very smooth, soft-sounding names, like Molly, to these harsher-sounding names like Kate, that the smoother-sounding names like Molly get associated with things like being more agreeable, more emotional, more responsible, whereas the harsher, spikier-sounding names are thought of as being more extroverted*," says Sidhu.

These widespread associations may (B) in how these sounds feel in our mouth, according to Sidhu. "If you think about pronouncing an 'm' versus a 't', for example, that 'm'-sound feels much smoother, and that symbolically captures the smoothness of the rounded shape versus the spiky shape." Sounds like "t" and "k" may feel more energetic, capturing an extroverted, cheerful, lively quality.

And this mouth-feel of the words we use can influence how we experience the world. (C) any given moment we use a series of subtle cues to pull together information from all our senses, and make judgments and predictions about our environment. "There's something about how humans are fundamentally associative (2)," Pexman says. "We want to see patterns in things, we want to find connections between things, and we'll find them even between sounds, and the things those sounds stand for in the world."

Such associations can help us with important real-life tasks, such as language-learning and guessing the meaning of (D) words. In English, words for round things are often round-sounding, as in blob, balloon, ball, marble. Words like prickly, spiny, sting, and perky are spiky both in sound and meaning. Sounds can also indicate size. An "i"-sound is linked to smallness, while an "o"-sound indicates largeness. Some of these links exist across thousands of languages, with the "i"-sound excessively popping up in words for "small" around the world.

For people learning new words, whether babies, young children, or adults, these patterns can be very helpful. Young children and even babies already match round sounds with round shapes. Parents tend to use sound-shape associations to emphasise the meaning of certain words, such as "teeny tiny." Adults benefit (E) associations when they learn a new language, finding it easier to guess or remember foreign words when their sound matches their meaning.

Some argue that these instinctive connections between sounds and meaning may even be a leftover from humanity's earliest stages of language evolution, and that human language itself started as a string of such expressive, readily guessable sounds.

When it comes to people's personalities, however, sound is not a reliable guide at all. Sidhu, Pexman, and their collaborators tested whether there was a link between a person's name and their personality, perhaps because the round or spiky sound of the name became attached to the wearer. They found no such association. "People worry about baby names. It's this expectation that the label matters so much," Pexman says. "Our data would suggest that (3)<u>although that's what we think, if you call the kid Bob, they're not any more likely to end up with one set of personality characteristics than another</u>."

Instead, our reaction to a name probably reveals more about our own prejudices. "It does suggest that we're prepared to read a lot into somebody's name that probably isn't a cue to what that person is actually like," says Pexman.

Results from an ongoing study by Sidhu, Pexman, and collaborators suggest that the sound of a name has less (F) an impact as we find out more about people. When participants were shown videos of people with supposedly round or spiky names, the names made no difference to their judgment of them. "When all you know is the name, like in these studies when you're just shown a name and asked about the personality, then maybe these sounds will play a role," Sidhu says. "But as you start getting more information about the person, then that actual information about the personality is probably going to cancel these (4)<u>biases</u>."

The research adds to a growing body of evidence that challenges a long-held view in linguistics: that sounds are arbitrary*, and have no inherent* meaning. Instead, certain sounds have been found to (G) to mind consistent associations not just with shapes and sizes, but even with flavours and textures. Milk chocolate, brie cheese*, and still water tend to be perceived as *bouba / maluma*, while crisps, bitter chocolate, mint chocolate, and sparkling water are more likely to be experienced as *kiki / takete*.

As widespread as the *bouba-kiki* effect is, it can be changed or cancelled out by different factors, such as our own native sound system. Suzy Styles and her PhD* student Nan Shang tested the *bouba-kiki* effect with Mandarin Chinese*. Mandarin is a tonal language*, where the meaning of a word can completely change depending on the tone* in which it is said. In English, tone can carry some meaning, for example by signalling a question, but (5) イ does ロ extent ハ in ニ it ホ Mandarin ヘ not ト the チ to. The researchers presented English- and Mandarin-speakers with two Mandarin Chinese tones, one high and one falling. The English-speaking participants in the experiment perceived the high tone as spiky, and the falling one as rounded. But Mandarin speakers drew the opposite conclusion, picturing the high tone as rounded, and the falling tone as spiky.

One possible explanation is that if we are (H) with tones in a language, as English-speakers are, then we may mainly hear them as high or low, and form associations based on pitch*. But if we are (I) with tones, as Chinese speakers are, we may be able to distinguish finer nuances. In the experiment, the Mandarin speakers heard the high tone as smooth, drawn-out, and steady, and therefore, rounded. The falling tone was experienced as sudden, because it dropped quickly, making it spiky.

Other studies also found variations in the *bouba-kiki* pattern. The Himba, a remote community in Northern Namibia who speak the Otjiherero language, judged *bouba* to be round and *kiki* to be spiky, in line with the general trend. But they found milk chocolate to be spiky-tasting, suggesting that our associations with regard to our senses are not universal.

When Styles and the linguist Lauren Gawne tested the *bouba-kiki* effect on speakers of Syuba, a language in the Himalayas in Nepal, they found no consistent response either way. The Syuba speakers seemed confused by the made-up words, possibly because they did not sound like any actual Syuba words. (6) イ any ロ associations ハ form ニ hard ホ it ヘ made ト meaningful チ this リ to. An analogy would be to say the made-up word "ngf" to an English speaker, and ask if it is round or spiky. It would probably be difficult to make a meaningful choice. "When we hear words that don't follow the word-pattern of our native language, it's often hard to do things with that word," Styles says. "We can't hold it in our short-term memory long enough to make decisions about it."

Cultural factors are also likely to affect our reactions to the sound of personal names. In English, the sounds "k" and "oo" are perceived as inherently humorous. English female names are more likely to contain sounds that are perceived as small, such as the "i"-sound in Emily, and also feature more soft sounds than male names. But in other languages, names can follow a completely different sound pattern. Sidhu hasn't yet tested the name-personality association across different languages, but expects that it would (J).

Uncovering these hidden associations holds one important real-life lesson: we probably read too much into other people's names. After all, Sidhu and Pexman found no evidence that Bobs are actually friendlier, or Kirks more extroverted. Their findings may add weight to calls to remove names from important documents such as CVs* or scientific papers under review, to prevent unconscious bias. Sidhu supports (7) the idea. "I think that makes a lot of sense," he says. "Whenever someone is being judged, taking away all of these extra things that could bias the judgment is always a good idea."

注 cognitive psychologist　認知心理学者
psycholinguist　心理言語学者
extroverted　外向的な
arbitrary　恣意的な
inherent　本来備わっている
brie cheese　ブリーチーズ（フランス産チーズの一種）

出典追記：What the sound of your name says about you, BBC Future on May 3, 2021 by Sophie Hardach

PhD 博士課程の

Mandarin Chinese 標準中国語(Mandarin)

tonal language 声調言語

tone 声調(音の高低)

pitch 音の高さ

CV 履歴書

1 下線部(1)のような傾向はなぜ生じると考えられるか。m音の場合を例にして，本文の内容に即して50字以内の日本語(句読点を含む)で説明しなさい。

2 下線部(2)の表す意味を40字以内の日本語(句読点を含む)で具体的に説明しなさい。

3 下線部(3)をthatの指し示す内容を明らかにしながら和訳しなさい。

4 下線部(4)と同じ意味で使われている英語1語を本文からそのまま抜き出して解答欄に書きなさい。ただし抜き出すべき語はbias以外とする。

5 下線部(5)の語を正しく並べ替えたとき，3番目と6番目に来る語の記号を解答欄に書きなさい。

6 下線部(6)の語を正しく並べ替えたとき，3番目と6番目に来る語の記号を解答欄に書きなさい。

7 下線部(7) the ideaの指し示す内容を，40字以内の日本語(句読点を含む)で説明しなさい。

8 外国語学習におけるthe *bouba-kiki* effectの利点を，本文の内容に即して60字以内の日本語(句読点を含む)で説明しなさい。

9 The *bouba-kiki* effect は架空の語に関しては生じない可能性がある。その理由を本文の内容に即して 60 字以内の日本語(句読点を含む)で説明しなさい。

10 空欄(A), (C), (E), (F)に入れるのに最も適切な前置詞 1 語をそれぞれ解答欄に書きなさい。解答はすべて小文字で書いてかまわない。

11 空欄(B), (G), (J)に入れる語として最も適切なものを，下の選択肢イ～へから選び，その記号を解答欄に書きなさい。

イ account	ロ attribute	ハ bring
ニ develop	ホ originate	ヘ vary

12 空欄(D), (H), (I)に入れる語の組み合わせとして最も適切なものを，下の選択肢イ～ニから選び，その記号を解答欄に書きなさい。

	(D)	(H)	(I)
イ	familiar	—— familiar	—— unfamiliar
ロ	familiar	—— unfamiliar	—— familiar
ハ	unfamiliar	—— familiar	—— unfamiliar
ニ	unfamiliar	—— unfamiliar	—— familiar

13 第 3 段落(Surprisingly で始まる段落)で述べられている内容を下の選択肢イ～ニから二つ選び，それらの記号を解答欄に書きなさい。

イ the *bouba-kiki* effect は，すでに顔見知りの人に対してのみ表れる。

ロ フランス語では Benoit が丸く，Eric はとがった感じに聞こえる。

ハ 丸みを感じる名前は社交的であると感じられ，きつい感じの名前は感情的な性質を思わせる。

ニ Molly や Bob といった名前は丸さ，Kirk や Kate はとがった感じをそれぞれ人々に思わせ，そうした人格を想定させる。

全 訳

■語の音と意味との関連性

❶ 漫画のキャラクターを2つ，心に描いてみよう。1つは丸く，もう1つはとがったキャラクターを。あなたならどちらをブーバと名付け，どちらをキキと名付けるだろうか？ そして，どちらがより社交的だと思うか？ 驚くかもしれないが，大半の人間が，同じ名前と特徴をおのおのの図形のものと考えるだろう。増大し続ける研究が示唆するのは，人は単語や名前が持つ音だけをもとに，さまざまな判断をする傾向があるということなのだ。

❷ 最も基本的には，これは，我々の心が特定の音と形を結びつける様子に由来して，ブーバ／キキ効果あるいはマルマ／タケテ効果として知られている。数多くのさまざまな言語にわたって，人は（ブーバやマルマといった造語に含まれているような）「b」音，「m」音，「l」音，そして「o」音を，丸い形と結びつける傾向がある。キキやタケテといった無意味な単語に含まれているような「k」音,「t」音，「p」音，そして「i」音は，一般に，とがっているとみなされる。これらの連想は一部には，音を口にしたり耳にしたりする身体的体験に起因している可能性があり，一部の音は他の音よりも発音しづらく耳障りな響きに感じられるのだ。

❸ 驚くべきことだが，ブーバ／キキ効果は，人間関係や，我々が今まで一度も会ったことのない人間の性格をどう想像するかといったことにまで及んでいる。ロンドン大学ユニバーシティ・カレッジの認知心理学者であるデヴィッド=シドゥと，カルガリー大学の心理言語学者であるペニー=ペクスマンは，人はボブやモリーといった個人名は丸いと受けとめ，カークやケイトといった名前はとがっていると感じると発見した。フランス語では，「丸い」ブノワに対する「とがった」エリックといったように同じ効果を示した。別の研究では，参加者はそのような名前の人を，丸い人格を持っているとか，とがった人格をしていると思い描いた。「私たちにわかる基本的なことは，もしモリーのような非常に滑らかで柔らかい響きのある名前を，ケイトのようなよりきつい響きの名前と比較すると，モリーのようなより滑らかな響きのある名前は，より感じがよく情感豊かで信頼できるようなものと結びつくし，その一方では，よりきつくとがった響きの名前は，より外向的だと思われるのです」とシドゥは言う。

❹ 広範囲に及ぶこれらの連想は，シドゥによると，これらの音が我々の口の中でどのような感じがするのかで，生じるのかもしれないという。「たとえば『t』を発音する場合と『m』を発音する場合を比較して考えますと，『m』音はより滑らかな感じがしますし，とがった形に対して丸い形が持つ滑らかさを象徴的にとらえ

ていますね」「t」音や「k」音はよりエネルギッシュな感じがして，外向的で陽気で元気な特質をうまく表現しているかもしれない。

❺ そして我々が使う言葉が持つこうした口の感覚が，世界を我々がどのように経験するかに影響を与えうる。いつなんどきでも，我々は五感のすべてから得た情報を整理するために一連のわずかな手がかりを利用し，周囲の状況について判断と予測をする。「人間が基本的に連想するものだということを何か物語るところがあります」とペクスマンは言う。「私たちは物事の中にパターンを見たいと思うし，物事の間につながりを見つけたいと思います。だから音声間やそれらの音声が世界で表す物事の間にすらパターンやつながりを見つけるのでしょう」

❻ そういった連想は，言語習得やなじみのない言葉の意味を推測するといった重要な実生活の課題の手助けになりうる。英語では，丸いものを表す言葉は，blob，balloon，ball，marble のように丸い響きがある場合が多い。prickly や spiny，sting，そして perky のような語は，音も意味も，とがっている。音は大きさを示すこともある。「i」音は小さいことと関連があるが，一方「o」音は大きいことを示す。これらのつながりは何千もの言語にまたがって存在するものもあり，「小さい」ことを表す語の中に「i」音が世界中で過度に出現する。

❼ 赤ん坊であろうと幼い子どもであろうと大人であろうと，新しい語を習得する人にとって，これらのパターンは非常に役に立ちうる。幼い子どもたちはそうだが赤ん坊でさえすでに，丸い音を丸い形に組み合わせているのだ。親たちは「teeny tiny」といったある種の語の意味を強調するために，音と形の連想を利用する傾向がある。大人にとっては新しい言語を学ぶ際に連想が役に立ち，語の音がその意味に合っているとき，外国の言葉をより容易に推測したり覚えたりできることに気がつく。

❽ 音と意味の間にあるこれらの本能的な関係は，人類の言語進化の最も初期の段階からの名残りですらあるかもしれず，人間の言語自体は，そのような表現力を持つ容易に推測できる音の連続として生まれたと主張する者もいるのだ。

❾ しかし人の性格となると，音は信頼できる判断基準ではまったくない。シドゥとペクスマン，そしてその共同研究者たちは，個人の名前と性格の間に関係があるかどうかを調べた。名前が持つ丸い音やとがった音がおそらくその名前の使用者に結びついているからだ。そのような関係はまったく見つからなかった。「人は赤ん坊の名前のことで悩みます。呼び名が大変重要であると予期しているのです」とペクスマンは言う。「私たちのデータが示唆するのは，(3)<u>名称は大変重要だと私たちは思っているが，自分の子どもをボブと名付けたとしても，その子が最終的に，ある一連の性格的特徴を持つ子どもになる可能性が，別の性格的特徴を持つ子どもになる可能性よりいくらかでも大きいということはまったくないのです</u>」

❿ それどころか，名前に対する我々の反応は，たぶん我々自身の偏見について，より多くのことを明らかにするだろう。「その反応が確実に示唆しているのは，私たちは，その人物が実際はどのような人なのかということの手がかりにはたぶんならないのに，進んで人の名前を深読みしようとするということなのです」とペクスマンは言う。

⓫ シドゥとペクスマン，そしてその共同研究者たちによる進行中の研究結果が示唆するのは，我々が人について知れば知るほど，名前が持つ音の影響力が小さくなるということだ。丸い名前やとがった名前と思われる名前の人のビデオ映像を参加者に見せたとき，名前はその人たちに対する判断にまったく影響を与えなかった。「わかっているのが名前だけのとき，例えばこういった研究で名前だけ見せられてその性格について尋ねられるといったようなときには，たぶんこれらの音が影響を与えるでしょう」とシドゥは言う。「しかしその人物についてさらに多くの情報を手に入れ始めると，その性格に関する実際の情報が，たぶんこれらの先入観を消し去っていくのでしょう」

⓬ この研究は，言語学で長年抱かれてきた考え（音は恣意的であり，本来備わっている意味はないという考え）に異議を唱える証拠を増大させ続けている。それどころか，ある種の音は，形や大きさだけでなく，風味や手ざわりとさえも，一貫した連想を思い浮かべさせることがわかっている。ミルクチョコレート，ブリーチーズ，そしてスティルウォーター（普通の水）は，ブーバ／マルマと考えられる傾向があるが，一方で，クリスプ（ポテトチップス），ビターチョコレート，ミントチョコレート，そしてスパークリングウォーターは，キキ／タケテと感じられる可能性がより高い。

⓭ ブーバ／キキ効果は広く行き渡っているものの，我々自身の母語が持つ音声体系といった別の要因によって変更されたり打ち消されたりする。スージー=スタイルズと，その博士課程の学生であるナン=シャンは，標準中国語でのブーバ／キキ効果を調べた。標準中国語は声調言語であり，話す際の声調によって語の意味がすっかり変化することがある。英語の場合は，たとえば質問の合図を送ることによって，声調が何らかの意味を伝えることはできるが，標準中国語におけるほどではない。研究者たちは，英語話者と標準中国語話者に，高い声調と下降声調の２つの標準中国語の声調を聞かせた。実験に参加した英語話者たちは，高い声調をとがっていると感じ，下降声調を丸いと感じた。しかし標準中国語話者たちは正反対の結論を引き出し，高い声調を丸いと思い，下降声調をとがっていると思った。

⓮ 考えられる説明の一つはこうだ。英語話者のように言語の声調になじみがない場合は，声調を主に高いか低いかのどちらかとして聞き取り，音の高さをもとに連想を形成するだろう。しかし中国語話者のように，声調に精通していれば，より細

かいニュアンスを区別することができるかもしれない。実験では，標準中国語話者は高い声調を，滑らかで引き伸ばされて安定しており，ゆえに丸いと聞き取った。下降声調は素早く下降するので唐突と感じられ，声調をとがった印象にしたのだ。

⓯ 他のいくつかの研究でも，ブーバ／キキのパターンの変種が見つかっている。ナミビア北部にあり，ヘレロ語を話す人里離れた共同体のヒンバ族は，一般的傾向と同じくブーバは丸く，キキはとがっていると判断した。しかし彼らは，ミルクチョコレートをとがった味がすると思い，これは我々の五感に関する連想が万国共通ではないということを示唆している。

⓰ スタイルズと言語学者のローレン=ゴーンが，ネパールのヒマラヤ山脈の言語，シュバ語の話者についてブーバ／キキ効果を調べたとき，どちらにも一貫した反応は見られなかった。シュバ語話者は造語に困惑しているように思われたが，これはもしかするとそれらの造語が実際のどんなシュバ語にも似ていないように聞こえたからかもしれない。このことが，何であろうと意味のある連想をするのを難しくしたのだ。一つの類推をするなら，「ngf」という造語を英語話者に伝え，それが丸いかとがっているかを尋ねてみることになるだろう。意味のある選択をすることはたぶん難しいだろう。「私たちの母語のワードパターンに合わない語を耳にするとき，その語に関して何かをすることはしばしば困難なのです」とスタイルズは言う。「私たちはそれについて判断できるほど長くは，自分の短期記憶にそれを保持できません」

⓱ 文化的要因も，個人名の音に対する我々の反応に影響を与えそうだ。英語では，「k」音と「oo」音は，そもそもユーモラスだと思われている。英語の女性名は，エミリー（Emily）の「i」音のように，小さいと感じられる音を含んでいることが多いし，柔らかい音を男性の名前よりも多く使用している。しかしほかの言語では，名前はまったく異なった音声パターンに従うことがある。シドゥは，さまざまな言語にわたる名前と性格の連想についてはまだ調べていないが，その連想は多様であろうと予想している。

⓲ これらの隠れた連想を明らかにすることは，実生活における一つの大切な教訓を含んでいる。つまり，我々はたぶん他人の名前を深読みしすぎるということなのだ。というのも，シドゥとペクスマンは，ボブという名の人間のほうが実際にフレンドリーだとか，カークという名の人間のほうが外向的だという証拠をまったく見つけていないのだから。彼らが見つけたことによって，無意識の偏見を防ぐために履歴書や査読中の科学論文といった重要な文書から氏名を取り除くべきという要求が，重要性を増すかもしれない。シドゥはその考えを支持している。「それは非常に賢明だと思います」と彼は言う。「人が評価されているときはどんなときでも，判断を偏らせる可能性のあるこれらの余計なものをすべて取り去ることは常によい考えなのです」

我々の心はある種の音や形と結びついて一定の連想を生み出すという，いわゆる「ブーバ／キキ効果」あるいは「マルマ／タケテ効果」について，言葉の歴史に関する考察や，複数の言語から例を挙げながら解説した英文。

五感が相互に作用し合い，その結果，対象を認識しようとする脳に錯覚を起こさせたり予断を与えたりする現象は，「クロスモーダル（cross modal）現象」または「クロスモーダル知覚」と呼ばれている。

各段落の要旨

❶ 人は単語や名前が持つ音だけをもとに，さまざまな判断をする傾向がある。
❷ 我々の心は特定の音と形を結びつける。これはブーバ／キキ効果あるいはマルマ／タケテ効果として知られている。
❸ 音が与える印象や効果は，個人名についても当てはまる。
❹ 音と意味との連想は，発音する際の口の中の感触から生じるのかもしれない。
❺ 人は基本的に物事の中にパターンやつながりを見つけ，そこから生じる連想によって周囲の状況を判断したり予測したりする。
❻ そういった連想の中には，多言語に共通のものもある。
❼ 新しい語を習得する人にとって，音と意味の連想パターンは語の意味を推測したり，覚えたりするうえで大いに役立つ。
❽ 人類の言語進化は，音と意味の連想関係から始まったと主張する者もいる。
❾ 個人の名前の音と性格の間には，言葉の場合と違ってつながりはまったくない。
❿ しかし我々は，誤った偏見から，個人の名前で性格を判断してしまう。
⓫ 名前が持つ音は，相手をよく知るにつれて，その人の人格を判断するうえでさほど影響を及ぼさなくなっていく。
⓬ ある種の音には，形や大きさだけでなく，風味や手ざわりとも，一貫した関連性がある。
⓭ しかし音と意味の連想効果は，母語の言語が持つ音声体系といった別の要因によって変化したり消えたりする。たとえば，声調を重視する標準中国語とそうでない英語の話者では，高い声調と下降声調への印象が真逆であった。
⓮ 各声調への印象が標準中国語と英語の話者で異なっていたのは，声調に精通している標準中国語話者のほうが，より細かいニュアンスを区別できたためかもしれない。
⓯ アフリカのある言語の話者の例から，音に対応する感覚の連想には変種が存在すると推測できる。
⓰ 与えられた語が母語の単語のパターンに合わない場合は，音と意味の一般的連想を見出したり当てはめたりすることは難しい。
⓱ 個人名の音に対する我々の反応は，文化的要因にも影響される可能性がある。
⓲ 我々は他人の名前に対して無意識の偏見を持っているので，先入観を排除すべき重要な文書からは氏名を取り除くべきである。

解 説

問1 ▶m音についての説明は，第4段第2文（"If you think about …）に，t音と対比対照する形で述べられている。この文の，「m音は，発音した際により滑らかな感じがし，それが丸い形の持つ滑らかさを象徴的にうまく表現している」という記述を50字以内にまとめればよい。

語句 across「〜の至るところに，〜のどこにでも，〜にわたって」 associate *A* with *B*「*A* を *B* と結びつける，*A* で *B* を連想する」 as in 〜「〜にあるような，〜に見られるような」 made-up words「造語」
（第4段）versus「〜に対して」 that 'm'-sound の that は「その〜」という意味の指示形容詞。後の that は「それ」という意味の代名詞で that 'm'-sound「その m 音」を指す。

問2 ▶humans are fundamentally associative「人間は基本的に連想の（生き物だ）」を具体的に説明している箇所を探す。

▶下線部に続く文（"We want to see …）から，「人は連想の生き物である」とはどういうことなのかを読み取る。We want to … の形で述べられている前半部で，物事の中に規則性のあるパターンを見出し，物事の間につながりを見つけたいと願う，人の本質が述べられているので，その部分を40字以内にまとめる。後半部で，「だからそれらを音声間や音声が表す物事の間にも見つける」と述べているが，ここは補足的説明であり，本質は前半部で述べられている。

語句 connection「関係，つながり，結びつき」

問3 although that's what we think, if you call the kid Bob, they're not any more likely to end up with one set of personality characteristics than another

▶「それが我々が考えることだが，もしあなたが自分の子どもをボブと呼んだ場合，その子が最終的に一連の性格的特徴を持つ可能性は，別の性格的特徴を持つ可能性よりいくらかでも大きいということはない」が直訳。

▶ that は前文（It's this expectation …）の that the label matters so much「呼び名が大変重要だということ」を指す。label は「（偏見を伴う断定的な）呼び名，呼称」を意味し，「レッテルを貼る」の「レッテル」に当たる。ここでは「どういうレッテルが貼られているのか（＝世間でどう思われているのか）が重要なのだ」という意味で，name ではなく label という語が用いられている。

▶ the kid は特定の子どもを表すが，ここでは your kid と同義で，「自分の子ども」という意味で使用されていると思われる。a kid と the kid の意味の違いを見落とさないこと。

▶ Bob は第 3 段第 2 文（Cognitive psychologist David …）で，Molly とともに「丸い」響きを持つ名前の一例として挙げられていた。if はここでは文脈から even if の意味と考えられ，「わが子を，丸い響きを持つボブと呼んでも」といったニュアンスだと考えておけばよい。

▶ they're の they は the kids を指す。文法上は he or she is とすべきだが，堅苦しいのとジェンダーへの配慮の観点から，近年は he or she は両方の性に使える they で受けることが多い。

▶ not any＋比較級＋than ～「～よりいくらかでも…ということはない」が正確な和訳。簡単に言うと「～と変わらない」ということ。

▶ another の後に set of personality characteristics「一連の性格的特性」を補う。

語句 be likely to *do*「～する可能性がある」 end up with ～「最終的に～を持つ〔備える〕，～で終わる」

問 4 ▶ bias（es）「偏見，先入観」の同義語を探す。

▶ 下線部(3)直後の第 10 段第 1 文（Instead, our reaction …）の文末の prejudices が同義語である。

▶ bias は，人の思考や認知，行動における偏りを示す語。「斜め」という意味もある。

問 5 ▶ まず，該当箇所がどういう文脈にあるかを読み取る。

▶ ここでは，標準中国語の声調と英語の声調が比較されている。これを念頭に置いて並べ替えの作業をしていく。

▶ 下線部は「英語では，問いかけの合図をするなどして，声調が何らかの意味を伝えることはできるが」に続く部分なので，「…が，標準中国語が伝えるほどは語の意味を伝えない」という意味になるのではないかと推測していく。

▶ 並べ替えの語の中に動詞が does しかない点に注目する。どこかに省略構文が使われているのではないかとか，does は代動詞ではないのかと考えてみる。

▶ extent，the，to の存在から，… to the extent（that）S V「～（S が V する）ほど（は）…」というイディオムが使われているのではないかと考える。接続詞 that はここでは省略されていると考える。

▶ to the extent の後にくる主語は代名詞の it と推測し，動詞は文前半の carry some meaning に対応する代動詞の does であると考える。Mandarin は in Mandarin という句にして「標準中国語におけるほどは」という意味になると推測する。

▶ 以上から，下線部は … but（tone can） not（carry meaning） to the extent（that） it does in Mandarin「標準中国語において声調が意味を伝えるほどは（英語では）

意味を伝えることができない」という意味の文になると考えられる。it は tone を指しており，does は carries meaning の代用。並べ替えの部分と，対応する記号は not to the extent it does in Mandarin（ヘ－チ－ト－ロ－ニ－イ－ハ－ホ）となる。

問6 ▶まず該当箇所がどういう文脈にあるかを読み取る。下線部の前文に「シュバ語の話者は聞きなれない造語に困惑しているようだった」とある。

▶並べ替える語に hard，it，made，to があることと，「困惑していた」という文脈から，「何かをするのが困難なので困惑している」という文脈だと考え，made it hard to form ～「～を形成するのを困難にする」という形式目的語の構文を作る。

▶ form の目的語は associations「連想，結びつき」ではないかと考え，これに形容詞 meaningful「意味のある」をくっつける。any はこれらの語にくっつけて，any meaningful associations「意味のあるどんな結びつきをも」とする。

▶残った this を，前文の内容を受ける無生物主語として用いる。

▶ This made it hard to form any meaningful associations（チ－ヘ－ホ－ニ－リ－ハ－イ－ト－ロ）が正解となる。

語句 「どんな～でも」という意味で，肯定文で使用される any は，通例単数形可算名詞の前で使用されるが，本問のように複数形の可算名詞とともに使用されることもある。

問7 ▶ the idea「その考え」は，前文の to remove names from important documents such as CVs or scientific papers under review, to prevent unconscious bias を指している。この「無意識の偏見を防ぐために，履歴書や査読中の科学論文といった重要な文書から氏名を取り除く」という内容を 40 字以内にまとめる。

▶該当箇所の to remove … は直前の calls「要求」の内容を同格的に示す不定詞句（形容詞用法）。後半の to prevent … は to remove … と並列関係ともとれるが，文脈から，〈目的〉を表す副詞句（「偏見を防ぐために」という意味）ととる。

語句 remove「～を取り除く」 document「文書」 papers「論文」 under review「審査中の，査読中の」 add weight to ～「～の重要性を増す」 calls「要求」

問8 ▶まず，該当段落を探す。第 6 段第 1 文（Such associations can …）に can help us with … や language-learning「言語習得」とあり，第 7 段第 1 文（For people learning …）に learning new words「新語を覚える」とか can be very helpful とあるところから，the *bouba-kiki* effect が外国語学習に役立ちうることが読み取れる。

▶さらに第6段最終文（Some of these …）に，across thousands of languages「何千もの言語にわたって」とあることから，この効果（＝音と語の意味の間の関連性・連想）が多言語に共通してみられることがわかる。
▶また，第7段最終文の（　E　）を含む文には，Adults benefit (from) associations … finding it easier to guess or remember foreign words when their sound matches their meaning という記述がある。ここも参照する。
▶以上をまとめて，60字以内で解答文を作成すればよい。ポイントは「外国語学習に役立つ」ということである。

問9　▶第16段第1文（When Styles and …）のヒマラヤのシュバ語話者にスタイルズとゴーンが行った「ブーバ／キキ効果」の調査に関する記述に，they found no consistent response「一貫した反応が見つからなかった」とあり，また同段第2文（The Syuba speakers …）の made-up words「造語」という言葉から，この段落が設問文の「The *bouba-kiki* effect は … 生じない可能性がある」や「架空の語」といった表現に対応する箇所だと推測できる。
▶第16段の最後から2つ目の文（“When we hear …）と同段最終文（“We can't hold …）を60字以内にまとめる。
▶第16段最後から2つ目の文（“When we hear …）の words that don't follow the word-pattern of our native language から，「自分の母語の単語のパターンに従わない」というのが，the *bouba-kiki* effect が「架空の語」に関しては生じない可能性がある理由だとわかる。
▶第16段最終文（“We can't hold …）では，さらに詳細に，「なぜ自分の母語の単語のパターンに従わない語の場合に the *bouba-kiki* effect が生じにくいのか」が説明されている。We can't hold it in our short-term memory long enough to make decisions about it.「それについて判断ができるほど長く，短期記憶にとどめておくことができない」(it は前文の that word を指す）「短期記憶にとどめておくことができない」とは「短期記憶が難しい」とか「すぐに忘れてしまう」ということ。

問10　▶文脈・文法・語彙の3面から，最適な前置詞を判断していく。
▶（　A　）：空欄前の nothing を手がかりに，「語や名前の音だけを」という意味になるよう，but を入れて nothing but というイディオムを作る。
▶（　C　）：moment や time とともに用いて「～の時に」という意味を表す前置詞は at である。at any given moment は「いつなんどきでも」という意味。
▶（　E　）：「～から利益を得る」という意味を表すよう，from を入れる。
▶（　F　）：less of *A* than ～ の形で「～ほど…でない」という意味を表す。less

の後に形容詞ではなく名詞が続く場合，of＋名詞の形となることをおさえよう。該当箇所は than ～ が省略されている。has less of an impact は「それほど影響を及ぼさない」という意味。

問 11 ▶選択肢の動詞の用法と意味を確認し，文脈と文法に合うものを決定する。

▶（　B　）：originate を入れると「広範囲に及ぶこれらの連想は（～から／～で）生じる」という意味になる。

▶（　G　）：空欄の後の to mind に注目し，bring を入れると，bring to mind *A*（＝bring *A* to mind）「*A* を思い出させる」というイディオムができる。直前文（The research adds …）に「この研究は，言語学で長年抱かれてきた，音は恣意的であり，本来備わっている意味はないという考えに異議を唱える証拠を増大させ続けている」とあり，それに続いて空欄を含む文冒頭に「実際（それどころか）」とあることもヒントになるだろう。

▶（　J　）：直前文（But in other …）には，「しかしほかの言語では，名前が異なった音声パターンに従うことがある」という記述がある。よって，different「異なった」に対応する動詞 vary「多様である，異なる」を入れる。

語句　イ．account（for ～）「（～を）説明する〔占める〕，（～の）原因となる」　ロ．attribute *A* to *B*「*A* は *B* に原因がある〔起因する〕」　ニ．develop「発展する」

問 12 ▶文脈から推測して空欄を埋め，選択肢を絞っていく。

▶（　D　）：直前に guessing「推測」という語が使用されているので，空欄（　D　）には unfamiliar「なじみがない」という語が入ると考えられる。ゆえに答えはハかニに絞られる。

▶（　H　）：空欄の後の as English-speakers are「英語話者のように」に注目する。第 13 段第 3・4 文（Mandarin is a … does in Mandarin.）から，「英語話者は言語の声調には不慣れだ」ということが読み取れるので，空欄（　H　）には unfamiliar が入る。この時点で，おそらく正解はニであると推測できるだろう。

▶（　I　）：前文から逆接の But でつながる部分なので，空欄（　H　）の反対の意味を表す familiar が入ると考えられる。また，空欄（　I　）の後の as Chinese speakers are「中国語話者のように」や第 13 段第 3 文（Mandarin is a tonal …）も，判断の際のヒントになるかもしれない。

▶以上から，やはり最も適切な組み合わせはニであることがわかる。

問 13 ▶イ．「顔見知りの人に対してのみ」という記述が第 3 段第 1 文（Surprisingly, the *bouba-kiki* …）の extends into … people we've never met「会ったことがない

人物の性格をどう想像するかといったことにも及ぶ」に合わない。

▶ロ．第3段第3文（In French, they …）に，they showed the same effect … "spiky" Eric「『丸い』ブノワに対する『とがった』エリックといったように，同じ効果を示した」とあり，この内容に一致する。

▶ハ．第3段最終文（"The basic thing …）の，「Mollyのような丸みを感じる名前は感情に関する物事と結びつき，一方きつい感じの名前は外交的と思われる」という記述に合わない。

▶ニ．第3段第2文（Cognitive psychologist David …）後半の記述（that people perceive …）および第3段第4文（In a separate …）に一致する。

解答

問1　m音は発音してみるとより滑らかな感じがし，とがってない丸い形が持つ滑らかさを象徴的に表しているから。(50字)

問2　人は物事の中にパターンを認識し，物事の間につながりを見つけたいと思うということ。(40字)

問3　名称は大変重要だと私たちは思っているが，自分の子どもをボブと名付けたとしても，その子が最終的に，ある一連の性格的特徴を持つ子どもになる可能性が，別の性格的特徴を持つ子どもになる可能性よりいくらかでも大きいということはまったくないのです。

問4　prejudices

問5　3番目：ト　6番目：イ

問6　3番目：ホ　6番目：ハ

問7　無意識の偏見を防ぐために履歴書や審査中の科学論文から氏名を削除すべきという考え。(40字)

問8　多くの言語にみられる，語の音と意味の結びつきにより，外国語の単語の意味をより容易に推測でき，覚えられる。(52字)

問9　自分の母語のパターンに合わない架空の語は短期記憶が難しいため，意味のある連想や，その語に関する判断が困難になるから。(58字)

問10　A．but　C．At〔at〕　E．from　F．of

問11　B―ホ　G―ハ　J―ヘ

問12　ニ

問13　ロ，ニ

3 2021年度〔1〕

次の英文を読み，下の問いに答えなさい。（＊を付した語句には，問題文の末尾に注がある。）

In the spring of 1935, Sigmund Freud* was not doing well. His health had begun to fail, made worse by an unseasonable Vienna chill. Nazis marched in the streets (and would soon exile him to London). But more immediate concerns were on his mind, as he sat down to write a letter to his friend and fellow psychoanalyst Lou Andreas-Salomé. "What an amount of good nature and humour it takes to endure the terrible business of getting old!" he wrote. "Don't expect to hear anything intelligent from me. I doubt that I can still produce anything... but in any case I haven't got the time, as I have to do so much for my health".

Andreas-Salomé, Freud's correspondent, had lived quite a life herself. In her youth she had tried to start a commune* with Friedrich Nietzsche*. But she was now an old woman, staying at a hospital and destined to die of kidney failure* within two years. Freud had known her half his life. Though the letter is mostly light-hearted, he evidently realized that Andreas-Salomé was facing dangerous surgery. His closing is touching: "I wish I could tell you in person how much I have your well-being at heart. —Your old Freud".

Freud may indeed have wished to see Andreas-Salomé in person, but he knew this was mere fantasy. Between him in Vienna and her in Berlin were hundreds of miles, the physical limitations of age, and Adolf Hitler. There was little chance they would ever see one another again. (1) <u>It's easy to picture Freud worrying about his friend's surgery, spending hours sunk in his armchair, sighing, "If only I could see her once more".</u>

Now imagine a different version of this incident. Imagine the smartphone had been invented seventy-five years earlier. Imagine Freud with his FaceTime app* all set up, ready for his weekly video chat with his old friend. This week, especially, he wants to see her before her surgery. But the cellular phone network is down! Freud bangs on his iPhone case, cursing his luck. Imagine him forced to write the same letter: "I wish I could tell you in person how much I have your well-being at heart" has a different intensity now. They were so close to seeing one another, to being in each other's virtual presence one last time before she went (あ) the knife. This version of the wish has a different tone: not a fantasy, but the sorrowful expression of a reasonable desire (A) denied. Technological progress creates new frustrations to go with its new possibilities. When technology makes something newly possible, it changes the status of our wishing for that thing. Once upon a time, wishing to see and speak to an old friend in another country instantly was mere fantasy, the sort of thing for fables of magic mirrors and crystal balls. But now we have portable video cameras and wireless networks. Now a wish to chat with distant loved ones has the status of a perfectly normal desire — one that is vulnerable to painful failure.

Mobile phones provide many examples of this phenomenon. Mary Beard, a scholar of ancient Roman civilization, recently appeared on BBC* radio to discuss the effects of technological change over recent decades. Her thoughts went straight to the effects of mobile phones on dating. In her youth, one would have to spend entire days waiting by the house telephone, hoping that one's boyfriend might call back to make plans. There were not even answering machines. Now, of course, you carry around a little device that allows you to co-ordinate plans with anyone, instantly. But back then you had to make a choice (い) your sense of liberty and your social availability. The path to a lover's heart (2) was permanently fixed in the living room. We can imagine the teenage Mary Beard thinking: *oh, I wish I could go out to the cinema while I'm waiting for this call.* But given the technology of the day, her wish was mere fantasy. It was not something she could (B) have expected to happen, and it would have been strange to feel bitter about the lack of the option.

But compare, now, a contemporary thirteen-year-old whose parents won't let her have a smartphone, though all her friends have one. She knows it's an option. She knows it's available. She knows that she could have this always-on chance to respond to that cute someone at any moment — but it's being denied her, unreasonably, unfairly. It might seem that the teenage Mary Beard, trapped on the living room sofa, wishes for the very same thing as the contemporary teenager who glances (C) at her classmate's iPhone. But this is an illusion. The teenage Mary Beard's wish was a fantasy, an imagining of how things could be better but in fact were definitely not going to be anytime soon. Our contemporary thirteen-year-old's wish is instead a desire. (3)She wants a thing that she very well could have, if only something (or someone) were not keeping it out of her hands. The nearby reality of a wish's fulfillment changes its status from fantasy to desire, and so makes it reasonable to be unhappy in entirely new ways.

This is why the last mortals* will have it particularly bad. Until now, the wish for immortality* was mere fantasy. No one has ever lived beyond 122 years, and no one has reasonably expected to do so. But what happens once the scientists tell us that we're drawing near, that biological immortality will be ready in a generation or two — then what? Suddenly we are Freud banging on his iPhone, missing out on FaceTime with his dear dying Lou. Seneca* told us to meet death cheerfully, because death is "demanded (う) us by circumstances" and cannot be controlled. Death's (4)inevitability is what makes it unreasonable to trouble oneself. Why should we suffer over the inability to attain a fantasy? Yet, as I've been arguing, soon death may cease to be inevitable. (5)It may become an option rather than a giver of orders. And, as the fantasy of immortality becomes a reasonable desire, this will generate not only new sorts of failed desires, but also new ways to become profoundly envious.

The last mortals may be forced to share Earth with the first immortals. This could happen (D), as our confidence grows that biological immortality will be perfected within the lifespans of our great-grandchildren. Or it may come with harsh precision, a divider between the generations. Perhaps it will turn

(え) that the only way to cure ageing requires gene manipulation before birth, during early embryo* development. In other words, anyone born before the technology emerges is sentenced to death, but all those born later will gain hundreds or thousands of years. Imagine the envious glances from hospital nurses towards the babies in their care in the months after that announcement.

Vague warnings of this future moment are already available to us; people in rich countries already enjoy life expectancies double those of the poorest places. And overlapping lifespans with people of another era is nothing new. The US Veterans Affairs Department* continues today to pay a pension from the Civil War*, due to the now ninety-something daughter of a Union soldier* who became a father at a very late age. Queen Elizabeth II has held her weekly audiences with prime ministers born in both 1874 and 1966. Two of the people who've held the "oldest living person" title, Anne D'Evergroote of Belgium and Emiliano Mercado del Toro of Puerto Rico, were both alive in 1891; between them they saw every year on this planet from 1783 until 2007.

But it's one thing to imagine little children sailing into the next century. It's another to know many will see the next millennium. The proportions are terribly imbalanced, and their distribution random. This is a sure recipe for jealousy. The last mortals may be ghosts before their time, destined to look (お) in growing envy at the enormous stretches of life left to their near-contemporaries. <u>In one sense, it will be the greatest injustice experienced in all human history.</u>(6) From an objective perspective, the problem of the last mortals seems temporary. After all, they will die off quickly, (E) speaking, and then everyone remaining will share equally in the new problems of extraordinary longevity*. But we may not have the luxury of taking this objective perspective, because we may be those last mortals. We may be the ones turning towards our descendants with the (F) intense anger and envy (G) has (H) known. Is there anything we can do to prepare?

TLS / News Licensing

注 Sigmund Freud ジークムント・フロイト(1856―1939) オーストリアの精神科医
commune コミューン(共通する価値観を持つ人々が財産を共有し，責任を分担する共同体)
Friedrich Nietzsche フリードリッヒ・ニーチェ(1844―1900) ドイツの哲学者
kidney failure 腎不全
FaceTime app iPhone などのアップル社製品に搭載されているビデオ通話アプリ
BBC 英国放送協会(テレビ・ラジオ公共放送局)
mortal (死すべき)普通の人間
immortality 不死
Seneca ルキウス・アンナエウス・セネカ(c. 4 BC―65 AD) 古代ローマの哲学者
embryo 胎芽(妊娠初期の胎児)
US Veterans Affairs Department アメリカ退役軍人局
the Civil War アメリカ南北戦争
Union soldier アメリカ南北戦争時の北軍兵士
longevity 長寿

1 下線部(1)を和訳しなさい。

2 下線部(2)が指し示すものを表す 3 語から成る語句(冠詞を含む)を，同じ段落からそのまま抜き出して解答欄に書きなさい。

3 下線部(3)を和訳しなさい。

4 下線部(4)の語の定義に最も近いものを下の選択肢イ～ニから一つ選び，その記号を解答欄に書きなさい。

イ incapability of being escaped

ロ incapability of being condoned

ハ incapability of being hidden

ニ incapability of being satisfied

5 下線部(5)はどのようなことを述べているか。It の指し示す内容を明らかにしながら，40 字以内の日本語(句読点を含む)で説明しなさい。

6 下線部(6)の指す内容を 80 字以内の日本語(句読点を含む)で説明しなさい。

7 空欄(あ)～(お)に入れる語として最も適切なものを，以下の選択肢イ～ホからそれぞれ一つ選び，その記号を解答欄に書きなさい。ただし，各選択肢は 1 回のみ使用できるものとする。

イ between　ロ of　ハ on　ニ out　ホ under

8 空欄(A)～(E)に入れる語として最も適切なものを，以下の選択肢イ～ホからそれぞれ一つ選び，その記号を解答欄に書きなさい。ただし，各選択肢は 1 回のみ使用できるものとする。

イ enviously　ロ gradually　ハ realistically

ニ relatively　ホ unreasonably

9 空欄(F)，(G)，(H)に入れる語の組み合わせとして最も適切なものを，以下の選択肢イ～ニの中から一つ選び，その記号を解答欄に書きなさい。

イ (F) almost　(G) everyone　(H) never

ロ (F) most　(G) someone　(H) never

ハ (F) almost　(G) no one　(H) ever

ニ (F) most　(G) anyone　(H) ever

10 空想(fantasy)が欲望(desire)へ変わると，人の気持ちはどのように変化するかを，本文全体の内容に即して 80 字以内の日本語(句読点を含む)で説明しなさい。

全訳

■不死になり損ねた最後の人間

❶ 1935年の春，ジークムント=フロイトは健康が思わしくなかった。彼の健康はすでに衰え始めていたが，ウィーンの季節外れの冷え込みでさらに悪化した。ナチスが街に進攻して来た（彼はすぐにもロンドンに亡命することになるだろう）。だが，友人であり研究仲間でもある精神分析家のルー=アンドレアス=ザロメにじっくりと手紙を書くとき，もっと差し迫った懸念が彼の頭から離れなかった。「年を取るという恐ろしい問題に耐えるにはなんと多くの人の良さとユーモアが必要なことか！」と彼は書いた。「私から知的なことを聞けるとは期待しないでほしい。私がまだ何かを生み出せるのか疑問だ…しかしいずれにせよ，時間がない。自分の健康のためにやるべきことがあまりにも多いゆえ」

❷ フロイトの文通相手，アンドレアス=ザロメは彼女自身波乱の人生を送ってきた。若いころはフリードリッヒ=ニーチェとともにコミューンを立ち上げようとしたことがあった。しかしそんな彼女も今ではもう高齢女性となり，病院で日々を送り，腎不全で余命2年の運命であった。フロイトは人生の半ばに彼女と知り合いになった。その手紙は大部分が屈託のないものだったが，アンドレアス=ザロメが危険を伴う手術を受けようとしていることを，フロイトははっきりと気づいていた。彼の結びの言葉は胸を打つ。「私があなたの幸せをどれほど願っているか，じかに伝えることができればいいのだが――あなたの古くからの友フロイトより」

❸ フロイトは本当にアンドレアス=ザロメにじかに会いたいと思っていただろうが，それが空想でしかないことを彼はわかっていた。ウィーンにいる彼とベルリンにいる彼女との間にあったのは，何百マイルもの距離と，年齢という身体的制約，そしてアドルフ=ヒトラーだったのだ。2人が再会できる可能性はほとんどなかった。(1)フロイトが友人の手術のことを心配し，ひじ掛け椅子に身を沈めて何時間も時をすごし，「ああ，もう一度彼女に会うことができさえすれば」とため息をついているのを想像するのは簡単だ。

❹ さて，この出来事の別バージョンを想像してみよう。スマートフォンが75年早く発明されていたと想像するのだ。フロイトがビデオ通話アプリの設定を完了し，古くからの友人と週に1回のビデオチャットをする用意ができていると想像してみよう。とりわけ今週は，フロイトは彼女の手術前に顔を見たいと思っている。しかし携帯電話のネットワークがダウンした！　フロイトはアイフォーンのケースを叩いて，自分の運をののしる。同じ手紙を彼が書かなければならないと想像してみよう。「私があなたの幸せをどれほど願っているか，じかに伝えることができればい

いのだが」は今度は異なった情熱を持つ。もう少しで，2人は彼女が手術を受ける前，最後にもう一度，互いの顔を見る，つまり互いの仮想的存在の面前に現れるところだったのだ。このバージョンの願いは異なった色合いを持っている。それは空想ではなく，無理のない欲望が理不尽に否定されたことを悲しげに表したものなのだ。技術の進歩は，その新たな可能性に伴う新たな欲求不満を生み出す。科学技術によって何かが新たに可能になると，我々がそういったものを願う状況もその技術によって変わるのだ。昔は，他国にいる古くからの友人と瞬時に会って話をしたいと願うことは空想でしかなく，魔法の鏡や水晶玉といった，物語に出てくる類のことだった。しかし今は，持ち運びできるビデオカメラや，ワイヤレスネットワークがある。今は，遠くにいる最愛の人間とおしゃべりをしたいという願望は，全く普通の欲望――実現できないとつらいものになりやすい願望――という地位を得ているのだ。

❺ 携帯電話はこの現象の例を数多く提供してくれる。古代ローマ文明の学者，メアリー=ビアードは最近，BBCのラジオ番組に出演し，この何十年かの技術的変化の影響について討論した。彼女の思考は携帯電話がデートに与える影響にまず向かった。彼女が若いころは，ボーイフレンドが折り返し電話をしてきて予定を立ててくれるのを期待しながら，家の電話のそばで丸何日も待たねばならないのが常だった。留守番電話すらなかったのだ。もちろん今は，だれとでも瞬時に予定を調整できるようにしてくれる小さな装置を携帯している。しかしあのころは，自由度と社交上の都合を秤にかけて決めなければならなかった。恋人の心に至る小道は，常に居間に固定されていた。私たちは10代のメアリー=ビアードが次のように考えているのを想像できる。「ああ，この電話を待っている間に，映画を観に出かけられたらいいのに」 だが当時の技術を考えると，彼女の願いは空想でしかなかった。それが生じることを現実的に期待できるものではなかったし，その選択肢がないことをつらく感じたとしたら，それは奇妙なことだっただろう。

❻ しかしここで，友達はみな持っているのに親にスマホを持たせてもらえない現代の13歳の女の子を比較対照してみよう。彼女はスマホが選択肢の1つだとわかっている。スマホは利用できるものだとわかっている。いつでもあのハンサムボーイに返事ができるというこの常時接続の機会が本来なら得られるはずだとわかっている――だがそれは今，彼女には与えられていない。理不尽かつ不当にも。居間のソファを離れられない10代のメアリー=ビアードは，級友のアイフォーンを羨ましそうにちらちらと見ている現代の10代の若者とまさに同じものを欲しがっているように思えるかもしれない。しかしこれは錯覚なのだ。10代のメアリー=ビアードの願望は空想だった。状況は改善の余地があるが，実際は近いうちには絶対によくならないだろうという想像だ。くだんの現代の13歳の願望は，そうではなくて，

1つの欲望なのだ。(3)彼女は，それを所有するのを何か（あるいはだれか）が邪魔していない限り，自分が所有する可能性が十分あるものを欲しがっているのだ。1つの願望が実現するという遠くはない現実がその願望の地位を空想から欲望に変え，それにより，全く新たないくつかの面で不満を抱くことがもっともなことになる。

❼ こういうわけで，死すべき最後の人間は，とりわけ悲惨なことになるだろう。これまでは，不死への願望は空想でしかなかった。122歳を超えて生きた人間はかつておらず，それほど生きるだろうと思った人間がいないのも当然だ。しかしいったん科学者が我々に，その日が来るのはそう遠くなく，生物学的な不死が1世代ないし2世代後には手に入ると言ったら，何が起こるだろう——そのとき何が？我々は突如として，死を迎える大切なルーとのビデオ通話の機会を失いアイフォーンを叩くフロイトになるのだ。セネカは我々に，死と陽気に向き合うようにと言った。というのも，死は「運命によって人に要請されるもの」であり，意のままにはできないからだ。死が避けられないからこそ，人が心配することが非合理となるのだ。空想を実現できないことをどうして思い悩まなければならないのか。しかし，すでに述べてきたように，死はやがて不可避ではなくなるかもしれない。死は，指令を与えるものというよりもむしろ1つの選択肢となるかもしれない。そして，不死という空想が無理のない欲望となるときに生まれるのが，新たな類の満たされない欲望だけでなく，深い嫉妬心を抱くいくつもの新たな状況なのだ。

❽ 死すべき最後の普通人は，最初の不死の人間と一緒に地球で暮らすことを強いられるかもしれない。これは，生物学的不死は我々のひ孫の寿命のうちに達成されるだろうという確信が大きくなっていくとき，徐々に生じていく可能性がある。あるいは，世代間を分割する残酷な正確さをもって生じるかもしれない。もしかすると，老化を解決する唯一の方法は，出生前，胎芽の発育の早い時期に遺伝子操作をする必要があるとわかるかもしれない。言い換えるならば，その技術が出現する前に生まれた者はだれであれ，死を宣告されるが，そのあとに生まれた者はみな，何百年あるいは何千年もの時間を手に入れることだろう。その発表の数カ月後に，看護師が世話をしている赤ん坊に注ぐ羨望のまなざしを想像してほしい。

❾ この未来の時に対する漠然とした警告は，すでに我々の身近にある。豊かな国の人間はすでに最貧地域の人間の倍の平均余命を享受しているのだ。そして2つの時代の人たちの寿命が一部で重なっていることは，目新しいことではない。アメリカ退役軍人局は，晩年に父親となった北軍兵士の，現在90歳代の娘に対して払われるべき南北戦争の年金を，今日でも支払い続けている。女王エリザベス二世は，これまで週1回の謁見を1874年生まれの首相と1966年生まれの首相に行ってきた。「存命している最高齢者」という肩書を得た人たちのうちの2人，ベルギーのアン=デヴァグロートと，プエルトリコのエミリアーノ=メルカド=デル=トロはいずれも

1891年には存命だった。2人合わせると，地球上で1783年から2007年までの各年を目撃したことになる。

❿ しかし幼い子供たちが次の世紀に踏み出していくのを想像することと，多くの子供たちが次の千年間を目撃するのを知っていることは別だ。その比率はひどく不均衡で，その分布は行き当たりばったりである。これは妬みの確実な原因となる。寿命のある最後の普通人は，自分とほぼ同じ時代に生きる者たちに残された途方もなく長い人生に対する，増大していく羨望の念の中で傍観者となる運命にあり，天寿を全うする前に亡霊となるかもしれない。ある意味では，それは人類史上で経験された中で最大の不公平となるだろう。客観的視点から見れば，最後の普通人の問題は，一時的なものに思える。結局相対的に見れば，彼らはあっというまに死に絶えていくのだから。そのとき，残った者はみな，驚くべき長寿という新たな問題を等しく負うことになろう。しかし我々はこの客観的視点から見るというぜいたくを味わえないかもしれない。我々自身，その最後の普通人になるかもしれないからだ。我々は，これまで人類が経験してきた中で最も激しい怒りと羨望を抱きながら子孫のほうを向く人間になるかもしれない。心の準備をするために何かできることはあるだろうか。

将来，科学の進歩で我々の次の世代から不死を得ることができたとしたら，死すべき運命にある我々は不死を得た次世代をどういう目で見るかを考察した英文。実現不可能な願望つまり空想は，手に入れることができなくとも残念ではないが，かつては空想だった願望がいったん実現可能なものとなると，それを手にすることができない人間は，それを手に入れた人間に嫉妬するのだと筆者は言う。英文の原典のタイトルは“The Last Mortals”だが，これは結局，あと一歩で不死を得ることができたかもしれないのに，不死になり損ねた人間のことである。

各段落の要旨

❶ 1935年の春，フロイトは自己の健康問題と余命のことで悩んでいた。

❷ フロイトの文通相手で親友の高齢女性ザロメは，腎不全で余命2年であったが，フロイトは彼女の手術の成功と幸せを切に祈り，手紙をしたためた。

❸ フロイトはザロメにじかに会いたいと願ったが，距離や身体的制約や政治的弾圧のためにそれは叶わなかったし，彼もそのことは自覚していた。

❹ もしフロイトの時代にスマートフォンがあったら，彼はザロメと手術前にビデオチャットができるだろう。しかし直前に回線がダウンして彼女と話ができなくなり，手紙を書かねばならなくなったときの情熱はまた違ったものとなる。かつては空想でしかなかったことが科学技術のおかげで可能になると，それが実現できなかったとき，つらい普通の欲望となるのだ。

❺ 携帯電話がなかった時代は，恋人からの連絡を自宅の居間の電話に張り付いて待たねばならなかったが，携帯電話がないことをつらいと感じることはなかった。

❻ 昔の若者が恋人と自由に連絡が取れればと願う願望は実現不可能な空想だったが，友達がみなスマホを持っているのに自分は持たせてもらえない現代の若者が同じことを願う気持ちは，実現可能な１つの欲望である。
❼ 不死への願望は現在のところ空想でしかなく，空想を実現できないことに非合理はない。しかし生物学的な不死が手に入るようになり，死が不可避でなくなるとき，それまでなかった欲望や，深い嫉妬心を抱く新たな状況が生じる。
❽ 将来，不死ではない普通の人間が，不死を手に入れた世代を羨望しながら一緒に暮らす時代が来るかもしれない。
❾ 公平ではない平均寿命の地域差や個人差はすでに存在している。
❿ 人類史上最大の不公平は，新たな世代が不死を得たときに生まれるだろう。そのとき不死になれなかった旧世代は，激しい怒りと羨望の念で子孫に向かうことになるかもしれない。

解　説

問１ It's easy to picture Freud worrying about his friend's surgery, spending hours sunk in his armchair, sighing, "If only I could see her once more".

▶「フロイトが友人の手術のことを心配し，ひじ掛け椅子に沈み込んで何時間もすごし，『ああ，彼女にもう一度会うことができればなあ』とため息をついているのを思い描くことは簡単だ」が直訳。

▶ picture *A doing*「*A* が〜するのを思い描く〔想像する〕」がメイン構文。worrying と spending と sighing は picture Freud から枝分かれしている。この文構造を，spending … と sighing … の部分が付帯状況を表す分詞構文で worrying を修飾していると解釈することもできるが，後ろから前にかけて和訳していく後者の解釈よりも，前から順に訳し下ろしていく前者の解釈のほうが読みやすい日本語になる。

語句　surgery「(外科) 手術」 (be) sunk「身を沈めて」 armchair「ひじ掛け椅子」 If only＋仮定法「〜であればなあ，〜でありさえすればなあ」

問２ ▶ The path to a lover's heart の直訳は「恋人の心に至る小道」→この後にこの「小道」が「居間に恒久的に固定されて〔取り付けられて〕いた」と続く。

▶「恋人の心に至る小道」とは「恋人と心を通わせることができる（通信）手段」と考えられるので，文脈から同じ段落の第４文（In her youth,…）にある the house telephone「家の（固定）電話」を指しているとわかる。

問３ She wants a thing that she very well could have, if only something (or someone) were not keeping it out of her hands.

▶「彼女は，もし何か（あるいはだれか）がそれを自分の手から離れさせておかない限り，自分が持つ可能性が十分あるものを欲しがっているのだ」が直訳。

▶全体が仮定法で書かれている。very well could *do* = could very well *do*「～する可能性が十分あるだろう」→could well ～ は may well ～「おそらく～だろう，～でありそうだ」の仲間で，very は well を強めている。if only ～「～さえすれば」は could have にかかっている。

▶ keeping の目的語の it は a thing を指す。out of *one's* hands は「（人）の支配を離れて，（人）の力が及ばない」の意味。keep *A* out of *one's* hands「*A* を～の手の届かないところに置いておく」→「（～が）*A* を手に入れるのを邪魔する」

問4 ▶ inevitability は inevitable「避けられない，不可避の，必然的な」の名詞形なので，「避けられないこと，不可避性，必然性」といった意味を表す。

▶選択肢の意味はそれぞれ，イ「逃れる〔免れる〕ことができないこと」，ロ「大目に見る〔許容する〕ことができないこと」，ハ「隠すことができないこと」，ニ「満足することができないこと」。→「逃れる」と「避ける」は類義語なので，イが適切。

▶ condone（≒accept / forgive）は難語だが，この語に惑わされないことが大切。

問5 ▶ It may become an option rather than a giver of orders.「それは命令の授与者というよりも1つの選択肢となるかもしれない」が直訳。

▶ It は前文の death を指している。order(s) は多義語なので意味の特定に迷うが，ここでは「命令」の意味（*cf.* make an order「注文する」←この意味では give は使用しない）。an option「1つの選択肢」 *A* rather than *B*「*B* というよりもむしろ *A*，*B* ではなく *A*」

▶下線部は直前の death may cease to be inevitable「死は不可避であることをやめるかもしれない」という記述を，言い換えによって補強したものと考えることができる。「不可避であることをやめる」ということは「（死は）避けることができる」ということ。これをもとに解答を作成する。

問6 ▶ In one sense, it will be the greatest injustice experienced in all human history.「ある意味では，それは人類史全体で経験される最大の不公平となるだろう」が直訳。

▶ it は直前の文の destined to …「自分とほぼ同じ時代に生きる者たちに残された途方もなく長い人生を，嫉妬心を募らせて傍観する運命にあり」を指す。

▶ the greatest injustice「最大の不公平」がなぜ生じるかについては，第8段第4・5文（Perhaps it will … thousands of years.）にかけて述べられている。第4文の

the only way to cure ageing requires gene manipulation before birth (, during early embryo development)「老化を解決する唯一の方法は，出生前（，胎芽の発育の早い時期に）遺伝子操作を必要とする」で述べられている技術の結果生じるのは，第5文に述べられている通り，「その技術が出現する前に生まれた者はみな死を宣告されるが，そのあとに生まれた者は何百年何千年もの時間を手に入れる」という不公平である。

▶それまでの mortals「寿命があり，死を免れない人間」と，出生前遺伝子操作によって生まれた immortals「不死を得た人間」が同時代に生きること，が解答のポイント。

問7 ▶イディオムの完成は，単語が本来持っている意味やイメージで解決できる場合が多い。

▶（　あ　）：knife には「外科用メス，外科手術（surgery）」という意味がある。そこから go under the knife で「手術を受ける（=have an operation）」（*cf.* (be) under the knife「手術を受けて」）というイディオムができる。

▶（　い　）：make a choice between *A* and *B*「*A*，*B* のどちらかを選ぶ」は between の本来の意味から判断する。

▶（　う　）：*A* is demanded of〔from〕*B*「*A* が *B* に要求され〔求められ〕ている」→これは *A* is expected of〔from〕*B*「*A* が *B* に期待されている」と同じパターン。

▶（　え　）：turn out ～「～だと判明する」→turn out の後は，that 節以外に，(to be) ～が一般的。

▶（　お　）：look on at ～「～を傍観する」→これと look on ～「～を（ある感情で）眺める」は別なので注意。in growing envy「増大する嫉妬心の中で〔嫉妬心を強めながら〕」は挿入句。look on (in growing envy) at … ということ。

問8 ▶（　A　）：「無理のない欲望（reasonable desire）」がどのように否定されたら悲しい表情になるのかと考える。→「reasonable な欲望なのに，それが理不尽に（unreasonably）否定されたら悲しい」と考え，ホの unreasonably を選ぶ。

▶（　B　）：文の主語の It は直前の文の mere fantasy を指すので，それが実際に生じることを彼女はどのように期待できなかったのかと考え，「現実的に」を意味するハの realistically を選ぶ。

▶（　C　）：同じ段落の第1文（But compare, now, …）から，この「現代の10代の若者」は，欲しいのに親にスマホを持たせてもらえないことがわかる。そのような若者はクラスメートのアイフォーンをどのようにちらちらと見るのかと考え，「羨ましそうに」を表すイの enviously を選ぶ。

▶（ D ）: 同じ文中で使用されている動詞 grow(s) は「(次第に) 大きくなる」という意味で，一定の時間を伴う動詞であることと，within the lifespans of our great-grandchildren「我々のひ孫の寿命のうちに」という句も，長い時間経過を意味する。したがって「徐々に」を表すロの gradually を選ぶ。

▶（ E ）: ニの relatively を入れると，relatively speaking「相対的に言えば，比較して言えば」という副詞＋speaking の慣用的分詞構文ができる。*cf.* generally speaking「一般的に言えば」 strictly speaking「厳密に言えば」

問9 ▶ We may be the ones turning towards our descendants「我々は子孫のほうを向く人間になるかもしれない」+ with the（ F ）intense anger and envy（ G ）has（ H ）known. →ここの know は「経験したことがある，見聞きしたことがある」という意味で使用されている。

▶（ F ）: … the almost intense anger and envy は文法上も語法的にも不可なので，ここは選択肢ロとニの most が適切。「最も激しい怒りと嫉妬心」という意味になる。

▶（ G ），（ H ）: … envy の後に関係代名詞が省略されていることはわかるだろう。空所（ G ），（ H ）に，選択肢ロとニの組み合わせを入れてみる。するとロの場合，with the most intense anger and envy (that) someone has never known「だれかがこれまで一度も経験したことがない最も激しい怒りと嫉妬心を抱いて」となり，ニの場合は with the most intense anger and envy (that) anyone has ever known「だれであれこれまで経験したことのある最も激しい怒りと嫉妬心を抱いて」となる。日本語で考えれば，ロでも正しいような気もするが，英語では，経験したことがないことについては比較ができないと考えるのが原則。(*ex.* This is the most beautiful scene (that) I have ever seen. *cf.* I have never seen such a beautiful scene as this.) また経験した者が someone「一部の者」であることも不適切。したがってニが最も適切。この構文は最上級＋ever を用いた現在完了形の構文。

問10 ▶「空想 (fantasy)」と「欲望 (desire)」の違いと，願望を叶えられない者がそれを手に入れた者をどういう感情で見るのかを読み取って，簡潔にまとめる。主なポイントは以下の4箇所。

▶第4段第9～最終文 (This version of … to painful failure.) にかけて「空想」と「欲望」の違いが述べられている。→技術が進歩すると，実現不可能な「空想」でしかなかったものが実現可能な「欲望」に変わるが，それは，叶わないとつらい思いをしやすい，とある。

▶第６段最終文（The nearby reality …）に，「願望の実現が手の届く現実であると空想は欲望に変わり，不満を感じるのが無理もないものとなる」とある。

▶第７段最終文（And, as the …）に，「不死という空想が無理のない欲望になると，新たな類の実現できなかった欲望が生まれるだけでなく，深く嫉妬する新たな状況も生まれる」とある。

▶第10段第２～４文（It's another to … recipe for jealousy.）にかけて，「不老不死を得る者の比率が極端に不均衡であること」が，羨望や嫉妬心が生まれる原因であると書かれている。

語句 （第４段）vulnerable to～「～に対してもろい，～を受けやすい」 painful failure「つらい失敗，何かができなくてつらいこと」→vulnerable to painful failure は「願望が叶わずつらい目にあいやすい」ということ。

（第６段）nearby reality「近くの現実」 wish's fulfillment「願望の実現，願望が達成されること」 reasonable to be unhappy「不満に思うのも無理はない」 in entirely new ways「全く新しい面〔点〕で」

（第７段）immortality「不死」⇔mortality「死を免れないこと，死ぬべき運命」（mortality には「死亡率」という意味もある） failed desire(s)「失敗した欲望，うまくいかなかった欲望，満たされない欲望」

（第10段）millennium「千年間」→see the next millennium は「千年を生きる＝不老不死を得る」の間接表現。imbalanced=unbalanced「偏った，不公平な，不均衡な」 distribution「分布，分配」 random「規則性がない，行き当たりばったりの」→直前に is が省略されている。recipe「（悪いことの）原因」

解答

問1　フロイトが友人の手術のことを心配し，ひじ掛け椅子に身を沈めて何時間も時をすごし，「ああ，もう一度彼女に会うことができさえすれば」とため息をついているのを想像するのは簡単だ。

問2　the house telephone

問3　彼女は，それを所有するのを何か（あるいはだれか）が邪魔していない限り，自分が所有する可能性が十分あるものを欲しがっているのだ。

問4　イ

問5　死は避けられないものではなく，選択できるものになるかもしれないということ。(37字)

問6　出生前遺伝子操作によって不死を得た人間と，それを羨望のまなざしで見る不死になり損ねた人間が同じ時代に生きることは，人類史上最大の不公平だということ。(74字)

問7　あ―ホ　い―イ　う―ロ　え―ニ　お―ハ

問8　A―ホ　B―ハ　C―イ　D―ロ　E―ニ

問9　ニ

問10　空想は実現しなくてもつらい思いをしなくてすむが，実現可能な欲望に変わると，実現できない者は苦痛を感じ，実現できる者に対して激しい嫉妬心を抱くようになる。(77字)

4

2020年度〔1〕

次の英文を読み，下の問いに答えなさい。（＊を付した語句には，問題文の末尾に注がある。）

A ban on advertisements featuring "harmful gender stereotypes" or those which are likely to cause "serious or widespread offense" has come into force. The ban covers scenarios such as a man with his feet up while a woman cleans, or a woman failing to park a car. The UK's advertising watchdog introduced the ban because it found some portrayals could play a part in "(1)limiting people's potential." It said it was pleased with how advertisers had responded.

The new rule follows a review of gender stereotyping in advertisements by the Advertising Standards Authority (ASA)—the organization that administers the UK Advertising Codes, which cover both broadcast and non-broadcast advertisements, including online and social media. The ASA said the review had found evidence suggesting that harmful stereotypes could "restrict the choices, aspirations and opportunities of children, young people and adults and these stereotypes can be reinforced by some advertising, which plays a part in unequal gender outcomes." ASA chief executive Guy Parker said, "Our evidence shows how harmful gender stereotypes in ads can contribute to inequality in society, with costs for all of us. (A) simply, we found that some portrayals in ads can, over time, play a part in limiting people's potential."

Blogger and father of two Jim Coulson thinks the ban is a good idea. He dislikes advertisements that perpetuate stereotypes about dads being "useless." (2)"Each stereotype is small, but small things build up, and those small things are what inform the subconscious," he told the BBC. "That's the problem... that advertisements rely on stereotypes. We know why they do it, because it's easy."

But columnist Angela Epstein disagrees, and thinks that society has become "oversensitive." "There's a lot of big things we need to fight over — equality over pay, bullying in the workplace, domestic violence, sexual harassment — these are really big issues that we need to fight over equally," she told the BBC. "But when you add in the fact that women are doing the dishes in advertisements, (3)it's not in the same category. When we mix them all together and become less sensitive, we (B) those important arguments we need to have."

As part of its review, the ASA brought together members of the public and showed them various advertisements to assess how they felt about how men and women were depicted. One of them was a 2017 television advertisement for Aptamil baby milk formula*, which showed a baby girl growing up to be a ballerina and baby boys engineers and mountain climbers. The ASA found some parents "felt strongly about the gender-based aspirations shown in this advertisement, specifically noting the stereotypical future professions of the boys and girls shown. These parents questioned why these stereotypes were needed, feeling that they lacked (C) of gender roles and did not represent real life." At the time it was released, the campaign prompted complaints but the ASA did not find grounds for a formal investigation as it did not break the rules.

However, Fernando Desouches, managing director of marketing agency New Macho, which specializes in targeting men, said this was an example of a past advertisement that would not pass the new ASA legislation. (4)He said it showed how easy it can be for "deeply held views on gender to come through in an ad that claims to be caring and nurturing of future generations." He was "unsurprised it generated a backlash."

Other situations unlikely to satisfy the new rule include:

- Advertisements which show a man or a woman failing at a task because of their gender, like a man failing to change a nappy* or a woman failing to park a car
- Advertisements aimed at new mothers which suggest that looking good or keeping a home tidy is more important than emotional wellbeing
- Advertisements which ridicule a man for carrying out

stereotypically female roles

However, the new rules do not (D) the use of all gender stereotypes. The ASA said the aim was to identify "specific harms" that should be prevented. So, for example, advertisements would still be able to show women doing the shopping or men doing DIY*, or use gender stereotypes as a way of challenging their negative effects.

The ASA outlined the new rules at the end of last year, giving advertisers six months to prepare for their introduction. Mr Parker said the watchdog was pleased with how the industry had already responded. The ASA said it would deal with any complaints on a case-by-case basis and would assess each advertisement by looking at the "content and context" to determine if the new rule had been broken.

From 'Harmful' gender stereotypes in adverts banned, BBC News on June 14, 2019

注 Aptamil baby milk formula アプタミルというブランドの粉ミルク
nappy おむつ
DIY 日曜大工，自分で作ること

1 下線部(1)が表す内容を具体的に50字以内の日本語（句読点を含む）で述べなさい。

2 下線部(2)を和訳しなさい。

3 下線部(3)が指す内容を具体的に60字以内の日本語（句読点を含む）で述べなさい。

4 下線部(4)を和訳しなさい。

5 空欄（ A ）～（ D ）に入れる語として最も適切なものを，以下の選択肢イ～ニの中から一つ選び，その記号を解答欄に書きなさい。

	イ	ロ	ハ	ニ
A	Cut	Let	Put	Set
B	undergo	underline	understand	undervalue
C	capability	diversity	familiarity	regularity
D	admit	disappoint	encourage	prohibit

全 訳

■男女は広告でどのように描かれるのか？

❶「性差に関する有害な固定観念」を特徴とする広告，あるいは「深刻または広範にわたる反感」を引き起こす可能性のある広告の禁止令が施行された。この禁止令は，女性が掃除をしている間に足を投げ出して何もしない男性とか，車の駐車がうまくできない女性といった状況に適用される。イギリスの広告監視機関は，一部の人物像が「人の可能性を制限する」役割を果たしかねないことに気づいたので，この禁止令を導入した。広告主の反応には満足していると，この監視機関は述べた。
❷ 新ルールは，広告に見られる男女の性の固定観念化について，広告基準局（ASA）が行った調査に従っている。ASA はテレビ・ラジオ媒体の広告と，それ以外のオンラインおよびソーシャルメディアを含む媒体の広告の両方に適用されるイギリス広告基準を管理している組織である。ASA によると，この調査によって，以下のことを示唆する証拠が見つかった。つまり，有害な固定観念は「子供，若者，および成人の選択肢や意欲そして機会を制限する」可能性があり，「これらの固定観念は広告によって強化されることがあり，それが男女差による不公平な結果を生み出す一因となる」というのだ。ASA の最高責任者，ガイ=パーカーはこう言っている。「広告に見られる男女の性別についての有害な固定観念が，いかに社会の不平等の一因となり我々全員にとって損失となっているのかということを，我々が持つ証拠は示しています。簡単に言うならば，広告に見られる人物像の中には，人の可能性をじわじわと制約していく働きをするものがあるということを我々は見つけたのです」
❸ ブロガーにして2人の子供の父親であるジム=コールソンは，この禁止令は良いアイデアだと考えている。彼は，父親は「役立たず」という固定観念を定着させる広告を嫌う。「(2)個々の固定観念は小さなものですが，小さなものは次第に増えていき，その小さなものが潜在意識に影響を与えるものとなるのです」と彼は BBC に語った。「そこが問題なのです…広告が固定観念に頼ってしまっているということがね。業界がどうしてそうするのかわかってますよ。簡単だからです」
❹ しかしコラムニストのアンジェラ=エプスタインはこの意見には反対で，社会は「神経質になりすぎた」と考えている。「私たちが争わねばならない大事なことはたくさんあります。対等な賃金，職場でのいじめ，家庭内暴力，セクハラといったものですね。これらは実際，同様に争う必要のある大事なことです」と彼女は BBC に語った。「しかし広告で女性が皿洗いをしているという事実を加えると，それは同じ種類のものではなくなります。私たちがそれらを全部混ぜ合わせて鈍感に

なってしまうと，戦わせる必要のある大切な議論を軽んじてしまうことになります」

❺ 調査の一環として，ASA は一般人を集めてさまざまな広告を見せ，彼らが男女の描かれ方についてどう感じたかを評価した。その1つが，2017年にテレビで流されたアプタミルというブランドの粉ミルクの広告で，成長してバレリーナになる女の赤ちゃんと，エンジニアや登山家になる男の赤ちゃんが映し出された。ASA は，何人かの親は「この広告に出てきた性差に基づく願望について強く思うところがあり，とりわけ広告に出てきた男児と女児の，型にはまった将来の職業に注目したこと，さらにこれらの親が，こういった紋切り型の考えは男女の役割の多様性を欠いており現実の生活を反映していないと感じていて，どうしてこのような固定観念が必要なのかと疑問を抱いていた」ということを発見した。広告が放送されたとき，このキャンペーンには苦情が寄せられたが，規則を破っているわけではなかったので，ASA は正式な調査の根拠を見つけられなかった。

❻ しかしながら，男性をターゲットに絞ったマーケティング代理店ニューマッチョの取締役フェルナンド=デソーシュは，これは ASA の今の規定には合格しない昔の広告の一例だと述べた。(4)彼が言うには，この広告は，「性差についての深く定着した見解が，将来の世代を気にかけ育んでいると主張する広告に現れること」がいかに容易であるかを示している。彼はそれが「反発を招いても驚かなかった」。

❼ 新ルールに合いそうにない状況は他に以下のようなものがある：

- 性別が原因で課題に失敗する男女を描いた広告。たとえば，おむつを交換できない男性や，車を駐車できない女性。
- 新米の母親を対象にした広告で，きれいに見えることや家を整頓しておくことのほうが，心の幸福よりも大切だと示唆する広告。
- 固定観念では女性の役割だと思われていることを行っている男性を，嘲笑する広告。

❽ しかしながら，新ルールが男女の性別に関する固定観念の使用をすべて禁止しているわけではない。ASA が言うには，新ルールの目的は，防止すべき「具体的な害」を特定することであった。それゆえ，広告は相変わらず，たとえば買い物をする女性や日曜大工をする男性を描き出したり，そのマイナスの影響を否定する手段として，性別に関する固定観念を利用したりできるのだ。

❾ ASA は昨年末に新ルールの概要を明らかにし，その導入のための準備期間として広告主に6カ月を与えた。業界がすでに対応している状況に監視機関は満足していると，パーカー氏は述べた。ASA はいかなる苦情にもケースバイケースで対応し，新ルールが破られていないかどうかの判断をするために「内容と文脈」を見て個々の広告を評価すると言っている。

広告で男女の役割や能力が紋切り型で描かれていることについて，その有害性を明らかにしながら，固定観念に頼りすぎた広告業界を改めようとする広告基準局の取り組みを述べた英文。

各段落の要旨

❶ 性差に関する有害な固定観念を描写した広告や，反感を引き起こす広告が禁止された。
❷ 広告に見られる男女の性差に関する有害な固定観念は，人の意欲や可能性を制限することがある。
❸ 業界は簡単だからという理由で，潜在意識に影響を及ぼす広告に依存している。
❹ 他のより重大な問題が，男女の性差に関する固定観念を描く広告のような問題に神経質になりすぎることで矮小化されることを危惧する意見。
❺ 広告基準局は一般人にさまざまな広告を見せて，男女の描かれ方についてどう感じたのかを評価した。
❻ 性差についての定着した見解は容易に広告に現れうるが，そうした広告は新たな規定のもとでは合格しないだろう。
❼ 新しいルールに合いそうにない，広告で描かれた性差に関する3つの表現例。
❽ 新ルールの目的は具体的な害を特定することであり，広告における性差に関する固定観念の使用をすべて禁止するわけではない。
❾ 広告基準局の見解によると，新ルールの導入には6カ月の猶予を与え，個々の広告の評価はケースバイケースで行う。

解 説

問1 ▶下線部の直訳は「人々の可能性を制限すること」。この部分の主語は some portrayals「いくつかの人物描写」なので，「人物描写が人々の可能性を制限する」ことに言及している箇所を見つける。

▶第1段第1文より，問題文は harmful gender stereotypes「性差に関する有害な固定観念」について書かれていると考えられるので，これらの語句が使用されている箇所を探す。すると第2段第2文（The ASA said …）の that … and adults と，第3文（ASA chief executive …）の … can contribute to inequality in society に下線部の具体的な説明が見つかるので，ここを50字以内にまとめる。

語句 gender「（社会的・文化的）性，性別，男女，性差」→「性差」は正確には gender differences の訳語だが，文脈によっては，この意味で gender という語を使用している場合もある。stereotype「固定観念，型にはまった考え，紋切り型表現」 choices「選択肢」 aspiration「意欲」 opportunity「機会」

問2 Each stereotype is small, but small things build up, and those small things are what inform the subconscious

▶「1つ1つの固定観念は小さいが，小さなものは徐々に増大していき，それらの小さなものが潜在意識に影響を与えるものなのだ」が直訳。

▶ inform の意味は文脈で判断する。ここでは「知らせる，情報を与える」ではなく「～に影響を与える」という意味。「影響を与えるものなのだ」は「影響を与えるものとなるのだ」と訳せば自然な日本語になる。

語句 build up「(次第に) 増大する〔程度が強まる〕」 what は関係代名詞。subconscious「潜在意識」

問3 ▶下線部は「それは同じ範疇にはない」が直訳。it と the same category が具体的に何を指しているのかを読み取って 60 字以内にまとめる。

▶ it が指すのは，直前部の「女性が皿洗いをしているという事実（⇒固定観念）を広告に入れると」の部分。

▶ the same category は同段第2文（"There's a lot …）の「対等な賃金，職場でのいじめ，家庭内暴力，セクハラといったものをめぐって争わねばならない大事な問題」と同じ範疇（分類）を指す。

▶下線部前後でコラムニストのアンジェラ=エプスタインは，「広告での皿洗いをする女性という固定観念は，対等な賃金，職場でのいじめ，家庭内暴力，セクハラといった他の重大問題とは（レベルや質が）違う」ということを言おうとしている。この内容を 60 字以内にまとめればよい。

語句 add in ～〔add ～ in〕「～を含める，加える」 do the dishes「皿洗いをする」

問4 He said it showed how easy it can be for "deeply held views on gender to come through in an ad that claims to be caring and nurturing of future generations."

▶「『性別について深く持たれている考えが，将来の世代の世話と育成をしていると主張する広告に入ること』はなんと簡単でありうるのかということを，それは示していると彼は言った」が直訳。

▶ showed の主語の it は，直前の文の an example of a past advertisement「昔の広告の一例」を指している。和訳では「この広告」と訳しておけばよい。

▶ can be の主語の it は形式主語で，to come through in … future generations が真主語。deeply held views on gender は不定詞 to come … の意味上の主語。

▶ how easy it can be for ～ は it can be very easy for ～ と同じ意味と考えればよい。文頭の He said の処理だが，「彼は…と言った」と和訳すると，日本語の主語と述語が離れすぎるので，「…と彼は言った」というように最後に持ってくるか，「彼が言うには…」というように said を文頭で和訳しておくと読みやすい日本語になる。

語句 deeply held view(s) on ～「～について深く抱かれた〔持たれた〕見解」 come through in ～「(情報・感情が) ～に現れる〔～の中で人に伝わる〕」 claim to be ～「～であると主張する」 care「～を世話する，気にかける」 nurture「～を育む，養育する，育成する」

問5 ▶それぞれ，文脈と文法の両面から判断し，選んでいく。

▶(A): put simply で「簡単に言えば」という意味を表す慣用句があり，これが文脈に合う。この put は受け身を表す過去分詞で，分詞構文の一種である。不定詞句を用いた to put it simply もこれと同じ意味を表す。

▶(B):「それらの重要な議論を～する」という文脈に合う語を選ぶ。直前に… and become less sensitive「(重要なことをいっしょくたにして) より敏感でなくなると」というネガティブな意味を表す語があるので，空所にもネガティブな意味の動詞が入ると考え，undervalue「～を過小評価する，軽視する」を選ぶ。

▶(C): 空所直前の lacked の主語 they は，(these) stereotypes「固定観念，型にはまった〔紋切り型の〕考え」を指している。これらの固定観念に欠けているものとしては，diversity「多様性」が適切。capability「能力」，familiarity「親近感，精通」，regularity「規則性」は固定観念に欠けているわけではない。

▶(D):同じ段落の最終文 (So, for example,…) に「広告の負の影響 (negative effects) を打ち消す (challenge) 手段として，相変わらず男女の紋切り型表現を使うことができる」とあるので，新ルールは「男女のすべての紋切り型表現を禁止しているわけではない」ことがわかる。したがって prohibit「～を禁止する」を選ぶ。

解答

問1 広告に見られる性差に関する有害な固定観念が人々の選択肢や意欲，機会を制限し，不平等をもたらすこと。(49字)

問2 個々の固定観念は小さなものですが，小さなものは次第に増えていき，その小さなものが潜在意識に影響を与えるものとなるのです。

問3 女性が皿洗いをするといった，広告に見られる固定観念は，賃金格差や職場でのいじめなどの大きな問題と同列ではないということ。(60字)

問4 彼が言うには，この広告は，「性差についての深く定着した見解が，将来の世代を気にかけ育んでいると主張する広告に現れること」がいかに容易であるかを示している。

問5 A―ハ B―ニ C―ロ D―ニ

5 2020年度〔2〕

次の英文を読み，下の問いに答えなさい。（＊を付した語句には，問題文の末尾に注がある。）

According to The People's Dispensary for Sick Animals (PDSA)*, half of British people own a pet. Many of these owners view the 11.1 million cats, 8.9 million dogs, and 1 million rabbits sharing their homes as family members. But although we love them, care for them, celebrate their birthdays, and mourn them when they die, is it ethical to keep pets in the first place? Some animal rights activists and ethicists, myself included, would argue that it is not.

The practice of pet-keeping is fundamentally unjust as it involves the manipulation of animals' bodies, behaviors and emotional lives. For centuries, companion animals' bodies (particularly dogs, horses, and rabbits) have been shaped to suit human fashions and fancies. And this often causes these animals considerable physical harm.

Particular breeds, for instance, are often at risk of painful and frequently fatal genetic defects. Highly-prized physical features — such as small and large statures or pushed-in noses — can cause (　A　) in breathing, giving birth, and other normal functions.

Even those animals who are not purpose-bred often face bodily manipulations which impede their comfort and safety. This can include uncomfortable clothing, painful leashes that pull at the throat, docked tails and ears*, and declawing*. Pets are also often restricted in their daily movements, sometimes caged, and regularly kept indoors — always at the mercy of their human owners.

Pets also symbolically reinforce the notion that vulnerable groups can be owned and fully controlled for the pleasure and convenience of more privileged and powerful groups. (1) And this has implications for vulnerable human groups. For instance, sexism is partially maintained by treating women as if they were pets — "kitten," "bunny" — and physically by confining them to the home to please and serve the male head of the family.

Social workers further recognize the powerful link between pet abuse and the abuse of children and women in domestic settings. (2) The idea that it is acceptable to manipulate the bodies and minds of a vulnerable group to suit the interests of more privileged groups is consistent with the culture of oppression.

Through this forced dependency and domestication, the lives of companion animals are almost completely controlled by humans. They can be terminated at any time for (3) the most trivial of reasons — including behavioral "problems" or the owner's inability (or unwillingness) to pay for medical treatment.

In the mid-20th century, sociologist Erving Goffman introduced the concept of a "total institution." This sees the inhabitants cut off from the wider society under a single authority in an enclosed social space. Natural barriers between groups of people are artificially eliminated and an intense socialization process takes place to ensure that inmates conform.

Sociologists typically study prisons, asylums, and other physical spaces as examples. But I believe pet-keeping (B) a sort of "total institution." This is because nonhuman animals are unnaturally forced under human authority, restrained, and re-socialized. True (C) is not possible under such conditions. Animals are trained to participate and those who are unable to follow the rules of human social life are likely to be punished — sometimes fatally.

This is not in any way to suggest that dogs, cats, and other species cannot express love and happiness as "pets." But it is important to recognize that their complacency within the institution of pet-keeping is entirely manufactured (sometimes quite cruelly) by humans through behavior "corrections" and the manipulative process of domestication itself.

Ultimately, companion animals, by their very position in the social order, (D) equals. The institution of pet-keeping maintains a social hierarchy which privileges humans and positions all others as objects of lower importance — whose right to existence depends wholly on their potential to benefit humans. That said, the population of dogs, cats, rabbits, and other domesticated "pet" animals currently rivals that of humans such that they are likely to remain a consistent feature of human social life. And while it may not be ethical to pursue the future breeding of nonhuman animals for comfort, humans do have a duty to serve, protect, and care for them. Recognizing the inherent inequality in human and nonhuman relations will be (E).

From Pets: is it ethical to keep them?, The Conversation on April 25, 2019 by Corey Lee Wrenn

注 The People's Dispensary for Sick Animals (PDSA) 無料または廉価で動物の病気や怪我を治療するイギリス最大級の慈善団体
docked tails and ears 尾や耳を短く切り詰めること
declawing 手術で猫の爪を取り除くこと

1 下線部(1)はどのようなことを述べているか，文脈に即して60字以内の日本語(句読点を含む)で説明しなさい。

2 下線部(2)を和訳しなさい。

3 下線部(3)が指し示すものを二つ，日本語で答えなさい。

4 空欄(A)に入れる語句として最も適切なものを，以下の選択肢イ～ニの中から一つ選び，その記号を解答欄に書きなさい。

イ discomfort and difficulty
ロ discomfort and diversion
ハ distraction and difficulty
ニ distraction and diversion

5 空欄(B)と(C)に入れる語の組み合わせとして最も適切なものを，以下の選択肢イ～ニの中から一つ選び，その記号を解答欄に書きなさい。

(　B　)—(　C　)

イ　constitutes — consent

ロ　deserves — desire

ハ　excludes — expansion

ニ　predicts — predetermination

6　空欄(　D　)に入れる語句として最も適切なものを，以下の選択肢イ～ニの中から一つ選び，その記号を解答欄に書きなさい。

イ　are but should not be

ロ　are not and cannot be

ハ　are not and must not be

ニ　are not but will be

7　空欄(　E　)に入れる語句として，以下の語を最も適切な順に並べ替えたとき，三番目に来る語と七番目に来る語を解答欄に書きなさい。

an, best, imperfect, in, making, of, situation, the, vital

全 訳

■ペットを飼うことは倫理にかなうことなのか？

❶ 疾病動物民間治療団体（PDSA）によると，イギリス人の半数がペットを飼っている。これらの飼い主たちの多くは，家庭で共に暮らす1110万匹の猫，890万匹の犬，そして100万匹のウサギを家族の一員とみなしている。しかし我々はペットを愛し，彼らの世話をし，誕生日を祝い，死んだときはその死を悼むものの，そもそもペットを飼うということは倫理的に正しいことなのだろうか。動物の権利擁護の活動家や倫理学者の中には，私もその1人だが，倫理的ではないと主張する者もいるだろう。

❷ ペットを飼うという行為は，動物の体や行動，生活の感情に関わる部分を巧妙に支配することを伴うので，基本的には不当である。何世紀も前から，ペットとして飼われる動物（特に犬，馬，そしてウサギ）の体は，人間の流儀と好みに合うように形作られてきた。そして多くの場合，このことによって，こういった動物にかなりの身体的弊害が生じるのだ。

❸ たとえば特定の品種はしばしば，苦痛をもたらす，命に関わることも多い遺伝的欠陥の危険に見舞われる。非常に貴重な身体的特徴——小さな体や大きな体，あるいはペチャ鼻——は，呼吸や出産そして他の正常な機能に苦痛と困難を引き起こす可能性がある。

❹ 研究用に飼育されていない動物ですら，その快適さや安全を阻害する身体的扱いをしばしば受ける。これに含まれる可能性があるのは，動物用の不快な服，喉のところで引っ張り苦痛をもたらすつなぎひも，短く切り詰められた尾や耳，そして手術によって猫の爪を取り除くことといったものだ。ペットはまた，日常の運動においてもしばしば制約を受け，時にケージに入れられ，通常は屋内で飼育され，常に人間の飼い主の意のままとなる。

❺ ペットはまた，弱い集団はより特権がある強い集団の楽しみや都合のために所有され全面的に支配される可能性があるといった考えを，象徴的に強化する。そしてこのことは，人間の弱者集団にも影響を与える。たとえば男女差別は，女性をあたかもペットのごとく——「子ネコちゃん」「ウサちゃん」といったように——扱い，男性家長を満足させ，その世話をするように家庭内に物理的に閉じ込めることによって，ある程度維持される。

❻ ソーシャルワーカーたちはさらに，家庭環境でのペットの虐待と子供や女性の虐待との間に強い関係を認めている。(2)より特権のある集団の利益に合うように弱い集団の身体や精神を支配することが受け入れられるという考えは，抑圧の文化と

一致する。

❼ この強制された依存と飼いならしによって，ペットとして飼われる動物の生活は，ほとんど完全に人間に支配される。動物たちは殺される理由のうちで最も些細な理由で，いついかなる時でも殺されることがある。それらの理由には，行動面での「問題」や，飼い主が治療費を払えない（あるいは払いたくない）といったものがある。

❽ 20世紀半ばに，社会学者のアーヴィング=ゴッフマンが「全制的施設」という概念を導入した。この概念は，住民を単一の権威のもと，より広範囲の社会から閉鎖的社会空間の中に切り離したものとみなしている。人間の集団の間にある本来の障壁は人工的に排除され，内部の住民たちが確実に従うようにするために，強力な社会化作用が生じる。

❾ 社会学者は概して，刑務所や保護施設，その他の物理的空間を実例として研究する。しかし私は，ペットを飼うことは一種の「全制的施設」に等しいと信じている。人間以外の動物が，自然の理に反して無理やり人間の権威下に置かれ，拘束され，再社会化されるからだ。そのような状況のもとでは，真の同意はありえない。動物は人間社会に参加するよう訓練され，人間の社会生活のルールに従うことができない動物はおそらく罰せられる――時には死をもって。

❿ これは，犬や猫などの動物が，「ペット」として愛情や幸福を表現できないということを示唆するわけでは決してない。しかしペットを飼育するという慣行内部での彼らの満足感は，行動の「矯正」と，飼いならすことそのものを巧みに操るような過程を通じて，人間によって完全に（時にはまったく残酷に）作り出されたものだということを認識することは重要だ。

⓫ 結局，ペットとして飼われる動物は，社会的序列におけるまさにその地位によって，対等な存在ではないし，対等な存在になりえない。ペットを飼育するという慣行は，人間に特権を与え，人間以外のすべてを重要度の低い対象物――その生存権は完全に，人間のためになれるその能力で決まるのだが――に位置付けてしまう社会階層を維持している。とは言え，犬，猫，ウサギ，およびその他の家庭用の「ペット」動物の個体数は，現在のところ人間の人口に匹敵しており，その結果，ペットはおそらく人間の社会生活の変わらぬ特徴であり続けるだろう。そして，楽しみのために人間以外の動物の繁殖を今後も続けることは倫理的ではないかもしれない一方で，人間は確かに，動物のために働き，動物を保護し世話をする義務を負っている。人間と人間以外の動物の関係に内在する不平等を認識することが，不完全な状況を最大限に利用するにあたって，きわめて重要になるだろう。

ペットを飼うということはどういうことなのかについて述べた英文。筆者はペットと人間の関係，ペットの飼育環境，ペットの幸福度について考察し，ペット飼育が非倫理的だと思われるいくつかの理由を挙げる。ペットをこれから先も増やすことには反対する一方で，人間は今いるペットを世話し，守り，大切にする義務と責任があると主張する。

各段落の要旨

❶ 多くの人間がペットを飼っているが，ペットを飼うことは倫理的ではないと言う者もいる。
❷ ペットを飼うということは動物を支配する不当行為であり，動物に身体的弊害をもたらす。
❸ 特定の品種は苦痛と遺伝的欠陥の危険に見舞われる。
❹ ペットはしばしば不快な身体的扱いを受け，日常の運動も制約を受けることが多い。
❺ ペットは，弱い集団が強い集団に支配されるという考えを人間の社会においても象徴的に強化する。
❻ 特権のある集団の利益に合うように弱者を支配することが受け入れられるというのは，抑圧の文化である。
❼ ペットはほぼ完全に人間に支配され，極めて些細な理由でいつでも殺されうる。
❽ 社会学者アーヴィング=ゴッフマンの「全制的施設」という概念においては，住民は単一の権威が支配する閉鎖的社会空間の中に切り離され，本来存在する集団間の障壁が排除されたうえで，住民が確実に従うように強力な社会化作用が生じる。
❾ ペットの飼育環境は「全制的施設」に等しく，真の同意はありえない。
❿ ペットが幸福でないわけではないが，その満足感は人間によって作り出されたものであることを認識すべきだ。
⓫ 究極的には，ペットと人間は対等な存在ではありえない。これから先ペットを増やすのは倫理的ではないが，人間は動物を保護し世話をする義務を負う。人間と動物の間の不平等を認識することが重要だ。

解　説

問1　▶ And this has implications for vulnerable human groups.「そしてこのことは人間の弱者集団にも影響を与える」→this は直前の文を指しており，その内容を読み取って全体をまとめる。have implications for ～ は「～に影響をもたらす」という意味。vulnerable「弱い，脆弱な，もろい」

▶直前の文（Pets also symbolically …）の大意は「弱い集団はより特権のある強い集団の楽しみや都合のために所有され支配される可能性があるといった考えを，ペットは象徴的に強化する」ということ。「ペットが強化する」というのは「ペットの飼育〔ペットを飼うこと〕によって強化される」という意味。reinforce「～を強化する，より強固にする」 privileged「特権のある，特権的な」

▶「人間の集団にも影響を及ぼす」ということは，「人間同士の力関係にも当てはまる〔反映される〕」ということ。

▶以上を60字以内にまとめる。「ペット飼育は…という考えを強化する」という訳文は，「ペット飼育によって…という考えが強化される」としたほうがこなれた日本語になる。

問2 The idea that it is acceptable to manipulate the bodies and minds of a vulnerable group to suit the interests of more privileged groups is consistent with the culture of oppression.

▶「より特権のある集団の利益に合うように弱い集団の身体と精神を操作することが受け入れられるという考えは，抑圧の文化と一致する」が直訳。

▶ The idea that から more privileged groups までが全体の主部。it は形式主語。to suit ～は「～に合うために」という目的を表す副詞用法の不定詞。in order to suit ～ということ。

語句 acceptable「受け入れられる，許容できる，容認できる，認められている」 manipulate「～を（巧みに）操る，操作する，思い通りに動かす〔⇒支配する〕」 interest(s)「利益」 be consistent with ～「～に一致して，～と矛盾しない（consistent だけなら「首尾一貫した」)」 oppression「抑圧，弾圧，虐待」

問3 ▶ the most trivial of reasons は「理由のうちで最も些細なもの」という意味。この理由を具体的に2つ述べている箇所があるので，そこを読み取って日本語で答えればよい。

▶下線部に続くダッシュ（—）の直後に including「～を含む」とあるので，including 以下に求める答えがあるとわかる。

▶ 1つ目の理由は，behavioral “problems”「行動に関する『問題』，行動面での『問題』」→筆者が problems を引用符で囲っているのは，人間の側から見れば問題行動かもしれないが，ペットの立場からすれば，それは問題でも何でもないのだ，という意見を表すためと思われる。

▶ 2つ目の理由は，the owner's inability (or unwillingness) to pay for medical treatment「医療のためのお金〔⇒治療費〕を払うことを飼い主ができない（あるいは払いたくない）こと」→この部分の名詞表現を節で表すには，inability と unwillingness を形容詞に変え，(that) the owner is unable (or unwilling) to pay for medical treatment とすればよい。

問4 ▶まず選択肢の意味を確認しておく。

イ.「不快（感）と困難」 ロ.「不快と気晴らし〔娯楽，注意をそらすこと〕」 ハ.「気を散らすこと〔娯楽〕と困難」 ニ.「気を散らすこと〔娯楽〕と気晴らし〔娯楽，注意をそらすこと〕」→イは両方ともネガティブな語。ロとハは一方にネガティブな語がある。ニはネガティブな語はなく，むしろ楽しさを表す語の組み合わせと言える。

▶空所部の主語は「小さな体や大きな体, あるいは押しつぶされた鼻（⇒ペチャ鼻）」で，それが「呼吸や出産やその他の正常な機能」に何を引き起こすのか，「呼吸や出産」にとって好都合なのかどうかを考えればよい。

▶これらの身体的特徴，特に，小さい体やつぶれた鼻は，呼吸や出産には適しておらず，不都合と考えられるので，両方ともネガティブな語である選択肢のイが適切。

問5 ▶空所（ B ）を含む第9段第2文にある“total institution”は「全制的施設」と訳される。この概念については第8段（In the mid-20th …）から第9段第1文（Sociologists typically study …）にかけて説明されており，刑務所や保護施設といった，閉鎖的で人工的で強制的な負の施設である。それを踏まえて解答を見つけていく。

▶（ B ）と（ C ）に入れる語の組み合わせを選ぶ。選択肢の意味を確認しておく。

イ．constitute「～を構成する，～となる」――consent「同意」
ロ．deserve「～に値する」――desire「願望」
ハ．exclude「～を除外する」――expansion「拡大」
ニ．predict「～を予測する」――predetermination「事前の決定」

▶該当箇所の大意は,「ペット飼育は一種の『全制的施設』を（ B ）と信じている。人間以外の動物は自然の理に反して（←unnaturally）強制的に人間の権威下に置かれ，拘束され，再社会化されるからだ。真の（ C ）はそのような状況下ではありえない」である。

▶ここから，ペットの飼育においては，ペットは人間と対等ではないことが読み取れる。そのような状況では「真の同意」は存在しない。ペット飼育は「全制的施設」のようなものと言えるので，空所（ B ）はbe動詞と同じ意味を表す（⇒ペット飼育＝全制的施設）選択肢のイが適切。ペットが不平等で過酷な状況に置かれていることは，続く第5文（Animals are trained …）からも読み取れる。

問6 ▶該当箇所の大意は「ペットとして飼われる動物は，社会的序列におけるまさにその地位によって，対等（ D ）」。→ペットが人間と対等ではないという筆者の意見は第9段（Sociologists typically study …）で述べられている。この文脈に合うものを選ぶ。選択肢の意味を確認しておく。

イ.「(対等) ではあるが (対等) になるべきではない」

ロ.「(対等) ではないし (対等) にはなりえない」

ハ.「(対等) ではないし (対等) になってはいけない」

ニ.「(対等) ではないが (対等) になるだろう」

▶筆者は, 人間とペットの支配関係と不平等を認識し, 動物を保護することの重要性を述べているが, 両者が将来対等になるだろうとは述べていない。したがって選択肢のロが筆者の意見に最も合っている。

問7 ▶文法と語彙の知識を駆使し, 文脈も参考にしたうえで, まずは可能性のある語句のかたまりから作っていく。整序すべき語が9個あるこの問題はかなり難しいので, 本番では時間配分が大切。試行錯誤の繰り返しが予想され, ひらめきが勝負のカギを握る類の問題。

▶「人間と人間以外の動物の関係に内在する不平等を認識することが」に続く部分を完成させることになる。しかし素直に will be に続く語 (句) から考え始めると, 非常に多くの可能性があるので, そこで行き詰まるだろう。

▶語句整序問題は, どこかに名詞や動詞を中心としたイディオムが形成されていることが多いので, 与えられた語を組み合わせて何かなじみのイディオムができないかと考えてみよう。本問の場合, 準動詞 making を中心としたイディオムができないか考えてみる。

▶ best, making, of, the で make the best of ～「(不利な状況など) を最大限に利用する」というイディオムができることに気づけば, 残る an, imperfect, in, situation, vital の5語を並べ替えればよいので, 格段に容易になる。

▶ situation は可算の普通名詞なので冠詞が必要。したがって an imperfect situation「不完全な状況」という句ができる。

▶残るは in と vital「きわめて重要な」の2語。したがって, making the best of の目的語は an imperfect situation しか考えられず, あとは will be の後ろに何が続くのかを検討する。

▶ (will be) making the best of an imperfect situation とすると, in と vital が宙に浮くので, (will be) vital in making the best of an imperfect situation とすれば,「不完全な状況を最大限に利用する際にきわめて重要 (になるだろう)」という, 文法的に正しく文脈にも合う文が完成する。

解答

問1　弱い集団は強い集団に所有され支配されるという考えがペットを飼うことで強化され，人間同士の関係にも反映されるということ。(59字)

問2　より特権のある集団の利益に合うように弱い集団の身体や精神を支配することが受け入れられるという考えは，抑圧の文化と一致する。

問3　①ペットの行動に「問題」があること。〔ペットが「問題」行動を起こすこと。〕

②飼い主がペットの治療費を払えない（あるいは払いたくない）こと。

問4　イ

問5　イ

問6　ロ

問7　三番目：making　七番目：an

2019年度〔1〕

次の英文を読み，下の問いに答えなさい。（＊を付した語句には，問題文の末尾に注がある。）

While conducting research on emotions and facial expressions in Papua New Guinea in 2015, psychologist Carlos Crivelli discovered something startling. He showed Trobriand Islanders* photographs of the standard Western face of fear—wide-eyed, mouth wide open—and asked them to (A) what they saw. The Trobrianders didn't see a frightened face. Instead, they saw an indication of threat and aggression. In other words, what we think of as a universal expression of fear isn't universal at all. But if Trobrianders have a different interpretation of facial expressions, what does that mean ? One emerging—and increasingly supported—theory is that facial expressions don't reflect our feelings. (1)Instead of reliable displays of our emotional states, they show our [　　　].

The face acts "like a road sign to affect the traffic that's going past it," says Alain Fridlund, a psychology professor who wrote a recent study with Crivelli. "Our faces are ways we direct the course of a social interaction." That's not to say that we actively try to manipulate others with our facial expressions. Our smiles and frowns may well be unconscious. But (2)our expressions are less a mirror of what's going on inside than a signal we're sending about what we want to happen next. Your best 'disgusted' face, for example, might show that you're not happy with the way the conversation is going—and that you want it to take a different course.

While it may seem sensible, this theory has been a long time coming. The idea that emotions are fundamental, instinctive, and expressed in our faces is deeply fixed in Western culture. But (3)this viewpoint has always been criticized. New research is challenging two of the main points of basic emotion theory. First is the idea that some emotions are universally shared and recognized. Second is the belief that facial expressions are reliable reflections of those emotions.

That new research includes recent work by Crivelli. He has spent months living with the Trobrianders of Papua New Guinea as well as the Mwani of

Mozambique*. With both native groups, he found that study participants did not (B) emotions to faces in the same way Westerners do. It was not just the face of fear, either. Shown a smiling face, only a small percentage of Trobrianders declared that the face was happy. About half of those who were asked to describe it in their own words called it "laughing": a word that deals with action, not feeling. In other words, Crivelli found no evidence that what is behind a facial expression is universally understood.

Making matters more complicated, even when our facial expressions are interpreted by others as exhibiting a certain feeling, those people might (A) an emotion we're not actually experiencing. In a 2017 analysis of about 50 studies, researchers found that only a minority of people's faces reflected their actual feelings.

If our expressions don't actually reflect our feelings, there are enormous consequences. One is in the field of artificial intelligence (AI)*, specifically robotics*. "A good number of people are training their artificial intelligence and their social robots using example faces from psychological textbooks," says Fridlund. But if someone who frowns at a robot is signalling something other than simple unhappiness, the AI may (C) to them incorrectly.

For most of us, though, the new research may have most of an effect on how we interpret social interactions. (4)<u>It turns out that we might communicate better if we saw faces not as mirroring hidden emotions—but rather as actively trying to speak to us</u>. People should read faces "kind of like a road sign," says Fridlund. "It's like a switch on a railroad track : do we go here or do we go there in the conversation ?" That frown on your friend's face may not be actual anger ; maybe she just wants you to agree with her point of view.

Take laughter, says Bridget Waller: "when you laugh and how you laugh within a social interaction is absolutely crucial." A poorly-timed laugh might not (D) your inner joy at what's going on—but it might show that you're not paying close attention to the conversation, or may even signal hostility.

For Crivelli, our faces may even be more calculating than that. He compares us to puppeteers*, with our expressions like "invisible wires or ropes that you are trying to use to manipulate the other." And, of course, that other person is manipulating us right back. We're social creatures, after all.

From Why our facial expressions don't reflect our feelings, BBC Future on May 11, 2018 by Talya Rachel Meyers

注：Trobriand Islander　トロブリアンド諸島の住民
the Mwani of Mozambique　モザンビークのムワニ民族
artificial intelligence（AI）　人工知能
robotics　ロボット工学
puppeteer　操り人形師

1　下線部(1)に続く空欄［　　　］に入れる語句として最も適切なものを以下の選択肢イ～ニから一つ選び，その記号を解答欄に書きなさい。
イ　beliefs and moral values
ロ　intentions and social goals
ハ　likes and dislikes
ニ　opinions and level of intelligence

2　下線部(2)を和訳しなさい。

3　下線部(3)の指す内容を日本語で説明しなさい。

4　下線部(4)を和訳しなさい。

5　空欄（　A　）～（　D　）に入れる語として最も適切なものを，以下の選択肢イ～への中からそれぞれ一つ選び，その記号を解答欄に書きなさい。ただし，各選択肢は1回のみ使用できるものとする。また，（　A　）は本文中に2度出てくるので注意すること。

イ　attribute	ロ　examine	ハ　explain
ニ　identify	ホ　respond	へ　reveal

全 訳

■表情は感情を映す万人共通の鏡なのか？

❶ 2015年にパプアニューギニアで喜怒哀楽と顔の表情の研究を行っていたとき，心理学者のカルロス=クリヴェッリは，驚くべきことを発見した。彼はトロブリアンド諸島の住民に，西洋人の標準的な恐怖心の顔の写真——目を見開いて口を大きく開けた——を見せて，何が見て取れるかを確認するよう求めた。トロブリアンド諸島の住民に見えたのは恐怖の顔ではなかった。代わりに，彼らに見えたのは，威嚇と攻撃の表示だった。つまり，恐怖心の世界共通の表情だと我々が考えているものは，全く世界共通ではないということなのだ。しかしトロブリアンド諸島の住民による顔の表情の解釈が異なるとすると，それはどういうことなのか。今注目を集め始めている——そして支持が次第に増えてきている——説は，表情は我々の感情を反映するものではないということだ。表情は喜怒哀楽の状態を正しく表示しているのではなく，我々の意図と社会的目標を示しているのだ。

❷ 顔というものは「通り過ぎていく人や車の往来に影響を与える道路標識のような」働きをすると語るのは，クリヴェッリとの最近の研究を著した心理学教授，アラン=フライドルンドだ。「私たちの顔は社会的な交流の進行方向を定める手段なのです」 だからと言って，表情でもって他者を操ろうと積極的に試みているというわけではない。我々の笑顔やしかめ面は多分に無意識的である。しかし(2)我々の表情は，心の内部で進行しているものを反映するというよりもむしろ，次に起こってほしいことについて送っている合図なのだ。たとえば最高に「うんざりした」表情は，会話の進む方向が気に入らないと思っている——さらにはその方向を変えたいと思っている——ことを示しているのかもしれない。

❸ この説はもっともなように思われるものの，誕生には長い時間がかかった。喜怒哀楽は基本的で本能的なものであり，顔に表れるという考えは，西洋文化に深く定着している。しかしこの見解は常に批判されてきた。感情に関する基本的理論の主要な点のうち，新たな研究が2つの点を疑問視している。まず1点目は，万人が共有し認識している感情がいくつかあるという考え。2点目は，表情はそういった感情の信頼できる反映であるという考えである。

❹ クリヴェッリによる最近の業績はその新たな研究に含まれている。彼はパプアニューギニアのトロブリアンド諸島の住民だけでなくモザンビークのムワニ民族とも数カ月間を共に暮らしてきた。双方の地元民の集団に関してクリヴェッリが発見したのは，研究の参加者は西洋人と同じようには喜怒哀楽が顔に出ると考えないということだった。それは恐怖の表情だけでもなかったのだ。笑顔を見せられたとき，

その顔が幸福感を示していると断言したトロブリアンド諸島の住民はわずか数パーセントだった。その顔がどんな感情を示しているかを自分たちの言葉で説明するよう求められたトロブリアンド諸島の住民のおよそ半数が，それを「笑っている」と言い表したが，この単語は，感情ではなく行為を扱う語なのだ。つまりクリヴェッリは，表情の背後にあるものは万人に理解されているという証拠を見つけることができなかったのである。

❺ 事態をさらに複雑にしているのは，我々の表情が何らかの感情を示していると他者によって解釈されるときですら，他者は我々が実際に感じている感情とは違う感情を認めるかもしれないということだ。2017年におよそ50件の研究を分析したところ，人の顔が実際の感情を反映しているケースは半分以下でしかないということを研究者は発見した。

❻ 我々の表情が自分の感情を実際に反映したものではないとすると，非常に大きな影響が生じる。その1つは人工知能（AI），とりわけロボット工学の分野に生じる。「かなり多くの人が，心理学の教科書から取った顔見本を用いて，人工知能とソーシャルロボットを訓練しています」とフライドルンドは言う。しかしもしロボットに対してしかめ面をするだれかが単なる不機嫌以外の何かの合図を送っていたら，AIはその人に対して間違った対応をするかもしれない。

❼ しかし我々の大部分にとっては，この新たな研究は，社会的交流を我々がどのように解釈するのかということに，その影響のほとんどを及ぼすかもしれない。(4)我々は顔を，隠された感情を映し出しているものではなく，むしろ積極的に我々に話しかけようとしているものとみなせば，より上手に意思疎通をするかもしれないということが判明する。人は顔を「言ってみれば道路標識のように」読むべきだと，フライドルンドは言う。「顔は鉄道の線路の転轍機（てんてつ）（切り替えポイント）のようなものです。会話の中で，この軌道を行くのか，あるいはあちらの軌道を行くのか？」 友人の顔に浮かぶそのしかめ面は，実際の怒りではないかもしれない。もしかしたら，自分の意見に賛同してもらいたがっているだけなのかもしれないのだ。

❽ 例として笑いについて考えてみましょう，とブリジット=ウォーラーは言う。「社会的な交流の中で，いつ笑うのか，そしてどのように笑うのかが，決定的に重要なことなのです」 不適切なタイミングの笑いは，現在進行中のことに対する心の内の喜びを明らかにしてくれないばかりか，会話にちゃんと注意を払っていないことがバレてしまうかもしれないし，敵意すら示すことになるかもしれない。

❾ クリヴェッリにとって，人間の顔というものは実際以上に打算的ですらあるかもしれない。彼は我々を操り人形師にたとえる。この人形師は，「他者を操るために利用しようとしている目に見えないワイヤーやロープ」のような表情を持っているのだ。そしてもちろん，相手もすぐに操り返してくる。結局のところ，我々は社

会的な生き物なのだから。

表情は喜怒哀楽といった感情が表れたものであり，万人に共通のものであると一般に考えられているが，実はそうではなく，表情は意思疎通のための目的を持った意図的なものであり，普遍的かつ絶対的なものではないということを述べている。

各段落の要旨

❶ 表情は喜怒哀楽を表示しているのではなく，我々の意図と社会的目標を示している。
❷ 表情は，心の内を表しているというよりも，次に起こってほしいことに関して発する合図である。
❸ 万人が共有し認識している感情があり，表情はそういった感情の信頼できる表現だという説には異論がある。
❹ 最近の研究で，表情の背後にあるものを万人が理解しているという証拠を，研究者のクリヴェッリは見つけることができなかった。
❺ 表情が実際の感情を反映しているケースは半分以下だという研究分析がある。
❻ 表情が感情を反映していないとすると，AI の分野は混乱するだろう。
❼ 我々は表情を，感情の反映ではなく，意思疎通の道具ととらえるべきだ。
❽ 笑いを例にあげると，いつどのように笑うのかがきわめて重要だ。
❾ 人は社会的な生き物であり，他者を操るために打算的に表情を利用する。

解　説

問1　▶ Instead of reliable displays of our emotional states, they show our [　　　].
「表情は，我々の感情の信頼できる表示ではなく，それらが示しているのは我々の…」

▶下線部の they は直前の文の facial expressions「(顔の) 表情」を指す。

▶選択肢の意味はそれぞれ，イ「信条と道徳的価値観」，ロ「意図と社会的〔社交上の〕目標」，ハ「好き嫌い」，ニ「意見と知性レベル」。

▶第2段第1文（The face acts …）に「顔は道路標識のような作用をする」とあり，続く第2文に「顔は社会的相互作用（＝他人とのふれあい）の進路を示す」とある。また第5文（下線部(2)の部分）には「我々の表情は，次に起こってほしいことについて発している合図である」とある。以上から，「表情というものは，次に起こることを期待してのものである」と筆者は考えていると推測できるので，ロが適切。

問2　our expressions are [less] a mirror of what's going on inside [than] a signal we're sending about what we want to happen next

▶「我々の表情は，内部で進行しているものの鏡というよりもむしろ，次に起こってほしいと我々が望んでいることについて我々が送っている合図なのだ」が直訳。

▶ less *A* than *B*「*A* というよりもむしろ *B*」 これは not so much *A* as *B*，あるいは *B* rather than *A* と同じ意味。

A の部分＝a mirror of what's going on inside「心の中で進行していることの真の姿を映し出すもの」

B の部分＝a signal we're sending about what we want to happen next「次に起こってほしいと我々が思っていることについて我々が送っている合図」(what は関係詞とも疑問詞とも解釈できる)

▶主語の expressions は facial expressions「(顔の) 表情」のこと。

問3 ▶ viewpoint「見解」

▶ viewpoint は idea と同義であり，その内容は，直前の文の The idea と同格の that 節 (that emotions are fundamental, instinctive, and expressed in our faces) に述べられている。ここを説明する。

▶ and expressed は and are expressed「表されている」ということ。

語句 fundamental「基本的な」 instinctive「本能的な」

問4 It turns out that we might communicate better if we saw faces not as mirroring hidden emotions—but rather as actively trying to speak to us.

▶「我々は顔を，隠された感情を映し出しているのではなく，むしろ積極的に我々に話しかけようとしているのだとみなせば，よりうまく意思疎通をするかもしれないということが判明する」が直訳。

▶ It turns out that ～「～だと判明する〔わかる〕」 that 節は仮定法過去になっている。

▶ see ～ not as *A* but rather as *B*「～を *A* ではなくむしろ *B* だとみなす」 *A*，*B* の部分は現在分詞形になっている。

語句 mirror「～ (の真の姿) を映し出す」 actively「積極的に」

問5 ▶文脈と文法の両面から確定していく。

▶ (　A　)：1つ目の空所は「何が見えるかを～するよう求めた」という文脈。2つ目の空所は「そういった人たちは我々が実際に体験しているのとは違った感情を～するかもしれない」という文脈。この両方に合う語を選ぶ。第1段で述べられているのは，「喜怒哀楽の表情の写真を見た住民が，そこにどういった感情を見出すか」ということなので，「認める，認識する」の意味の identify が適切。特定の感情を認識するということ。explain は，理解が難しい事柄や理由を，相手が理解できるように説明するときに使う語なので，やや不適切。reveal は，「秘密や隠された情報などを明らかにする」という意味なので不適切。

▶（　B　）：空所直後の emotions の後に前置詞 to がある点に注目する。与えられた語のうちこの形を取れるのは，「*A* という性質や特徴が *B* にあるとする」という意味を表す attribute *A* to *B* のみなので，attribute が入る。なお，explain *A* to *B*, reveal *A* to *B* という形もあるが，これは *B* が人の場合に限られるので不適切。

▶（　C　）：空所直後の前置詞 to に注目する。与えられた語の中で直後に前置詞 to を取れる自動詞は explain と respond だが，incorrectly との結びつきや文意を考えて，「～に反応する」という意味の respond を選ぶ。

▶（　D　）：inner joy は本来表面には出ない隠れたものなので，これを「明らかにする」場合には reveal が適切。

解答

問1　ロ

問2　我々の表情は，心の内部で進行しているものを反映するというよりもむしろ，次に起こってほしいことについて送っている合図なのだ。

問3　感情は基本的で本能的なものであり，顔に表れるものだという考え。

問4　我々は顔を，隠された感情を映し出しているものではなく，むしろ積極的に我々に話しかけようとしているものとみなせば，より上手に意思疎通をするかもしれないということが判明する。

問5　A―ニ　B―イ　C―ホ　D―ヘ

2019年度〔2〕

次の英文を読み，下の問いに答えなさい。（＊を付した語句には，問題文の末尾に注がある。）

Today, the majority of poor renting families in America spend over half of their income on housing, and at least one in four dedicates over 70 percent to paying the rent. Millions of Americans are evicted, or forced to move out, every year because they can't afford rent. In Milwaukee, a city of fewer than 105,000 renter households, landlords* evict roughly 16,000 adults and children each year. That's sixteen families evicted through the court system daily. But there are other ways, cheaper and quicker ways, for landlords to remove a family than through the order of a court. Some landlords pay tenants* a couple hundred dollars to leave by the end of the week. Some take off the front door. Nearly half of all forced moves experienced by renting families in Milwaukee are (1)"informal evictions" that take place in the shadow of the law. If you count all forms of involuntary displacement*, you discover that between 2009 and 2011 more than 1 in 8 Milwaukee renters experienced a forced move. The numbers are similar in Kansas City, Cleveland, Chicago, and other cities. In 2013, 1 in 8 poor renting families nationwide were unable to pay all of their rent.

Fewer and fewer families can afford a roof over their head. (2)This is among the most urgent and pressing issues facing America today, and acknowledging the breadth and depth of the problem changes the way we look at poverty. For decades, we have failed to fully appreciate how deeply housing is involved in the creation of poverty.

For almost a century, there has been broad consensus in America that families should spend no more than 30 percent of their income on housing. Until recently, most renting families met this goal. But times have changed across America. Every year in this country, people are evicted from their homes not by the tens of thousands or even the hundreds of thousands but by the millions. (3)Until recently, we simply didn't know how immense this problem was, or how serious the consequences, unless we had suffered them ourselves. For years, social scientists, journalists, and policymakers all but ignored eviction, making it one of the least studied processes affecting the lives of poor families. But new data and methods have allowed us to measure the frequency of eviction and its effects. We have learned that eviction is common in poor neighborhoods and that it causes great difficulties for families, communities, and children.

Residential stability creates a kind of psychological stability, which allows people to invest in their home and social relationships. It creates school stability, which increases the chances that children will (A) and graduate. And it creates community stability, which encourages neighbors to form (B) bonds and take care of their block. But poor families enjoy little of that because they are evicted at such high rates. Instability is not inherent to poverty. Poor families (C).

Along with instability, eviction also causes loss. Families lose not only their home, school, and neighborhood but also their possessions: furniture, clothes, books. It takes a good amount of money and time to establish a home. Eviction can erase all that. Eviction can cause workers to lose their jobs. This likelihood is roughly 15 percent higher for workers who have experienced an eviction. Often, evicted families also lose the opportunity to benefit from public housing because Housing Authorities* count evictions and unpaid debt as strikes* when reviewing applications.

This—the loss of your possessions, job, home, and access to government aid—helps explain why eviction has such a profound effect on what social scientists call "material hardship." Material hardship assesses, say, whether families experience hunger or sickness because they can't afford food or medical care; or go without heat, electricity, or a phone because they can't afford those things. The year after eviction, families experience 20 percent higher levels of material hardship than similar families who were not evicted.

Then there is the damage eviction causes to a person's spirit. The violence of displacement can drive people to depression and, in extreme cases, suicide. One in two recently evicted mothers reports multiple symptoms of depression, double the rate of similar mothers who were not forced from their homes. Even after years pass, evicted mothers are less happy, energetic, and optimistic than their peers.

(4)<u>All this suffering</u> is shameful and unnecessary. We have affirmed basic nutrition, twelve years of education, and a pension in old age to be the right of every citizen because we have recognized that human dignity depends on the fulfillment of these fundamental human needs. And it is hard to argue that housing is not a fundamental human need. Decent, affordable housing should be a basic (D) for everybody in this country. The reason is simple : without stable shelter, everything else falls apart.

注 landlord 家賃を取って部屋や家を貸す人，家主
tenant 家賃を払って部屋や家を借りている人
involuntary displacement 強制退去
Housing Authority 住宅を管轄する公的機関
strike マイナス要因

1 下線部(1)の指す内容を文脈に即して40字以内の日本語（句読点を含む）で説明しなさい。

2 下線部(2)の指す内容を文脈に即して30字以内の日本語（句読点を含む）で説明しなさい。

3 下線部(3)を和訳しなさい。

4 下線部(4)の内容として本文で述べられていないものを以下の選択肢イ～ニから一つ選び，その記号を解答欄に書きなさい。
イ コミュニティにおける生活の安定性を失う。
ロ 職業を失い，公共住宅に住む権利を奪われる。
ハ 精神の安定を失い，家庭内暴力と少年犯罪が増える。
ニ 食べ物やライフラインを確保できない困窮状態に陥る。

5 空欄（ A ）と（ B ）に入れる語の組み合わせとして最も適切なものを以下の選択肢イ～ニから一つ選び，その記号を解答欄に書きなさい。

	(A)	(B)
イ	excel	fragile
ロ	excel	strong
ハ	struggle	fragile
ニ	struggle	strong

6　空欄（　C　）に入れるのに最も適切なものを以下の選択肢イ～ニから一つ選び，その記号を解答欄に書きなさい。

イ　cannot move so much because they are poor

ロ　do not move because they are forced to

ハ　move so much because they are forced to

ニ　rarely move because they are forced to stay

7　本文の論旨に即して，空欄（　D　）に入れるのに最も適切な１語を同じ段落から抜き出し，解答欄に書きなさい。

全 訳

■アメリカが抱える貧困家庭の住宅問題

❶ 今日，借家暮らしをしている貧しいアメリカ人家族の大多数は，その収入の半分以上を住宅に費やしており，少なくとも4家族に1家族は収入の70パーセント以上を家賃の支払いに充てている。毎年，何百万人ものアメリカ人が，家賃が払えないために立ち退き，つまり強制退去を命じられている。ミルウォーキーは賃借世帯が10万5千未満の都市だが，家主は毎年，ざっと1万6千人の大人および子どもたちを退去させている。ということは，毎日16家族が裁判制度を通して退去させられていることになる。しかし裁判所の命令よりもっと安くて早く家主が住民を退去させる方法がある。賃借人に200～300ドルを渡して週末までに立ち退かせる家主もいれば，玄関ドアを撤去する家主もいる。ミルウォーキーの賃借世帯が味わうすべての強制退去のうち，半数近くが，法律すれすれに行われる「非公式の強制退去」である。もしあらゆる形態の強制退去の件数を数えたら，2009年から2011年の間に強制退去を経験したミルウォーキーの賃借人の数は，8人中1人を超えることがわかる。この数字は，カンザスシティ，クリーブランド，シカゴその他の都市でもほぼ同様である。2013年には，国全体で見れば，借家暮らしをしている貧困家庭のうち，8家族に1家族が家賃の満額を払うことができなかった。

❷ 住む所の手立てができる余裕のある家族はますます減少している。これは今日のアメリカが直面している最も緊急かつ切迫した問題の1つである。そしてこの問題の範囲と深さを事実と認めることによって，貧困をどう捉えるかが変わってくるのだ。何十年もの間，我々は，住宅問題が貧困を生み出すことにどれほど深く関与しているのか，完全には認識できなかった。

❸ ほぼ1世紀にわたってアメリカには，世帯が住宅に費やす金額は収入のせいぜい30パーセントであるべしという幅広い総意があった。最近までは，賃借世帯の大半はこの目標を満たしていた。しかしアメリカ全土で時代が変化した。毎年この国では，1万単位でもなく，さらには10万単位ですらもなく，100万単位で，人々が家を追い出されているのだ。最近まで，我々はこの問題がいかに巨大であるのかも，また，その影響がいかに重大であるのかも，それらを自ら経験していない限り，まったくわからなかった。何年もの間，社会科学者やジャーナリストや政策立案者たちは，強制退去問題をほとんど無視し，その結果この問題は，貧困家庭の生活に影響を及ぼす過程としては最も研究されていないものの1つになってしまっていた。しかし新たなデータと諸方式によって，我々は強制退去の発生頻度とその影響を測ることができるようになったのだ。そこでわかったことは，強制退去は貧

困地区では日常茶飯事であり，各世帯や地域社会，そして子どもたちに甚大な困窮をもたらすということだった。

❹ 居住の安定はある種の精神的安定を生み出し，それによって人は家庭や社会的人間関係に時間や精力や金を投入できるのだ。居住の安定は学校の安定も生み出す。それによって子どもたちが，良い成績を収め，そして卒業する可能性が増すのである。そしてまた，居住の安定は地域社会の安定も生み出し，それによって隣人たちは，互いに強い絆を結び，自分たちの地区の世話をしたいという気持ちが奨励されるのだ。しかし貧困家庭はかなり高い割合で家を追い出されるため，そのようなことをほとんど享受できない。不安定というものが貧困に内在しているのではない。貧困家庭は，そうせざるを得なくなって頻繁に家を移るのだ。

❺ 不安定に加えて，強制退去は喪失ももたらす。家族は家，学校，近隣を失うだけでなく，家具，衣類，書物といった所有物も失うのだ。家庭を構えるにはかなり多くの金銭と時間が必要だ。強制退去はそのすべてを無にする可能性がある。強制退去によって労働者が職を失うこともある。失職の可能性は，強制退去を経験した労働者の方が，ざっと 15 パーセント高い。強制退去させられた世帯は，公共住宅の恩恵を受ける機会をも失うことが多い。住宅公社が申込を審査する際に，強制退去と未返済の借金をマイナス要因とみなすからだ。

❻ このこと，つまり，所有物や仕事，家を失い，国の援助を得られないといったことが，なぜ強制退去が，社会科学者が呼ぶところの「物質的困窮」にこれほど深刻な影響を与えるのかという説明に役立つ。物質的困窮は，たとえば次のような点を見極めて判断する。その世帯が食料や医療の費用を払うだけの余裕がないために空腹や病気に見舞われているかどうか。あるいは，暖房や電気，あるいは電話を持つ余裕がないために，こういったものなしで暮らしているかどうか。強制退去させられた翌年は，その世帯は強制退去を免れた同等経済レベルの家族より 20 パーセント高い物質的困窮に見舞われる。

❼ そのとき，強制退去が人の心に引き起こす傷というものが存在する。退去という暴力によって人はうつ病に追いやられることがあり，極端な事例だと自殺に追い込まれることもある。最近になって強制退去させられた母親の 2 人に 1 人が，うつ病の複数の症状を訴えているが，これは家を強制的に退去させられなかった同等レベルの母親の 2 倍の割合であった。何年かが経過した後ですら，強制退去させられた母親は，そうでない同等レベルの母親ほどは，幸福でも精力的でも楽観的でもないのである。

❽ この苦しみのすべては，恥ずべきことであり，かつ不必要なものだ。我々は基本的栄養摂取と，12 年間の教育と，老齢年金を，あらゆる国民の権利だと断言してきたが，それは，人間の尊厳は，人間のこういった基本的ニーズを満たすことに

左右されることを認識してきたからである。そして，住宅が人間の基本的ニーズではないと主張するのは難しい。まともで手ごろな価格の住宅は，この国のすべての人間の基本的権利である。その理由は簡単だ。安定した住まいがなければ，他はすべてバラバラになるのだから。

アメリカにおける住宅問題について述べた英文。筆者は，アメリカの貧困世帯の多くが住宅を頻繁に強制退去させられることで，社会や人々の生活の安定が壊されていると訴えている。

各段落の要旨

❶ 毎年，借家暮らしをしているアメリカ人貧困世帯の多くが強制退去させられている。
❷ 住宅問題が貧困にどれほど深く関与しているのか，これまではあまりよくわかっていなかった。
❸ 強制退去は貧困地区では日常茶飯事であり，各世帯や地域社会に多大な悪影響を及ぼすことが，最近やっとわかってきた。
❹ 居住の安定は心理的安定だけでなく，学校や地域社会等の安定も生み出す。しかし貧困家庭はそういった安定を享受できない。
❺ 強制退去はさまざまな損失を招き，世帯や労働者は大きな被害を被る。
❻ 強制退去は，社会科学上の「物質的困窮」に深刻な影響を与える。
❼ 強制退去は，人の心に傷を与える。
❽ 住宅は，国民の権利である基本的欲求の1つであり，安定した住居がないとすべてが崩壊する。

解 説

問1 ▶ informal evictions「非公式の強制退去」を説明している箇所を見つける。

▶ eviction には注が与えられていないが，これは動詞 evict の名詞形だと推測できる。evict は，第1段第2文（Millions of Americans …）の evicted, or forced to move out という説明と，この英文が住宅問題を扱っていることから，「強制的に立ち退かせる／強制退去させる」という意味だと推測できる。つまりこれは，注の involuntary displacement と同義であるということになる。

▶第1段第5～7文（But there are …）が該当箇所。第5文の cheaper and quicker ways, for landlords to remove a family than through the order of a court「裁判所の命令を通すよりも安くて早い，家主が住民を追い出す方法」を中心にまとめる。

▶「裁判所の命令を通すよりも安くて早い方法」は，「裁判所の命令以外の方法」と簡潔に言い換えることができる。

問2 ▶下線部の This は，直前の Fewer and fewer families can afford a roof over their head. を指す。

▶ a roof over their head「頭上の屋根」→「住む所」 afford「～を持つ〔買う〕（経済的な）余裕がある」

▶該当英文は「住む所を手に入れることができる経済的余裕のある家族はだんだん少なくなってきている」が直訳。これを 30 字以内にまとめる。

問 3 Until recently, we simply didn't know how immense this problem was, or how serious the consequences, unless we had suffered them ourselves.

▶「最近まで，我々はこの問題がいかに巨大であるのかも，また，その結果がいかに重大であるのかも，それらを自ら経験していない限り，まったくわからなかった」が直訳。

▶ we simply didn't know の目的語にあたる名詞節は，how immense this problem was と，how serious the consequences（were）の 2 つ。

▶否定語の前の simply は否定語を強調する働きをするので，「まったく～ない」と訳す。

▶ not *A* or *B* は「*A* でも *B* でもない」という意味であり，「*A* または *B* ではない」という形に訳すのは誤り。

▶ unless 節の時制が過去完了であることに注意して和訳する。ourselves は主語の we を強調。

語句 immense「巨大な，計り知れない」 consequence「結果，影響」 suffer「～を経験する，～に直面する」

問 4 ▶ All this suffering「この苦しみのすべて」→ this suffering の具体例は本文中に分散して述べられているので，イ～ニのそれぞれについて，本文中に述べられているかどうかを見ていく。

▶イ．residential stability や community stability に関しては，第 4 段第 3 文（And it creates …）を中心に述べられている。

▶ロ．第 5 段第 5 文（Eviction can cause …）および最終文（Often, evicted families …）前半に述べられている。

▶ハ．第 4 段第 1 文（Residential stability creates …）に「精神の安定」に関する記述はあるが，「家庭内暴力と少年犯罪」に関する記述は本文のどこにもない。

▶ニ．第 6 段第 2 文（Material hardship assesses, …）に述べられている。heat「暖房」，electricity，phone は「ライフライン」の具体例である。

問 5 ▶空所（ A ）に excel「優れている」／struggle「必死に努力する」，空所

（ B ）に fragile「脆弱な」／strong「強い」の，それぞれの語を入れてみて，文脈上適切な方を選ぶ。それぞれの文意と考え方は以下の通り。

▶（ A ）:「学校の安定」によって子どもたちが「優秀になり／必死に努力し」卒業する可能性が増す。→「学校が安定すると，その結果，子どもたちの成績が向上する」と考えるのが論理的。学校が不安定なら struggle が妥当となる。

▶（ B ）:「コミュニティの安定」によって隣人たちが「脆弱な／強い」絆を形成し地区の世話をすることが奨励される。→「安定」によって体制が補強されるので，「強い」絆が形成されると考えるのが論理的。

問6 ▶ Poor families（ C ）.

▶空所の前に，… they（＝poor families）are evicted at such high rates「貧困家庭は非常に頻繁に家を追い出される」とある。「頻繁に家を追い出される」ということは「引っ越しを多くする」ということなので，ハが適切。

▶イ.「貧しいのであまり引っ越しできない」

▶ロ.「（引っ越しを）強制されるので引っ越ししない」

▶ハ.「（引っ越しを）強制されるので非常に多く引っ越しする」

▶ニ.「滞在を強制されるので，めったに引っ越ししない」

問7 ▶不定冠詞 a の存在から，単数形名詞が入ると推測できる。同じ段落にある語と文脈から right と need の2語が候補に考えられ，この2つから絞り込む。

▶筆者はこの段落で，「栄養・教育・年金は国民の権利である」と述べ，これらを「基本的必要物」と定めている。そして「住宅が基本的必要物でないと主張することは困難」→「住宅も基本的必要物」だと述べている。以上から三段論法的に「住宅＝基本的必要物＝基本的権利」という主張が成立する。

問1　家主が金銭授与やドア撤去等の，裁判所の命令以外の手段で借家人を退去させること。(39字)

問2　住む所を手に入れる余裕のある家族が減少しているということ。(29字)

問3　最近まで，我々はこの問題がいかに巨大であるのかも，また，その影響がいかに重大であるのかも，それらを自ら経験していない限り，まったくわからなかった。

問4　ハ

問5　ロ

問6　ハ

問7　right

8

2018年度〔1〕

次の英文を読み，下の問いに答えなさい。（＊を付した語句には，問題文の末尾に注がある。）

Green may not be the most fashionable color this spring, but it's still popular among many travelers. A survey found that 58 percent of hotel guests preferred staying at an environmentally friendly property. Nearly 40 percent said they're willing to spend an extra $10 a night to sleep at a sustainable* resort. If you're a hotel manager, hanging a sign on your door that says you're green—even if you aren't—can increase profits. A study found that 60 percent of U. S. travelers have taken a "sustainable" trip in the last three years and that these travelers spend on average $600 per trip, and stay three days longer than the average guest. The expanding green-travel market is now "too big to ignore."

Yet some travelers remain unsure about green travel. "For me, green implies no manufactured products," says a frequent traveler. And by that standard, no airplane, cruise ship, or hotel can truly be considered green. In a perfect world, for a hotel to be considered green, it would have to be completely demolished, and trees would have to be planted over it. And then people would let nature take its (A). But that's not the world we live in. Still, at a time when terms like "green," "sustainable," and "environmentally friendly" are used too much—often with the intent of convincing you to make a travel plan—it's worth asking how to separate real green from fake green.

An eco-travel specialist advises travelers to do your research to determine whether green travel options are legitimate. For example, many hotels promote their Leadership in Energy and Environmental Design (LEED) certification* from the U. S. Green Building Council, which judges on criteria such as water savings, energy efficiency, and building material selection. But if you travel abroad, you'll need to be aware of other sustainability-certification programs, such as Australia's EarthCheck or Britain's Green Tourism Business Scheme. Hotel chains sometimes have their own sustainability standards. InterContinental Hotels Group, which owns the Holiday Inn and Crowne Plaza brands, runs an internal program called "IHG Green Engage" that lets its hotels measure their environmental impact. Owners can view reports on water use and utility consumption with an eye toward reducing their carbon and water waste.

(1)When it comes to airlines and cruise ship companies, there's a consensus among experts that there's almost no such thing as green—only shades of fake green. It's said that there's a lot of greenwashing* and both airplanes and cruise ship companies pollute to such an extent that some travelers find it difficult to justify a reservation.

It can be even more difficult to assess tours that combine air travel, hotel stays, and sightseeing into a single package because of their many components. It's not always easy to tell apart authentic green, eco-friendly, and sustainable tours from fakes. The best advice is to contact your travel agent and ask some detailed questions. Those include: What hotels do you prefer to send your travelers to and why? What common travel practices do you see that you don't like? How do you operate in a more eco-friendly way? By making a little bit of extra effort and asking the right questions, you can increase the likelihood that you are dealing with someone who shares your values.

Aside from what light bulbs they use, how many recycling boxes you see, or whether they give you the option to decline daily room service, it's hard to tell at first sight how sustainable a hotel is really trying to be. You'd better see where they are obtaining their food, what they do with leftovers, and what cleaning products they use. If you don't like the answers or if they seem (B), go elsewhere. Simply stating that they are green or eco-friendly does not guarantee that they are not greenwashing.

You need to (2)"dig deep" on a hotel's website to determine things such as the materials used to create the building, its efforts to save fuel and water, and green certifications. If that information is missing, perhaps the hotel's commitment to sustainability just isn't there.

No travel agency will come up (C). After all, every airplane, cruise ship, hotel, and resort pollutes the environment. Perhaps the best travelers can hope for is that (3)their preference for sustainability will make the industry more responsive to their concerns. Because, in the end, the only thing the travel industry probably cares about is your money.

From With eco-friendly travel more popular than ever, approach green claims with skepticism, The Washington Post on May 18, 2017 by Christopher Elliott

注 sustainable 環境に負荷のかからない，sustainability はその名詞形
Leadership in Energy and Environmental Design（LEED）certification
アメリカ合衆国の建物の環境性能に関する認証
greenwash （企業が）環境問題に関心があるふりをする

1 下線部(1)を和訳しなさい。

2 下線部(2)の "dig deep" と同じ意味で使われている，3語から成る語句を本文中より書き出し，解答欄に記入しなさい。

3 下線部(3)のような効果をもたらすために消費者が取るべきと筆者が考える行動を，80字以内の日本語（句読点を含む）で説明しなさい。

4 空欄（ A ）～（ C ）に入れる語として最も適切なものをそれぞれ以下の選択肢イ～ニから一つずつ選び，その記号を解答欄に書きなさい。

（ A ） イ act ロ care
ハ course ニ drive

（ B ） イ engaged ロ fascinating
ハ persuasive ニ suspicious

（ C ） イ absent ロ distant
ハ entire ニ perfect

全　訳

■旅行業界に真の環境保護意識はあるのか？

❶ 緑色（環境に優しいことを示す色）はこの春一番の流行色ではないかもしれないが，多くの旅行者に依然として人気のある色だ。ある調査によると，ホテルの宿泊客の58パーセントが，環境に優しい建物に泊まる方を好んだ。40パーセント近くの客が，環境に負荷のかからないリゾート地で眠れるのなら，一晩当たり10ドルを余分に払ってもかまわないと答えた。あなたがもしホテル経営者だとしたら，ホテルの入り口に，当ホテルは環境に配慮していますという看板を掲げると，たとえ本当はそうでなくても，利益を増やすことができる。ある研究でわかったことだが，アメリカの旅行者の60パーセントが，過去3年間に「環境に負荷のかからない」旅行をしたことがあり，これら旅行者は1回当たりの旅行で平均600ドルを使い，平均的な客より3日長く滞在するのだ。拡大しつつある環境に優しい旅行市場は，今や「無視できないほど巨大」になっている。

❷ しかし環境に配慮された旅行に相変わらず懐疑的な旅行者もいるのである。「私にとって，環境に配慮しているというのは，工場で作られた製品がゼロであるということを示唆します」と，ある旅行の常連は言う。そしてその基準からすれば，飛行機も豪華客船もホテルも，真の意味で環境に配慮しているとは言えない。もし完璧な世界というものが存在するならば，あるホテルが環境に配慮していると考えられるためには，そのホテルを完全に取り壊し，その上に何本もの木を植えなくてはならないだろう。そして，人は自然をその成り行きに任せることになるだろう。しかしそれは我々が暮らしている世界ではない。それでも，「環境に配慮した」とか「環境に負荷のかからない」とか「環境に優しい」といった用語が過度に使用されるとき（人に旅行プランを立てさせようという意図を伴う場合が多いが），環境に対する本物の配慮と偽の配慮とをいかにして区別するのかと問うことは価値のあることだ。

❸ エコトラベルのあるスペシャリストは，環境に配慮したオプショナルツアーが合法的なものなのかどうかを判断するために自分で調べてみるようにと，旅行者にアドバイスしている。たとえば多くのホテルは，「エネルギーと環境に配慮したデザインのリーダーシップ（LEED）」認証を米国グリーンビルディング協会（節水やエネルギー効率，建材の選択といったものの基準を判定している協会）から得ていることを宣伝している。しかし海外を旅すると，オーストラリアのアースチェックやイギリスのグリーンツーリズム事業計画といった，その他の環境持続可能性認証プログラムを意識する必要が出てくるだろう。ホテルチェーンは独自の環境持続

可能性の基準を設けている場合がある。インターコンチネンタルホテルズグループは，ホリデイインとクラウンプラザというブランドを所有しているが，ここは「IHG グリーンエンゲイジ」という内部プログラムを実施していて，各ホテルに対して，環境に与える影響を見積もらせている。オーナーは，ホテルの炭素と水の浪費を減らすという観点でもって，水の使用と電気やガスの消費に関する報告書をチェックすることができる。

❹ 航空会社や豪華客船の会社の場合は，環境保護といった概念はほとんど存在せず，さまざまな程度の見せかけの環境保護があるだけだというのが，専門家の間での一致した意見だ。環境問題に関心があるふりをしている部分がかなりあると言われており，航空会社も豪華客船の会社もかなり環境を汚染しているので，予約を正当化するのは難しいと思う旅行者もいるほどだ。

❺ 空の旅，ホテルでの宿泊，および観光を組み合わせて１つのパッケージにまとめたツアーを見極めるのは，その構成要素が多いために，さらに困難なものとなりうる。環境に配慮し，環境に優しく，環境を持続する本物のツアーを，えせツアーと区別するのは必ずしも容易ではない。最もよいアドバイスと言えるのは，旅行代理店に連絡して，微に入り細にわたる質問をすることである。たとえばこんな質問だ。貴社が旅行客を送り届けたいホテルはどこのホテルで，そしてその理由は？　貴社が日常目にする好ましくない旅行慣行は？　より環境に優しい形で営業をするためにどのようなことをしているか？　ほんの少し余分な努力をして的を射た質問をすることによって，価値観を共有する旅行代理店に相談している可能性を増すことができるのだ。

❻ 彼らがどういうタイプの電球を使用しているのかとか，目に入るリサイクル用回収箱がいくつあるのかとか，日々のルームサービスを辞退するオプションが与えられているかどうかといったことは別として，あるホテルがどの程度環境を持続させていこうと本気で努力しているのかを一見して判断するのは難しい。そのホテルが食材をどこで手に入れているのか，残飯処理はどうしているのか，そして洗剤はどのようなものを使っているのかといったことを調べた方がいい。その答えが気に入らなかったり疑わしかったりする場合は，他のホテルに行くべきだ。当ホテルは環境に配慮していますとか環境に優しいですと単に述べるだけでは，彼らが環境問題に関心があるふりをしているのではないことを保証することにはならない。

❼ ホテルの建築に使われた建材や，燃料や水を節約しようとするホテルの努力や，環境保護認証といった事柄を判断するために，ホテルのウェブサイトを「深く掘り下げる」必要がある。その情報が欠けている場合は，もしかすると環境に負荷をかけないようにすることへのホテルの取り組みはそこにはないかもしれない。

❽ 完璧な結果となる旅行代理店はないだろう。あれこれ言ったところで，飛行機

も豪華客船もホテルもリゾート地も，すべてが環境を汚染しているのだから。もしかすると，旅行者が望むことができるのはせいぜい，旅行者が環境に負荷がかからないことを好むことによって，この業界が旅行者の懸念に対してより敏感に反応することになるだろうということだけなのかもしれないのだ。なんだかんだ言っても結局，旅行業界の関心は，たいていは消費者の懐具合だけなのだろうから。

旅行業界の環境保護への取り組みについて述べた英文。大手ホテルグループ等は環境保護に対して一定の取り組みはしているものの，完璧な業者はどこにもなく，所詮は営利第一なので，現状を変えていくには，旅行者の環境保護意識を旅行業界に訴えていくしかないと筆者は述べている。

各段落の要旨

❶ 旅行者の環境志向を受けて，環境に優しい旅行の市場が拡大している。
❷ 環境に対する旅行業界の配慮が本物かどうかを問うことは価値がある。
❸ 大手ホテルグループ等の各ホテルの，環境に対する取り組みの具体例。
❹ 航空会社や豪華客船会社には見せかけの環境保護しかない。
❺ 環境保護ツアーかどうかを見極めるためには，旅行会社に細かく質問するのが有効。
❻ ホテルの表面的な説明に納得するのではなく，具体的な取り組みについて質問すれば，そのホテルが環境に優しいかどうかがわかる。
❼ 環境対策に対するホテルの努力は，そのウェブサイトで確認することができる。
❽ 利益追求第一の旅行業界を環境保護に目覚めさせるには，旅行者からの働きかけしかないのかもしれない。

解　説

問１　When it comes to airlines and cruise ship companies, there's a consensus among experts that there's almost no such thing as green—only shades of fake green.

▶「航空会社や豪華客船の会社に関しては，環境保護といった概念はほとんど存在しない——偽の環境保護のさまざまな濃淡があるだけだ——という一致した意見が専門家の間にある」が直訳。

▶ green は，「緑色」という意味に加えて，「環境に優しい，環境保護の，生態系に配慮した」という意味でも使用されている。また shades には，「陰影」だけでなく「陰影の濃淡」という意味もあるので，shades of green は，「緑色の濃さ・色合い」つまり「環境保護のさまざまな程度」という意味で使用されていると考えられる。

▶ a consensus (among experts) that *A*—*B*「(専門家の間での) *A* つまり *B* という意見の一致」といった同格の構造に注意。

語句 when it comes to ～「～のこととなると，～に関しては」 airline「航空会社」 cruise ship「観光用の大型巡航客船」 consensus that ～「～という意見の一致」 fake「偽の」

問2 ▶ dig deep は「深く掘る」が直訳。

▶ dig には「(注意深く) 調べる，調査する」という意味があるが，dig deep の直訳から，「深く掘る」→「掘り下げる」と考えていっても，答えにたどり着くことはできる。「掘り下げる」→「調べる」というつながりが読めれば，第 3 段第 1 文（An eco-travel specialist …）の do your research を見つけることができるだろう（do research「調べる」)。

▶本問のような，検討範囲が本文全体に及ぶ設問に効率よく対処するには，問題英文を読み始める前に設問全体に目を通しておくとよい。

問3 ▶下線部は「持続可能性に対する彼らの好みは，その業界を，彼らの関心事に対してより反応しやすくさせる」が直訳。

▶ their は同文中の travelers「旅行者」を指し，the industry は「旅行業界」を指す。したがって，下線部をくだいて訳すと，「環境に負担をかけないことを旅行者が好めば，旅行業界は旅行者の関心事により素早く応えるようになる」となる。
なお，下線部を含む文の主語の the best travelers can hope for は，the best thing that travelers can hope for「旅行者が望むことができる最善のこと」であることに注意する。

▶旅行者が「sustainability を好んでいる」→「sustainable tours を好んでいる」ということを表す行動を記述している箇所をまとめればよい。
1 つ目の行動は，第 5 段第 3 文（The best advice …）～最終文に述べられており，「利用者による旅行代理店への働きかけ」つまり，「旅行代理店に，エコツアーに対する取り組みについて質問する」という行動。
2 つ目の行動は，第 6 段（Aside from what …）と第 7 段（You need to …）に述べられており，「ホテルが環境保護にどのように取り組んでいるのかを，ホテルに問い合わせたり調べたりして，不十分であればそのホテルは利用しない（他のホテルに行く)」という行動。第 3 段（An eco-travel specialist …）にある，ホテルに与えられる「(公的) 認証（LEED)」にも言及するとよい。
以上の 2 点を 80 字以内にまとめる。

問4 ▶各空所にそれぞれの選択肢を入れてみて，文法的に正しく，かつ文脈に合うかどうかを検討して決定する。

▶（　A　）：course を入れると，let ～ take its course「～をその成り行きに任せる」というイディオムが完成され，文脈にも合う。

▶（　B　）：同じ文中の the answers は，「どの程度環境保護に配慮しているのか」という質問に対する，ホテルの回答である。「もしそのホテルが（　B　）のように思えたら，どこか他の場所（ホテル）に行くがよい」という文脈から判断し，suspicious「疑わしい」を選ぶ。

▶（　C　）：直前の come up ～ は「～の状態になる」という意味。直後に，「すべての飛行機，豪華客船，ホテル，リゾート地が環境を汚染しているのだから」と述べられている点を考慮する。perfect を入れると「完璧となるであろう旅行代理店はない」という意味になるので，これを選ぶ。entire は「全体の」とか「全部そろっている」という意味なので不適切。

解答

問１　航空会社や豪華客船の会社の場合は，環境保護といった概念はほとんど存在せず，さまざまな程度の見せかけの環境保護があるだけだというのが，専門家の間での一致した意見だ。

問２　do your research

問３　旅行代理店に問い合わせて環境保護の取り組みについて細かく質問し，ホテルの情報を独自に丹念に調べ，公的認証や環境保護対策のないホテルは利用しないようにすること。（79 字）

問４　A－ハ　B－ニ　C－ニ

2018年度〔2〕

次の英文を読み，下の問いに答えなさい。（＊を付した語句には，問題文の末尾に注がある。）

It is 7 a. m., and Jane Atiato, aged 74, is standing in the middle of a muddy field, dressed in a purple hat and what looks like her best outfit. The occasion ? Her sixth time to vote in a presidential election since Kenya returned to a multiparty democracy in 1992.

Whenever they are given the chance to participate, Kenyans in particular, and Africans in general, take elections very seriously. Stories of people walking for miles to vote or standing in line for hours are clichés* because they are true. In this election, Kenyans are deciding between two presidential candidates whose elite families have dominated politics since Kenya became independent from Britain half a century ago—(1)not much of a choice. Yet voter participation could come close to 80 percent. Asked if they intended to vote on Tuesday, many Kenyans answered with a variation of : "I must vote. It is both my duty and my right."

African elections can be deeply moving. (2)People treat democracy with a great respect that has long faded in the West. But there is a gap between people's aspirations and the poor excuse for democracy that is too often provided. People, it is said, get the government they deserve. In Africa, nothing could be further from the truth. Leaders, who are mostly involved in it for themselves, in no way deserve their electorates.

In this particular election, in which opposition leader Raila Odinga is challenging President Uhuru Kenyatta, the costs of democracy are all too clear. Broadly, there are three. The first cost is just that. For a poor country, elections are (　A　). Kenya's could end up using the best part of $1 billion.

The second cost is a widespread loss of (　B　) in the state. During elections, opposition supporters tend to believe — often with good reason — that incumbents* will dishonestly announce the results of the election. Mr Odinga appeared on television in the early hours of Wednesday to claim exactly that. He accused preliminary results of being "fake" and "illegal."

That brings us to the third, and heaviest, cost: (C). In 2007, Kenya erupted into a crisis in which at least 1,200 people were murdered and 600,000 driven from their homes. Tales of "tribal"* violence sometimes lead to the false conclusion that Africa is "not ready" for democracy. Indeed, Africa's so-called tribes are better seen as mini-nations with completely distinct languages. (3)That people vote along ethnic lines is often entirely rational, much like people in the West vote according to class or region. Africa is no different.

However, Nic Cheeseman, an expert on African democracy, says violence stems from the combination of "weak democratic traditions" and "intense political competition." Corrupt politicians often encourage ethnic violence among their supporters in order to maintain power. Fortunately, in many countries with weak democracies, such as Zimbabwe, the opposition sometimes actually wins elections. In 2008, the president of Zimbabwe, Robert Mugabe lost to Morgan Tsvangirai, requiring him to share power until Mugabe could reassert his monopoly.

There are good reasons for believing that democracy can work in Africa. The alternative to democracy is generally so much worse. You have only to think of the former Zaire's Mobutu Sese Seko or the Central African Republic's self-proclaimed Emperor Bokassa to appreciate the importance of free and fair elections. And leaders in unstable democracies do respond to the voice of the people. Free universal primary education across most of the continent is one outcome of electoral pressure.

But most importantly, all that lining up and voting sometimes causes (4)real change. In a recent unlikely example, Yahya Jammeh, who once said he would rule Gambia for a billion years, was dismissed by voters nearly a thousand million years short of his target (he only served 23 years). Ghana has regular changes of leadership, something increasingly common throughout West Africa. Eighteen years ago, the Nigerian military began its own transfer of power to a civilian government. In South Africa, the once seemingly unbeatable African National Congress (ANC)* is yielding to pressure from voters. Four of the country's biggest cities, including Johannesburg and Pretoria, are run by opposition politicians. And, although Jacob Zuma holds on firmly to the presidency, the ANC is fully aware of many voters' disgust.

In Kisumu*, Ms. Atiato waited patiently to vote. In five previous elections her candidate lost. She hoped this time would be different, though preliminary results suggest more disappointment. Either way, she says: "I'm just praying that Kenya remains peaceful. Because we have Kenya today and tomorrow and forever."

Africa's (D) may not be ready for (E). But its (F) certainly are.

David Pilling 2017 Africa's voters are ready for democracy, Financial Times, August 9, 2017

注 cliché 決まり文句
incumbent （公職の）現職者
tribal 部族（tribe）の（tribeは植民地時代の宗主国側の差別と偏見を想起させる語）
African National Congress（ANC） 南アフリカ共和国の政党
Kisumu ケニア共和国の一都市

1 下線部(1)のように筆者が述べる理由を，50字以内の日本語（句読点を含む）で説明しなさい。

2 下線部(2)を和訳しなさい。

3 下線部(3)を和訳しなさい。

4 下線部(4)の例として，本文の内容に合わないものを以下の選択肢イ～ニから選び，その記号を解答欄に書きなさい。

イ 南アフリカ共和国の大都市では野党が選挙に勝っている。
ロ ガーナ共和国では定期的に政権が代わっている。
ハ ANCは有権者の支持が得られていないことを自覚している。
ニ ガンビア共和国のジャメ大統領はクーデターによって退陣させられた。

5 空欄（ A ），（ B ），（ C ）に入れる語の組み合わせとして，本文の論旨に即して最も適切なものを以下の選択肢イ～ヘから選び，その記号を解答欄に書きなさい。

	（ A ）	（ B ）	（ C ）
イ	costly	confidence	politics
ロ	economically	balance	death
ハ	expensive	trust	blood

ニ	highly	law	conflicts
ホ	luxurious	culture	war
ヘ	overpriced	money	economy

6　空欄（ D ），（ E ），（ F ）に入れる語の組み合わせとして，本文の論旨に即して最も適切なものを以下の選択肢イ～ヘから選び，その記号を解答欄に書きなさい。

	（ D ）	―― （ E ）	―― （ F ）
イ	candidates	power	presidents
ロ	leaders	democracy	people
ハ	people	power	leaders
ニ	politicians	politics	voters
ホ	presidents	politics	voters
ヘ	voters	democracy	leaders

全 訳

■アフリカで育ちつつある民主主義

❶ 午前7時。74歳のジェーン=アティアトは，ぬかるんだ野原の真ん中に立っている。紫色の帽子をかぶり，服装は見たところ，一張羅のようだ。これがどういう機会かだって？　これはケニアが1992年に複数政党制民主主義に戻ってから大統領選挙に彼女が投票する6度目の機会なのだ。

❷ 特にケニア人，そして一般にアフリカ人は，参加する機会を与えられたら常に，選挙というものを非常に重要なものとみなすのだ。何マイルも歩いて投票に来たり，何時間も列に並んだりといった話は，実際そうであるがゆえに，お決まりの文句となっている。今回の選挙では，ケニア人は2人の大統領候補の間で判断を下そうとしている。この2人の候補者を生んだエリートの一族はいずれも，半世紀前にケニアが英国から独立したときからずっと政界を牛耳ってきた。したがって選択の余地はあまりないのだ。しかし有権者の投票率は80パーセント近くになるかもしれない。火曜日に投票に行くつもりかと聞かれると，多くのケニア人は，表現の差はあるものの，「投票しなければならない。それは私の義務でもあり権利でもある」と答えたのだ。

❸ アフリカの選挙は深い感銘を与えうる。(2)人々は，西洋では消えてしまって久しい大いなる敬意を持って，民主主義を扱う。しかし人々の切望と，あまりにも頻繁に与えられるお粗末な民主主義の言い訳との間には，溝が存在する。ちまたでは，人は自分たちにふさわしい政府を持つことになるのだと言われている。アフリカでは，この格言以上に真実からほど遠いものはない。指導者たちは，たいてい自分のために政治に携わっているので，彼らが選挙民にとってふさわしいということは決してないのだ。

❹ 他ならぬこの選挙では，野党指導者のライラ=オディンガがウフル=ケニヤッタ大統領に戦いを挑んでおり，民主主義の代償は明々白々だ。大ざっぱに言うと，3つの代償がある。1つ目の代償はまさに経費である。貧しい国にとっては，選挙は金食い虫だということ。ケニアは最終的に10億ドルの大半を費やすことになるかもしれない。

❺ 2つ目の代償は，国内に広まった，信頼の喪失だ。選挙期間中は，野党の支持者たちは，現職議員たちが選挙結果を不正に公表するだろうと思い込む傾向があるのだ（しかもしばしばまっとうな根拠を持って）。オディンガ氏は水曜日の早朝の時間帯にテレビ出演し，まさにそのことを主張した。彼は中間集計の結果を「偽り」で「非合法」だと糾弾したのだ。

❻ それによって我々は3つ目の，そして最大の犠牲を強いられることになる。それはつまり，流血だ。2007年にケニアは危機に突入し，少なくとも1200人が殺害され，60万人が家を追われた。「部族」間の暴力についての数々の話は時に，アフリカはまだ民主主義の「準備ができていない」という誤った結論を招く。実際は，アフリカのいわゆる部族は，完全に異なった言語を持ったミニ国家とみなした方がいい。(3)民族を指針にして投票することはしばしば完全に筋が通っており，これは西洋の人間が社会階級や居住地域にしたがって投票するのとかなり似ている。アフリカとてちっとも変わりはないのである。

❼ しかしながら，暴力は「弱い民主主義の伝統」と「激しい政治闘争」の組み合わせから生じるのだと，アフリカ民主主義の専門家，ニック=チーズマンは言う。腐敗した政治家たちは権力を維持するために，支持者の間の民族的暴力をしばしば奨励する。幸いなことに，ジンバブエのような弱い民主主義の国々は，野党が時として実際に選挙で勝利を収める。2008年には，ジンバブエ大統領のロバート=ムガベがモーガン=ツァンギライに敗れたものの，ムガベは自分が権力の独占を再主張できるまで権力を共有するようツァンギライに要求した。

❽ アフリカでも民主主義がうまくいくことを信じる十分な理由はいくつもある。民主主義に代わるものは，概して，民主主義よりずっと粗悪なものだ。旧ザイール（現コンゴ民主共和国）のモブツ=セセ=セコや，中央アフリカ共和国の自称皇帝，ボカサを思い浮かべさえすれば，自由で公正な選挙のありがたさがよくわかるというものだ。そして政権が不安定な民主主義国家の指導者たちは，国民の声に確実に応えるものだ。アフリカ大陸の大半で実施されている無償の普遍的初等教育は，選挙によって生じた圧力の結果の1つである。

❾ しかし最も重要なのは，列を作って投票することが時には本当の変化を引き起こすことがあるということだ。最近のちょっと考えられないような例を挙げると，ヤヒヤ=ジャメはかつてガンビアを10億年統治するつもりだと言っていたのだが，目標より10億年近く足りない年月で（彼がその任に就いていたのはわずか23年だった），有権者によって大統領の地位を追われた。ガーナは主導権が定期的に入れ替わっているが，これは西アフリカではおなじみの光景になりつつある。18年前は，ナイジェリアの軍事政権が自らその権力を文民政権に移譲した。南アフリカでは，かつては敵なしのように見えたアフリカ民族会議（ANC）が，有権者からの圧力に屈しようとしている。南ア最大の都市のうち，ヨハネスブルグとプレトリアを含む4大都市が，野党政治家によって動かされている。そして，ジェイコブ=ズマは大統領の地位をしっかりつかんで放さないものの，ANCは，多くの有権者が愛想をつかしていることを十分認識している。

❿ キスムでは，アティアトが辛抱強く投票を待った。過去5回の選挙では，彼女

が支持する候補者は落選した。今回は違うだろうと彼女は期待した。もっとも，中間集計の結果はさらなる落胆を示唆するものではあるが。どちらにせよ，彼女は言う。「私はただ，ケニアが平和なままであってほしいと祈っているのです。だって，私たちはケニアとともに生きるんですから。今日も，明日も，そして将来もずっと」

⓫ アフリカの指導者たちはまだ民主主義の準備はできていないかもしれない。しかしその国民は，確かに準備ができているのである。

アフリカにおける民主主義の可能性について述べた英文。筆者はケニアの選挙の様子を具体例に挙げて，アフリカの民主主義政治の現状を紹介し，将来の展望を述べている。

各段落の要旨

❶ ケニアの大統領選挙の投票所の様子。
❷ ケニア人および一般アフリカ人の，選挙に対する意識。
❸ アフリカの民主政治の実情。指導者と選挙民との間には大きなギャップが存在する。
❹ 今回の選挙が払う民主主義の代償の１つ目は，高額の経費。
❺ 民主主義の代償の２つ目は，選挙に対する信頼の喪失。
❻ 民主主義の代償の３つ目は，部族や民族間の流血である。
❼ 暴力は，弱い民主主義と激しい政治闘争の組み合わせから生まれる。
❽ アフリカでも民主主義はうまくいき，国民の声を反映するものになりうる。
❾ 最も重要なのは投票行動であり，権力者に対する有権者の圧力は無視できない。
❿ 自分が支持する候補者が落選し続けても希望を抱いて投票を続ける有権者。
⓫ アフリカの指導者と違って，国民は民主主義の準備ができている。

解　説

問1 ▶ not much of a choice はダッシュ（—）の前の部分と同格で，「ぞっとしない選択」「あまり感心しない選択」という意味。

▶(be) not much of a ～ は「物事や人物が良い～（の例）ではない」ということを意味する慣用句。「大した～ではない」「～としてはあまり良くない」などのように訳される。本文では，「質の良くない２人の大統領候補から選ばなければならないという選択が，良くない選択の例だ」と筆者は述べている。

▶下線部の理由は，ダッシュの前の同格部分に述べられている。最大の理由は，deciding between two presidential candidates「２人の大統領候補の間で判断する」つまり「候補者が２人しかいない」ということ。そしてこの２人は，whose 以下に述べられているように「ケニアが50年前に英国から独立して以来政界をずっと支配してきたエリートの家系の出である（つまり，民衆に寄り添った政治家かどうかは疑わしい)」ということ。この2点をまとめればよい。

問2 People treat democracy with a great respect that has long faded in the West.

▶「人々は民主主義を，西洋ではなくなって久しい大きな尊敬の念でもって扱う」が直訳。

▶ has long faded は has faded for a long time あるいは faded a long time ago と同義。fade「消えてなくなる」と組み合わさって「なくなって久しい」とか「ずっと昔に消えてしまった」という意味になる。

語句 treat「～を扱う，～を論じる」 with a great respect「大きな尊敬の念を持って」 that は関係代名詞で，respect がその先行詞。the West「西洋，欧米」

問3 That people vote along ethnic lines is often entirely rational, much like people in the West vote according to class or region.

▶「人々が民族の方針に沿って投票するということは，しばしば完全に合理的であり，西洋の人々が階級や地域に応じて投票するのとかなり似ている」が直訳。

▶ That people vote along ethnic lines「人々が民族の方針に沿って投票すること」が主部。is rational「理にかなっている，筋が通っている」がその述部。much like 以下は前半部の補足説明として加えられている。

▶ much like ～ の like は「～するのと同じように，～であるかのようで」という意味の接続詞で，この意味では as を用いるのが正式。ここでは much like は it's much as if と同義である。

語句 line「主義，指針，方針，考え方」 rational「合理的な，理にかなっている，筋が通っている」 class「(社会) 階級」 region「(居住) 地域」← religion「宗教」と混同しないこと。class or region は冠詞が省略されている。

問4 ▶下線部の real change「本当の変化」の具体例は，下線部に続く第9段第2文 (In a recent …) 以降で紹介されている。

▶イ．第6文 (Four of the …) の記述に合致する。opposition politicians は「野党政治家たち」という意味。

▶ロ．第3文 (Ghana has regular …) 前半に合致する。

▶ハ．最終文 (And, although Jacob …) 後半に合致する。disgust「嫌悪感」

▶ニ．下線部の直後の文によると，ジャメ大統領が退陣させられたのは，クーデターによってではなく by voters「有権者によって」なので，ニが内容に合わない。

問5 ▶ (A)，(B)，(C) それぞれの空所に適する語を，イ～への中から選び，該当する語すべてに○印をつける。3つすべてに○がついた語の組み合わせが正解。

▶（　A　）：直後の文に，かなりの経費が見込まれることが述べられているので，「お金がかかる」という意味の語を選ぶ。costly と expensive が該当するので，これに○をつける。luxurious は「(物が）豪華な，贅沢な」，overpriced は「(物の）値段が高すぎる」という意味で，やや不適切なので△をつけておく。

▶（　B　）：直後の文に「(権力を握っている）現職者が選挙結果を不正に発表するのではないかと，野党支持者は思い込む」とあるので，選挙に対する「不信感」つまり「信頼の喪失」があると考え，「信頼」「信用」という意味の confidence と trust に○をつける。これらの2語以外は不適切。

▶（　C　）：直後の文の murdered から，これと結びつく death「死」，blood「血」，conflicts「紛争」，war「戦争」に○をつける。economy「経済」は不適切。

▶以上により，3つとも○がついたハを正解として選び，念のため文脈で確認する。

問6　**問5**と同じ要領で解決していく。問題英文の「アフリカの民主主義は，民衆の意識は高いのだが政治家の意識は低い」という要旨が読み取れれば平易。（　E　）の確定が最も容易なので，（　E　）から片づけていく。（　D　）と（　F　）は同時作業となる。

▶（　E　）：第6段第3文（Tales of “tribal” …）の，the false conclusion that Africa is “not ready” for democracy を手掛かりに，（　E　）には democracy が入ると推測する。“not ready” が引用符でくくられているのは，政治家は用意ができていないが，国民は用意ができているので，その両方に対しては not ready で言及できないため。

▶（　D　）：democracy に対して not ready なのは「政治家」なので，leaders, politicians, presidents が候補となる。

▶（　F　）：空所（　E　）に democracy が入ることが確定すると，続く最終文は are の後に ready for democracy が省略されていると考えられる。（　F　）に入る語の候補は，民主主義に対して用意ができている「国民」または「有権者」なので，people と voters に○をつける。

▶以上から，（　D　），（　E　），（　F　）すべての候補となる語の組み合わせはロであるとわかる。

問1　ケニアが英国から独立して以来50年間政界を牛耳ってきたエリート一族出身の，2人の候補者しかいないから。(50字)
問2　人々は，西洋では消えてしまって久しい大いなる敬意を持って，民主主義を扱う。
問3　民族を指針にして投票することはしばしば完全に筋が通っており，これは西洋の人間が社会階級や居住地域にしたがって投票するのとかなり似ている。
問4　ニ
問5　ハ
問6　ロ

解答

10

2017年度〔1〕

次の英文を読み，下の問いに答えなさい。（＊を付した語句には，問題文の末尾に注がある。）

The new era of the Internet, the smartphone, and the PC has had radical effects on who we are and how we relate to each other. The old boundaries of space and time seem collapsed thanks to the digital technology that structures everyday life. We can communicate instantly across both vast and minute distances. Philosophers, social theorists, psychologists, and anthropologists have all spoken of the new reality that we inhabit as a result of these changes.

But (1)what if, rather than focusing on the new promises or discontents of contemporary civilization, we see today's changes primarily as changes in what human beings do with their hands? The digital age may have transformed many aspects of our experience, but its most obvious yet neglected feature is that it allows people to keep their hands busy in a variety of unprecedented ways.

The owner of a famous bookshop in Paris describes the way young people now try to turn pages by scrolling them, and Apple has even applied for patents* for certain hand gestures. At the same time, doctors observe massive increases in computer- and phone-related hand problems, as the fingers and wrist are being used for new movements that nothing has prepared them for. Changes to the muscles and bones of the hand itself are predicted as a consequence. We will, ultimately, have different hands, in the same way that the structure of the mouth has been altered by the introduction of knives and forks, which changed the way we bite. That (2)the body is secondary to the technology here is echoed in the branding of today's products : it is the pad and the phone that are capitalized in the iPad* and iPhone* rather than the "I" of the user.

Yet if the way that we employ our hands is changing, the fact that we have to keep our hands busy is nothing new. From weaving to emailing, human beings have always kept their hands occupied. If parents would once knit or turn the pages of a newspaper while their children played, today they are swiping* and surfing*. At home, computer games occupy the hands and fingers.

Once we recognize the importance of keeping the hands busy, we can start to think about the reasons for this strange necessity. What are the dangers of idle hands? What function does relentless hand activity really have? And what happens when we are prevented from using our hands? We feel anxious, irritable, and even desperate when we cannot use our hands, because we all experience life through our bodies.

And (3)<u>this brings us to a paradox</u>. The most obvious answer to the above questions is that we need our hands to do things with. They serve us. They are the instruments of executive action, our tools. They allow us to control the world so that our wishes can be fulfilled. We show our hands to vote, to seal an agreement, to confirm a union, to such an extent that the hand is often used as a symbol for the person who owns it. In zombie and Frankenstein movies, the creatures walk with hands held out in front of them, not to suggest difficulties in vision but, on the contrary, pure purpose.

Yet at the same time, our hands disobey us. Although there are stories and movies where a body part such as an eye, a foot, or even an ear moves by itself, this is nothing compared with the vast number of examples where it is the hand —either joined to the body or not—that starts to function on its own, and nearly always murderously. When body parts become taken over in horror films, it is almost always the hands that are controlled by some evil force.

And doesn't such a paradox persist in everyday life? As we might strive to focus on what our partner or friend is telling us, our hands want to send a message, to check our email, to update our Facebook* page. People complain of being too attached to their phones and tablets, as if their hands just can't stop touching them. The hand, symbol of human power and ownership, is also a part of ourselves that escapes us. In what has become one of the most successful cultural products of all time, Disney's *Frozen** is about the dilemma of a girl whose (4)<u>(do / do / doesn' t / hands / she / them / things / to / want)</u>. Elsa's* hands turn whatever they touch into ice, and she struggles to control, and finally accept, this part of herself.

From *Hands : What We Do with Them and Why* by Darian Leader (Penguin Books, 2016).

注 patent 特許
iPad Apple 社製のタブレット型コンピュータ
iPhone Apple 社製のスマートフォン
swipe 画面に触れた指を一定方向に動かす
surf 漫然とウェブサイトを見てまわる
Facebook 同名の企業が運営するインターネット上のソーシャル・ネットワーキング・サービス
Disney's *Frozen* ディズニー映画『アナと雪の女王』
Elsa 『アナと雪の女王』のヒロインのひとり

1 下線部(1)を和訳しなさい。

2 下線部(2)の指す内容を，本文の中にある具体的な例を挙げながら日本語で説明しなさい。

3 下線部(3)のように筆者が述べる理由を，60 字以内の日本語（句読点を含む）で説明しなさい。

4 下線部(4)のカッコ内の単語を並べ替えて，最も適切で意味の通る文を作り，並べ替えた部分の中で 3 番目と 7 番目に来る単語を解答欄に書きなさい。

全 訳

■デジタル時代に問われる手の使い方とその哲学的考察

❶ インターネットやスマートフォン，そしてパソコンがもたらす新しい時代は，我々がもつ自己認識や他者との関わり方に，非常に大きな影響を与えてきた。空間と時間の古い境界線は，日常生活を構成するデジタル技術のために，打ち消されたように思える。我々は非常に離れていても，ごく近くでも，瞬時にコミュニケーションを取ることができる。哲学者，社会理論家，心理学者，人類学者は皆，これらの変化の結果，我々が住むことになった新しい現実について語っている。

❷ しかし，もし我々が今日の変化を，現代文明の新たな可能性や不満に意識を集中させるというよりもむしろ，主として人間が自分の手を使ってすることにおける変化とみなすとどうなるだろう。デジタル時代は，我々の経験を多方面で変えたかもしれないが，最も明白でありながら見落とされた特色は，デジタル時代によって，人々は今までにないさまざまな面で常に手を動かし続けるようになった，ということである。

❸ パリのある有名な書店の店主は，今の若者がスクロールすることでページをめくろうとする様子を報告する。またアップルは，いくつかの手のジェスチャーの特許申請までした。同時に，医師たちは，指や手首が何の準備もされていない新しい動きをするのに使われることで，コンピュータや電話が原因となる手の変調が大幅に増えた，と述べている。手自体の筋肉や骨が変化することは，その帰結として予想されている。その結果として，我々は異なる構造の手をもつことになるであろうが，それはナイフとフォークが使われるようになったことで我々の噛み方が変わり，口の構造が変化したのと同じようなことである。ここにおいて人間の体が科学技術に従位であるということは，新しい製品のブランド戦略にも反映されている。iPadやiPhoneで大文字にされるのは，使用者のI「私」ではなく，padやphoneの方なのである。

❹ しかし，もし我々の手の使い方が変化しているにしても，我々が常に手を動かしていなければならない現実は，全く新しいものではない。織物からEメールまで，人類は常にその手をふさがった状態にしてきた。昔の親は子供が遊んでいる間に，編み物をしたり，新聞をめくったりしていたものだが，現在はスクリーンに指を走らせたり，ネットサーフィンをしたりしている。家にいると，コンピュータゲームで手と指がふさがってしまう。

❺ いったん手を動かし続けることの重要性を認識すれば，我々はこの不思議な必要性がもつ理由について考え始めることができる。手持ち無沙汰でいることの危険

性とは何なのだろうか。容赦なく手を動かし続けることには，実際どのような役割があるのだろうか。そして手を使うことを妨げられた時に，何が起きるのだろうか。我々は手が使えないと不安になり，いらつき，絶望的にさえ感じるが，それは我々が皆，体を通して生きる経験をするからなのだ。

❻ そしてこの点が，一つの矛盾へと我々を向かわせる。上記の問いに対する最も明快な答えは，我々は何かをするために手が必要だ，ということだ。手は我々に仕えるのだ。手は実務的な行動をするための手段であり，道具なのだ。手は我々が望みを叶えるために，世界を制御することを可能にする。我々は賛否を示すために，協定を確認するために，また結びつきを強めるために手を見せるが，そのためにしばしば手が，その持ち主を象徴することに使われるほどである。ゾンビやフランケンシュタインの映画では，怪物たちは手を体の前に伸ばして歩くが，それは視力に問題があることを示唆するためではなく，むしろ純粋な意図を示すためなのだ。

❼ しかし同時に，手は我々に従わない。目や足やさらには耳のような体の一部が勝手に動く物語や映画があるが，これは手が，（体についたままの場合もそうではない場合もあるが）勝手に，しかもたいていは残忍に動き出す莫大な数の例に比べたら，取るに足らぬものでしかない。恐怖映画で体の一部が乗っ取られた時に，邪悪な力に操られるのは，ほとんどの場合は手なのである。

❽ そしてそのような矛盾は，日常生活の中にも存続していないだろうか。我々がパートナーや友人の話に集中しようとする時に，我々の手はメッセージを送ったり，メールをチェックしたり，フェイスブックのページを更新したりしたがる。人々は自分たちが電話やタブレットに縛られすぎていると不満を述べるが，それはまるで彼らの手が，これらのものに触るのをやめられないでいるかのようである。手は人間の権力や所有の象徴であるが，同時に我々から逃れる体の一部でもあるのだ。史上最も成功した文化的作品の一つとなったディズニー映画『アナと雪の女王』は，自分ではやりたくないことをしてしまう手をもった女の子が抱えるジレンマが主題である。エルサの手は，触るものすべてを凍らせてしまい，彼女はこの体の一部を制御しようと苦闘し，最終的にはこれを受け入れるのである。

デジタル（digital）の名詞形の digit は「指」にその語源をもつ。本英文はそのデジタル時代における手の新たな使い方についての考察から始まり，我々にとって，そもそも手とはどういった存在なのかということについて，哲学的な考察を展開した英文である。

各段落の要旨

❶我々はデジタル時代の新しい現実に住んでいる。
❷デジタル時代になって手の新たな使い方が生まれた。
❸新たに生じた手の使い方とそれが及ぼす影響の具体例。
❹我々が常に手を動かしているという現実は変わっていない。
❺我々が常に手を動かし続ける理由とその意義。
❻手は何かをするための手段であり道具であり，我々に仕えるものだ。
❼一方，物語や映画では手が我々の意思に従わずに勝手に動いたりする。
❽この矛盾は日常生活の中にも存続する。それは，相手の話を聞きながら端末機器を無意識に操作する手と，『アナと雪の女王』のエルサの手に見られる。

解　説

問１　what if, rather than focusing on the new promises or discontents of contemporary civilization, we see today's changes primarily as changes in what human beings do with their hands ?

▶「もし我々が今日の変化を，現代文明の新たな可能性あるいは不満に集中するよりもむしろ，主として人間が自分の手ですることにおける変化とみなすとどうなるだろう」が直訳。

▶コンマで挟まれた rather ～ civilization は挿入句であり，What if we see *A* as *B*?「もし我々が *A* を *B* だとみなすとどうなるだろう」という文構造がメイン。

▶ what if ～「もし～したらどうなるだろう」 see *A* as *B*「*A* を *B* とみなす」(＝regard *A* as *B*)→ *A* にあたる部分は today's changes「今日の変化」，*B* にあたる部分は changes in what human beings do with their hands「人間が自分の手ですることにおける変化」である。primarily「主として」は，この *B* にあたる部分を修飾している。

▶挿入句部分の rather than ～「～するよりむしろ」は，ここでは，後ろに動名詞句を伴って前置詞のような役割をしていると考えればよい。focusing on の意味上の主語は we で，目的語は the new promises or discontents of contemporary civilization である。or は new promises と discontents をつないでおり，定冠詞 the はこれら双方にかかっている。また of contemporary civilization は new promises と discontents の両方にかかっている。したがってこの目的語部分は「現代文明の新たな可能性または現代文明に対する不満」という意味になる。

語句　promise of ～「～の見込み〔可能性〕」 discontent of ～「～への不満〔不平〕」(ただし前置詞は of よりも with が普通） contemporary「現代の，同時代の」

問2 ▶ the body is secondary to the technology here「ここにおいて身体が科学技術に対して secondary である」→まず secondary の意味を確定する。

▶ be secondary to ～は，①「～に対して二次的で〔副次的で〕」，②「～の次で〔二の次で〕，～に続行する」，③「～よりも重要でない」というように，さまざまな意味がある。このうちのどれが適切かを判断するには，下線部の直前の記述を見るとよい。

▶直前の文（第3段第4文：We will, ultimately …）に，「ナイフとフォークの導入によって噛み方が変わり，その結果，口の構造が変わったのと同じように，最終的には手も変化するだろう」とある。これは，「技術が先にあり，身体の変化がそれに続く」ということを示唆しているので，ここでの secondary は，上の②の意味だと考えられる。よって「身体が科学技術に続く」とはどういうことかを説明することになる。

▶第4文の関係代名詞 which の先行詞は the introduction から forks まで。

▶第3段第1・2文（The owner of …）に，デジタル時代に変化した手の使用の具体例が述べられ，続く第3文では，その結果予想される帰結（手の構造の変化）が述べられている。第4文の内容を踏まえたうえで，下線部の記述にこの第1～3文の内容を補足してまとめる。

語句 turn pages「ページをめくる」 apply for patent for ～「～の特許を申請する」 as the fingers and wrist are being used for ～「指や手首が～のために使われることで」→ the は wrist にもかかっている。new movements that nothing has prepared them for「それら（指や手首）にそのための準備を何もさせていない新しい動き」→ them は the fingers and wrist を指す。for の目的語は that の先行詞 new movements「新しい動き」である。change to ～「～にもたらされる変化」 as a consequence「結果として」 ultimately「結局，最終的に」 alter「～を変える」 introduction「導入，使用されるようになること」

問3 ▶下線部の直訳は「このことが我々をある矛盾に連れてくる」である。→ this が指す内容と，paradox「矛盾」という言葉が何を指すのかを見つける。

▶下線部の主語 this は直前の第4・5段の内容全体を指しており，一言で言うと「我々はなぜ常に手を動かし続けるのか」ということ。

▶ paradox に関しては，第8段第1文（And doesn't such …）の「そしてそのような矛盾は，日常生活の中にも存続していないだろうか」という記述と，さかのぼって第7段第1文（Yet at the …）の「しかし同時に，手は我々に従わない」という2つの記述に注目する。→ paradox は第7段第1文の Yet at the same time の前後を指すと考えられるので，第6段と第7段の要旨を見ていく。

▶第６段第２～５文（The most obvious …）の記述から，我々は物事を行うために手が必要であり，手は我々に仕え，さまざまな行為を行うための道具であるという内容が読み取れる。しかし第７段第１文では「しかし同時に，手は我々に従わない」と述べられ，続く第２文と第３文で，物語や映画の中で，「手が意思に反して勝手に動く」という事例が紹介されている。以上の内容を60字以内にまとめる。

▶第６段第４文（They are the …）の our tools は the instruments of executive action の言い換えで，これも主語 They（＝our hands）の補語。手は「道具」であり，人間の意思に従属するものであるということ。第５文の主語の They も our hands を指す。

▶第６段最終文（In zombie and …）の pure purpose は，前に to suggest を補って読むとよい。

語句 （第６段）executive action「実行する行動，実務的な行動」→ the instruments of executive action とは，「我々人間の意思を執行するために，実務的な行動に用いられる手段・媒介」ということ。seal an agreement「契約〔合意/協定〕を結ぶ」（seal は合意をより正式で拘束力のあるものにするという意味。この表現は言い換えれば make an agreement more formal or definite ということである） confirm a union「結びつきを強める」 to such an extent that ～「～するような程度まで」

（第７段）by itself「ひとりでに」 nothing「大したことはない，何でもない」 compared with ～「～と比べて」 function「機能する，動く」 on its own「勝手に，独力で」（its は the hand を指す） murderously「殺意を抱いて」→第２文後半（where it is 以下）は強調構文。become taken over「乗っ取られる」→第３文後半（it is almost 以下）も強調構文。

問４ ▶下線部前後の内容は，その手で触れるものすべてを氷に変える Elsa という少女のジレンマに関するものであり，彼女はその力をコントロールしようと闘っていることを読み取ったうえで，語を並べ替えていく。まず前後の意味を推測する。a girl を先行詞とする関係代名詞 whose の後には名詞が続くので，文脈から hands が続くと推測できる。三人称単数の名詞が she しかないことから，doesn't は she と結びつき she doesn't の順になることが確定する。文脈から，Elsa は手で触れるものすべてを氷に変えてしまうのを望んでいないことが読み取れるので，want *A* to *do*「*A* に～してほしい」の語法を利用して語を配置すると she doesn't want them to do「彼女（Elsa）はその手にしてほしくない」という意味を表す英文を作ることができる（them は her hands を指す）。残った do と things から「してほしくないことを（手が勝手に）する」と考え，do things と並べた後に she doesn't want them to do を続けて文を完成すれば，a girl whose (hands do things she doesn't want them to do) となる (things の後には関係代名詞が省かれている)。

解答

問1　もし我々が今日の変化を，現代文明の新たな可能性や不満に意識を集中させるというよりもむしろ，主として人間が自分の手を使ってすることにおける変化とみなすとどうなるだろう。

問2　デジタル機器が人間の手の使用法に影響を与え，手の構造が将来変わると予想されているのと同じように，人体は科学技術の発展に続いて変化していくのだということ。

問3　手は我々の意思に従って動く便利な道具であるが，その一方で，我々の意識とは無関係に動くという一面を備えているから。(56字)

問4　3番目：things　7番目：them

11

2017年度〔2〕

次の英文を読み，下の問いに答えなさい。（＊を付した語句には，問題文の末尾に注がある。）

Last June, the Supreme Court made same-sex marriage legal throughout the United States. The historic opinion, written by Justice* Anthony Kennedy, used language so beautiful that it quickly became popular in wedding ceremonies. In September, I attended three that quoted Kennedy's declaration that marriage "allows two people to find a life that could not be found alone, for a marriage becomes greater than just the two persons."

Less often quoted, but perhaps more important, is the section of Kennedy's opinion which lists the "material burdens" placed on same-sex couples previously denied the right to marry : exclusion from the benefits* and rewards given to workers and their spouses* through retirement savings programs, health insurance, and tax policy, for example. "Marriage remains a building block of our national community," Kennedy explained. "Just as a couple vows to support each other, so does society pledge to support the couple, offering symbolic recognition and material benefits to protect and nourish the union."

(1)At first glance, Kennedy's claim that the material benefits offered to married couples by the government and employers are there to "nourish" each union seems like nothing more than an idealistic way of saying something obvious : Americans know that there are economic rewards to marriage. But Kennedy's word choice was not random. Benefits designed to "nourish" do more than reward the act of getting married ; (2)they encourage married couples to behave in certain ways. Since their introduction, America's biggest social insurance programs have promoted inequality within marriages by pushing couples to organize their household economies so that one spouse is in the workforce* while the other performs unpaid care work* in the home.

Social Security*, for example, encourages breadwinner-homemaker*marriages using both (3)carrots and sticks. Most people understand Social Security to pay out benefits at retirement purely on the basis of what individuals pay into the system during their working lives. But, in fact, Social Security does not pay everyone who contributes the same amount equally. Being married or unmarried also determines the size of an individual's benefit. Social Security's retirement insurance program offers a married person an extra 50 percent of whatever retirement benefit he or she earns. This "dependent benefit*" is intended to support the worker's spouse. Single people in the workforce pay the same Social Security taxes as married people, but they do not earn this dependent benefit. In other words, single people only earn two-thirds of what married people can earn.

However, marriage isn't always such a good deal. Only certain married people gain from Social Security's benefit structure: married couples who generally fit the breadwinner-homemaker model. When spouses earn roughly equal amounts in the workforce, they lose. In a marriage where one spouse is employed and the other is not, the spouse who remains at home receives the dependent benefit—through his / her spouse—without paying anything into the system at all. When both spouses are in the workforce, the dependent benefit is still available, but only one spouse can claim it. To receive the dependent benefit, however, the "dependent" spouse has to give up any Social Security benefits she has earned through her own earnings record. If there is a large enough gap between spouses' earnings, this choice makes sense: 50 percent of the higher-earning husband's benefit will amount to more than the individual benefit earned by many women. But this decision still leaves women having paid money into the system that has no effect on the benefits they receive. Alternatively, if both spouses apply for their individual benefits, they give up the dependent benefit their marriage entitles them to. This is like a Social Security penalty for spouses who both work. Such spouses do not receive the full benefits to which they are entitled. To this day, (A), Social Security rewards marriages where one spouse stays home.

Today, fewer and fewer families conform to the breadwinner-homemaker model that the social insurance system rewards. Since the 1930s, when the Social Security system was created, divorce rates have risen and marriage rates have fallen. Meanwhile, in 2014, one in five adults over twenty-five had never been married—in contrast to 1960, when it was roughly one in ten. And in 2012, for the first time, more unmarried women under thirty had children than married women. (B) those couples that do marry and have children are different from those idealized by policymakers in the 1930s. In 2014, in 60 percent of married couples with children, both parents worked. Few couples, especially if they are parents, can afford to live on one person's earnings. (C) marriage has changed for many, Congress, through the laws it has passed—and refused to pass—has held on firmly to the two ideas that the social insurance system should reward marriage and that marriages should be made up of breadwinners and homemakers.

From The Next Battle for Marriage Equality, DISSENT Winter 2016 by Suzanne Kahn

注 Justice 判事（肩書き）
benefit （保険・福利厚生などの）給付金，諸手当
spouse 配偶者
workforce 労働人口
care work （家事・育児・介護などの）ケア労働
Social Security 米国の社会保障制度
breadwinner-homemaker 一家の生計を支える稼ぎ手（大黒柱）－主婦
dependent benefit 扶養手当

1 下線部(1)を和訳しなさい。

2 下線部(2)の指す内容を，具体的に80字以内の日本語（句読点を含む）で説明しなさい。

3 下線部(3)の“carrots and sticks”すなわち「あめとむち」の指す内容を，それぞれ具体的に日本語で説明しなさい。

4 空欄（ A ），（ B ），（ C ）に入れる語句の組み合わせとして最も適切なものを以下の選択肢イ～へから一つ選び，その記号を解答欄に書きなさい。

	（ A ）	（ B ）	（ C ）
イ	although	Whereas	While
ロ	although	Even	As if
ハ	however	Because	As if
ニ	however	Because	Unless
ホ	therefore	Whereas	Unless
へ	therefore	Even	While

全 訳

■今日の結婚事情に合わなくなったアメリカの社会保障制度

❶ 昨年6月，最高裁判所は，アメリカ合衆国全土において同性婚を合法化した。アンソニー=ケネディ判事によって書かれた歴史的な判決理由は，その素晴らしい文言から，またたく間に結婚式で人気を集めるようになった。9月のことだが，私は，結婚は「2人の人間が，1人では見つけられない人生を見つけることを可能にします。なぜなら結婚は，単に2人でいることよりも素晴らしいものになるからです」というケネディの宣言が引用された結婚式に，3度出席した。

❷ 引用される頻度は少ないが，おそらくより重要なのは，ケネディの判決理由の中で，それまでは結婚する権利を認められなかった同性のカップルが受けた「経済的な負担」を一覧にした部分であろう。この「負担」とはたとえば，退職積み立て制度や健康保険，税制などを通じて，従業員とその配偶者に与えられる給付金や手当の対象から除外されていたことを指す。「結婚は依然として，わが国民共同体を作るための構成単位です」とケネディは説明した。「夫婦がお互いを支え合いますと誓うのと同様に，社会も夫婦を支えると約束するのです。そのために象徴的な価値認識と経済的利益を与えることで，夫婦の結びつきを守り育むのです」と。

❸ 政府と雇用者によって夫婦に与えられる給付金は，それぞれの結婚生活を「育成する」ためにあるというケネディの主張は，一見したところでは，疑う余地のない何かを言う1つの理想的な方法に過ぎないように思われる。アメリカ人は結婚には経済的な恩恵があることは承知しているのだ。しかし，ケネディの言葉の選択は思いつきではなかった。「育成する」ことを意図して作られた特典は，結婚するという行為に報いる以上の役割をもつのである。これらの給付金は，結婚した夫婦がある方法で行動するように促すのだ。その導入以来，アメリカ最大の社会保険プログラムは，配偶者の片方が労働人口に組み込まれ，もう片方は家の中で無報酬のケア労働をするような家庭内経済を作るよう夫婦を仕向けることで，婚姻の形態の違いによる不平等を作り出してきた。

❹ たとえば，アメリカの社会保障制度は，あめとむちを使うことで，一家の稼ぎ手と専業主婦から成る婚姻を奨励している。ほとんどの人は，社会保障制度とは，働いている間に各個人が制度に支払ったお金に純粋に基づいて，退職時に給付金を受け取るものだと理解している。しかし実際には，社会保障制度は，同じ金額を支払った人すべてに平等に給付をするわけではない。既婚なのか独身なのかも，個人が受ける給付額の大きさを決めるのである。社会保障制度の退職保険プログラムは，既婚の人に対しては，その人が得る退職給付金の50パーセント分を余計に支払う

のである。この「扶養手当」は，従業員の配偶者を扶助することを目的としている。職に就いている独身の人は，既婚の人と同じ額の社会保障税を支払うが，彼らはこの扶養手当を手にすることはない。言い換えると，独身の人は，既婚の人が受け取る額の3分の2しか手にしないのである。

❺ しかし結婚は，いつもそのようなうまい取り引きだとは限らない。社会保障制度がもつ給付金の仕組みから利益を得るのは特定の夫婦，つまり，稼ぎ手と専業主婦から成るモデルにおおむね該当する夫婦に限られる。夫婦で仕事をもち，ほぼ同じ収入がある場合は，損をすることになる。両配偶者のうち片方が仕事をもち，もう片方はもたない婚姻関係の場合は，家庭内にいる配偶者が，その制度に一銭も支払うことなく，結婚相手を通じて扶養手当を受け取る。両者が働いている場合は，それでも扶養手当の受け取りは可能だが，請求できるのは片方のみである。しかしその扶養手当を受け取るためには，「扶養されている」配偶者は，自分自身の所得経歴を通して手に入れた社会保障給付金のすべてを放棄しなければならない。もし配偶者間の所得格差が十分に大きければ，この選択は合理性をもつ。つまり稼ぎが多い夫側の給付額の50パーセントが，多くの女性が個人的に受け取る給付額よりも多くなるからだ。しかし，これに決めてもなお，自分が受け取る給付金に何の効果もないお金を，女性がこの制度に支払ったままになるということになる。そうではなく，もし両配偶者がともに個人の給付金を申請すれば，結婚によって受け取る資格のある扶養手当を放棄することになる。これはまるで，共働きの夫婦にとっては，社会保障制度の罰金のようなものだ。このような夫婦は，自分たちが権利をもつ給付金を全額は受け取れないことになる。よって今日に至るまで，社会保障制度は夫婦の片方が家庭にいる婚姻関係に報いるためのものなのである。

❻ 今日では，社会保険制度が報いるような稼ぎ手と専業主婦のモデルに従う家庭は，減少し続けている。アメリカの社会保障制度が作られた1930年代以来，離婚率は上昇し，婚姻率は低下した。そうしている間に，2014年には，25歳を超える成人の5人に1人は結婚した経験がないが，これは，その割合がおよそ10人に1人だった1960年とは対照的である。そして2012年には初めて，子供をもつ30歳未満の未婚女性が，結婚している女性よりも多くなった。きちんと結婚をして子供をもつ夫婦でさえも，1930年代に政策立案者によって理想とされた夫婦とは同じではない。2014年には，子供のいる夫婦の60パーセントは，両親ともに仕事をしていた。ほとんどの夫婦は，特に子供がいる場合は，1人の稼ぎだけでは生活できない。多くの人にとっては，結婚は形を変えてしまっているのに，議会は，通過させた法案や，通過を否決した法案を通じて，社会保険制度は結婚に報いるべきであり，婚姻は稼ぎ手と専業主婦によって成るべきものだ，という2つの考えを堅持しようとしているのである。

今日のアメリカでは，同性婚が合法化されるなど，社会の結婚観は変化してきている。にもかかわらず，社会保険制度は相変わらず，働く夫と専業主婦という婚姻関係を奨励しており，実情に合わない不公平なものになっていることを述べた英文。

各段落の要旨

❶ 昨年6月，アメリカ合衆国全土で同性婚が合法化された。
❷ 同性婚が合法化されたことで，その配偶者はそれまで与えられなかった経済的恩恵を受けることができる。
❸ アメリカ最大の社会保険プログラムは，配偶者の片方が外で働きもう片方が専業主婦をするという婚姻関係を奨励しており，結婚の形態によって不平等が存在する。
❹ アメリカでは，結婚は経済的な利益をもたらすようになっている。
❺ 既婚者が得る利益は平等ではなく，社会保障制度においては，給付金と扶養手当の仕組みによって，稼ぎ手と専業主婦という形態の夫婦が経済的に最も得をするようになっている。
❻ 今日のアメリカにおいては，結婚の多くは形を変えてしまっているのに，社会保険制度はそれが構築された当時の，稼ぎ手と専業主婦という古い婚姻モデルを対象としたままである。

解 説

問1 At first glance, Kennedy's claim that the material benefits offered to married couples by the government and employers are there to "nourish" each union seems like nothing more than an idealistic way of saying something obvious

▶「一見したところでは，政府と雇用者によって夫婦に提供される物質的利益〔恩恵〕は，それぞれの結婚生活を『育成する』ためにあるというケネディの主張は，何か明らかなことを言う1つの理想的な方法に過ぎないように思われる」が直訳。

▶ each union までが主部で，seems が述語動詞である。are there to "nourish" の部分が正しく解釈できるかどうかが文構造把握のポイント。

▶ at first glance「一見したところ（では）」は seems を修飾。glance「一瞥，ちらっと見ること」

▶ that the material benefits から each union までは Kennedy's claim「ケネディの主張」と同格節。

● material「物質の」 benefit(s)「利益〔恩恵〕」→ material benefits「物質的利益」とは，金銭の支給による諸手当のことで，端的に言えば「給付金」のこと。他の箇所で単に benefit(s)「(保険・福利厚生などの）給付金，諸手当」と記述されているものと同じであるから2語をまとめて「給付金」と訳してもよいし，「物質的利益」と直訳しても問題ないだろう。

● offered to ～「～に与えられる」→ the material benefits を修飾。

- married couple「夫婦」→ couple の基本的意味は「男女の一組」→ married がついて「(正式に結婚した) 夫婦」という意味になる。
- are there「ある，利用できる」→ be there (to ～)「(～するために) 存在している〔利用できる〕」→ be there は exist のくだけた形。この there には「そこに」という意味はない。
- nourish「育成する，成長させる，発展させる」→引用符がついているのは，本来の使い方とは少し異なった比喩的な使い方をしているため。
- union「(男女の) 結びつき，結婚関係，婚姻関係，結婚生活」

▶ seems like nothing more than ～「～でしかないように思われる」→ no more than の後には数・量を表す語句が続くのに対して，nothing more than の後は普通名詞。

問2 ▶「これら (給付金) は夫婦がある種の行動をするよう促す」を具体的に説明している部分を探す。→直後の Since で始まる文中にある by pushing couples to organize … が，下線部の encourage married couples to behave … と同じような意味を表している点に注目し，この部分が下線部を具体的に説明している箇所だと考える。

▶ Since their introduction「その導入以来」→ their は前文下線部の they つまり，前文の主語の benefits designed to “nourish”「『育成する』ために意図された給付金」を指す。social insurance programs「社会保険プログラム」 have promoted inequality「不平等を促進した」 within marriages「結婚の形態内に」 push *A* to *do*「*A* に～するよう強いる」 organize household economies「家庭内経済を体系化する」→「家庭の経済が効率の良いものになるように適切な配慮をする」ということ。organize「組織する，効率が良くなるよう工夫する」 household「世帯，所帯，家庭」

問3 ▶ (the) carrot and (the) stick「あめとむち，報酬と罰」は馬の鼻先ににんじんをぶら下げて走らせた様子から生まれた成句であり，carrot と stick は無冠詞単数形が普通。この stick は「棒」ではなく「むち」の意味。
「あめ」に関する記述は第4段 (Social Security, for …) にあり，「むち」に関する記述は第5段 (However, marriage isn't …) にある。第5段第1文は「しかしながら結婚は必ずしもそのようなよい取り引き〔待遇〕とは限らない」という，前段との対照を表す文で始まっており，この文から第4段と第5段の「あめ」と「むち」の対照構造がはっきりと読み取れる。

▶「あめ」が指す内容：第4段第3文 (But, in fact, …) に，「社会保障制度は，同じ金額を支払った人すべてに平等に給付をするわけではない」とあり，第5文 (Social Security's retirement …）に，「社会保障制度の退職保険プログラムは，既婚の人に対しては，その人が得る退職給付金の 50 パーセント分を余分に（an extra 50 percent）支払う」とある。この部分をまとめる。

▶「むち」が指す内容：第 5 段第 2 文（Only certain married …）と第 3 文（When spouses earn …）および最終文（To this day, …）から，社会保障制度がもつ給付金の仕組みから利益を得るのは，働く夫と専業主婦という婚姻モデルに沿った夫婦であり，共働き夫婦は損をすることがわかる。また第 6 文（To receive the …）から，扶養手当を受け取りたいなら，配偶者の一方は，それまでの所得経歴を通して手に入れた社会保障給付金をすべて放棄しなければならないことがわかる。さらに第 9 文（Alternatively, if both …）から，両方の配偶者がともに個人の給付金を申請すれば，結婚によってもらえるはずの扶養手当を放棄することになることがわかる。以上をまとめる。

問 4 ▶空所前後の文脈と文法から判断していく。

▶（ A ）：空所直前の文の Such spouses「このような配偶者たち（＝夫婦）」は，さらにその前文から「共働きの夫婦」を指すことがわかるが，ここから後は次のように続く。「共働きの夫婦はもらう権利がある給付金を全額受け取ることはできない」「今日に至るまで，（ A ），社会保障制度は，配偶者の片方が家庭に留まる婚姻関係に報いる」 空所前後の破線部は同等の内容を述べているので，therefore「ゆえに」を入れるのが妥当。また文法的に見ても，although は接続詞で副詞用法がないので，コンマで挟んで使用することはできない（though は副詞用法があり，however の代わりに使用することができる）。

▶（ B ）：空所直前の文は，「2012 年には初めて，30 歳未満で子供がいる女性のうち未婚女性の数が既婚女性の数を超えた」という意味。空所直後の部分は「きちんと結婚して子供をもうける夫婦は，1930 年代の政策立案者によって理想化された夫婦とは異なる」という意味（空所直後の those は指示形容詞で「～するような（種類の）…」という意味。idealized の直前の those は the couples を受ける代名詞。those idealized by は the couples that were idealized by）。これら 2 つの文は一見「対比・対照」を表しているように見えるので Whereas「～する一方で」が入るようにも思われるが，Whereas は接続詞（扱い方は although と同じ）なので，これは不可。空所に Even を入れると，「きちんと結婚して子供をもうける夫婦さえも，1930 年代の理想化された夫婦とは異なる」となり，これは空所前の文を受けて，結婚の形態が以前とはずいぶん変わったことを強調するために加えられた文であることがわかる。

▶（ C ）：空所直後の marriage has changed for many という節は「結婚は多くの

夫婦にとって変化した（many は many couples を指している）」という意味。空所に接続詞を入れると，この部分は従属節となり，Congress 以下が主節となることがわかる。この主節部分は，Congress「（米国）議会」が主語で，has held が述語動詞である。through the laws it has passed—and refused to pass— の部分は，has held を修飾する挿入句で，it は Congress を指し，and と refused の間に it has が省略されている。この挿入句の部分は，「議会が可決した（そして可決するのを拒否した）法案を通じて」という意味。hold on to ～ は「～に固執する」という意味。firmly「堅固に」は挿入語。two ideas には２つの同格節がくっついている。英文の主節部の大意は「議会は～という２つの考えに堅固に固執してきた」となるが，この「２つの考え」の同格節は，「社会保険制度は結婚に報いるべきであり，婚姻は稼ぎ手と専業主婦から成るべき」という伝統的考えを述べた部分。したがって「結婚は多くの夫婦にとって変化したが，一方，議会は…」という構造が考えられるので，While を選べばよいとわかる。

解答

問１　政府と雇用者によって夫婦に与えられる給付金は，それぞれの結婚生活を「育成する」ためにあるというケネディの主張は，一見したところでは，疑う余地のない何かを言う１つの理想的な方法に過ぎないように思われる。

問２　アメリカの保険制度は，夫婦の一方が外で仕事をし，他方が無報酬で家庭内の世話をするという家庭経済を想定しており，このようなあり方に夫婦を誘導しているということ。（79字）

問３　あめ：結婚すると５割増しの退職給付金をもらえる。
むち：共働き夫婦は損をする。すなわち，扶養手当を受け取りたいなら一方の配偶者は社会保障制度の給付金をすべて放棄しなければならないし，夫婦２人ともが給付金を申請すれば，結婚によってもらえるはずの扶養手当を放棄することになる。

問４　へ

12

2016年度〔1〕

次の英文を読み，下の問いに答えなさい。(＊を付した語句には，問題文の末尾に注がある。)

Today, we are confronted with an unprecedented amount of information, and each of us generates more information than ever before in human history. As former Boeing scientist and *New York Times* writer Dennis Overbye notes, this information stream contains "more and more information about our lives — where we shop and what we buy, indeed, where we are right now — the economy, the genomes* of countless organisms we can't even name yet, galaxies full of stars we haven't counted, traffic jams in Singapore and the weather on Mars." That information "tumbles faster and faster through bigger and bigger computers down to everybody's fingertips, which are holding devices with more processing power than the Apollo mission control*." (1)Information scientists have measured all this : in 2011, Americans took in five times as much information every day as they did in 1986 — the equivalent of 175 newspapers.

Our brains do have the ability to process the information we take in, (2)but at a cost : we can have trouble separating the trivial from the important, and all this information processing makes us tired. Neurons* are living cells with a metabolism* ; they need oxygen and glucose* to survive and when they've been working hard, we experience fatigue. Every status update* you read on Facebook, every tweet or text message you get from a friend, is competing for resources in your brain with important things like whether to put your savings in stocks or bonds, where you left your passport, or how best to reconcile with a close friend you just had an argument with.

The speed at which the conscious mind can process information has been estimated at 120 bits per second. That bandwidth is the speed limit for the traffic of information we can pay conscious attention to at any one time. While a great deal occurs below the threshold of our awareness, and this has an impact on how we feel and what our life is going to be like, in order for something to become part of our experience, we need to have paid conscious attention to it.

What does this bandwidth restriction—this information speed limit—mean in terms of our interactions with others? In order to understand one person speaking to us, we need to process 60 bits of information per second. With a processing limit of 120 bits per second, this means you can barely understand two people talking to you at the same time. Under most circumstances, you will not be able to understand three people talking at the same time. We're surrounded on this planet by billions of other humans, but (3)we can understand only two at a time at the most! It's no wonder that the world is filled with so much misunderstanding.

With so many limitations on human attention, it's clear why many of us feel overwhelmed by managing some of the most basic aspects of life. Part of the reason is that our brains evolved to (A) us deal with life during the hunter-gatherer phase of human history, a time when we might encounter no more than a thousand people in our lifetime. Walking around midtown Manhattan, you'll pass that (B) of people in half an hour.

Attention is the most essential mental resource for any organism. It determines which aspects of the environment we deal with, and most of the time, various automatic, subconscious processes make the correct choice about what gets passed through to our conscious awareness. For this to happen, millions of neurons are constantly monitoring the environment to select the most important things for us to focus on. These neurons are collectively called the *attentional filter*. They work mostly in the background, outside of our conscious awareness. This is why we don't notice many little details in our daily lives, or why, when you've been driving on the freeway for several hours, you don't remember much of the scenery: your attentional system "protects" you from registering it because it isn't considered important. This unconscious filter follows certain principles about what it will let through to your conscious awareness.

The (4)attentional filter is one of evolution's greatest achievements. In nonhumans, it ensures that they don't get distracted. Squirrels are interested in nuts and predators*, and not much else. Dogs, whose olfactory* sense is one million times more sensitive than ours, use smell to gather information about the world more than they use sound, and their attentional filter has evolved to make that so. If you've ever tried to call your dog while he is smelling something interesting, you know that it is very difficult to catch his attention with sound—

smell is a more important sense than sound in the dog brain. No one has yet learned everything about the human attentional filter, but we've discovered a great deal about it.

注 genome　ゲノム
Apollo mission control　アポロ計画のコントロール・ルーム
neuron　神経細胞
metabolism　新陳代謝
glucose　ぶどう糖
status update　ソーシャル・ネットワーク上の更新された情報
predator　捕食動物
olfactory　嗅覚の

1　下線部(1)を和訳しなさい。

2　下線部(2)の理由を文脈に即して具体的に日本語で説明しなさい。

3　下線部(3)の理由を文脈に即して具体的に日本語で説明しなさい。

4　下線部(4) "attentional filter" がどのように作用するかを本文の論旨に即して80字以内の日本語（句読点を含む）で説明しなさい。

5　空欄（　A　）に入れるのに最も適切な語を以下の選択肢イ〜ニから一つ選び，その記号を解答欄に書きなさい。

イ　enable　　　ロ　force
ハ　help　　　ニ　leave

6　空欄（　B　）に入れるのに最も適切な語を以下の選択肢イ〜ニから一つ選び，その記号を解答欄に書きなさい。

イ　appearance　　　ロ　number
ハ　sort　　　ニ　street

全 訳

■脳が情報を処理する際のフィルターの働き

❶ 今日我々は，かつてないほどの量の情報と向き合っている。そして，我々一人一人が，人類史のいかなる時代よりも多くの情報を作り出しているのである。元ボーイング社の科学者で，ニューヨークタイムズ紙の記者であるデニス=オーバービーの指摘によると，この情報の流れの中には「我々の生活，つまりどこで買い物をし，何を買い，さらには今どこにいるかといったこと，また，経済や，我々がまだ名前すら付けられていない無数の生物のゲノム，我々がまだいくつあるかもわからない数の星に満ちた銀河，シンガポールの交通渋滞，火星の天気などに関するますます多くの情報」が含まれている。その情報は，「巨大になり続けるコンピュータを通じて，ますます速く，すべての人の指先にこぼれ落ち，その指先には，アポロ計画のコントロール・ルームよりも処理能力の高い機器が握られている」。情報科学者たちはこのすべての量を測った。その結果，2011 年にはアメリカ人は毎日，1986 年の時の 5 倍の量の情報を取り込んでおり，これは新聞 175 紙分に相当する。

❷ 我々の脳は取り込んだ情報を処理する能力を確かに備えているが，それには代償が伴う。我々はささいなことと重要なことを分けるのに苦労することがあり，この情報処理過程のすべてで疲れてしまうのである。神経細胞は新陳代謝をする生体細胞で，活動を続けていくために酸素とブドウ糖を必要とし，神経細胞がずっと活発に働き続けていると，我々は疲労を感じる。フェイスブックで読むあらゆる更新情報や，友人から得るあらゆるツイートや携帯メールは，預金を株式か債券につぎ込むかどうか，パスポートをどこに置いたか，言い争いをしたばかりの親友と仲直りするにはどうするのが一番よいか，といった重要事項と，脳の中にある資源を求めて競い合っているのだ。

❸ 意識が情報を処理できる速度は，1 秒当たり 120 ビットだと推定されている。その時間当たりの情報量が，我々が一度に意識を向けられる情報通信の限界速度である。我々の意識にのぼらない部分でも多くのことが起きており，これは我々の感情や先々の人生に強い影響力をもつにしても，ものごとが我々の経験の一部となるには，我々はそれに対して意識的に注意を向ける必要がある。

❹ この処理能力の限界，つまりこの情報の制限速度は，我々が他者と関わる上で，どのような意味をもつのだろうか。1 人の人間が我々に話すことを理解するために，我々は 1 秒当たり 60 ビットの情報を処理する必要がある。1 秒当たり 120 ビットが処理の限界だとすると，これは 2 人の人間が同時に話しかけるのをかろうじて理解できることを意味する。ほとんどの状況において，3 人が同時に話すのを理解す

ることはできないであろう。この惑星上では，我々は数十億の人類に囲まれているのに，一度に理解できるのは最大でもたった2人である。世の中が非常に多くの誤解で満ちているのも不思議ではない。

❺ 人間の注意力には多くの限界があることを踏まえると，我々の多くが，生活の最も基礎的なものごとの一部に対処するのに苦労を感じるのも不思議ではない。その理由のひとつは，我々の脳は，人類史上の狩猟採集民時代の生活に我々が対応する手助けをするように進化した，ということである。その時代には，生涯で1,000人を超える人と会うことはなかっただろう。マンハッタンのミッドタウンを歩けば，それと同じ数の人と30分ですれ違うことになる。

❻ 注意力は，すべての生物にとって最も不可欠な心的資源である。これは我々が環境のどの面に対処するのかを決定する。そしてほとんどの場合，さまざまな自動的で無意識のプロセスが，我々の意識の中に取り込まれるものに関する正しい選択を行うのである。このことを行うために，我々が注意を向けるべき最重要のものを選択すべく何百万もの神経細胞が常に環境を監視しているのである。これらの神経細胞は，ひとまとめにして「注意フィルター」と呼ばれている。これらは主に裏手で，つまり我々の意識の外側で働いている。これが理由で，我々は日常生活におけるささいなことの多くに気づかないのだ。また，幹線道路で何時間も車を運転していても，その風景のほとんどを覚えていないのもそうである。人々のもつ注意システムが，その情報は大切とは考えられないという理由で，それを記録することから人々を「守る」のである。この無意識のフィルターは，何を人々の意識まで通過させるかに関して，いくつかの原則に従っている。

❼ 注意フィルターは，進化がもたらした最大の偉業のひとつである。人間以外の生物は，この働きによって，注意をそらさずにいられる。リスは木の実と捕食動物には関心をもつが，他の多くのものには関心がない。イヌは，我々よりも嗅覚が100万倍鋭いが，周囲の情報を集めるために，音よりも嗅覚を余計に使う。そして，イヌの注意フィルターは，それが実現するように進化したのだ。もしイヌが関心をもつものの匂いを嗅いでいる間にそのイヌに声をかけたことがあれば，音によってイヌの注意をひくのがとても難しいということはわかっているはずだ。イヌの脳内では，匂いは音よりも大切な感覚なのである。人間の注意フィルターについてすべてを知った人はいまだにいないが，それに関する多くのことを，我々は発見したのである。

脳の情報処理能力について述べた英文。人間の情報処理能力と理解力には限界があるので，脳は重要なことのみに注意を向け，ささいなことは無意識に無視する仕組みを，その進化の過程で作り上げてきたと筆者は述べている。

各段落の要旨

❶ 今日我々は，かつてないほどの量の情報と向き合っている。
❷ 脳の情報処理能力には代償が伴い，情報処理の過程で疲れてしまう。
❸ 意識が情報を処理できる速度は1秒当たり120ビットと推定されている。
❹ 1秒当たり120ビットの情報処理能力で会話した場合，一度に理解できる人数は2人である。
❺ 我々の脳は，生涯で1,000人を超える人と会うことはなかった狩猟採集民時代の生活に対応するよう進化した。
❻ 我々の脳は，対処すべき最も重要なものを選択するための無意識の「注意フィルター」を取り入れている。
❼ 注意フィルターは，進化がもたらした最大の偉業のひとつである。

解　説

問1　Information scientists have measured all this : in 2011, Americans took in five times as much information every day as they did in 1986—the equivalent of 175 newspapers.

▶「情報科学者たちはこの情報量をすべて測定した。つまり，2011年にはアメリカ人は毎日，1986年時の5倍の量の情報――新聞175紙分にも相当する――を取り込んでいたのだ」が直訳。

▶ all this「このすべて」 this は information を指す。information の具体例は第1段第2文（As former Boeing …）に複数個例示されているが，単数形を指す this は，第1文の an unprecedented amount of information「未曾有の量の情報」あるいは第3文の主語の That information を指すと考えるのが妥当。

▶コロン（：）は「つまり」という意味を表し，前言を補足説明する語句や文が続くことを示す記号である。ここは measured all this を受けて，「その結果わかったことは～で」という意味を表している。

▶代動詞の did は took in information every day を指す。

▶ダッシュ（―）には直前の語（句）と同格の言い換えや補足説明が続く。ここは in 2011 から in 1986 までの部分の言い換えとなっている。

語句　information scientist「情報科学者」 take in には「聞いたり読んだりしたことを理解し覚えている」という意味があるが，第2段第1文からもわかるように，ここでは単に「取り込む」という意味で使用されている。equivalent「相当〔匹敵〕するもの，同量のもの」→the equivalent of ～「～もの多くの量に相当〔匹敵〕するもの」

問2 ▶ but at a cost は「しかし代償を払って」という意味。まず，何が「代償を払って」のことなのかを読み取る。

▶これは直前の「我々の脳は取り込んだ情報を処理する能力を確かに備えている」を受けての句である。at a cost は，process the information を修飾している。つまり，「情報を処理することの代償を払って」のことだとわかる。

▶ at a cost の後のコロンに注目する。これは理由や説明・具体例が続くことを示す記号である。したがって，この記号の後に下線部の理由が述べられていると推測できる。直後に続くのが次の英文である。we can have trouble separating the trivial from the important, and all this information processing makes us tired「取るに足りないものを重要なものから分けるのが困難な場合があり，この情報処理過程のすべてで疲れてしまう」

▶設問に「具体的に」という指示があるので，この英文の the trivial（=trivial things）と the important（=important things）が具体的に何を意味しているのかを，後続の英文から読み取っていく。

▶第2段第2文には，「なぜ疲れるのか」の理由が述べられている。続く第3文に，Every status update you read on Facebook, every tweet or text message you get from a friend, is competing for resources in your brain with important things like …「フェイスブックで読むあらゆる更新情報，友人から得るあらゆるツイートや携帯メールが，脳の中にある資源を求めて…のような重要な事柄と競い合っている」とある。点線部が第1文の the trivial，実線部が the important の具体的説明となっている。したがって，ここの情報を解答に取り込む。「フェイスブックの情報や友人からのツイート」は「SNS」という語にまとめることもできる。

語句 process「～を処理する」 trivial「取るに足りない，ささいな」 text message「携帯メール」 compete for ～「～を求めて競い合う」 resources「資源（具体的には oxygen and glucose)」 savings「預 金」 stock「株」 bond「債 券」 reconcile with ～「～と仲直りする」

問3 ▶下線部は「我々は最大でも一度に2人しか理解できない」という意味。

▶①第3段第1文に，The speed at which the conscious mind can process information has been estimated at 120 bits per second.「意識が情報を処理できる速度は毎秒120ビットだと推定されてきた」とあり，②第4段第2文に，In order to understand one person … we need to process 60 bits of information per second.「1人の人間の話を理解するためには…1秒当たり60ビットの情報を処理する必要がある」とある。①と②の記述から「我々が一度に理解できる人間の数は最大でも2人」という下線部の結果が三段論法で導き出され，この三段論法の大前提と小前提にあたる①と②が下線部の理由となる。

語句 conscious mind「意識」 bit「ビット（コンピュータ用語）」 bandwidth「帯域幅，（デジタル通信で）単位時間に送れる情報量」 traffic「往来，流通」 threshold「敷居，境界，限界点」→threshold of awareness「識閾（意識にのぼる分岐点）」 barely「かろうじて（～で）」 at the most「せいぜい，最大でも」

問4 ▶ attentional filter「注意フィルター」

▶問われている箇所は第7段第1文だが，attentional filter という言葉は第6段第4文（These neurons are …）にすでに出現している。この第6段は全体が「注意力（attention）」に関する内容であるので，解答のポイントとなる点を見てみよう。第1文に「注意力は生物の最も不可欠な心的資質である」とあり，第2文には「何を意識に取り込むかについて，自動的で無意識のプロセスによって正しい選択がなされる」とある。第3文にはそれを補足して「このことを行うために，我々が集中すべき最も重要なもの（the most important things）を選択すべく何百万もの神経細胞が常に環境を監視している」とあり，第4文でそれらの神経細胞が「注意フィルター」と呼ばれているとある。第5文で，この「注意フィルター」が outside of our conscious awareness「意識の外側で（→無意識に）」働いていることが述べられ，第6文には，これが理由で我々は日常生活における多くの細かい事柄（little details）に気づかず，「それが重要だとみなされないから」という理由で，「それを記録するのをこの注意システムが防いでくれる」→「注意フィルターのおかげでささいなことにとらわれずにすむ」とある（この部分は第2段第1文の separating the trivial from the important とも関連する内容である）。

▶問われている箇所直後の第7段第2文には，「人間以外の生物は注意フィルターのおかげで，注意がそらされない」とある。その後のリスとイヌの例にあるように，これは「重要なことのみに注意を向ける」ようにしてくれるシステムであるとわかる。以上をまとめる。

語句 organism「有機体，生物」 subconscious「無意識の」 get passed through to ～「～まで通過させられる」 collectively「集合的に」 attentional「注意の」→attention の形容詞形。 register「～を登録する，記録する」 get distracted「注意をそらされる，気が散らされる」 squirrel「リス」

問5 ▶ evolved to（ A ）us deal with life during …「…の間の生活に我々が対処する（ A ）進化した」の空所補充。

▶ deal が原形である点に注目する。選択肢の enable，force は to 不定詞を従える動詞であり，それぞれ enable *A* to *do*，force *A* to *do* という形をとる。help は help *A* (to) *do* というように，to 不定詞と原形不定詞のいずれも従えることが可能。leave も（米・略式では）原形不定詞を伴うこともあると記述している辞書もあるが，「～させる，させておく」という意味なので，ここでは不適当。

語句 hunter-gatherer「狩猟採集民」 phase「段階，時期」 no more than ～「わずか～」

問 6 ▶空所を含む文の直前文に no more than a thousand people in our lifetime「生涯でわずか 1,000 人」とある。文脈から，数が話題になっていると考えられるので，number を入れる。

解答

問 1 情報科学者たちはこのすべての量を測った。その結果，2011 年にはアメリカ人は毎日，1986 年の時の 5 倍の量の情報を取り込んでおり，これは新聞 175 紙分に相当する。

問 2 我々はフェイスブックやツイート，メールのささいな情報と，預金の運用やパスポートの置き場所，人間関係の修復といった重要な情報を区別するのに苦労し，この情報処理で脳が疲弊するから。

問 3 人間の脳の情報処理能力は毎秒 120 ビットと推定されているが，我々が 1 人の人間の話を理解するには毎秒 60 ビットの情報を処理しなければならないので。

問 4 生物が他のことに気を散らされずに重要なことのみに注意を向けられるように，自動的かつ無意識のうちに重要な情報を選択し，それを意識に伝達するよう作用する。(75 字)

問 5 ハ

問 6 ロ

13

2016 年度〔2〕

次の英文を読み，下の問いに答えなさい。（＊を付した語句には，問題文の末尾に注がある。）

Sadly, music instruction in schools everywhere has decreased sharply over recent decades to the extent that an alarming percentage of children and teenagers get little or no music education. Music is often only an optional subject at secondary schools, there are not enough qualified teachers, and it is often seen as the subject that can be cut from the curriculum if there is a shortage of teachers. This is because music is not one of the core subjects, as mathematics, literature, science and foreign languages are. Yet a basic knowledge of music always used to be considered part of a balanced education, just like a basic knowledge of literature or mathematics. And the worst thing about the decline in recent years is that it affects European countries, which have been known for their proud musical tradition, as reflected in the long list of important composers and musicians who form the basis of European music.

(1)<u>That is why I am calling for music to be taught again in schools like literature, mathematics or biology.</u> This way, listeners can better appreciate music later in life thanks to their schooling, and musicians will be guaranteed educated audiences in the long term. The big reason for raising the status of music in schools, in my opinion, is that music has to be considered one of the basic components of human education, since it can be useful in significantly improving people's quality of life.

Music allows people to have different sensations simultaneously. That would be impossible without music. In and through music, grief and joy, for example, or loneliness and sociability can coexist. Music can mean different things for different people and even different things for the same person at different times. This kind of contrapuntal* experience is important for human existence but would not be possible to the same extent if we did not have music. More than that, music can enrich our lives as it fosters the development of the finest human qualities in a collective situation.

Music, unlike sports, is not subject to the usual laws of competition ; music has to function as a communal* experience. The experiences I've had working with orchestras, in particular the West-Eastern Divan Orchestra*, confirm (2)this assumption. The young musicians have an advanced knowledge of music, which means they are prepared to listen as a group and make music as a group, even in a very delicate and tricky social context. In the process, they have succeeded in overcoming barriers. Music has taught them not only the possibility but the necessity to listen to other voices. This, in a certain way, is more important than the fundamental democratic right to vote. In music, every voice has a responsibility towards the other, in speed, dynamic and intensity. (3)The difference between just producing beautiful sound and making music is that the latter means striving to create an organic whole of all the different elements. There should always be a connection between the different elements in music-making, without any separation from the context.

Music is often seen as a way to escape the human condition : hearing music is meant to enable people to take time out from reality. But this is hearing (A) listening. While there is nothing inherently* wrong with that approach, in my opinion, music should be giving us lessons for life (B) helping us to escape when necessary. I myself have had the experience, as a youngster, of playing mature music like Beethoven's later piano sonatas (C) having first come up against the slings and arrows* of life. So my playing was not a product of my life experience. On the contrary, my musical experiences have shown me how to live my life. In the 21st century it is our job to get exactly this point across to people, to show them that they can use what music has taught them to help themselves to live their lives.

From *2015 Edward Said London Lecture* by Daniel Barenboim

注 contrapuntal 対位法的な（対位法とは，複数の旋律を，それぞれの独立性を保ちつつ互いによく調和させて重ね合わせる技法をいう。）
communal 共有の
West-Eastern Divan Orchestra 本講演の講演者であるピアニストで指揮者のダニエル・バレンボイムが，友人で文学批評家の故エドワード・W・サイードとともに，パレスティナ（およびアラブ諸国）とイスラエルの若い音楽家を中心として，1999年に結成したオーケストラ。
inherently 本質的に
slings and arrows さまざまな困難

1　下線部(1)のように主張することによりどのようなメリットがあると筆者は考えているか。100字以内の日本語（句読点を含む）で説明しなさい。

2　下線部(2)の指す内容を50字以内の日本語（句読点を含む）で説明しなさい。

3　下線部(3)を和訳しなさい。

4　空欄（　A　），（　B　），（　C　）に入れる語句の組み合わせとして最も適切なものを以下の選択肢イ～ヘから一つ選び，その記号を解答欄に書きなさい。

	（　A　）	―― （　B　）	―― （　C　）
イ	as well as	as well as	without
ロ	as well as	without	as well as
ハ	as well as	without	without
ニ	without	as well as	as well as
ホ	without	as well as	without
ヘ	without	without	as well as

全 訳

■音楽教育の必要性とその意義

❶ 悲しいことだが，学校での音楽教育は，驚くほど高い割合の子供や十代の若者が，音楽教育をほとんど，あるいは全く受けなくなるほど，ここ数十年の間にあらゆる場所で急激に縮小してしまった。中等学校では，音楽はしばしば選択科目にすぎず，資格をもった教員が十分におらず，教員不足の場合には，カリキュラムから除外可能な科目だと見なされることも多い。その理由は，音楽は数学や文学や理科や外国語のような，主要科目のひとつではないからである。しかし，音楽の基礎知識は，文学や数学の基礎知識と全く同じように，バランスのとれた教育の一部だとずっと考えられていた。そして近年の衰退に関して最もよくないのは，ヨーロッパ諸国にその影響が及んでいる点である。ヨーロッパ諸国は，ヨーロッパ音楽の土台を築く数多くの重要な作曲家や演奏家に反映されているように，誇るべき音楽の伝統で知られているのである。

❷ こういうわけで私は，音楽が文学や数学や生物学と同じように再び学校で教えられることを求める。こうすることで，音楽を聴く者は学校教育のおかげで，後の人生で音楽をより深く理解することができるようになる。そして音楽家は，長期的には，教育を受けた聴衆を保証されることになる。私が思うに，学校における音楽の地位を上げることの大きな理由は，人間の教育において音楽は基本的な構成要素のひとつと見なされなければならないからで，それは音楽が人々の生活の質を著しく向上させるのに役立ち得るからである。

❸ 音楽は，人々が異なる感覚を同時にもつことを可能にする。それは，音楽なしには不可能であろう。たとえば，音楽の中で，また音楽を通じて，悲しみと喜び，また孤独と社交性が，同時に存在し得るのである。音楽は人によって異なる意味をもち，また同じ人物に対しても，時によって異なる意味をもつことさえあり得るのだ。このような対位法的な経験は，人間の存在にとって重要ではあるが，もし音楽がなければ，同じような経験をもつことは不可能だろう。それ以上に，音楽は他人と一緒にいる時に人間の最も優れた長所の発達を助けながら，我々の生活を豊かにすることが可能なのだ。

❹ 音楽は，スポーツと異なり，通常の競争の法則（競争原理）には従わない。音楽は共有される経験として機能しなければならないのである。私がオーケストラと仕事をして得た経験は，特にウェスト=イースタン・ディヴァン管弦楽団との経験は，この想定を裏付ける。そこの若い音楽家たちは，音楽に関する高度な知識をもっている。それはつまり，音楽を集団として聴き，集団として作る心づもりができ

ている，ということなのだ。それはとても微妙で扱いの難しい社会的状況においてさえも同様なのである。その過程において，彼らは垣根を取り払うことに成功したのだ。音楽が彼らに教えたのは，他人の声に耳を傾けることの可能性だけではなく，その必要性である。これはある意味，投票という民主主義の根源的な権利よりも大切である。音楽では，すべての声部が，速さや強弱や激しさにおいて，他の声部に対して責任を負っている。単に美しい音を生み出すことと音楽を作ることとの違いは，後者がすべての異なる要素からなる有機的統一体を作り出そうと努力することを意味するという点である。音楽を作る際には，異なる要素の間には，周囲の状況と切り離されることなく，常に繋がりが存在すべきなのである。

❺ 音楽はしばしば，人が置かれた現実の状況から逃れるための方法だと考えられることがある。つまり，音楽を聞く目的は，人々が現実から小休止をとることを可能にすることである。しかしこれは，耳を傾けることなく，音を耳にする行為である。この考え方は本質的に間違ってはいないにしても，私が思うに，音楽は，必要な時に避難の手助けをしてくれるだけではなく，人生の教訓を与えるものでもあるはずだ。私自身が若い頃，先に人生のさまざまな困難に立ち向かっておくことなしに，ベートーベンの後期ピアノソナタのような円熟した作品を演奏した経験がある。だから，私の演奏は人生経験の産物ではなかったわけである。それどころか，私が音楽に関して体験した事柄は，私が自分の人生をいかに生きるべきかを示してくれた。21 世紀においては，この点を正確に人々に理解させること，そして人々が音楽から学ぶものを自分の人生を生きるための手助けとして役立てるのは可能だと示すことが，我々の仕事である。

ダニエル=バレンボイムが，社会における音楽の役割について 2015 年 5 月にロンドンの音楽ホールで述べた講演の一部。彼のオーケストラ「ウェスト=イースタン・ディヴァン管弦楽団」は，政治的・民族的に対立しているイスラエルとアラブ諸国の音楽家たちから構成されており，その理念は，自己の考えを相手に押しつけず互いを知ることであり，それによって共存と平和が生まれるというものである。

各段落の要旨

❶ ここ数十年，学校での音楽教育が衰退しており，近年はそれが音楽的伝統を誇るヨーロッパ諸国をも侵食している。

❷ 学校教育で音楽の地位を高める理由は，音楽が人々の生活の質を著しく向上させるのに役立つからだ。

❸ 音楽は，人々が異なる感覚を同時にもつことを可能にしてくれ，互いの長所を伸ばしつつ個々の生活を豊かにしてくれる。

❹ 音楽は共有の経験であり，競争原理には従わない。音楽は異なる要素からなる有機的統一体であり，周囲の状況と常に繋がっている。

❺ 音楽は現実からの逃避の場であるだけではなく，人生の教訓・生き方・生きる手助けを与えてくれる。

解説

問1 ▶下線部は「こういうわけで私は，音楽が文学や数学や生物学と同じように再び学校で教えられることを求める」という意味。

▶もし下線部の理由が問われていれば，文頭の That is why から，直前部を見ればよいとわかるが，ここでは筆者の主張にどのようなメリットがあるのかを問われているので，このあとの記述を見ていくことになる。

▶続く第2文が This way で始まっている点に注目する。This way は In this way と同じで，「このようにして，こうすれば」という意味。続いて，「聴く者（listeners）は学校教育のおかげで，後の人生で音楽をより深く理解できる」「音楽家（musicians）は，長期的には，教育を受けた聴衆を保証される」とある。この部分をまとめればよいが，ここだけでは指定字数の100字にだいぶ足りないことに気づく。そこで次の第3文を検討する。第3文でも，学校における音楽の地位を上げる理由として，筆者は，「音楽（music）は人間の教育の基本的な構成要素のひとつと考えられるべきだ」と述べ，その理由として，「音楽は人々の生活の質を著しく向上させるのに役立ち得る」とある。この，理由の部分を解答に含める。以上の，listeners，musicians，music の3点についての記述をまとめればよい。

語句 call for *A* to *do*「*A* が～することを要求する」 appreciate「正しく理解する，すばらしさを認識する」 schooling「学校教育」 in the long term「長期的には」 component「構成要素」 significantly「著しく」

問2 ▶ this assumption「この想定」

▶この語は confirm「～を裏付ける」の目的語となっている。指示語の this は，すでに述べたことを指すのが普通。つまり，this assumption は第4段第1文を指している。

▶第1文の Music, unlike sports, is not subject to the usual laws of competition ; music has to function as a communal experience. を，「音楽は…という想定。」という形で，50字以内にまとめる。この英文は，直訳すれば「音楽はスポーツと違って，通常の競争の法則に支配されているわけではない。音楽は共有の経験として機能しなければならない。」となり，ここだけで58字ある。is not subject to や function as a communal experience の和訳を工夫して50字以内におさめてみよう。is not subject to the usual laws of competition は「通常の競争原理に支配されない」，function as a communal experience は「集団が共有する経験として働く」とすればよい。

語句 be subject to ～「（あとに条件・規則が続く場合）～に従わねばならない，～の支配下にある」→あとに変化や病気・良くないことが続く場合は，「～を受ける，

～にかかりやすい，さらされやすい」となる。communal「共同社会の，共有の」→commune「共同生活する人の集団」の形容詞形。

問 3 **The difference between just producing beautiful sound and making music is that the latter means striving to create an organic whole of all the different elements.**

▶「単に美しい音を生み出すことと，音楽を作ることの間の違いは，後者がすべての異なる要素の有機的統一体を作り出そうと努力することを意味するということだ」が直訳。

▶ is の前までが主部。S is that ～「S は～ということだ」が大きな文構造となっている。the latter は making music を指すが，設問中に指示がないので具体的に和訳する必要はなく，単に「後者」という訳でよい。

語句　strive to *do*「～しようと多大な努力をする」 an organic whole of ～「～からなる有機的統一体」 all the different elements「すべての異なる要素」

問 4 Music is often seen as a way to escape the human condition : hearing music is meant to enable people to take time out from reality. But this is hearing (　A　) listening. While there is nothing inherently wrong with that approach, in my opinion, music should be giving us lessons for life (　B　) helping us to escape when necessary. I myself have had the experience, as a youngster, of playing mature music like Beethoven's later piano sonatas (　C　) having first come up against the slings and arrows of life.

▶それぞれの空所に as well as を入れるのか without を入れるのかという問題である。それぞれの空所に両者を挿入して，前後の意味を検討してみよう。

▶（　A　）に as well as→「しかしこれは，耳を傾けることだけでなく，音を耳にすることでもある」

（　A　）に without→「しかしこれは，耳を傾けることをしないで音を耳にすることである」

文頭の But が「(前文の内容を認めつつも) しかしながら」の意味であることから，But 以下には，前文の hearing に関する否定的な内容が続くと考えられる。この内容に合うのは「耳を傾けるだけでなく，音を耳にもする」ではなく「耳を傾けないで，音を耳にする」であるので，without が入る。

▶（　B　）に as well as→「音楽は，必要な時に私たちが逃れるのを助けてくれるだけでなく，人生の教訓も与えてくれるはずだ」

（　B　）に without→「音楽は，必要な時に私たちが逃れるのを助けてくれることをしないで，人生の教訓を与えてくれるはずだ」
第 1 文で「音楽は人間が置かれた境遇から逃れる手段と見なされる」とあるので，ここは as well as が入る。

▶（　C　）に as well as→「先に人生のさまざまな困難に立ち向かっておくだけでなく，ベートーベンの後期ピアノソナタのような円熟した曲を演奏するといった経験」
（　C　）に without→「先に人生のさまざまな困難に立ち向かっておくということをしないで，ベートーベンの後期ピアノソナタのような円熟した曲を演奏するといった経験」
このあとに So my playing was not a product of my life experience.「だから，私の演奏は人生経験の産物ではなかった」と続くので，without が入る。

▶以上より，正解はホ。

語句　condition「条件，状況，境遇」 hear「（意識しなくとも）聞こえる，耳にする」 take time out from reality「現実から小休止（time out）をする」→escape the human condition の言い換えである。 listen「（意識して音楽や人の話を）聴く，耳を傾ける」 when necessary＝when it is necessary→it は to escape を指している。as a youngster＝when I was young→experience of ～「～という経験」に挿入された句。 mature「円熟した，成熟した」 first は「まず第一に，まず最初に」という意味。come up against ～「～に立ち向かう」→having come up against は動名詞 coming up against の完了形。

解答

問 1　音楽を聴く人は，学校教育のおかげで，後の人生で音楽をより深く理解できるようになり，音楽家は，長期的には，教養のある聴衆が保証される。また，音楽は人々の生活の質を向上させるのに役立つ。（91 字）

問 2　音楽は通常の競争原理に支配されず，集団が共有する経験として作用しなければならないという想定。（46 字）

問 3　単に美しい音を生み出すことと音楽を作ることとの違いは，後者がすべての異なる要素からなる有機的統一体を作り出そうと努力することを意味するという点である。

問 4　ホ

14

2015年度〔1〕

次の英文を読み，下の問いに答えなさい。（＊を付した語句には，問題文の末尾に注がある。）

Nowadays, we praise our children. Praise, self-confidence and academic performance, it is commonly believed, rise and fall together. But current research suggests (1)<u>otherwise</u>—over the past decade, a number of studies on self-esteem have come to the conclusion that praising a child as 'clever' may not help her at school. In fact, it might cause her not to try her best. Often a child will react to praise by quitting—why make a new drawing if you have already made 'the best'? Or a child may simply repeat the same work—why draw something new, or in a new way, if the old way always gets applause?

In a now famous 1998 study of children aged ten and eleven, psychologists Carol Dweck and Claudia Mueller asked 128 children to solve a series of mathematical problems. After completing the first set of simple exercises, the researchers gave each child just one sentence of praise. Some were praised for their (A)—'You did really well, you're so clever'; others for their hard work—'You did really well, you must have tried really hard.' Then the researchers had the children try a more challenging set of problems. The results were dramatic. The students who were praised for their (B) showed a greater willingness to work out new approaches. They also showed more resilience* and tended to attribute their failures to insufficient effort, not to a lack of intelligence. The children who had been praised for their cleverness worried more about failure, tended to choose tasks that confirmed what they already knew, and displayed less tenacity* when the problems got harder. Ultimately, the thrill created by being told 'You're so clever' gave way to an increase in anxiety and a drop in self-esteem, motivation and performance. When asked by the researchers to write to children in another school, recounting their experience, some of the 'clever' children lied, inflating their scores. (2)<u>In short, all it took to knock these youngsters' confidence, to make them so unhappy that they lied, was one sentence of praise.</u>

(3)<u>Why are we so committed to praising our children?</u> In part, we do it to demonstrate that we're different from our parents. In *Making Babies*, a memoir about becoming a mother, Anne Enright observes, 'In the old days—as we call the 1970s, in Ireland—a mother would dispraise her child automatically. "She's a monkey," a mother might say, or "Street angel, home devil." It was all part of growing up in a country where praise of any sort was taboo.' Of course, this wasn't the case in Ireland alone.

Now, wherever there are small children, you will hear the background music of praise: 'Good boy,' 'Good girl,' 'You're the best.' Admiring our children may temporarily lift our self-esteem by signaling to those around us what fantastic parents we are and what terrific kids we have—but it isn't doing much for a child's sense of self. In trying so hard to be different from our parents, we're actually (4)doing much the same thing—giving out empty praise the way an earlier generation gave out thoughtless criticism. If we do it to avoid thinking about our child and her world, and about what our child feels, then praise, just like criticism, is ultimately expressing our indifference.

Which brings me to a problem—(5)if praise doesn't build a child's confidence, what does?

Shortly after qualifying as a psychoanalyst*, I discussed all this with an eighty-year-old woman named Charlotte Stiglitz. Charlotte taught remedial reading* in northwestern Indiana for many years. 'I don't praise a small child for doing what they ought to be able to do,' she told me. 'I praise them when they do something really difficult—like sharing a toy or showing patience. I also think it is important to say "thank you." When I'm slow in getting a snack for a child, or slow to help them and they have been patient, I thank them. But I wouldn't praise a child who is playing or reading.'

I once watched Charlotte with a four-year-old boy, who was drawing. When he stopped and looked up at her—perhaps expecting praise—she smiled and said, 'There is a lot of blue in your picture.' He replied, 'It's the pond near my grandmother's house—there is a bridge.' He picked up a brown crayon, and said, 'I'll show you.' Unhurried, she talked to the child, but more importantly she observed, she listened. She was present.

Being present builds a child's confidence because it lets the child know that she is worth thinking about. Without this, a child might come to believe that her activity is just a means to gain praise, rather than an end in itself. How can we expect a child to be attentive, if we've not been attentive to her?

Being present, whether with children, with friends, or even with oneself, is always hard work. But isn't this attentiveness－the feeling that someone is trying to think about us－something we want more than praise?

注 resilience　立ち直りの早さ
tenacity　粘り強さ
psychoanalyst　精神分析医
remedial reading　読書力を補強するための指導

1　下線部(1)の指す内容を日本語で説明しなさい。

2　下線部(2)を和訳しなさい。

3　下線部(3)の問いに対して筆者はどのような答えを提示しているか。70字以内の日本語（句読点を含む）で説明しなさい。

4　下線部(4)の指す内容を日本語で説明しなさい。

5　下線部(5)の問いの答えとなる英単語一語を本文から探して，解答欄に書きなさい。また，それが答えとなる理由を50字以内の日本語（句読点を含む）で説明しなさい。

6　空欄（　A　），（　B　）に入れる語の組み合わせとして最も適切なものを以下の選択肢イ～ニから一つ選び，その記号を解答欄に書きなさい。

	（ A ）	―― （ B ）
イ	confidence	intellect
ロ	effort	motivation
ハ	intellect	effort
ニ	motivation	confidence

全 訳

■子供は，ほめるとダメになる？

❶ 最近は，我々は子供のことをほめるようになった。ほめることと，自信と学業成績は，一緒に上下するものだと一般には信じられている。しかし，最近の研究は，そうではないことを示している。過去10年以上にわたる，多くの自尊心に関する研究結果は，子供を「頭がいいね」とほめることは，学びの場では助けにならない可能性がある，という結論に至っている。それどころか，子供が全力を尽くさなくなる原因になるかもしれないのである。しばしば子供は，ほめられることに対して，全力を尽くすのをやめるという反応を示す――すでに「最高」のものを描きあげたのなら，なぜ新しい絵を描かなければいけないのか，と。また，子供が単に同じ作品を繰り返し描く場合もある――今までのやり方でいつでもほめられるのなら，なぜ新しい作品を，または新しいやり方で描かねばならないのだろうか，というように。

❷ 今では有名になった，1998年に行われた10歳と11歳の子供に関する研究で，心理学者のキャロル=ドウェックとクラウディア=ミューラーは128人の子供に，一連の数学の問題を解いてほしいと話した。簡単な練習問題の最初のセットを修了した後，研究者たちは子供たち一人一人に，一言だけほめ言葉をかけた。ある子供たちは「本当によくやったね，君はとても頭がいい」というように，知性をほめられた。またある子供たちは，「本当によくやった，すごく熱心にやったに違いない」のように，一所懸命に取り組んだことをほめられた。その後研究者たちは，もっと難しい問題のセットを子供たちにやらせた。結果は，驚くべきものだった。努力をほめられた生徒たちは，新しいやり方を考え出すことに，より大きな意欲を見せた。彼らはまた，立ち直りも早く，失敗の原因は努力不足であって，頭が悪いからではないと考える傾向があった。頭の良さをほめられた子供は，失敗についてより心配し，すでに学んだことが正しいことを確認するための作業を選ぶ傾向があり，問題が難しくなると粘り強さをあまり見せなかった。最終的には，「頭がとてもいいね」と言われることで生まれた喜びは，不安の増大と，自己肯定感・やる気・成績の低下に取って代わられた。研究者たちから，他校の生徒に手紙を書くように言われた時には，自分の経験を詳しく話す中で，「頭のいい」生徒の中には嘘をつき，点数を高く言う子もいた。要するに，これらの若者の自信を打ち砕き，嘘をつきたくなるほど悲しい気持ちにさせるには，ほめ言葉一つで十分だったのである。

❸ なぜ我々は，自分の子供をほめることにこれほど一所懸命になるのだろう。一つには，我々は自分たちの親とは違うのだ，ということを示すためである。母親に

なることについて書いた『子供を産む』という回顧録の中で，アン=エンライトはこう述べている。「私たちが1970年代と呼ぶ古い時代のアイルランドでは，母親は無意識のうちに子供をけなしたものです。母親が『この子はお猿さんよ』とか『外では天使だけど，家の中では鬼だわ』などと言うこともありました。いかなるほめ言葉もご法度の国で育てば，それは普通のことだったのです」 もちろんこれは，アイルランドに限ったことではなかった。

❹ 現在では，小さな子供がいるところならどこでも，ほめ言葉が聞こえてくるものである。「良い坊ちゃんね」「良いお嬢ちゃんね」「お前は本当にいい子だ」というように。自分の子供をほめれば，自分はすばらしい親でありすばらしい子供がいるのだということを周囲の人に示すことにより，一時的に自尊心を高めることができるかもしれない。しかしそれは子供の自意識のために貢献はしていない。自分たちの親とは同じになるまいと一所懸命になることで，我々は実際にはほとんど同じようなことをしているのである。つまり，前の世代が思慮の欠けた批判をしていたのと同じように，我々は中身のないほめ言葉をかけているだけなのだ。もし我々が子供とその世界，さらには子供の気持ちについて考えるのを避けるためにそうするのなら，ほめ言葉は，批判と同様に，結局は我々の無関心を表しているにすぎないのである。

❺ そうであるなら，ある問題が気になる。もしほめることが子供の自信を育てないとすれば，何が子供の自信を育てるのだろうか。

❻ 精神分析医の資格を得て少し経った頃，私はこういったことについて，シャルロッテ=スティグリッツという80歳の女性と話をした。シャルロッテはインディアナの北西部で，長いこと読書力の補強指導をしていた。「私は小さな子ができるはずのことをやったからといってほめたりはしません」と彼女は私に言った。「私がほめるのは，子供たちが本当に難しいことを成し遂げた時です。たとえばおもちゃを一緒に使ったり，我慢を見せたりした時です。また，私は『ありがとう』と言うことはとても大切だと思います。私が子供のおやつの準備に手間取ったり，子供を助けるのにもたついたりしている時に彼らがずっと辛抱してくれていれば，私は彼らに感謝します。しかし，遊んでいる子供や読書している子供をほめることはしません」

❼ 私は以前，シャルロッテが絵を描いている4歳児と一緒にいるところを観察した。子供が手を止めて彼女を見上げると――おそらくほめ言葉を期待してのことだろうが――彼女は微笑んで「あなたの絵には青がたくさん使ってあるね」と言った。その男の子は「おばあちゃんの家の近くの池だよ，橋があるんだよ」と応じた。男の子は茶色のクレヨンをつかんで，「見せてあげるよ」と言った。彼女はゆっくりと男の子に語りかけた。しかし，それよりも重要なのは，彼女がじっと目を

やり，耳を貸したことだった。彼女は共にいたのである。

❽ 共にいることは子供の自信を育てるのである。なぜなら，そうすることが子供に，自分は考えてもらうに値するということをわからせるからである。これが欠けていると，子供は自分の行動を，それ自体が目的なのではなく，ほめ言葉を得るための手段にすぎない，と考えるようになってしまうかもしれない。もし我々が子供に関心を向けなければ，子供が我々に気持ちを向けてくれることを期待などできるだろうか。

❾ 子供と一緒であろうが，友達と一緒であろうが，あるいは自分ひとりでいようが，そこに存在しているということは常に大変である。しかし，この関心を向けること，つまり誰かが自分のことを考えてくれている，という気持ちは，ほめ言葉よりも我々がより強く求めるものではないだろうか。

子供は「ほめて伸ばす」のがよいとよく言われるが，ほめることが逆に子供の成長にマイナスとなるケースがここで紹介されている。ではどうすればよいのかというと，ほめる場合は頭の良さではなく努力をほめるということと，子供のそばにいてやることが子供の自信を生むのだと筆者は述べている。

各段落の要旨

❶ 子供をほめることは教育現場では役に立たず，子供が最善を尽くさなくなったり，努力するのをやめたり，新たなことに挑戦しなくなったりする原因になりかねない。
❷ 努力をほめられた子供は課題にポジティブに取り組むようになり，良い結果につながるが，知性をほめられた子供は逆に自信をなくし，成績も低下する。
❸ 今の世代の親は，子供をけなして育てた前の世代の親とは違うのだということを示すために，懸命に子供をほめる。
❹ 親が自己満足で無分別に子供をほめても，子供のためにはならない。子供のことを考えないと，ほめ言葉は，批判するだけの前の世代の親と同様，無関心の表れにしかならない。
❺ ほめることが子供の自信を育まないのなら，何が子供の自信を育むのか？
❻ 子供が本当に難しいことを成し遂げた時だけほめることと，子供に「ありがとう」と言うことが大切。
❼ 子供のそばにいて，子供を見守り，話を聞くことの重要性。
❽ 子供のそばにいて子供に関心を向けなければ，子供も気持ちを向けてくれない。
❾ 子供のそばにいて子供に関心を向けることは，ほめ言葉よりも望ましい。

解 説

問1 ▶ otherwise「そうでなければ，そのことを除けば，それとは違ったやり方で」

▶ otherwise は基本的には副詞であり，前述の内容を受けて「そうでなければ」というように前述の内容と逆の意味を表すので，otherwise の内容を問われると，普通は前述部分を答えることになる。本問ではこの語は本来の副詞ではなく，suggests の目的語として名詞的に「それとは逆のこと」という意味で用いられているので，「ほめることと自信と学業は，同時に〔一緒に〕上下するのではないということ」が，otherwise が直接指す内容と考えられる。

▶しかし本問の場合は，otherwise の直後に説明記号のダッシュ（—）がある。この記号は「つまり」という意味をもち，ダッシュ以下（正確には conclusion と同格の that 節）に otherwise のより正確な内容説明が続いていることになる。したがって本問の場合は，ここをまとめた方がよいと考えられる。

▶ otherwise が指す内容と考えられる事柄は，ダッシュ以下の次の 4 点である。

① praising a child as 'clever' may not help her（＝a child）at school「子供を『頭がいい』とほめることは，学校ではその子の助けにならない」

② it（＝praising a child as 'clever'）might cause her not to try her best「それは子供が最善を尽くさなくなる原因となりかねない」

③ Often a child will react to praise by quitting「子供はしばしば，やめることによって称賛に応える」

④ a child may simply repeat the same work「子供は単に同じ作業を繰り返すかもしれない」

以上の①～④をまとめればよい。

語句　praise *A* as *B*「*A* を *B* だとほめる」 cause her not to try her best「子供が最善を尽くさなくなる原因となる」 quit「（努力を）やめる」→quitting の後に trying her best が省かれている。 why＋動詞 …？「（不必要とか無意味であることを訴えて）どうして…する（必要がある）のか？」 make a drawing「絵を描く」 applause「拍手，称賛」

問 2　In short, all (that) it took to knock these youngsters' confidence, to make them so unhappy that they lied, was one sentence of praise.

▶「手短に言うと，これらの若者の自信をこき下ろし，あまりに悲しくさせるので嘘をつくことになるために必要なすべては，一つの称賛の文だった」が直訳。→「要するに，これらの若者の自信を打ち砕き，嘘をつきたくなるほど悲しい気持ちにさせるには，ほめ言葉一つしかなかったのだ（→ほめ言葉一つで十分だったのだ）」

▶ all が文全体の主語で was が動詞。to knock と to make は並列関係にあり，いずれも目的の意味をもつ副詞用法の不定詞で，took を修飾する。

▶ all (that) it took to *do*「～するために必要なすべて」 all の後に関係代名詞が省かれている。to 以下は目的を表す。it は形式主語ではなく，状況を指す（訳出はしない)。so unhappy that ～「あまりに悲しいので～する，～する程度まで悲しい」

語句 in short「手短に言えば，要するに」→前文の要約を続ける時に使用する discourse marker（文と文のつなぎ言葉。「談話標識」とも言う）の一つ。knock「～を叩く」→「～をけなす」 knock (*one's*) confidence「(人の) 自信をなくさせる」 youngsters'「若者の」→複数形の所有格。 unhappy「悲しい，うれしくない，不満で」

問3 ▶下線部は「どうして我々は自分の子供をほめることにこれほど懸命になるのか」という意味。

▶下線部に続く文に，we do it to demonstrate that we're different from our parents「我々は自分たちの親とは違うのだということを示すためにそれを行う」とある。制限字数が70字ということを考慮に入れ，この説明に肉付けしていく。そのため，①「筆者の世代が親の世代とどのように異なるのか」，②「異なるということをなぜ示そうとするのか」を第3段と第4段から読み取って解答にまとめていく。

▶①第3段第3文（In *Making Babies,* …）～第5文にかけて，「1970年代のアイルランドでは子供を無意識にけなしていた」「ほめることはタブー視されていた」とあり，最終文で，「それはアイルランドに限ったことではなかった」と述べられている。ここから，「筆者の親の世代は子供をけなすのが一般的だった」と考えられる。

▶②第4段第2文（Admiring our children …）のダッシュ部までに「親が子供をほめれば，自分はすばらしい親でありすばらしい子供がいるのだということを周囲の人に示すことにより，一時的に自尊心を高めることができるかもしれない」とある。

▶以上の①と②を，簡潔な表現を用いて70字以内にまとめればよい。

語句 be committed to *doing*「～に専念して〔一所懸命で〕，懸命に～して」 memoir「回顧録」 observe「述べる」 dispraise「～をけなす，非難する」↔praise automatically「自動的に，反射的に，機械的に，惰性的に」 this wasn't the case = this wasn't true temporarily「一時的に」 lift「～を持ち上げる，高揚させる」 self-esteem「自尊心」 terrific「すばらしい，すごい」→terrible と異なり，通常良い意味で使用される。

問4 ▶ doing much the same thing「ほとんど同じことをして」

▶直後にダッシュが続いている点に注目する。問1でも検討したように，この手の問題は通常ダッシュ以下に答えがある。ゆえにダッシュの直前の語句の内容を問われたら，ダッシュ以下の部分を説明するのが鉄則。したがってここは，giving out empty praise the way an earlier generation gave out thoughtless criticism の意味を日本語で説明すればよいと考えられる。

▶ giving は下線部の doing に合わせて現在分詞になっている。ここを見ても，ダッシュの前後が同格となっていることがわかる。empty praise「空虚な称賛」は giving out の目的語。the way S V は as S V と同じで「〜するように」となる。

▶続く第4文（If we do …）に「もし子供とその世界，さらには子供の気持ちについて考えるのを避けるためにそれ（＝中身のないほめ言葉を発すること）をするならば，ほめ言葉は，批判と同様に，結局は親の無関心を表している」とある。ここで筆者は，「中身のないほめ言葉を発する＝親の無関心」という構図を提示しているので，「親が子供に無関心である」ということも解答に含めておけばよい。

語句　give out 〜「〜を口に出す，表す，表現する」 earlier generation「より早い世代，前の世代，旧世代」 thoughtless「配慮に欠ける，思いやりのない，心ない」

問5　▶ if praise doesn't build a child's confidence, what does?「もしほめることが子供の自信を育てないのなら，何がそうするのか」

▶下線部中の does は代動詞で，builds a child's confidence の代用として使用されている。「ほめても子供が自信をもたないのなら，何が子供に自信をもたせるのか」と問うているので，称賛（praise）以外に子供に自信をもたせるものに言及した記述を，第6段以降に探していくことになる。

▶第8段第1文に，Being present builds a child's confidence (because it lets the child know that she is worth thinking about).「共にいることは子供の自信を育てる。そのことが子供に，自分は考えてもらうに値するということをわからせるからだ」とある。下線部の英文とこの文の波線部が同じである点に注目すると，Being present が問いの答えであり，because 以下が，その理由だと推測できる。しかし Being present は，これだけでは意味が曖昧で，しかも2語なので，これを英単語1語で言い換えている箇所はないか，明確な意味を示している箇所はないかを探す。

▶第7段最終文の She was present. に着目し，「彼女がどこにいたのか」と考える。同段第1文の with a four-year-old boy および最終文の1つ前の she observed, she listened から，being present は being present with a child ということであり，「子供のそばにいて，見守り聞いてあげること」だと考えられる。これは第8段最終文の be attentive「熱心に注意を傾けて」と矛盾しない。

▶以上は第9段第1文の with の存在を見てもわかる。この第1文で，Being present は always hard work であると述べられ，続く第2文で，But (isn't) this attentiveness「しかしこの熱心に注意を向けること」は，「我々がほめ言葉よりも望んでいるものではないのか」と続く。ゆえにこの this は Being present を指していると考えられ，this attentiveness の後に，ダッシュで挟まれた同格部分，the feeling that someone is trying to think about us「誰かが自分のことを考えてくれているという気持ち」が続いている。think about という表現は解答の該当箇所である第8段第1文でも使用されていることに注意。

▶以上から結局，下線部の問いの答えとなる英単語は being present と同義の attentiveness であり，その理由は第8段第1文の because 以下であることがわかる。

問6 ▶（ A ）と（ B ）に次のいずれかの組み合わせの語を入れる。

イ．confidence「自信」――intellect「知性」

ロ．effort「努力」――motivation「動機」

ハ．intellect「知性」――effort「努力」

ニ．motivation「動機」――confidence「自信」

▶（ A ）：Some were praised for their（ A ）「その（ A ）をほめられる者もいた」とあり，その理由を説明するダッシュの後に you're so clever というほめ言葉があるので，「知性」をほめられていると考えられる。

▶（ B ）：「（ B ）をほめられた生徒たちは，新たなやり方を考え出すことに，さらに大きな意欲を見せた」とあり，それに続く文に，「失敗の原因を lack of intelligence でなく insufficient effort にあるとする傾向があった」とある。

▶本問は（ A ），（ B ）いずれか一方で答えを確定できることがわかる。

解答

問1 子供を「頭がいい」とほめることは，子供の学業の向上には役立たない。最善を尽くさず，新たな努力をするのをやめ，同じ作業を繰り返す子供にしてしまいかねないということ。

問2 要するに，これらの若者の自信を打ち砕き，嘘をつきたくなるほど悲しい気持ちにさせるには，ほめ言葉一つで十分だったのである。

問3 子供をほめることで，自分は親の世代とは違って良い親であり，自分の子供は良い子なのだということを世間に示し，自尊心を高めることができるから。(69字)

問4 子供に対して無関心なまま中身のないほめ言葉をかけるのは，子供に対して思いやりのない言葉を投げつけていた親の世代と変わらない，ということ。

問5 英単語：attentiveness 理由：親が子供に注意を傾けることで，子供は自分のことを考えてくれていると感じて自信をもつようになるから。(49字)

問6 ハ

15

2015年度〔2〕

次の英文を読み，下の問いに答えなさい。（*を付した語句には，問題文の末尾に注がある。）

Toning. Lightening. Brightening. Whitening. While the marketing slogans promoting skin enhancement in Africa might be varied, the underlying effects are pretty identical. Although I do not use skin lightening products, I live in Nigeria where millions of women do.

On offer in my local shops are a wide variety of products designed to make dark skin lighter: Kojic acid* soaps, fade creams, hydroquinone* creams, whitening shower gels made from goat milk, and, for the more determined, skin lightening injections.

So when last month Vera Sidika, a popular Kenyan model, publicly admitted to spending tons of money bleaching her skin, (1)she added fuel to an already smoking hot fire. Just one admission was enough to re-ignite the fierce debate about Africans' perception of beauty.

Sidika says she is proud of the way she looks and thinks African societies are hypocritical on this problematic issue. But her honesty roused the anger of many social media users across the continent.

Passions inevitably run high among Africans whenever someone brings into play racial issues. On the topic of skin whitening, emotionally charged slogans such as "black is beautiful" are often employed in an attempt to make women like Sidika feel as if they are somehow betraying their race. Such women are then accused of having inferiority complexes towards white people.

In Nigeria, where 77 per cent of women use skin lightening products, according to a recent World Health Organization report, the mainstream African media, (2)which is mostly male-dominated, projects a strong bias against the practice. I myself am a dark-skinned Nigerian woman who does not use whitening creams or soaps, but I feel that while there are valid health concerns as to the side-effects of skin lightening products, it should remain an individual's right to be who or what they want to be.

Yes, black is beautiful, but so also is white, brown, yellow and the many shades in between. When white people use tanning lotions, tanning rooms and other methods to darken their skin, it is treated as natural and other white people don't feel the need to remind them that "white is beautiful". In fact, such a statement would likely be regarded as racist by members of other races. Yes, I understand that there was a specific historical context in the US and elsewhere which, at the time, required the use of the "black is beautiful" slogan in order to boost black people's sense of self-worth and identity, but this is 2014 and we should have gotten beyond that by now. Or are self-affirming slogans going to be needed by black people forever ?

People's desire to have a particular skin tone, be it a darker or lighter one, comes from them wanting to be more attractive and noticed by others. And more often than not, in the case of an individual who has undergone skin lightening here in Africa, it works. The critics might be unwilling to admit this publicly, but the harsh truth is that in Africa, lighter-skinned girls do get more attention and are more appreciated than darker-skinned women.

It is not unusual to often hear Nigerian men say things like : "Oh, I met this beautiful girl the other day, she had a great body... and her skin was so light." But then these same men would hypocritically be outraged if a Nigerian woman, especially one in the public eye, openly admitted to bleaching her skin. If skin tone didn't matter at all to Nigerian men, skin lightening creams and soaps wouldn't be flying off the shelves over here as they are right now. In Nigerian music videos too, one can notice a glaring preference for lighter-skinned females. The slight suspicion remains that (3)<u>my society is more confused about questions of identity and its perception of beauty than it cares to admit</u>.

Physical attraction is instinctive and lighter-skinned women are bound to attract more attention from men in a dark-skinned society such as Nigeria—just like darker-skinned people do in mainly white societies. Such interest does not have to be due to any sort of complex and is often simply mere curiosity of the different. Skin lightening should not be automatically regarded as an individual's outright (A) of their race. If a woman feels that lightening her skin will make her prettier or more confident, then society should let her be and not (B) itself as judge and jury on her concept of beauty. It is high time Africans stop being hysterical and overly defensive about issues of their self-worth and identity.

From Not all African women believe ‘black is beautiful’. And that’s OK, The Telegraph on July 18, 2014 by Sede Alonge

注　Kojic acid　コウジ酸（肌の手入れ用の化粧品などに含まれる成分の一つ）
　　hydroquinone　ハイドロキノン（肌の漂白に使われる薬剤）

1　下線部(1)のような事態となったのはどうしてか。80字以内の日本語（句読点を含む）で説明しなさい。

2　下線部(2)が補足的に書き加えられているのはどのような意図によるものか。日本語で説明しなさい。

3　下線部(3)を和訳しなさい。

4　空欄（　A　），（　B　）に入れる語の組み合わせとして最も適切なものを以下の選択肢イ～ニから一つ選び，その記号を解答欄に書きなさい。

	（　A　）	―― （　B　）
イ	depiction	expose
ロ	invention	help
ハ	prevention	devote
ニ	rejection	impose

全 訳

■アフリカ人女性の美白論争

❶ トーニング。ライトニング。ブライトニング。ホワイトニング。アフリカでは美肌増進のための販売促進用の宣伝文句はさまざまだが，基本的な効果はほぼ同じである。私は肌を白くするための製品を使わないが，私の住んでいるナイジェリアでは，何百万人もの女性が使っている。

❷ 私の地元にある店で売り出されているのは，黒い肌を白くするために作られたさまざまな種類の製品である。コウジ酸の石けん，色を落とすクリーム，ハイドロキノンクリーム，ヤギの乳から作られたホワイトニングシャワージェル，そしてもっと望みが強い人のための，肌を白くする注射液である。

❸ だから先月，ケニア人の人気モデルであるベラ=シディカは，肌の脱色のために大金を費やしていることを公に認めたことで，すでに煙を上げて燃えていた火に，油を注いでしまったのだった。ただ一件の告白が，アフリカ人の美意識に関する激しい論争に再び火をつけるのに十分だったのである。

❹ シディカは，自分は外見には誇りをもっており，アフリカ社会はこの扱いづらい問題に対して偽善的だと思う，と述べている。しかし，彼女の率直さは，大陸中にいる数多くのソーシャルメディア利用者の怒りを招いてしまった。

❺ 誰かが人種問題を持ち出す時はいつでも，アフリカ人の間で感情的高まりが生じることは避けられない。美白の問題では，「黒は美しい」といった感情的なスローガンが，シディカのような女性たちに，どうも自分たちは自分の属する人種を裏切っているみたいだ，と思わせるためにしばしば使われる。それから，そのような女性たちは白人に対して劣等感を抱いていると非難されるのである。

❻ 最近の世界保健機関（WHO）の報告によると，ナイジェリアでは77パーセントの女性が肌を白くする製品を使うが，男性優位のアフリカの主流メディアは，その行為に対して強い偏見を投げかけている。私自身は，美白用クリームや石けんを使わない，肌の黒いナイジェリア人の女性である。しかし，美白製品の副作用に関する根拠に基づく健康上の懸念はあるにしても，どのようになりたいのかに関しては，個人の権利のままにしておくべきだと考えている。

❼ たしかに黒は美しい。しかし，白も茶色も黄色も，それらの中間にある多くの色合いも同様に美しい。白人が日焼け用ローションや日焼けサロンや，その他の肌を黒くするための方法を利用する時，それは自然なことだと受け取られ，他の白人は「白は美しい」ことを彼らに思い出させる必要があるとは感じない。それどころか，そのような発言は，他の人種の人々からは人種差別主義的だと見られてしまう

だろう。もちろん，アメリカやその他の地域には特別な歴史的背景が存在し，当時は黒人の自己肯定感や自意識を向上させるために「黒は美しい」というスローガンを使う必要があったことは理解している。しかし今は2014年で，もういいかげんにそこから抜け出しているはずなのではなかろうか。それとも，自己を肯定するためのスローガンが，黒人には永遠に必要なのだろうか。

❽ 人々が特定の肌の色になりたいと望むことは，それがより暗い色であろうが明るい色であろうが，より魅力的になって誰かに気づいてほしいと思う気持ちから生まれる。そしてしばしば，ここアフリカで肌を白くした人の場合は，それが成功するのである。批評家はこの点を公には認めたがらないかもしれないが，現実は厳しいことに，アフリカでは，白い色の肌の女性の方が，暗い色の肌の女性よりも注目を集め，ありがたがられるのである。

❾ ナイジェリア人の男性が，次のようなことを口にするのをしばしば聞くのは，珍しいことではない。「そう，この前きれいな女の子に会ったよ。スタイルがよくて，…肌の色は白かった」 しかし同時に，同じ男性たちが，もしナイジェリア人の女性が，特に公の場で，肌を白くしたと率直に認めたら，善人ぶって怒ってみせるのだろう。もし肌の色がナイジェリア人の男性にとって何の意味もないのなら，肌を白くするクリームや石けんが，今のように，この国で飛ぶように売れることはないだろう。ナイジェリアのミュージックビデオでも同様に，肌の色が白い女性が好まれる傾向が顕著なことに，気づくことができる。私の社会は，アイデンティティと美意識の問題に関して，社会が認めたくないと思っているほど混乱している，という疑いが少し残る。

❿ 肉体的な魅力は本能的なもので，ナイジェリアのような肌の色が黒い人の社会では，肌の色が白い女性の方が，男性の注意を引くことは避けられない。それは白人の多い社会で，黒い肌の人がそうであるのと同様だ。そのような関心をもつのは，いかなる類にせよコンプレックスが原因であるというわけではなく異なる人々に対する単なる物珍しさであることが多い。美白は，彼女たちの人種に対する，個人のあからさまな拒絶だと機械的に見なされるべきではない。もし美白によってより美しくより自信がつくと女性が感じるならば，社会はその女性をあるがままにさせてあげるべきであり，裁判官および陪審員として，美についての彼女の考え方に出しゃばるべきではない。アフリカ人は自尊心とアイデンティティの問題に対して，感情的になったり過度に保守的になったりするのを，いいかげんにやめるべきであろう。

肌の色に対するアフリカ人の美意識，さらには社会の意識について述べた英文。ナイジェリア人女性の，肌の色に関する美意識と，ナイジェリア人男性の女性に対する美意識のあり方について問いかけている。

各段落の要旨

❶ ナイジェリア人女性が使用する美白製品が数々ある。
❷ 筆者の地元で売られている美白製品の例。
❸ 肌の脱色をしているというケニア人の人気モデルの告白で火がついた論争。
❹ 人気モデルの発言はアフリカ全土の怒りを招いた。
❺ 肌の脱色はアフリカでは感情的に批判される。
❻ 筆者は，ナイジェリア人女性がどうありたいかは個人の権利だと考えている。
❼ 筆者は，黒人はもはや「黒は美しい」というスローガンから抜け出すべきではないかと提案している。
❽ アフリカでは色白の女性の方が色の黒い女性よりも評価される。
❾ ナイジェリアでは色の白い女性が好まれ，男性の本音も同様である。
❿ 肌の色に関する美意識は多様であり，アフリカ人は自尊心とアイデンティティの問題に感情的に過度に敏感になるのをやめるべきである。

解 説

問1 ▶下線部は「彼女はすでに煙を上げていた熱い火に油を注いだ」という意味。

▶直接の原因は下線部直前の，「ケニア人の人気モデルが肌の脱色に大金を費やしていることを公に認めたこと」であるが，これだけでは制限字数の 80 字には到底足りない。そこで，なぜこの行為が非難されたのか，その背景にあるものを読み取って解答に含める必要がある。

▶第 1 段と第 2 段で，アフリカで美白製品が何種類も売られていることが述べられている。第 3 段と第 4 段で，外見を自負しているケニア人の人気モデルが肌の脱色に大金を費やしていることを公に認め，アフリカ社会はこの問題に対して偽善的だと批判し，アフリカ人の美意識についての論争に再び火をつけたとある。

▶人気モデルの行為が非難される理由は第 5 段で明かされる。第 2 文に，このモデルのように美白に走る女性に対しては，自分の人種を裏切っていると感じさせるために「黒は美しい」といったスローガンが使われる，とある。第 3 文に「そのような女性たちは白人に対して劣等感を抱いていると非難される」とある。

▶以上を踏まえ，次の点を 80 字以内にまとめる。①アフリカ社会では多くの女性が美白に憧れる。②それは白人に対する劣等感の表れであると非難される。③ケニア人の人気モデルが肌の脱色に大金を費やしていることを公に認めた。

語句 skin enhancement「肌の向上」→「美肌増進」 skin lightening product「肌を明るい色にする製品」 on offer「販売中で，特売中で」第 2 段第 1 文は倒置形。injection「注射」 admit to ～「～を（しぶしぶ）認める」→この場合の admit は自動詞（通常は他動詞扱い）。bleach「～を脱色する」 add fuel to ～「～に燃料を加える」→「～に油を注ぐ」 re-ignite「～に再点火する（re「再」+ignite「点火する」）」

perception of beauty「美についての認識，美意識」 the way *A* looks「*A* がどう見えるか」→「*A* の外見」 hypocritical「偽善的で」 bring ～ into play「～を用いる」→問題文中では倒置形になっており，racial issues が bring の目的語。 charged「熱気を帯びた，緊張の高まった」→「何が charge されているのか」と考えてみよう。 somehow「なんとなく」 be accused of ～「～であると非難される」 inferiority complex「劣等感」

問 2 ▶ which is mostly male-dominated「それは主として男性優位だ」

▶ which の先行詞は，the mainstream African media「アフリカの主流メディア」
下線部は補足的な挿入節であり，文の本体は，the mainstream African media projects a strong bias against the practice「アフリカの主流メディアがその行為（＝ナイジェリア人女性の大半が美白製品を使うこと）に対して強い偏見を投げかけている」である。この文になぜ which is mostly male-dominated という記述がわざわざ加えられているのかを読み取っていく。

▶自分が女性であることを明らかにしたうえで，第 6 段第 2 文の後半に，it should remain an individual's right to be who or what they want to be とある。この部分から，下線部は，女性の美白に関して女性がどうありたいかは，女性個人の権利に委ねるべきなのに，アフリカのメディアは男性優位であるために，女性の意見よりも男性の美意識や価値観が優先されており，それに対する筆者の苛立ちや抗議の意図を表すために挿入されていると考えられる。また，ナイジェリア人男性の好みや意識，価値観については第 9 段に具体的に述べられている。

語句 mainstream「主流の」 male-dominated「男性優位の」 project「～を投げかける」 bias against ～「～に対する偏見」 practice「習慣的によく行う行為」（第 9 段）hypocritically「偽善的に」 in the public eye「世間の注目を浴びている」→有名人であることを示唆。 tone「色合い」 fly off the shelf「飛ぶように売れる」

問 3 my society is more confused about questions of identity and its perception of beauty than it cares to admit

▶「私の社会は，アイデンティティと美についてのその認識の問題に関して，それが認めたいと思っている以上に混乱している」が直訳。

▶文中の its と it はいずれも my society を指す。

▶ its perception of beauty「美についての私の社会の認識」→「私の社会の美意識」
care to *do* は通例否定文または比較節で like to *do*，want to *do* と同義。admit は「（ある事実をしぶしぶ）認める」という意味。more ～ than … admit「…が認めたい以上に～」→「…が認めたくないほど～」

語句 (be) confused「混乱して，困惑して」→建前では “black is beautiful” という黒人（アフリカ人）としてのアイデンティティがあり，本音では美白に憧れるという美意識との間に，混乱が生じているということ。identity「アイデンティティ，独自性」→この語は privacy などと同様，ぴったりの日本語がないので，片仮名の「アイデンティティ」という訳語でよい。「自分とは何者なのか」「自分はどういう人間で他者とはどのような点で異なるのか」といった意味を表す。

参考 more ～ than … の訳例。There was more food than I could eat.「私が食べられるよりも多くの食べ物があった」→「食べきれないほどの食べ物があった」 He makes more money than he can spend.「彼は使いきれないほどのお金を稼ぐ」

問4 ▶（ A ）と（ B ）に次のいずれかの組み合わせの語を入れる。

イ．depiction「描写」――expose「～にさらす」

ロ．invention「発明」――help「～を助ける」

ハ．prevention「防止」――devote「～をささげる」

ニ．rejection「拒絶」――impose「～を押しつける」

▶まずは空所が含まれた文を直訳して，該当文の大意を把握する。

Skin lightening should not be automatically regarded as an individual's outright（ A ）of their race.「美白は彼女たちの人種に対する，個人の完全な（ A ）であると機械的に見なされるべきではない」

筆者は黒人女性の美白に対して中立的立場をとっているので，「美白をしているからといって，自分の黒人としてのアイデンティティの拒絶であると機械的に決めつけるべきではない」という文意となるように，空所には「拒絶」を入れるのが最もふさわしい。

an individual's outright rejection of their race はいわゆる「名詞構文」で，これを節に書き換えるならば that an individual completely rejects the race となる。(be) regarded as の後には節を続けられないので，句の形で使用されているのである。

▶ If a woman feels that lightening her skin will make her prettier or more confident, then society should let her be and not（ B ）itself as judge and jury on her concept of beauty.「もし美白によってより美しくより自信がつくと女性が感じるならば，社会はその女性をあるがままにさせてあげるべきであり，裁判官および陪審員として，美についての彼女の考え方に（ B ）べきではない」

文の最後に on her concept of beauty とある。ここから impose *oneself* on ～「～に自ら〔自分の意見〕を押しつける」→「～に関して出しゃばる，しゃしゃり出る」という語句を思い浮かべる。

語句 lighten「明るくする，肌を白くする」 let ～ be「～をそのままにしておく」→let her be は「その女性を本人がしたいようにしておきなさい」ということ。as judge and jury「裁判官〔判事〕と陪審員として」→挿入句。無冠詞で対句として抽象的に使用されている。concept of beauty「美についての概念〔考え方〕」

解答

問1 〈解答例1〉白い肌に憧れる多くの女性が，白人に対して劣等感を抱いていると非難されるアフリカ社会で，ケニア人の人気モデルが肌の脱色に大金を投じていることを正直に認めたため。(79字)

〈解答例2〉美白に走る女性は白人に対して劣等感を抱いていると非難される社会的背景がある中で，人気黒人モデルが肌の脱色に大金を費やしていることを公に認めたので。(73字)

問2 女性の美白に関して女性がどうありたいかは，女性個人の権利に委ねるべきなのに，アフリカのメディアは男性優位であるために，女性の意見よりも男性の美意識や価値観が優先されている。それに対する筆者の苛立ちや抗議を表すため。

問3 私の社会は，アイデンティティと美意識の問題に関して，社会が認めたくないと思っているほど混乱している。

問4 ニ

16

2014年度〔1〕

次の英文を読み，下の問いに答えなさい（＊を付した語句は，問題文の末尾に注がある）。

In September 2002, Richard Grasso, who was then the head of the New York Stock Exchange (NYSE), became the first CEO* in American history to get fired for making too much money. Grasso had run the NYSE since 1995, and he had done a good job. But when the news came out that the NYSE was planning to give Grasso a payment of $139.5 million, the public protest was loud and immediate, and in the weeks that followed, the calls for Grasso's removal grew overwhelming.

Why was the public so outraged? After all, they did not have to pay the bill for Grasso's millions. The NYSE was spending its own money. And complaining about Grasso's gain didn't make anyone else any better off.

(1)From an economist's point of view, in fact, the public reaction seemed deeply irrational. Economists have traditionally assumed, reasonably, that human beings are basically self-interested. This means a couple of things. First, faced with different choices, a person will choose the one that benefits her personally. Second, her choice will not depend on what anyone else does. But the people who expressed outrage over how much money Grasso made did not benefit from doing so, so it was irrational for them to invest time and energy in complaining about him. And yet that's exactly what people did. So the question again is: why?

The explanation for people's behavior might have something to do with an experiment called the "ultimatum* game," which is perhaps the best known experiment in behavioral economics*. The rules of the game are simple. The experimenter pairs two people with each other (they can communicate with each other, but otherwise they're anonymous to each other). They are given $10 to divide between themselves, according to this rule: one person (the proposer) decides, on his own, what the split should be (fifty-fifty, seventy-thirty, or whatever). He then makes (2)a take-it-or-leave-it offer to the other person (the responder). The responder can either accept the offer, in which case both players win their respective shares of the cash, or reject it, in which case both players walk away with nothing.

If both players are rational, the proposer will keep $9 for himself and offer the responder $1, and the responder will take it. After all, whatever the offer, the responder should accept it, since if he accepts it he gets some money and if he rejects it he gets none. A rational proposer will realize this and therefore make a lowball, or extremely low, offer.

In practice, though, this (A) happens. Instead, lowball offers—anything below $2—are (B) rejected. Think for a moment about what this means. People would rather have nothing than let their "partners" walk away with too much of the money. They will give up free money to punish what they perceive as greedy or selfish behavior. And the interesting thing is that the proposers anticipate this—presumably because they know they would act the same way if they were in the responder's place. As a result, the proposers don't make many low offers in the first place. The most common offer in the ultimatum game, in fact, is (C).

Now, this is a long way from the image of "rational" human behavior. (3)<u>The players in the ultimatum game are not choosing what's materially best for them, and their choices are clearly completely dependent on what the other person does</u>. People play the ultimatum game this way all across the developed world. And increasing the size of the stakes* doesn't seem to matter much either. Obviously, if the proposer were given the chance to divide $1 million, the responder wouldn't turn down $100,000 just to prove a point. But the game has been played in countries, like Indonesia, where the possible gain was equal to three days' work, and responders still rejected lowball offers.

(4)<u>There's no doubt the indignation at Grasso was, in an economic sense, irrational</u>. But like the behavior of the ultimatum game responders, the indignation was an example of how people are willing to punish bad behavior even when they get no personal material benefits from doing so. And, irrational or not, this practice is good for society because it pushes people to overcome a narrow definition of self-interest and do things, intentionally or not, that end up serving the common good. But the players in this game are not trying to help society. They are simply rejecting lowball offers because the offers violate their individual sense of what a fair exchange would be. But the effect is the same as if they loved humanity: the group benefits.

注 CEO　Chief Executive Officer の略，最高経営責任者
ultimatum　最後通牒
behavioral economics　行動経済学
stake　賭け金

1　下線部(1)について，そのように判断される理由を60字以内の日本語（句読点を含む）で説明しなさい。

2　下線部(2)は，この場合どのようなことを指すか。文脈に即して60字以内の日本語（句読点を含む）で説明しなさい。

3　下線部(3)を和訳しなさい。

4　下線部(4)について，グラッソ（Grasso）への批判が起こった理由は何か。本文全体の論旨をふまえて100字以内の日本語（句読点を含む）で説明しなさい。

5　空欄（　A　），（　B　）に入れる語の組み合わせとして最も適切なものを以下の選択肢イ～ニから一つ選び，その記号を解答欄に書きなさい。

	（　A　）	（　B　）
イ	always	never
ロ	rarely	routinely
ハ	often	sometimes
ニ	never	seldom

6　空欄（　C　）に入れるのに最も適切なものを以下の選択肢イ～ニから一つ選び，その記号を解答欄に書きなさい。

イ　$0　　ロ　$1　　ハ　$5　　ニ　$10

全 訳

■経済学的合理性だけでは説明できない人間心理

❶ 2002年の9月に，当時ニューヨーク証券取引所（NYSE）の所長だったリチャード=グラッソは，お金を稼ぎすぎたという理由で解雇されたアメリカ史上初のCEO（最高経営責任者）になった。グラッソは1995年からNYSEの経営を担ってきて，非常に優れた仕事をした。しかし，NYSEがグラッソに1億3950万ドルを支払う予定だと報道されると，即座に市民からの激しい抗議行動が起きた。そしてその後数週間の間に，グラッソの解雇を要求する声は抑え難いものになった。
❷ なぜ人々はそれほど激しく怒ったのだろうか。そもそもグラッソに支払われる大金を，自分たちが支払う必要はなかったのだから。NYSEは自分たちの資金を使うことになっていた。そして，グラッソの利益に不満を述べることで，少しでも得をする人は誰もいなかったのである。
❸ 事実，経済学者の目から見ると，人々の反応は非常に不合理なように思えた。経済学者が伝統的に，人間とは基本的には利己主義だと考えてきたのは理にかなっていた。それはいくつかのことを意味する。まず，さまざまな選択に直面すると，人は自分にとって利益となるものを選ぶ。次に，その人の選択は他人の行動には左右されない。しかし，グラッソが稼ぐ金額に対して怒りをあらわにした人々は，そうすることによって利益を得たわけではない。よって，彼らが時間と労力を費やしてグラッソに対する不満を述べるのは，不合理なことだったのである。しかし，人々はまさにそうしたのであった。そこで再び生じるのは「なぜ？」という疑問である。
❹ 人々の行動に対する説明は「最後通牒ゲーム」と呼ばれる実験と関係があるかもしれない。この実験は，行動経済学においてはおそらく最もよく知られたものである。このゲームのルールは簡単だ。実験者は，2人の人間にペアを組ませる（2人は意思疎通はできるが，それ以外はお互いの名前も知らない）。ペアには10ドルが与えられ，それを2人で分配するが，片方（提示する側）が分け方をどうすべきか（半々，70対30などなんでも）を1人で決める，というルールに従わなければならない。その後提示する側は，受けるか断るかという二者択一の提案を，相手（応答する側）にする。応答する側は提案を受け入れるか断るかのどちらかができるが，前者の場合には，両者がそれぞれのお金の取り分を手にする。また，後者の場合は，両者とも何も手に入れることはできずに終わる。
❺ もし両者とも合理的であれば，提示する側は自分のために9ドルを取っておき，応答する側には1ドルを提示して，そして応答する側はその1ドルを受け取るだろ

う。あれこれ言ったところで，受け入れればいくらかのお金が手に入るのに対し，断れば何も得られないのだから，提示金額がいくらであれ，応答する側はそれを受け取るはずだからだ。合理的な提示者はこの点を承知して，それゆえ故意に低い，つまり非常に安い金額を提示するのだろう。

❻ しかし実際には，このようなことはまず起こらない。代わりに，2ドルを下回る故意に低い金額の提案は，決まって拒否されるのだ。このことが意味することについて，ちょっと考えてみよう。人間は「パートナー」が過剰な金額をかっさらっていくよりは，自分が何も得られない方が良いと考えるのである。自分たちの目に欲深いとか利己的だと映る行動に罰を与えるために，労せずして手に入るお金を諦めるのである。また興味深いのは，提示する側もこれを予想している点だ。おそらくその理由は，自分が応答する側の立場だったら，同じように行動するとわかっているからだろう。その結果，提示する側は最初から低い金額をあまり提案しないのである。事実，最後通牒ゲームで最も多い提案は，5ドルである。

❼ さて，これは「合理的」な人間の行動というイメージからは，かけ離れている。最後通牒ゲームの参加者は，自分たちにとって利益面で最も良い提案を選択するわけではなく，彼らの選択が相手の行動に完全に左右されているのは明らかである。先進国社会ではどこでも，人々が最後通牒ゲームをすると，このようになる。また，賭け金を増やしても，あまり影響はないようだ。もちろん，もし提示する側が100万ドルを分ける機会を与えられたら，応答する側は自分の言い分を示すだけのために，10万ドルをはねつけることはないだろう。しかしこのゲームは，例えばインドネシアのような，手にする可能性のある利益が3日分の給料と等しいような国々でも行われ，それでも応答する側は，故意に低い額の申し出をはねつけたのである。

❽ 経済学的な意味では，グラッソに対する憤りが不合理なことに疑いはない。しかし，最後通牒ゲームで応答する側が取る行動のように，その憤りは，そうすることで自分が物質的な利益を得られない場合でさえも，人々が悪い行いをどのように罰したいと思うかを示す一例である。そして，不合理であろうとなかろうと，この行動は社会にとっては良いことである。なぜなら，それによって人々は，狭義の自己利益に打ち勝ち，意図的であろうとなかろうと，結局は公益のためになる行動をするからである。しかしこのゲームの参加者は，社会の役に立とうとしているわけではない。彼らが故意に低い額の提案を受け入れないのは，その提案が，公平な分配のあるべき姿に関する自分の認識に反するからにすぎない。しかしその結果は，人類愛と同じになる。つまり集団の利益になるのである。

ある報酬を2人で分ける場合，自分の取り分が相手より大幅に少ない場合は，自分も相手も無報酬である方を人は望むという人間心理について述べた英文。経済は合理性だけで動くのではなく，人間の貪欲と競争原理や自尊心によっても動くのだ。

各段落の要旨

❶ ニューヨーク証券取引所の所長が，高額の報酬を市民に非難されて解雇された。
❷ 非難をしても人々自身は何の得にもならないのに，なぜ所長の高額報酬を非難したのか？
❸ 人は他人の行動に関係なく自己の利益となることを選ぶので，手に入れる利益という観点から見ると，人々の反応はきわめて不合理である。
❹ 人々のこの行動を説明できるかもしれない「最後通牒ゲーム」のルールの紹介。それは2人の間で10ドルを分け合うが，金額は提示者側が一方的に決め，受け取り側が提案を拒否した場合は両者ともお金をもらえない，というものである。
❺ 最後通牒ゲームの参加者が合理的な場合に取ると考えられる行動は，提示金額が少なくてもそれを受け入れることである。
❻ 最後通牒ゲームの提示者が提示する平均的金額は，相手が納得するであろうと思われる金額，つまり「山分け」となる額である。
❼ 最後通牒ゲームの参加者が実際に取る行動は，合理的行動からかけ離れている。提示金額が少ないと交渉を決裂させて利益を放棄するからだ。
❽ 最後通牒ゲームの応答者の不合理な行動は，人類愛と同じく集団の利益となる。

解　説

問1　▶下線部の直訳は「事実，経済学者の目から見ると，人々の反応は非常に不合理のように思われた」である。

▶こう判断される理由は，続く第2文（Economists have traditionally …）以下に述べられている。第2文で「人間は基本的には利己的だ」と述べられ，第4文（First, faced with …）と第5文（Second, her choice …）で「人は自分の利益になることを選ぶ。その選択は他人の行動とは無関係だ」と述べられる。ところが第1段で出てきた，グラッソが手に入れる法外な報酬に対する人々の批判的反応は，第6文（But the people …）にあるように，それ自身が自分に利益をもたらしてくれるものではない。ゆえにその反応は経済学的観点から見て不合理であり，そのことを60字以内にまとめればよい。

問2　▶ take it or leave it は「それを受け取るか，あるいは受け取らずに残すか」というのが本来の意味。「受けるか否かは相手次第」「受け入れようと拒もうとかまわない」という意味になり，しばしばこれが「交渉の最終提案」であり，「これを受けなければ交渉は決裂する」「これ以上の交渉は受けられない」ということを暗示する。つまり「最後通牒を突きつける」ことを意味する。take-it-or-leave-it は各語がハイフンで結ばれ，形容詞化したもので，a take-it-or-leave-it offer は「受けるか否かの最終提案」を意味する。

▶設問は，これが「この場合どのようなことを指すか。文脈に即して説明せよ」ということなので，ここでは単なる語句の説明ではなく，第4段で述べられている「最後通牒ゲーム」のルールを60字以内で説明しなければならない。最後通牒ゲームのルールは第3文（The experimenter pairs …）から第6文（The responder can …）にかけて説明されている。

第3文：参加者は2人。互いに意思疎通はできるが相手の名前は知らない。

第4文・第5文：10ドルを2人で分ける。分配額は1人が一方的に決め，その金額を最後通牒という形で相手に提示する。

第6文：受け手は提示された金額を無条件で受け入れねばならない。嫌なら拒否できるが，その場合は両者ともに，お金はもらえない。

▶ 60字以内という少ない字数でまとめるには，ルールの内容を咀嚼し，概念を自分の言葉で伝え直す必要がある。

問3 The players in the ultimatum game are not choosing what's materially best for them, and their choices are clearly completely dependent on what the other person does.

▶ The players in the ultimatum game「最後通牒ゲームを行う者，最後通牒ゲームの参加者」「最後通牒」というのは相手から与えられる最終提案のことであり，その条件を受け入れない場合は，交渉が決裂するといった類のもの。

▶ are not choosing what's materially best for them「自分たちにとって利益面で最も良い提案を選んでいるわけではない」（＝are not choosing the thing which is profitably best for the players） materially は「お金の面で」ということ。「物質的に」という直訳の訳語でもよいが，「物質的に最も良いもの」とはここでは「金銭的に最も良い提案」とか「最も利益を得られる提案」ということ。下線部(4)の in an economic sense と同じと考えることもできる。

▶ and their choices are clearly completely dependent on ～「そして彼らの選択が完全に～に左右されるのは明らかだ」「そして彼らの選択は～に明らかに完全に依存している」が直訳であるが，副詞の clearly はここでは it is clear that … に読みかえて訳すとよい。be dependent on ～ は「～に依存している」だけでなく「～で決まる」とか「～次第だ」「～に左右される」といった複数の訳語があるので，文脈から最も適切なものを選ぶようにすればよい。

▶ what the other person does「相手の行動」 what は関係代名詞。the other は「2

つのうちの残りの１つ」という意味なので，ここではゲームの当事者の「相手側」を意味する。直訳して「相手がすること」でもよいが，つまりは「相手の行動」とか「相手の反応」ということ。

問４ ▶下線部は「グラッソへの憤慨は，経済的な意味では不合理であることは間違いない」という意味。

▶「グラッソへの批判が起こった理由は何か？」という問いに対する答えは，第４段第１文（The explanation for …）にあるように，行動経済学の最も有名な実験である「最後通牒ゲーム」と関係があるかもしれない。ゆえに，第４段以降の最後通牒ゲームに関する記述を読んでいくと，第６段第５文に They will give up free money to punish what they perceive as greedy or selfish behavior.「彼らは貪欲な行動であるとか利己的な行動であると認識しているものを懲らしめるために，労せずして得られるお金を諦めるのだ」とある。また，第８段第２文（But like the …）には，「最後通牒ゲームの応答者側の行動と同様に，その憤りは，そうすることで自分が物質的な利益を得られない場合でさえも，人々が悪い行いをどのように罰したいと思うかを示す一例である」とある。これらの部分が解答のメインとなるが，「本文全体の論旨をふまえて」とあることから，第３段第１文（From an economist's …）と第４文（First, faced with …）から「人は自己の利益となるものを選ぶので，この行動は不合理」，同段第５文（Second, her choice …）から「その選択は他人の行動とは無関係」を含めてまとめる。

問５ ▶ In practice, though, this（　A　）happens. Instead, lowball offers—anything below＄2—are（　B　）rejected.「しかし実際は，このようなことは起こ（　A　）。その代わり，極端に低い金額——２ドル未満のあらゆる額——の提示は，拒否（　B　）」の空所補充。

▶空所Ａの直前の this は前段の第５段全体の内容を指す。つまり，提案する側が極端に低い金額を提示しても，応答する側がそれを拒否したらその低い金額さえもらえないわけだから，合理的に考えれば，「極端に低い金額でも受け入れるはずだ」ということを指す。

▶副詞 though（この though は however と同じ）と，Instead「そうではなく」に注目。これらの副詞は，この部分が直前の内容とは逆の意味となっていることを示唆するので，「このようなことは起こらず，提示された金額が極端に低い場合は拒否される」という意味になると推測できる。

▶（　A　）には否定を表す語が入るべきなので，rarely か never が入る。（　B　）には否定語を入れてはいけないので，routinely「決まって」か sometimes が入る。

（ A ）と（ B ）の条件を満たす組み合わせはロである。

問6 ▶ The most common offer in the ultimatum game, in fact, is（ C ）.「実際，最後通牒ゲームで最もよくある提案は（ C ）なのだ」の空所補充。

▶直前に As a result, the proposers don't make many low offers in the first place.「その結果，提案者は最初に低い金額の提示をあまりしない」とあるので，（ C ）には「低くない金額」が入ると考えられるので，イとロは除外される。ニの 10 ドルは提案者側の取り分がゼロになる極端な提示額であり，非現実的。したがってハの 5 ドルが正解と考えられる。

解答

問1 他人の高収入を批判しても自分の利益が増えるわけではなく，人間は自己の利益となるものを選ぶという経済法則に反するから。(58 字)

問2 相手が決めた分配額を無条件に受け入れてお金をもらうか，拒否して相手も自分も取り分を 0 にするかの二者択一をせまる提案。(58 字)

問3 最後通牒ゲームの参加者は，自分たちにとって利益面で最も良い提案を選んでいるわけではなく，彼らの選択が相手の行動に完全に左右されているのは明らかである。

問4 他人の行動に左右されて自己の利益にならないことを行うのは経済学的には不合理だが，法外な報酬を受け取るといった他者の貪欲で利己的な行動を妨げるためには自分の利益をも犠牲にすることがあるから。(94 字)

問5 ロ

問6 ハ

17

2014年度〔2〕

次の英文を読み，下の問いに答えなさい（＊を付した語句は，問題文の末尾に注がある）。

Just as it is now, mid-twentieth-century London—especially for its visitors, including photographers—was a dynamic city, a place of motion. New arrivals were awed by the multiplicity of its neighborhoods and the intricate manners of its institutions. Most of all, visitors were overwhelmed by the (　A　)—the packed pubs and tea rooms, the crowd of workers flowing across London Bridge under the brown fog of a winter dawn, the people packed onto the buses, gathered in Trafalgar Square, or shuffling beneath a sea of umbrellas, caught in motion by the fast shutter speeds of lightweight Leicas*. But photographers also sought out the moments of peace and calm, sometimes on the banks of the Thames*, often in London's great parks: the moments when the flow seemed suddenly to stop. The calm of the parks and the crush of the streets speak to London's peculiar sense of time and that of the mid-century moment: the apparent timelessness of the London pub *and* the dynamic modernity of the lights and traffic of the West End*.

If London at mid-century simultaneously pointed backwards and forwards, it was also a city of contrasts, and (1)these contrasts fascinated visiting photographers, who took opportunities to present the opposites that made London the city it was. Certain images of the city—the red bus, Big Ben, the gentleman in a striped suit—have come to stand for Britain as a whole. At the same time, the constant flows of people, of commodities, and of cultures into and through London, have marked it out as foreign and alien. As novelist Joseph Conrad wrote the Thames brought "the dreams of men, the seed of commonwealths, the germs of empires" (　B　) to the world, and in the images, especially those featuring monuments, there is a sense of London as an imperial center. But the Thames also brought the fruits of empire (　C　): trade goods, of course, but also colonial and postcolonial subjects, along with Jewish refugees and other migrants, with their new foods, their attractive markets and the ethnically marked cultural spaces they made in London's geography.

(2)Multiplicity has always been a feature of London, and street photography as a genre is often organized around comparisons such as that between wealth and poverty. Vienna-born photographer Wolfgang Suschitzky's East End* images, made mostly during the 1930s, are truly a world away from his West End views. Capturing images of social diversity has been a persistent objective for the photographers who came here. (3)Their concern with multiplicity became more prominent through the mid-century period. The filling in of the holes created in the city's urban landscape after the Second World War promoted closeness between classes ; often, for example, social housing* was built on bomb sites in otherwise private neighborhoods. The greater ethnic diversity of postwar London again made this feature more intense. For foreign photographers, London was often made up of a cast of characters whom they often knew before they arrived, through the received ideas that photographic reproduction creates. Towards the end of the mid-century moment, new characters emerged: the punks became typical images of London. The repeated appearance across the decades of particular types of people suggests that such figures embody (or are seen to embody) London's spirit of place.

However, the sympathy born of local cultural experience that characterizes some of these pictures takes their work beyond the listing of types. Markéta Luskacŏvá, who immigrated from Czechoslovakia to the UK in 1975, described her photography as (4)"a way of practicing sociology of a rather odd kind." It is certainly the case that her images of poverty dramatize the social division of urban life, but they also achieve human intimacy. We can speculate that the very foreignness of these artists may have aided them in seeing more sharply the peculiarities of London and its social arrangements ; what was familiar to Londoners was strange for them, and their own stories of arrival and departure shaped their ways of viewing the city.

注 Leica ドイツのライカ社製のカメラ

Thames ロンドンの中心部を流れる川，18 世紀より 20 世紀初頭まで，イギリスと世界をつなぐ主要な交通路として活躍した

West End ロンドン西側の高級住宅・商業地区，劇場，レストランなどで名高い

East End ロンドン東部の商工業地区，低所得層の居住地域

social housing 公営住宅

1　下線部(1)を和訳しなさい。

2　下線部(2)と同じ意味で用いられている別の英単語一語をこの段落の中から探して，解答欄に書きなさい。

3　下線部(3)を引き起こした社会的要因を二つ挙げ，日本語で説明しなさい。

4　自分の写真について下線部(4)のように述べている理由は何か。60字以内の日本語（句読点を含む）で説明しなさい。

5　空欄（　A　）に入れるのに最も適切な語句を下の選択肢イ〜ニから一つ選び，その記号を解答欄に書きなさい。

イ　beauty and power　　ロ　dirt and poverty
ハ　number of people　　ニ　amount of restaurants

6　空欄（　B　），（　C　）に入れるのに最も適切な語の組み合わせを下の選択肢イ〜ニから一つ選び，その記号を解答欄に書きなさい。

	（　B　）	（　C　）
イ	downriver	upriver
ロ	upriver	downriver
ハ	slowly	quickly
ニ	quickly	slowly

全 訳

■外国人写真家の目に映った20世紀半ばのロンドン

❶ 現在と全く同じように，20世紀半ばのロンドンは——特に写真家を含めた来訪者にとっては，活動的な都会で，動きにあふれた場所であった。新たに訪れた人々は，市内各地域の持つ多様性や，町並みの入り組んだ様子に対して，畏敬の念を覚えた。とりわけ来訪者が圧倒されたのは，人の多さだった。つまり満員のパブや喫茶店，冬の夜明け時の茶色い霧の中でロンドンブリッジを渡る労働者の群れ，またバスに詰め込まれたり，トラファルガー広場に集まったり，あるいはたくさんの傘の下を足を引きずりながら歩いたりしているところを，軽量ライカの高速シャッターによって捉えられた人々である。しかし写真家は同時に，静かで落ち着いた瞬間も探し出した。時にはテムズ川の土手で，またしばしばロンドンの大きな公園で，動きが突然止まったように思える時を探し出したのだった。公園の静けさと街中の雑踏は，ロンドン特有の時間感覚と世紀中頃の時期が持つ感覚，つまりロンドンのパブが持つ，一見時の流れが存在しないような光景と，ウエストエンドの街灯や交通量が持つ，躍動感あふれる現代性との両方に訴えかけてくる。

❷ 世紀中頃のロンドンが，過去と未来の両方を同時に暗示していたとすれば，ロンドンは対照的なものが共存する都市でもあった。そしてこれらの対照的な存在は訪れる写真家たちを魅了し，彼らはロンドンをロンドンたらしめた対照的な事物を発表する機会を得た。この都市が持ついくつかのイメージ，例えば赤いバス，ビッグベン，縦縞の背広を着た紳士などはイギリス全体を象徴するようになった。それと同時に，ロンドンに入ってくる，あるいはロンドンを経由する絶え間ない人々や商品や文化の流れは，ロンドンを外国風で特異なものとして際立たせた。小説家のジョセフ=コンラッドが書いたように，テムズ川を下って「人々の夢と連邦の種と帝国の芽」が海外にもたらされたのだ。そしてそのイメージの中には，特に記念碑的な業績を取り上げたものには，帝国の中心としてのロンドンという意味が存在する。しかしテムズ川は，同時に帝国の実りを上流にもたらした。貿易品はもちろんのこと，ユダヤ人難民や他の移民とともに，植民地やその独立後の地域の民を，彼らの新しい食べ物や魅力的な市場，そして彼らがロンドンの地に開いた民族的特徴豊かな文化的空間と一緒に，もたらしたのである。

❸ 多様性は常にロンドンの特徴であり続けた。そして，一つのジャンルとしての街頭写真は，富と貧困との間にあるような対比を中心にしばしば構成された。ウィーン生まれの写真家ウォルフガング=サシツキーによるイーストエンドのイメージは，その大部分は1930年代に生み出されたものだが，彼のウエストエンドの写真

とは全くの別世界である。社会的多様性のイメージを捉えることは，ここに来る写真家にとっては変わることのない目的であった。彼らの多様性に対する関心は，世紀中頃の時期を通じてより目立ったものになった。第二次世界大戦後にロンドンの都市風景に生まれた穴を埋める作業は，異なった社会階級同士の接近を促進した。例えば，公営住宅はしばしば，爆撃さえなければ私有邸宅が並んだはずの地域に建てられた。戦後のロンドンが持つより大きな民族的多様性は，この特徴をさらに色濃いものにした。外国人写真家にとって，ロンドンはしばしば，複製写真によって作られた一般的な概念を通じて，彼らが訪れる前に馴染みになった登場人物の顔ぶれによってでき上がっていた。世紀半ばの時期が終わりに近づくにつれ，新たな登場人物が現れた。パンクロッカーがロンドンの典型的イメージになったのである。特定のタイプの人々が，数十年間にわたって繰り返し姿を見せることは，そのような人物たちがロンドンという場所に宿る精神を具現化している（あるいは具現化しているように見える）と思わせるのである。

❹ しかし，これらの写真の一部を特徴づける，現地での文化的経験から生まれた共感は，彼らの作品を，さまざまなタイプの人々を一覧にする作業を超えたものへと昇華させるのである。マルケタ=ラスカコバは，1975 年にチェコスロヴァキアからイギリスに移住したが，自分の写真を「かなり変わった種類の社会学の実践法」と表現した。彼女が撮った貧困の写真が，都会の生活の社会的分裂を生き生きと表現したのは間違いない。しかし同時にそれらは，人間同士の深いつながりにまで到達しているのである。我々が推測できるのは，彼らのような芸術家たちがまさに異邦人であったために，ロンドンの特殊性とその社会の様子をより明瞭に見ることができたのかもしれない，ということだ。ロンドン子には当たり前のことが，彼らには風変わりに見え，そして彼ら自身の訪れと旅立ちの物語が，ロンドンに対する彼らの見方を形作ったのである。

ロンドンを訪れたり，イギリスに移住したりした外国人写真家たちが，20 世紀半ばのロンドンをどのように捉えたのかについて述べたエッセイ。

各段落の要旨

❶ 20 世紀半ばのロンドンは，人の多さに圧倒される活動的な都会だったが，写真家はその中に静寂の瞬間を探した。ロンドンの公園の静けさと街中の雑踏は，パブが持つ，ロンドン特有の時間の流れが存在しないような感覚と，街中の躍動感あふれる現代性との両方に訴えかける。

❷ ロンドンは対照的なものが共存する都市で，それが訪れる写真家たちを魅了した。いくつかのイメージがロンドンを象徴し，帝国の中心であるロンドンを流れるテムズ川は人々の「夢や国家の種」を海外にもたらしただけでなく，帝国の実りを上流にもたらしもした。

❸ 多様性は常にロンドンの特徴であり続け，そのイメージを捉えることはロンドン

を訪れる外国人写真家にとって変わることのない目的であった。戦後のロンドンは異なった社会階級の人々が混在して居住するようになり，より大きな民族的多様性によってその傾向が強まった。ロンドンの住民のイメージは，写真家が撮る写真によって創られていった。

❹ 外国人写真家は，異邦人であったがゆえにロンドンの特殊性とその社会の様子をより明瞭に見ることができたのかもしれない。

解 説

問1 these contrasts fascinated visiting photographers, who took opportunities to present the opposites that made London the city it was.

▶ 関係代名詞が非制限用法になっている（…, who took …）ので，… and they（= photographers）took … と考えて，基本的には「これらの対照的な事物は訪れる写真家たちを魅了し，彼らは…」と訳しおろしていく。

▶ contrasts「対照的なもの〔事・存在〕」 複数形なので，「対照」という抽象的な意味ではなく，何か対照的な事物を具体的に指している普通名詞と考える。ここでは第1段に出てくる，ロンドンの街中の雑踏や躍動感と，公園の静けさやパブにおける時間が存在しないかのような雰囲気といった対照的な事物を指している。

▶ fascinated visiting photographers「訪れる写真家を魅了した」 visiting は現在分詞で，photographers「写真家」を修飾している。

▶ took opportunities to *do*「～する機会を得た」

▶ present the opposites「正反対の事物を発表する」 present は「（写真家が撮影した写真を）発表する」 opposites は複数形なので，具体的なものを表す普通名詞扱いとなっており，「互いに正反対の事物」という意味。これは contrasts とほぼ同じ意味で使用されている。

▶ that made London the city it was の直訳は「ロンドンをその時の街にした」であるが「ロンドンをロンドンたらしめた」ということである。関係代名詞 that の先行詞は the opposites で，made は make O C「OをCにする」より「～にした」という意味。the city it was は it の前に関係代名詞 that が省略されており，「その当時の街」という意味。the city it was は関係代名詞 what を使用して what it was と言いかえることができる。He is not what he was ten years ago.「彼は10年前の彼ではない」といった例文の what と同じである。

問2 ▶ multiplicity は multiple「多数の，多様な，倍数」の派生語で，「多様性」という意味で使用されている。この語は同段第3文（Capturing images …）と第

6文（The greater ethnic diversity …）の diversity と同義である。

▶ multiplicity と diversity の意味の違いは，multiplicity は「非常に多くのまたは多様な人々や事物」を意味し，diversity は「異なった人々や事物が1つの集団または場所に存在する状態」を意味するといった点である。

問3 ▶下線部の直訳は「多様性に対する彼らの関心は，20世紀中期を通してより顕著となった」である。

▶これを引き起こした社会的要因は，下線部に続く第5文と第6文にそれぞれ述べられている。

第5文：The filling in of … after the Second World War「第二次世界大戦後のロンドンの都市景観の中に生まれた穴を埋める活動」とは「爆撃などのために住宅地が破壊され，そこに新たに住宅を建てること」である。

promoted closeness between classes;「階級間の接近を促進した」とは「中流階級と下層階級といった階級の異なる者同士の接近を促進した」つまり「同一地域内に異なった階級が暮らすことを促進した」ということ。

often, for example, … の部分は追加説明なので特に解答に含めなくてもよいだろう。

→異なる社会階級に属する人々が同じ地域に住むようになった。

第6文：The greater ethnic diversity of postwar London again「戦後のロンドンのより大きな民族的多様性もまた」とは「戦後のロンドンは戦前より民族的に多様になった」ということである。

made this feature more intense「この特徴をより強烈なものにした」とは「ロンドンの多様性を強める一因になった」ということである。

→戦後のロンドンは民族的多様性がより強くなった。

問4 ▶下線部の意味は「かなり風変わりな社会学の実践方法」である。

▶自分の写真についてこのように述べている理由は，続く第3文に述べられている。

It is certainly the case that her images of poverty dramatize the social division of urban life「彼女が撮った貧困の写真が，都会の生活の社会的格差を浮き彫りにしているのは間違いない」 この the case は true と同義。

they also achieve human intimacy「その写真はまた人間の親密さをも表現している」 写真が achieve「獲得」しているということは「それを表現している」ということ。

▶同じ地域にさまざまな階層の人間が混在して暮らしていることから浮き彫りになる社会格差と，それでもそこに階級を超えた人々の親密さをとらえることができたという点を60字以内にまとめる。

問5 Most of all, visitors were overwhelmed by the（ A ）—the packed pubs and tea rooms, the crowd of workers flowing across London Bridge under the brown fog of a winter dawn, the people packed onto the buses, gathered in Trafalgar Square, or shuffling beneath a sea of umbrellas, caught in motion by the fast shutter speeds of lightweight Leicas.

▶直後にロンドン各地にいる人々の複数の集団についての描写が続くのでハの number of people を正解として選ぶ。ダッシュ（—）の後の下線を引いた語句 packed「(狭い場所に人が) 詰め込まれた」と crowd「群衆，人ごみ，大勢の人」と gathered「群がった」と a sea of ～「おびただしい～，無数の～」に注目。これらの語句から，大勢の人々がいることに圧倒されたのだとわかる。

問6 ▶まず（ B ）の前後で「テムズ川は人々の夢と連邦の種と帝国の萌芽を世界にもたらした」とあり，（ C ）の前後に，「しかしテムズ川はまた，帝国の実りをももたらした。貿易品はもちろんのこと，ユダヤ人難民や他の移民とともに，植民地や植民地独立後の人民をも…」とある。なお，subjects は「君主国の国民」という意味。

▶（ B ）直前の「人々の夢と連邦の種と帝国の萌芽」は国の外に出て行くものであり，（ C ）直後の「貿易品，ユダヤ人難民や他の移民，植民地や植民地独立後の人民」は国の中に入ってくるものなので，（ B ）は downriver「川を下流に向かって（持って行った）」，（ C ）は upriver「川を上流に向かって持って来た」と考えられる。ゆえにイが正解。

解答

問1 これらの対照的な存在は訪れる写真家たちを魅了し，彼らはロンドンをロンドンたらしめた対照的な事物を発表する機会を得た。

問2 diversity

問3 第二次世界大戦後，社会階級の異なる人が同一地域内に住むようになった。
戦後，ロンドンは民族多様性が増大した。

問4 彼女の写真は，さまざまな階層が共存することから浮き彫りになる社会格差と，階層を超えた人々の親密さを捉えていたから。(57字)

問5 ハ

問6 イ

18

2013年度〔1〕

次の英文を読み，下の問いに答えなさい。

Why does *anything* happen?　That's a complicated question to answer, but it is a more sensible question than "Why do bad things happen?" This is because there is no reason to single out bad things for special attention unless bad things happen more often than we would expect them to, by chance; or unless we think there should be a kind of natural justice, which would mean that bad things should only happen to bad people.

Do bad things happen more often than we ought to expect by chance alone? If so, then we really do have something to explain. You may have heard people refer jokingly to "Sod's Law." This states: "If you drop a piece of toast and marmalade on the floor, it always lands marmalade side down." Or, more generally: "If a thing can go wrong, it (　A　)." People often joke about this, but at times you get the feeling they think it is more than a joke. They really do seem to believe the world is out to hurt them.

(1)Recently, a film crew with whom I was working chose a location where we felt sure there should be a minimum of noise, a huge empty field. We arrived early in the morning to make doubly sure of peace and quiet—only to discover, when we arrived, a lone Scotsman practicing the bagpipes. (2)"Sod's Law!" we all shouted. The truth, of course, is that there is noise going on most of the time, but we only *notice* it when it is an irritation, as when it interferes with filming. There is a bias in our likelihood of noticing annoyance, and this makes us think the world is trying to annoy us deliberately.

In the case of the toast, it wouldn't be surprising to find that it really does fall marmalade side down more often than not, because tables are not very high, the toast starts marmalade side up, and there is usually time for one half-rotation before it hits the ground. But the toast example is just a colorful way to express the gloomy idea that "if a thing can go wrong, it (　A　)." Perhaps this would be a better example of Sod's Law: "When you toss a coin, the more strongly you want heads, the more likely it is to come up (　B　)." That, at least, is the pessimistic view. There are optimists who think that the more you want heads, the more likely the coin is to come up (C). Perhaps we could call that "Pollyanna's Law"—the optimistic belief that things usually turn out for the good.

When you put it like that, you can quickly see that Sod's Law and Pollyanna's Law are both nonsense. Coins, and slices of toast, have no way of knowing the strength of your desires, and no desire of their own to frustrate them—or fulfill them. Also, what is a bad thing for one person may frustrate a good thing for another. (3)There is no special reason to ask, "Why do bad things happen?" Or, for that matter, "Why do good things happen?" The real question underlying both is the more general question: "Why does *anything* happen?" So, we have seen that bad things, (D) good things, don't happen any more often than they ought to by chance. The universe has no mind, no feelings and no personality, so it doesn't do things in order to either hurt or please you. Bad things happen because things happen. Whether they are bad or good from our point of view doesn't influence how likely it is that they will happen. Some people find it hard to accept this. They'd prefer to think that sinners get their punishment, that virtue is rewarded. Unfortunately the universe doesn't care what people prefer.

1 下線部(1)を和訳しなさい。

2 下線部(2)について，その状況は "Sod's Law" と合致していると言えるかどうか，60字以内の日本語（句読点も含む）で説明しなさい。

3 下線部(3)について，なぜそのように問うべきではないのか，80字以内の日本語（句読点も含む）で説明しなさい。

4 空欄（ A ）に入れるのに最も適切な語を以下の選択肢イ～ニから一つ選び，その記号を解答欄に書きなさい。

イ may　　ロ may not　　ハ will　　ニ will not

5　空欄（　B　），（　C　）に入れる語の組み合わせとして最も適切なものを以下の選択肢イ～ニから一つ選び，その記号を解答欄に書きなさい。

	（　B　）——	（　C　）
イ	heads	heads
ロ	heads	tails
ハ	tails	tails
ニ	tails	heads

6　空欄（　D　）に入れるのに最も適切な語句を以下の選択肢イ～ニから一つ選び，その記号を解答欄に書きなさい。

イ　but for
ロ　like
ハ　notwithstanding
ニ　if not

全訳

■悪い予測は的中しやすいというのは本当か？

❶ なぜ「あること」は起こるのだろう。これは答えるのが難しい問いかけだが，「なぜ悪いことは起こるのだろう」という問いよりは分別のある質問だ。その理由は，我々が偶然に起こると予測するよりも頻繁に悪いことが起こる場合や，我々がある種の当然の正義が存在するはずだと考える場合，つまり悪いことは悪人にのみ起こるべきだと考える場合を除けば，悪いことに特別な注意を向ける理由はないからである。

❷ 悪いことは，我々がただ偶然に起こると予測すべきものよりも，高い頻度で起こるのだろうか。もしそうなら，我々が是非とも説明しなければならないことがある。人々が「ソッドの法則」についてしばしば冗談めかして口にするのを聞いたことがあるかもしれない。これは「マーマレードを塗ったトーストを床に落とすと，必ずマーマレードを塗った側が下になって着地する」というものである。あるいはもっと一般的には「失敗の可能性があるものは，きっと失敗する」となる。人々はよく，このことを冗談めかして話すが，時に単なる冗談ではないと考えているのではないか，と思わされることがある。この世の中が自分たちを傷つけようとやっきになっていると，本気で信じているようなのである。

❸ 最近，私が一緒に仕事をしていた映画撮影班は，雑音は最小限しかないはずなのは確実と感じた場所，つまり広大で何もない野原をロケ地に選んだ。念には念を入れて平穏と静けさを確保するために，我々は早朝にその場所へ到着した。ところが，着いたときに，一人のスコットランド人がバグパイプの練習をしているのを見つけた。「ソッドの法則だ！」と我々はみな叫んだ。もちろん真実はと言えば，たいていの場合雑音は存在するが，我々がそれに「気づく」のは，撮影の妨げになるときのように，雑音が神経に触るときだけなのである。我々が煩わしい物事に気づく可能性には片寄りがあって，そのために世の中が自分たちを故意に困らせようとしているのではないか，と考えてしまうのである。

❹ トーストの例では，マーマレードを塗った側が実際に下になって落ちることが多いのは，驚くことではない。なぜなら，テーブルにはあまり高さがないので，最初はマーマレードを塗った側が上を向いているが，下に落ちるまでに半回転する時間しかないことが多いからである。しかし，トーストの例は，「失敗の可能性があるものは，きっと失敗する」という悲観的な考えをおもしろく表現する方法に過ぎない。おそらく以下は，ソッドの法則のもっと良い例だろう。「コイントスをするとき，表が出ることを強く願うほど，裏が出る可能性が高くなる」 なんにせよ，

これは悲観的な見方である。楽観主義者たちは，表が出てほしいと思えば思うほど表が出る，と考える。おそらく我々はこれを「ポリアンナの法則」と呼ぶことができるだろう。これは，物事はたいてい良い結果になるという，楽観的な考え方だ。
❺ このように言ってみると，ソッドの法則も，ポリアンナの法則も，双方とも馬鹿げていることがすぐわかるはずである。コインも，トーストも，人の思いの強さを知るすべを持たないし，人の望みを邪魔したいとか，あるいは成就させたいとかいう望みを持つわけではない。また，ある人にとっての悪いことは，別の人にとっては良いことかもしれないのだ。「なぜ悪いことは起こるのだろう」と問う特別な理由は存在しないのである。また，ついでに言うと，「なぜ良いことは起こるのだろう」も同様である。それらの根底にある本当の問いかけは，もっと一般的な問いかけの「なぜ『あること』は起こるのだろう」なのである。さて，我々は，悪いことは良いことと同様に，それが偶然によって起こるはずである以上には起こらないことがわかった。万物は思考や感情や人格を持たない。よって，人を傷つけたり喜ばせたりするために何かをすることはない。悪いことが起こるのは，物事が起こるからである。我々の観点から見た物事の良し悪しは，それが起こる可能性に影響を与えることはないのだ。この事実を受け入れがたいと思う人はいるだろう。そのような人は，罪人は罰を受け，美徳は報われるべきだと考えるほうを好むだろう。残念だが，万物は，人々の好みなどは眼中にないのだ。

ソッドの法則（いわゆる「マーフィーの法則」）の真偽について考察した英文。

各段落の要旨

❶ なぜ物事というものは起こるのか？
❷ 悪いことは良いことよりも高い頻度で起こるのか？
❸ 悪いことは起こるものという「法則」の具体例（＝静かなはずの映画ロケ地で気になる雑音の例）。
❹ 悲観的予測と楽観的予測の具体例（＝マーマレードを塗ったトーストが床に落ちる例と，コイントスの例）。
❺ 結論→万物には思考や感情や人格がない。人が何を望むかには無関心。

解　説

問1　Recently, a film crew with whom I was working chose a location where we felt sure there should be a minimum of noise, a huge empty field.

▶「最近，私が一緒に仕事をしていた映画の撮影班が，最小限の雑音しかないのは確かだと感じたロケ地，つまり広大な何もない野原を選んだ」が直訳。

▶ a film crew with whom I was working「私が一緒に仕事をしていたある映画撮影班」の crew は「特殊技能を持って一緒に仕事をする人の一団，チーム，班」という意味。Family；group；team；class と同じグループに属する集合名詞で，イギリスでは単複両扱いされるが，アメリカでは通常普通名詞と同じように，単数形なら単数扱いされる。

▶ a location where we felt sure there should be a minimum of noise は a location where (we felt sure that) there should be a minimum of noise と考えるとよい。「私たちが，最小限の雑音しかないはずなのは確かだと感じたロケ地」ということ。where は a location を先行詞とする関係副詞で，we felt sure はその形容詞節中の挿入節。sure の後に接続詞の that が省かれている。

▶ a huge empty field「広大な何もない野原」は a location を具体的に言い換えた同格部分。empty は人や物（樹木等）や動物などが何もないことを意味する。

語句 location「ロケ地，映画やドラマの（スタジオではなく屋外の）撮影地」 should「～のはずである」（主観的推量を表す） a minimum of ～「最低限の～（しかない），最少の～（しかない）」＝the least (amount of) ～

問 2 ▶ “Sod's Law”「ソッドの法則」という語句は第 2 段第 3 文（You may have …）に出てくる。これがどのような法則なのかは，続く第 4 文（This states …）で「マーマレードを塗ったトーストを床に落とすと，マーマレードを塗った面が常に下になって着地する」と具体例が述べられ，第 5 文（Or, more generally …）で，より一般化された定義が述べられる。問 4 の空所（　A　）が含まれているので，解答の順番としては，（　A　）に入る語をここで決定しておいた方がよい。

▶この下線部(2)の状況が Sod's Law と合致しているかどうかであるが，単に「ソッドの法則」に則って考えると，「期待に反してまずいことが起こった」わけだから，一致していることになる。しかしそれでは説明に 60 字も要しない。この設問に答えるには，下線部の後の記述を読み取る必要がある。下線部に続く第 4 文（The truth …）を見ると，The truth, of course, is that …「もちろん実を言うと…」とある。この語句から，「実はこれは Sod's Law ではないのでは？」と推測できよう。実際，that の後に there is noise going on most of the time「ほとんど常に雑音が発生している」とあり，続いて，but we only *notice* it when it is an irritation, as when it interferes with filming「しかし，それが撮影の邪魔になるときのように，苛立ちの原因となって初めて気づくのだ」とある。このことから，「雑音は常に存在しているのだが，普段はそれを気にも留めないので気づかないだけであって，撮影の邪魔になるという理由があって初めて雑音が気になる。したがって法則に合致しているとは言えない」ということを 60 字以内にまとめればよい。

参考 ここで言う「ソッドの法則」は主としてイギリスでの名称であり，日本では「マーフィーの法則」で知られている。「バター（問題文ではマーマレード）が塗られた食パンの落下」に関する法則はその代表的なものである。なお，文中に出てくる「ポリアンナの法則」というのは，小説『少女パレアナ』の主人公で物事の良い面しか見ようとしない極端な楽観主義者の少女の名から筆者が名づけたと思われる。

問3 ▶下線部は「『悪いことはなぜ起こるのか？』と問う特別な理由はない」という意味である。

▶同段第1文に「ソッドの法則もポリアンナの法則も nonsense」だと述べられており，第2文に「コインやトースト（といった物）に人の願望の強さを知るすべはなく，その願望を妨げたり成就させたりしたいという願いもない」とある。さらに下線部の後の第8文（The universe has …）に「万物には思考も感情も人格もないので，人を傷つけたり喜ばせたりしない」，第9文（Bad things happen …）に「物事が起こるゆえに悪いことも起こる」，第10文（Whether they are …）に「我々の観点から見た事の良し悪しは，それが起こる可能性に影響しない」とある。これらの記述から，「なぜ悪いことは起こるのか？と問いかけても無意味である」と筆者は述べているのだということを読み取り，字数内にまとめればよい。

問4 ▶ If a thing can go wrong, it（　A　）.「ある事がもしうまくいかない可能性があるとしたら，それは（　A　）」の空所補充。

▶マーマレードを塗ったトーストの例は，物事のネガティブかつ悲観的な予測が実際に起こることの例である。このことから「ソッドの法則」というのは「物事は常にうまくいかない」というものだと推測できる。つまり，「うまくいかない（go wrong）可能性がある場合は実際にうまくいかないものだ（go wrong）」ということ。したがってここは will（直後に go wrong が省略されている）が適切。助動詞の will は must に次ぐ話し手の強い確信度を示す。イの may は can よりも低い確信度を示すので，これを使用すると「起こるかどうかわからない」という意味になり，「法則」にはならない。

▶この will を〈習性や一般的傾向〉を表す will（「どうしても～するものだ」という意味）と取ることは間違いではないが，ここでは can と対比された話し手の確信度の強さが示されていると考えればよいだろう。can が「～する可能性がある，ひょっとして～するかもしれない」という比較的低い確信度を表すのに対して，will は「いずれ実際に～するだろう」というかなり高い確信度を表すので，この「法則」は「可能性があることはいずれ実際に起こる」のだということを表していると考えればよい。

参考　助動詞が表す話し手の確信度は，通例高い順に以下のようになる。
must＞will＞would＞ought to＞should＞can＞may＞might＞could

問5 ▶選択肢で組み合わされている語 heads と tails は「コインの表（heads←王や女王の頭像)」と「裏（tails)」という意味。また文中の come up ～ は「～の結果となる」という意味。

▶「ソッドの法則」によれば「物事は裏目に出る」ので，（ B ）は「コイントスの際に表を強く願えば願うほど結果は（裏）となる」と考える。その直後にあるように，これは pessimistic view「悲観的な見方」だ。その後の（ C ）の部分は optimists「楽観主義者」の見方なので，「表を強く願えば願うほど結果は願い通り（表）になる」と考えるのが自然。

問6 ▶ So, we have seen that bad things, (D) good things, don't happen any more often than they ought to by chance.「ゆえに我々は，悪いことは良いこと（ D ）偶然によって起こるはずである以上に頻繁に起こるということはまったくないことがわかった」の空所補充。文末の they ought to by chance では ought to の後に happen が省略されている。

▶直前の文に Why does *anything* happen ?「どうしてどんなことであろうと起こるのか？」とあるので，「何でも起こる」→「良いことも悪いことも起こる」と考え，各選択肢の語句を空欄に入れてみると，bad things, (D) good things の部分はそれぞれ，イを入れると「悪いことは，良いことがなければ」，ロを入れると「悪いことは，良いこと同様」，ハを入れると「悪いことは，良いことにもかかわらず」，ニを入れると「良いこととは言わないまでも，悪いことは」という意味になるので，ロが正解だとわかる。

問1　最近，私が一緒に仕事をしていた映画撮影班が，雑音は最小限しかないはずなのは確実と感じた場所，つまり広大で何もない野原をロケ地に選んだ。

問2　普段なら気にならない雑音が，撮影の邪魔になるという理由で気になっただけなので，法則に合致しているとは言えない。(55字)

問3　万物には思考も感情もないので，我々の観点からみた主観的な物事の良し悪しを考えたうえで，我々を喜ばせたり傷つけたりしようとして何かを起こすことはありえないから。(79字)

問4　ハ

問5　ニ

問6　ロ

19

2013年度〔2〕

次の英文を読み，下の問いに答えなさい（＊を付した語は，問題文の末尾に注がある）。

The competition for jobs has shifted from one largely restricted within clearly defined national boundaries to a global auction open to competition across borders. We are all familiar with art auctions held by Sotheby's* and those on eBay*. In these auctions, the highest bidder* wins. For the majority of American, British, or German workers, a Sotheby's-type, regular auction was assumed to reflect the increasing value of investments in what economists call human capital.

But the global auction for jobs increasingly works in reverse to an auction where the highest bidder wins. In (1)a reverse auction, bids decline in value, as the goal is to drive down prices. These auctions are becoming more popular on the Internet. The German Web site *jobdumping. de* offered a clear example of a reverse auction. Certain types of jobs were offered by employers with a maximum price for the job ; those looking for employment then underbid each other, and the winner was the person willing to work for the lowest wages.

People are aware that the reverse auction is being extended to American college-educated workers. The impact of this bidding war is not just restricted to the size of an employee's wages, but it also includes longer working hours, inferior benefits, declining career opportunities, and greater job insecurity. In a reverse auction, workers are expected to do more for less.

In the early stages of globalization, the reverse auction was limited to American workers with low skills. Today, (2)three major forces are working together to create a price competition for high skills, forcing American students, workers, and families into a cruel fight for those jobs that continue to offer a good standard of living.

First, there has been an *education explosion* in the supply of college-educated workers. Even when limited to wealthy societies, this expansion poses a problem because widening access to a college education lowers the value of credentials* in the competition for jobs.

Second, there has been a *quality-cost revolution* resulting in a rapid increase in productivity levels and quality standards. The new competition is no longer based on quality *or* cost but on quality *and* cost, offering companies more strategic choices about their global distribution of high-skill as well as low-skill work. Western companies are developing more sophisticated approaches to outsourcing more of their highly skilled jobs to low-cost locations. (3)As a result, many of the things we only thought could be done in the West can now be done anywhere in the world not only more cheaply but sometimes better.

(4)The final trend relates to what is described as the global *war for talent*. Just as more individuals invest in their human capital and governments invest in increasing the national stock of skilled workers, the relationship between learning and earning is being called into question from within the business community. Companies assert that the relationship between learning and earning needs to be revised, because it is less applicable in today's competitive world. It fails to reflect differences in performance, especially the productive contribution of a talented minority of top performers.

Concerns about hiring the next generation of talented employees led corporations to be attracted to global elite universities, because they are believed to have the best and brightest students. This focus on attracting, retaining, and developing top talent leads to greater inequality of treatment, and it also contributes to widening income inequalities within middle-class occupations and differences in career opportunities among people with the same credentials, experience, or levels of skills.

These trends result in many college-educated Americans becoming part of a (A) workforce. Previously, differences in income were assumed to reflect individual achievement. This relationship has never been straightforward, but it is now in crisis as the relationships among jobs, rewards, and education are being changed.

注　Sotheby's　英国の有名なオークション業者
eBay　米国のインターネット・オークション・サイト
bidder　オークションに参加して，値段を提示する人
credentials　資格，信用証明。日本で言えば「学歴」に近い

1　下線部(1)の具体的な内容を，なぜ“reverse”なのかを明確にしながら，60字以内の日本語（句読点を含む）で説明しなさい。

2　下線部(2)で述べられている「三つの主要な影響力」のうちの一つ目を60字以内の日本語（句読点を含む）で説明しなさい。

3　下線部(3)を和訳しなさい。

4　下線部(4)はどのようなことを指すか，以下の選択肢イ～ニから一つ選び，その記号を解答欄に書きなさい。
イ　才能あるエリートの数が減っており，それを獲得する競争が激化している。
ロ　ビジネス界は，トップの才能の持ち主を増やすために，グローバルなエリート大学を増やすべきだと主張している。
ハ　学歴と収入のあいだの関係が考え直されることによって，収入の格差は不公平だとはみなされなくなっている。
ニ　ビジネス界はトップの才能に対して相応の収入を与えるべきだと主張し，そのために収入の格差が広がっている。

5　空欄（　A　）に入れるのに最も適切な語句を以下の選択肢イ～ニから一つ選び，その記号を解答欄に書きなさい。
イ　low-skill, high-wage　　ロ　high-skill, low-wage
ハ　low-skill, low-wage　　ニ　high-skill, high-wage

全 訳

■グローバル化で変わりゆく高学歴者の労働環境

❶ 職の獲得競争は，主に明確に定められた国境の内側に限られた競争から，国境を越えた競争にさらされるグローバルなオークション（競売）へと変化した。我々は皆，サザビーによる美術品のオークションや，イーベイのオークションについては知っている。これらのオークションでは，最高価格を提示した人が品物を獲得する。大多数のアメリカ人，イギリス人，ドイツ人労働者にとっては，サザビーと同じタイプの通常のオークションが，エコノミストが人的資本と呼ぶものに対する投資価格の増加を反映するものだと考えられてきた。

❷ しかし，職を得るためのグローバルなオークションは，最高価格を提示した人が落札するオークションとは，ますます反対方向へ進むようになっている。逆オークションでは，目的は価格を安くすることなので，入札価格は下がっていくのである。これらのオークションは，インターネット上で人気が高まってきている。ドイツの *jobdumping.de* というサイトは，逆オークションのわかりやすい例を示した。いくつかの職種が，その仕事の最大限の価格とともに，雇用者によって提示された。続いて，仕事を求めている人々が，お互いに相手より安い値をつけ合っていき，落札したのは最も安い賃金で働いてもかまわないと思う人だった。

❸ 人々は，逆オークションが，アメリカの大卒の労働者にまで及びつつあることに気がついている。この入札戦争の影響は，従業員の給与額だけにとどまらずに，長時間労働，粗悪な福利厚生，昇進機会の減少，雇用不安の増大にまで及ぶ。逆オークションでは，従業員は少ない見返りで余計に働くことを求められるのである。

❹ グローバル化の初期段階では，逆オークションは技能の低いアメリカ人労働者に限られたものだった。今日では，3つの大きな力が，高技能を求めての価格競争を作り出すよう作用し合っており，アメリカ人の学生や労働者やその家族に，高い生活水準を提供しつづけてくれる仕事を求めての非情な戦いを強いるのである。

❺ 1つ目には，大卒労働者の供給における「教育の急拡大」があった。この拡大は，それが豊かな社会に限られた場合でも問題を引き起こす。なぜなら，大学教育への門戸が大きく開かれることで，職の獲得競争における学歴の価値が低下するからである。

❻ 2つ目は，「品質-コスト革命」によって，生産性のレベルと品質の水準が急激に向上したことである。この新しい競争は，もはや品質かコストのどちらか一方において行われるわけではなく，品質とコスト両方に基づいて行われるものであり，低技能労働だけでなく高技能労働をも地球規模で配分することに関し，より多くの

戦略的選択肢を企業に与えている。欧米の企業は，より多くの高技能職を低コストの地域に外部委託するための，より巧みな戦略を開発中である。その結果，欧米でしかできないと思っていたことの多くが，現在では世界中どこでも可能で，しかもより安くできるだけでなく，場合によってはもっとうまくできることもあるのだ。

❼ 最後の動きは，世界的な「人材を求めての戦争」と呼ばれるものに関連する。ますます多くの個人が自分の人的資本に投資し，また各国政府が国内の熟練労働者を増やすために投資するにつれて，ビジネス界の中からは，学歴と所得の関係に疑問の声が上がりつつある。企業は，今日の競争社会には適合しなくなったという理由で，学歴と所得の関係は見直す必要がある，と強く主張する。その関係には，成績の差，特に有能な少数のエース従業員による生産的な貢献が反映されないからである。

❽ 次世代の優秀な従業員を雇うことに関する懸念から，企業は世界中のエリート大学に関心を寄せるようになった。なぜなら，そこには最も優秀な学生がいると考えられているからである。最優秀の人材の関心を引きつけ，抱え込み，育てることに重点を置くことは，待遇の不平等の拡大をもたらし，また中産階級の職業における収入格差や，同じ学歴，経験，技能レベルを持つ人々の昇進（就業）機会の格差拡大の原因となっている。

❾ これらの動きの結果，多くの大卒アメリカ人が高技能低所得の労働力の一部となっている。以前は，収入の格差は個々の業績の差を反映したものだと考えられた。この関係が単純明快であったことは一度もないにせよ，職種と報酬と教育の関係が変わりつつある中にあって，今やそれは危機に瀕しているのである。

グローバル化により労働力の獲得競争が国境を越えたことによって，高技能労働者が低賃金で働かざるを得ない労働市場が出現したことを述べた英文で，特にアメリカの労働市場の変化について述べられている。

各段落の要旨

❶ 職の獲得競争は，国内の競争からグローバルなオークションへと変化した。
❷ しかし，職を得るためのグローバルなオークションは通常のオークションとは逆に，最も安い値を提示した者が落札する。
❸ この入札競争はアメリカの大卒労働者にも及び，労働環境はますます悪化している。
❹ この逆オークションには3つの主要な力が働いている。
❺ 1つ目は，大卒労働者の供給における「教育の急激な拡大」の存在。
❻ 2つ目は，生産性と品質基準の向上による高品質低コスト革命の誕生。
❼ 3つ目は，世界規模の人材確保戦争に関連する，学歴と所得の関係の見直し。
❽ 企業が優秀な人材を獲得しようとすることで不平等や格差が生じている。
❾ その結果，多くの大卒アメリカ人は高技能だが低所得の労働者となっている。かつての収入と業績の関係は破綻の危機に瀕している。

解 説

問1 ▶ a reverse auction の reverse は「逆の」という意味。第1段第3文（In these auctions …）にあるように，通常のオークションの場合は，最も高い値を提示した者が落札する。しかし reverse auction では，第2段第1文にある「求職のためのグローバルオークション」の場合のように，最も高い値を提示した者が落札するオークションとは逆に作用する。第2文にあるように，価格を下げること（to drive down prices）が目的なので，入札価格が下がる（bids decline in value）のである。以上の内容を制限字数内でまとめればよい。

問2 ▶ First で始まる第5段に1つ目の影響力が述べられているので，その内容を特に第2文の because 以下に注目してまとめればよい。

▶ *education explosion* in the supply of college-educated workers
「大学教育を受けた労働者の供給における教育の急激な拡大」というのは要するに，「大卒労働者が急激に増大した」ということ。

▶ widening access to a college education「大学教育への拡大する利用機会」とは「大学教育を受ける機会が増大すること」であり，そのことが in the competition for jobs「仕事を求める競争において」, lowers the value of credentials「学歴の価値を下げる」のである。

▶以上をまとめると「大学生が増えたために，就職の際に大卒という肩書きが以前ほどの効力をもたなくなった」ということになる。

問3 As a result, many of the things we only thought could be done in the West can now be done anywhere in the world not only more cheaply but sometimes better.

▶「その結果，我々が西洋でできるとしか思っていなかった多くのことが，現在では世界のどこででも，より安価にだけでなく時にはより良質に行うことができる」が直訳。

▶ As a result「その結果」

▶ many of the things we only thought could be done in the West は文の主部。things の後に主格の関係代名詞が省略されている。many of the things that we only thought could be done in the West ということ。we only thought は関係詞節中に挿入された節。この挿入節があるために関係詞が目的格のように感じられて省略されているが，文法的には省略しないのが正しい形である。次のように能動態を使用して書きかえると関係代名詞は正式な目的格となり，省略できる。many of the things (that) we only thought they could do in the West（この they は西洋の人々を漠然と指している）only は thought の直前にあるが，thought could be done in the West 全体にかかっていると考えられるので，「西洋（＝欧米）でしかできない」という訳でよい。could be done の和訳は能動態に置きかえて訳すとよい。

▶ can now be done anywhere in the world の can now be done は能動態に置きかえて訳すとよい。can now be done は can be done now とも言える。

▶ not only more cheaply but sometimes better は can now be done を修飾する副詞句。not only *A* but (also) *B*「*A* であるだけでなく *B* でもある」という構文に注意して和訳する。better は well の比較級。

問 4 ▶ The final trend「最後の動向」とは「３つ目の社会的動向〔趨勢〕」のことである。

これは what is described as the global *war for talent*「才能を求めるグローバルな戦争と称されるもの」と関係があると筆者は述べている。しかしこれは抽象的な表現で，わかりづらい。まずは選択肢を順に確認し，本文と照合していこう。

▶ イ→「エリートの数が減っており」という記述は本文にない。意味的に近い記述は第８段第１文の led corporations to be attracted to global elite universities「企業が世界中のエリート大学に関心を寄せるようになった」だが，数の増減についての記述はない。

▶ ロ→ ビジネス界の関心についての記述は第８段第１文（Concerns about hiring …）にある。ただし「グローバルなエリート大学を増やすべき」という記述はない。企業の関心は「トップの才能の持ち主を増やす」ことではなく，hiring the next generation of talented employees「才能ある次世代の社員を雇うこと」である。

▶ ハ→「収入の格差は不公平だとはみなされなくなっている」が本文と一致しない。第８段第２文中に greater inequality of treatment「増大する待遇の不平等」と widening income inequalities「拡大する収入の不平等」とあるが，それらが「不公平だとみなされなくなっている」という記述はない。

▶ ニ→第７段第２文（Just as more …）に「学歴と所得の関係（the relationship between learning and earning）が疑問視されている（is being called into question）」とあり，続く第３文でも，Companies assert that the relationship between learning and earning needs to be revised「企業は学歴と所得の関係を見直す必要があると主張する」とある。これは学歴主義から能力主義への転換を意味し，ニの「トップの才能に対して相応の収入を与えるべき」という内容に合う。また「収入の格差が広がっている」という記述も，第８段第２文に合致する。

問5 ▶ These trends result in many college-educated Americans becoming part of a (A) workforce.「これらの社会的趨勢は，大学教育を受けた多くのアメリカ人が（ A ）の労働力の一部となる結果となっている」の空所補充。many college-educated Americans は，動名詞 becoming の意味上の主語。

▶問2や問4で確認したとおり，現在のアメリカでは大卒という学歴の価値が下落し，大卒は必ずしも高収入を保証してくれるものではなくなってきている。つまり，技能は高いのに収入は低いという現象が生じており，ロの「高技能，低賃金」が正解となる。

解答

問1 通常のオークションは最も高い値をつけた者が落札するが，それとは逆に，最も安い値をつけた者が落札する方式のオークション。(59字)

問2 大学進学者が増えて大卒という学歴の価値が下がったため，就職の際に大卒であることが以前ほどの優位性をもたなくなったこと。(59字)

問3 その結果，欧米でしかできないと思っていたことの多くが，現在では世界中どこでも可能で，しかもより安くできるだけでなく，場合によってはもっとうまくできることもあるのだ。

問4 ニ

問5 ロ

20

2012 年度〔1〕

次の英文を読み，下の問いに答えなさい（＊を付した語は問題文の末尾に注がある)。

When Biz Stone, one of the founders of Twitter*, tells the story behind his impressive venture, he likes to use a picture of a flock of birds. The reason? As Stone relates the story, he first appreciated the power of social media a few years ago, when he watched a crowd suddenly arrive at a bar after exchanging messages on a phone. That event, Stone says, helped him to understand how social media enabled people to suddenly gather with unexpected speed and force. To put it another way, what 21st-century tools do is enable people to 'flock' together—around ideas, emotions, places or events. Hence that picture of birds.

It is a powerful image, and it feels particularly relevant to New York right now. Last weekend I waited anxiously, along with millions of other New York residents, as the tropical hurricane known as Irene raced along America's East Coast. In some senses the experience turned out to be far less dramatic than many had initially feared: though the East Coast was attacked by powerful winds and heavy rain, and there was terrible flooding, New York itself suffered far less damage than predicted. Before the storm hit I moved out of my apartment, which is next to the river, to stay with friends elsewhere. But my daughters and I slept soundly during the night.

(1)While Hurricane Irene might have spared New York in physical terms, the experience was nonetheless striking, for reasons that Stone observes. In earlier periods of my life, I have experienced moments of adrenaline-filled anxiety, hiding in a hotel in the middle of a civil war, or isolated by snowstorms in a remote military camp. Those occasions were marked by long periods of boredom, interrupted by attacks of anxiety, since I was dependent on a radio or telephone for news.

However, living in a hurricane in the age of social media raises anxiety to a new level. (2)Wherever you sheltered in the city last week, there was almost no escape from the storm of information, debate and analysis flying around. Television and radio offered non-stop reporting, which became distinctly hysterical. The internet provided multiple tools to track the hurricane in real time. And as it approached, a storm of social media messages developed, as New Yorkers 'flocked' together, trying to make (A) of events. (Apparently, there were 36 times the number to Twitter messages per second than there were during the civil war in Libya.)

Is this a good thing ? From a practical viewpoint, it might appear so. Some of the messages on the 'Irene' Twitter page were distracting or confusing. Many others were informative : citizens tracked the path of the rain, and government agencies sent out practical advice and updates. The office of Michael Bloomberg, the mayor of New York, was particularly efficient and co-ordinated ; one could track almost all the events from their Twitter messages alone. 'City bridges may be closed' ; 'There are 78 hurricane centers and 8 special medical centers across the City' ; 'We are in the middle of the most dangerous period of the storm : continue to remain indoors.'

Yet there was also a dark side to this 'flocking'. A week after the event, some political rivals have accused Mayor Bloomberg of over-reaction. The television reporting has been criticised. What also needs to be debated, however, is whether this cyber 'flocking' heightened public emotion too. After all, the more that people share their thoughts and fears in cyberspace, the more they create echo chambers. To use another image, Hurricane Irene was producing an emotional 'wind tunnel' last weekend, as news and moods flooded into a small space and moved back and forth between media outlets, over and over again. This was addictive, but the intensive period of debate was disturbing, too. And while Bloomberg's office was clearly determined to control this storm of information—and did so, in my view, with some (B)—it faced a tough challenge. After all, fear spreads easily and social media are not really controllable.

There is no easy solution to this. Just before the storm began to affect New York, the mayor's office warned by Twitter that the electricity could fail. If that had happened, it would have been fascinating to see how New York would have behaved if all those modern forms of communication had stopped. Would people have panicked ? Would they have been happy to rely on old-fashioned, battery-powered radios for news instead ? Might that have been a relief ? No one knows. One thing that is clear is that the impact of these emotional 'wind tunnels' requires more debate. (3)<u>They will stay with us long after the hurricane</u>

season is past, and in far more places than New York.

注 Twitter ツイッター。短いメッセージを投稿したり閲覧したりできるインターネット上の情報サービス。

1 下線部(1)の具体的な内容を70字以内の日本語（句読点を含む）で説明しなさい。

2 下線部(2)を和訳しなさい。

3 下線部(3)のように考えられる理由を50字以内の日本語（句読点を含む）で述べなさい。

4 空欄(A)に入れるのに最も適切な語を以下の選択肢イ～ニから一つ選び，その記号を解答欄に書きなさい。

イ fun　　ロ much　　ハ sense　　ニ use

5 空欄(B)に入れるのに最も適切な語を以下の選択肢イ～ニから一つ選び，その記号を解答欄に書きなさい。

イ business　　ロ damage　　ハ success　　ニ victory

全 訳

■ハリケーン襲来時にソーシャルメディアが引き起こした嵐

❶ ツイッターの創業者の一人であるビズ=ストーンは，彼の感服すべきベンチャー企業について裏話を語るとき，鳥の群れの絵を好んで使う。理由は？　ストーンが語るところでは，彼がソーシャルメディアの力を初めて理解したのは，数年前に，大勢の人が電話でメッセージを交換した後に，またたく間にバーに集結するのを見たときのことだった。ストーンによれば，その出来事は，ソーシャルメディアによって，いかに人々が予想を超える速さと勢いで，即座に集まるのかを理解するのに役立った，とのことである。言い方を変えると，21 世紀型の道具の役割は，人々がアイディアや感情や場所や出来事の周りに，一緒に「群がる」のを可能にすることである。だから，鳥の絵なのである。

❷ それは説得力のあるイメージであり，特に現在のニューヨークと関わりが深いように感じられる。先週末，私は何百万人もの他のニューヨーク市民と同様に，熱帯ハリケーンのアイリーンが，アメリカの東海岸を猛スピードで移動するのを，不安を抱えながら待ち構えていた。いくつかの意味においてこの経験は，多くの人が当初予想していたのに比べると，はるかに肩すかしの結果に終わった。というのは，東海岸では暴風と豪雨に見舞われ，ひどい洪水も起こったが，ニューヨーク自体は，予想よりもはるかに小さな被害しか受けなかったからだ。嵐が来る前に，私は川沿いにある自分のマンションを出て，別の場所にある友人の家に滞在した。しかし，私と娘たちは，夜の間，ぐっすりと眠れたのである。

❸ ハリケーン「アイリーン」は物理的な意味では，ニューヨークに被害は与えなかったかもしれないが，それにもかかわらずその経験は，ストーンが述べているような理由で，非常に印象深いものとなった。私は若い頃に，アドレナリンで一杯になるような不安を経験したことがある。それは内戦の真っ最中にホテルに隠れていたときや，人里離れた軍事基地で，猛吹雪によって孤立させられたときのことだった。これらの経験に特徴的だったのは，長い退屈な時間と，それが不安感に襲われて中断することだったが，その理由は，私がニュースを得るのにラジオや電話に頼っていたからだった。

❹ しかし，ソーシャルメディアの時代に，ハリケーンの中で過ごすことで，不安感は今までにない水準まで引き上げられた。先週はニューヨークのどこに避難していようが，飛び交う情報や議論，分析の嵐から逃れることはほとんど不可能であった。テレビとラジオは途切れることなく報道を続けていたが，それは非常にヒステリックなものになった。インターネットは，ハリケーンの進路をリアルタイムで追

うための多様な道具を与えてくれた。そしてハリケーンが近づくにつれて，ソーシャルメディアのメッセージの嵐も発達したが，それはニューヨーク市民が，その出来事を理解しようと，「群がった」からだった（聞くところによると，リビアで内戦があった時期と比べ，一秒あたりで36倍ものツイッターのメッセージが飛び交ったそうである）。

❺ これは良いことなのだろうか？　実際的な観点からは，そう見えるかもしれない。「アイリーン」に関するツイッターのページを見ると，メッセージの中にはまぎらわしいものや，混乱を招くものもあった。しかし，他の多くは有益なもので，市民は雨の進路を追い，政府関連機関は有益な助言や，更新情報を発信した。ニューヨーク市長だったマイケル=ブルームバーグの執務室は，特に効率的かつ組織的で，そのツイッターのメッセージからだけでも，ほとんどすべての出来事を知ることができた。「市内の橋は閉鎖されるかもしれません」「市内には78カ所のハリケーンからの避難所と，8カ所の特別医療施設があります」「我々は，嵐が最も危険な時間帯の真っ直中にいます。そのまま屋内にいて下さい」というように。

❻ しかし同時に，この「群がり」にはマイナスの側面もあった。この出来事の一週間後，ブルームバーグ市長の政敵の一部は，彼のことを過剰反応だと非難したのだった。テレビの報道は非難された。しかし，同様に議論されるべきことに，このネット上での「群がり」によって，市民の感情は高揚したのか，ということもある。忘れてはならないのは，市民が，より多くの意見や恐怖感をサイバースペースで共有すればするほど，それだけ多くの反響室を作り出す，ということである。別のイメージを使えば，ハリケーン「アイリーン」は先週，ニュースや感情が狭い空間にあふれ，メディアの発信源の間を繰り返し行き来する中で，感情の「風洞」を作り出していたのだ。これは中毒性のあるものだったが，短時間の激しい議論は，不安を生むものでもあった。そして，ブルームバーグの執務室は情報の嵐を管理しよう，ときっぱりと決断したが，――私見では，ある程度は管理に成功したが――大変な困難に直面したのだった。なぜなら，不安はたやすく広がるし，ソーシャルメディアは実際制御可能なものではないからである。

❼ この問題に対する容易な解決法はない。嵐がニューヨークに影響を及ぼし始めるほんの少し前に，市長の執務室はツイッターを使って，電気の供給が止まるかもしれないと警告した。もしそうなっていたら，これら最新のコミュニケーションの手段がすべて停止したときに，ニューヨークの人々がどのような行動を取ったのかを見ることは，非常に興味をそそられるものだったろう。人々はパニックに陥っただろうか？　そうはならずに，ニュースを聞くために時代遅れの電池式ラジオに喜んで頼っただろうか？　それで安心できたろうか？　誰にもわからない。一つ明らかなのは，これらの感情の「風洞」の影響力に関しては，もっと多くの議論が必要

だ，ということである。これらの「風洞」は，ハリケーンの季節が終わったずっと後も，ニューヨークだけでなくはるかに多くの場所で，我々とともに存在するであろう。

ハリケーン襲来時にニューヨーカーがツイッターでどのように対処したかを検証し，ソーシャルメディアの功罪と可能性について考察した英文。

各段落の要旨

❶ ツイッターの創業者は，「群がる」人を鳥の群れにたとえている。
❷ ニューヨークをハリケーンが襲ったときの筆者の体験談。
❸ 筆者が昔，ラジオと電話の時代に経験した不安な体験談。
❹ ソーシャルメディアの現代では，インターネット上にメッセージが飛び交い，筆者はこれまで以上に不安を感じた。
❺ 飛び交ったツイッターメッセージのプラス面の具体例。
❻ ツイッターメッセージのマイナス面――情報の嵐により感情の「風洞」が創り出される。
❼ 感情の「風洞」の影響力について，さらなる議論が必要だ。

解　説

問1　▶制限字数から見れば下線部和訳とあまり変わらない答案しか作成できないので，「具体的な内容」を説明せよ，という設問の趣旨がややわかりにくいが，下線部中の① spared New York in physical terms，② striking, for reasons that Stone observes の部分に注目し，主にこの2点について「具体的」に説明すればよい。

▶①について。spare はここでは「損害を与えない」という意味。特殊な語義だが，第2段第3文（In some senses …）の，… New York itself suffered far less damage than predicted から推測できる。in physical terms は「物理的な意味では」だが，本文では「ソーシャルメディアが引き起こす（不安の）嵐」という，「精神的な」被害について述べられていることから，それとは対照的な意味での「物理的」であるとわかる（人的被害，建造物への被害など）。

▶②について。striking は「印象的な」，observe は「述べる」の意味であることにまず注意が必要。これより訳としては「ストーンが述べているような理由で印象的であった」となる。ただしこれでは具体性に欠けるので，ストーンが述べている「理由」を本文中から探し出してまとめる必要がある。ストーンが述べたことは，主に第1段第3～5文（As Stone relates …）にあり，要するに「ソーシャルメディアには，何らかの出来事について，人々を鳥のように群がらせる力がある」ということである。このことは第4段でニューヨーク市民がハリケーンという出来事をめぐって「群がった」こととも符合する。

▶以上をまとめて解答を作成する。字数制限がやや厳しいので上記2点を中心に無駄な部分はそぎ落としてまとめる必要がある。

問2 Wherever you sheltered in the city last week, there was almost no escape from the storm of information, debate and analysis flying around.

▶ Wherever は「どこで～しようが」の意味の譲歩節を導き，No matter where と言い換えられる。

▶ the city は「その都市」ではなく都市名（ニューヨーク）で具体的に訳しておこう。

▶ there was no ～ は「～がない」，escape は「逃れる手段」の意味なので，there was no escape from ～ で「～から逃れるすべはなかった」となる。*cf.* there is no *doing*「～することはできない」

▶ the storm of ～ の～の部分は *A*, *B* and *C* の形で3つの名詞が並列されている。

▶ flying around「飛び交っている」は the storm of information, debate and analysis を後置修飾する現在分詞。

語句 shelter「避難する」 analysis「分析」

問3 ▶ They が何を指すのかを見つけるのが先決。They は複数名詞に対応していることから，これは前文の these emotional ‘wind tunnels’「これらの感情の『風洞』」であると考えられる。次に，「感情の風洞」とは具体的に何なのか。そしてそれはなぜ長い間，多くの場所でとどまり続けるのかを考えよう。

▶ wind tunnels「風洞」は，第6段第6文（To use another …）に初めて登場するが，これは，直前の第5文（After all, the …）にある echo chambers「反響室」と同様に，ソーシャルメディアの情報に人が群がり，人々の考えや恐怖感がサイバー空間にあふれ返った状態を，比喩的に表現したものである。つまり下線部では，このような状態が，今後も長くニューヨーク以外の場所でも続くという趣旨の内容が述べられていることになる。よって解答には，ソーシャルメディアが今後も同様の影響力を持ち続けると考えられる理由を書けばよい。

▶第5段にあるように，ブルームバーグ市長はツイッターを使って正確な情報を流すことで，情報の錯綜を食い止めようとした。しかし，それは第6段第8文（And while Bloomberg’s …）に tough challenge「大変な困難」に直面した，とあることからもわかるように，思い通りにはいかなかったわけである。さらにその理由として，最終文（After all, fear …）に「不安はたやすく広がるし，ソーシャルメディアは実際制御可能なものではないからである」と書かれているので，解答はこの部分をまとめればよい。

問4 ▶ニューヨーク市民がソーシャルメディアに「群がった」のは，ハリケーン襲来時に起こっている事をどうしようとして「群がった」のかを考える。空所にそれぞれの語を入れてみると，イ make fun「楽しむ」，ロ make much「重視する」，ハ make sense「理解する」，ニ make use「利用する」となるので，「ハリケーン襲来時の諸般の出来事を理解しようとした」という意味になるハの sense が適切。なお，make much of ～ にも「～を理解する」という意味があるが，これは主に否定文・疑問文の場合の意味なので，ここでは make sense の方が適切。

問5 ▶まずは文の骨組みを確認しよう。while はここでは (al)though とほぼ同じ意味で，「～ではあるが」と〈譲歩〉を示す接続詞。したがって，while が導く従属節（ダッシュにはさまれた部分を含む）と，主節（it faced … challenge）は意味的に逆接の関係にある。

▶ダッシュにはさまれた部分を見ると，did so は controlled this storm of information を意味するので，with some（　B　）の空所には肯定的な語句が入らなければ従属節と主節の逆接関係が成り立たなくなる。空所に選択肢の各語を入れてみて，controlled this storm of information with some（business / damage / success / victory）の中から，最も適切なハの success を選ぶ。with success = successfully「成功して」と同義。なお，victory も肯定的な意味であるが，some victory という結びつきは不自然なので不可。

解答

問1　ハリケーンは，ニューヨーク市に物理的被害を与えることはなかったが，ソーシャルメディアの情報に人々が群がったという点で印象深い出来事であった。(70字)

問2　先週はニューヨークのどこに避難していようが，飛び交う情報や議論，分析の嵐から逃れることはほとんど不可能であった。

問3　人々の不安は容易に広がるが，それを生み出すソーシャルメディアは時間的にも空間的にも制御不能だから。(49字)

問4　ハ

問5　ハ

21

2012年度〔2〕

次の英文を読み，下の問いに答えなさい。

Why have social anxieties increased so dramatically in many developed countries over the last half century, as one American psychologist's studies suggest they have? Why does the 'social evaluative threat' seem so great? (1)A reasonable explanation is the break-up of the settled communities of the past. People used to grow up knowing, and being known by, many of the same people all their lives. Although geographical mobility had been increasing for several generations, the last half century has seen a particularly rapid rise.

At the beginning of this period it was still common for people—in rural and urban areas alike—never to have travelled much beyond the boundaries of their immediate city or village community. Married brothers and sisters, parents and grandparents, tended to remain living nearby and the community consisted of people who had often known each other for much of their lives. But now that so many people move from where they grew up, knowledge of neighbours tends to be superficial or non-existent. People's sense of identity used to be rooted in the community to which they belonged, in people's real knowledge of each other, but now it is lost in the facelessness of mass society. Familiar faces have been replaced by a constant flow of strangers. As a result, who we are, identity itself, is endlessly open to question.

The problem is shown even in the difficulty we have in distinguishing between the concept of the 'esteem' in which we may or may not be held by others, and our own self-esteem. The evidence of our sensitivity to (2)'social evaluative threat', coupled with the American psychologist's evidence of long-term rises in anxiety, suggests that we may—by the standards of any previous society—have become highly self-conscious, overly concerned with how we appear to others, worried that we might come across as unattractive, boring, (A) or whatever, and constantly trying to manage the impressions we make. And at the core of our interactions with strangers is our concern at the social judgements and evaluations they might make: how do they rate us, did we give a good account of ourselves? This insecurity is part of the modern psychological condition.

Greater inequality between people seems to heighten their social evaluation anxieties by increasing the importance of social status. (3)Instead of accepting each other as equals on the basis of our common humanity as we might in more equal settings, measuring each other's worth becomes more important as status differences widen. We come to see social position as a more important feature of a person's identity. Between strangers it may often be the main feature. As Ralph Waldo Emerson, the nineteenth-century American philosopher, said, 'It is very certain that each man carries in his eye the exact indication of his rank in the immense scale of men, and we are always learning to read it.' Indeed, psychological experiments suggest that we make judgements of each other's social status within the first few seconds of meeting. (B) first impressions count, and (B) we feel social evaluation anxieties!

The Spirit Level by Kate Pickett and Richard Wilkinson, Penguin Books

1 本文に即して，下線部(1)の具体的な内容を100字以内の日本語（句読点を含む）で説明しなさい。

2 下線部(2)の内容を文脈に即して具体的に日本語で説明しなさい。

3 下線部(3)を和訳しなさい。

4 空欄(A)に入れるのに最も適切な語を以下の選択肢イ～ニから一つ選び，その記号を解答欄に書きなさい。

イ grateful　ロ ignorant　ハ intelligent　ニ social

5 空欄(B)に入れるのに最も適切な語句を以下の選択肢イ～ニから一つ選び，その記号を解答欄に書きなさい（なお，大文字と小文字の別は考慮しないものとする）。

イ because　ロ by contrast　ハ if　ニ no wonder

全 訳

■なぜ現在，社会不安が増大しているのか？

❶ あるアメリカ人心理学者の研究で指摘されているように，過去半世紀の間に，多くの先進国で，なぜ社会不安がこれほど劇的に増大したのだろうか？ なぜ「社会的評価の脅威」がこれほど大きなものに思えるのだろうか？ 一つの合理的な説明として，過去にあった安定した地域共同体が，崩壊したことが挙げられる。人々はかつて，生涯を通じて，知り合いの多くは同じ人々のままで，成長していった。地理的な移動範囲は，数世代にわたって広がっていたが，特に急速な拡大が見られたのは，過去半世紀の間のことだった。

❷ この時期の初めには，人々が隣接した市や村落共同体との境界を大きく越えて出かけることは，田舎でも，また都会でも，全くないのがまだ普通だった。結婚した兄弟姉妹や両親や祖父母は，近くに住み続けることが多く，地域共同体は，人生の大部分を通じての知り合い同士から成り立つことが多かった。しかし現在では，非常に多くの人が育った場所から引っ越すため，近隣の人のことは，わずかか，あるいは全く知らないことが多くなった。人々が持つアイデンティティの感覚は，かつては自分が属する地域共同体や，人々がお互いをよく知っていることに根ざしたものだったが，現在ではそれが，大衆社会の匿名性の中で失われてしまった。馴染みのある人々と入れ替わりに，見知らぬ人が絶え間なく流れ込んできている。その結果，自分が何者であるかということ，つまりアイデンティティ自体が，いつまでもわからないままなのである。

❸ その問題は，他人が我々に対して抱いたり抱かなかったりする「尊重」の概念と，我々自身の自己尊重とを区別することに困難を感じている点にも見られる。我々が「社会的評価の脅威」に対して敏感であるという事実と，前述のアメリカ人心理学者による不安感の長期的な上昇を示す事実が合わさって示唆するのは，我々が――過去のいかなる社会の基準に照らしても――非常に自意識過剰になってしまった可能性がある，ということである。他人の目にどう映るかを過度に気にかけ，また魅力がなく，退屈で，無知だ，などと思われることを恐れ，そして常に自分が与える印象を操作しようとしているのである。そして，知らない人とのやりとりの根底にあるのは，彼らが下すであろう社会的判断や評価，つまり，彼らが我々をどのように評価するのか，我々は立派な働きをしているのか，という懸念なのだ。この不安感は，現代人の心理状態の一部なのである。

❹ 人と人の間にある不平等が大きくなり，社会的地位の重要性を高めることで，社会的評価に対する人々の不安を高めてしまうようである。もっと対等な状況にあ

れば，我々は共通の人間性に基づいてお互いを対等な存在として受け入れるかもしれないが，そうする代わりに，地位の格差が広がるにつれて互いの価値を測ることのほうがより重要となっていくのだ。我々は，社会的な地位を，人間のアイデンティティにおけるより重要な特徴だと考えるようになっている。見知らぬ人同士の間では，それがしばしば最も重要な特徴になるのだ。19世紀のアメリカの哲学者であるラルフ=ワルド=エマーソンが述べたように「人類という巨大な物差しの中で，自分の順位を明確に示す物を，人々がその目に宿しているのは明らかである。そして我々は，いつもその読み方を学んでいるのだ」。事実，心理学的実験によると，我々はお互いの社会的地位に対する判断を，出会ってから数秒で下すそうである。第一印象が大事なのは当然だし，また，我々が社会的評価の不安を感じるのも当然である。

この半世紀の間に，多くの先進国で社会不安や社会的評価に対する不安が増大した理由について考察した英文。

各段落の要旨

❶ 過去半世紀の間に地理的移動範囲が拡大したために，多くの先進国で社会不安が激増した。

❷ 人口の流動性が高まったことで地域共同体への所属意識が薄れ，個人のアイデンティティの感覚が失われている。

❸ 現代人はかつてないほどに自意識過剰となり，他人の目や社会的評価を気にかけ恐れている。

❹ 人と人の間にある不平等が大きくなると，社会的地位の重要性が増すことによって，社会的評価に対する不安が高まる。

解 説

問1 ▶下線部の直訳は「一つの合理的な説明は，過去にあった安定した地域共同体が崩壊したことである」という意味。break-up は「解体，崩壊」，settled は形容詞で「安定した」という意味。2012年度〔1〕問1同様，下線部を「具体的」に説明せよという問いであるが，① explanation が，何に対する explanation なのか，② the break-up of the settled communities「安定した地域共同体の崩壊」とは何なのか，この2点を前後から読み取ってまとめればよいだろう。

▶この下線部は，第1段第1文（Why have social …）と第2文（Why does the …）にある「過去半世紀の間に，多くの先進国で，なぜ社会不安がこれほど劇的に増大したのだろうか？」「なぜ『社会的評価の脅威』がこれほど大きなものに思えるのだろうか？」という問いに対する答えに当たる。よって①に関しては，第1段第1・2文の内容をまとめればよい。

▶②に関して，地域共同体が崩壊した具体的なプロセスは，下線部直後から第２段にわたって書いてあり，そこを中心にまとめれば解答になる。

問２ ▶「社会的評価の脅威」が直訳。「社会的評価」と「脅威」が何を意味するのかを，下線部に続く部分から探ってみよう。

▶まず，下線部に続く部分（同文の後半）に「我々は非常に自意識過剰になってしまった可能性がある。他人の目にどう映るかを過度に気にかけて…」とあり，さらに続く第３文には「そして知らない人々とのやりとりの根底には，彼らが下すだろう社会的判断や評価に対する不安がある」とある。これらをまとめ，「社会や他人から下される自己への判断や評価を過剰に気にかける（恐れる）」といった内容のことを書けばよい。

問３ Instead of accepting each other as equals on the basis of our common humanity as we might in more equal settings, measuring each other's worth becomes more important as status differences widen.

▶ as we might in more equal settings の might は仮定法過去形で，その後に accept each other as equals on the basis of our common humanity が省略されている点がポイント。as we might ～ は「～するかもしれないように」が直訳で，この部分は「より対等な状況なら，我々の共通の人間性に基づいて互いを対等な者として受け入れるかもしれないように」となるが，Instead を含めて訳す際は訳語の重複を避け，「もっと対等な状況にあれば，我々は共通の人間性に基づいてお互いを対等な存在として受け入れるかもしれないが，そうする代わりに（←「…を受け入れるかもしれないようにする代わりに」）」のように訳せばよい。

▶ measuring each other's worth becomes more important「互いの価値を測ることがより重要となる」 measuring each other's worth の動名詞部が，文の主語。

▶ as status differences widen「地位の格差が広がるにつれて」 as は「～につれて」と〈比例〉を表し，この as 節は becomes にかかる。

語句 equal「対等の者」 humanity「人間性」

問４ ▶空所の前の come across as ～「（人に）～という印象を与える，～と思われる」というイディオムが難しい（ここでは自動詞句）。or whatever は「などなど」の意。

▶空所の前にある unattractive「魅力的でない」，boring「退屈な」がともにネガティブな意味である点に注目し，空所にも同様にネガティブな語が続くと推測する。選択肢の意味は順に，イ grateful「感謝して」，ロ ignorant「無知の」，ハ intelligent「知能が高い」，ニ social「社会的な」なので，ロが正解とわかる。

問 5 ▶空欄部は，直前の「我々はお互いの社会的地位を，出会って数秒以内に判断する」に続く部分。first impressions count「第一印象が重要である」と，we feel social evaluation anxieties !「我々は社会的評価の不安を感じるのだ！」はいずれも完結した英文なので，従属節を作るイの because とハの if は不適切（主節部がなくなるため）。ロの by contrast「対照的に」では意味をなさない。したがって，ニの no wonder ～「～なのも無理はない」が最も適切。(it is) no wonder と it is が省略されていると考えればよい。

解答

問 1　多くの先進国で社会不安や社会的評価の脅威が増大しているのは，過去半世紀の間に移住の機会が増え，互いを熟知した安定した地域共同体が崩壊し，そこに根ざしていたアイデンティティの感覚が失われたためだ。(97 字)

問 2　自意識過剰になり，他人の目を気にし，他人が自分をどう判断し評価するのかを過度に恐れること。

問 3　もっと対等な状況にあれば，我々は共通の人間性に基づいてお互いを対等な存在として受け入れるかもしれないが，そうする代わりに，地位の格差が広がるにつれて互いの価値を測ることのほうがより重要となっていくのだ。

問 4　ロ

問 5　ニ

22

2011年度〔1〕

次の英文を読み，下の問いに答えなさい。素行に問題のある子供たちをあずかる施設で，その施設の職員 Avi と Yusuf が，施設の方針を子供をあずけにきた親たちに説明しています。

"Thank you all for coming," Avi said as he walked to the front of the room. "I've been looking forward to meeting you in person and to getting to know your children. First of all, I know you're concerned about them. Yet you needn't trouble yourselves about them. They will be well taken care of."

"In fact," he said after a brief pause, "they are not my primary concern."

"Who is, then ?" Carol, asked.

"You are, Carol. All of you."

"We are ?" Carol's husband Lou repeated in surprise.

"Yes," Avi smiled.

"And why are we your primary concern ?" Lou asked sharply.

(1)"Because you don't think you should be," Avi answered.

Lou laughed politely. "That's a bit circular, isn't it ?"

Avi smiled and looked down at the ground for a moment, thinking. "Tell us about your son Cory, Lou," he said finally. "What's he like ?"

"He is a boy with great talent who is wasting his life," Lou answered matter-of-factly.

"Cory is a problem. That's what you're saying," Avi said.

"Yes."

"He needs to be fixed in some way — changed, motivated, disciplined, corrected."

"Absolutely."

"And you've tried that ?"

"Of course."

"And has it worked ? Has he changed ?"

"Not yet, but that's why we are here. One day, no matter how hard a skull he has, he's going to understand. One way or the other."

"Maybe," Avi said without conviction.

"You don't think your program will work ?" Lou asked, looking shocked.

"That depends."

"On what ?"

"On (A)."

Lou complained, "How can the success of your program depend on me when you're the ones who will be working with my son over the coming two months ?"

"Because you will be living with him over all the months afterward," Avi answered. "We can help, but (2)<u>if your family environment is the same when he gets home as it was when he left, whatever good happens here is unlikely to make much of a difference later</u>. Yusuf and I are only temporary substitutes. You and Carol, all of you with your respective children," he said, motioning to the group, "are the helpers who (B)."

Great, Lou thought. *A waste of time.*

"You said you want Cory to change," came Yusuf's voice from the back.

"Yes," Lou answered.

"I don't blame you," Yusuf said. "But if that is what you want, there is something you need to know."

"What's that ?"

"If you are going to invite change in him, there is something that first must change in you."

"Oh yeah ?" Lou challenged. "And what would that be ?"

Yusuf walked to the whiteboard that covered nearly the entire front of the room. "Let me draw something for you," he said.

THE CHANGE PYRAMID

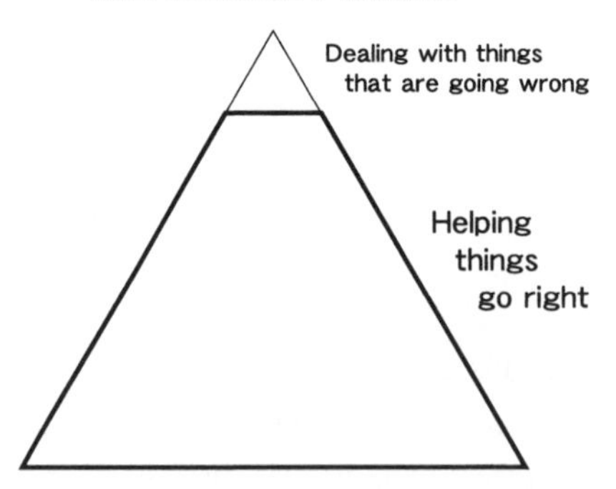

"Look at the two areas in the pyramid," Yusuf invited. "Notice that the largest area by far is what I have labeled as 'Helping things go right.' In comparison, the 'Dealing with things that are going wrong' area is tiny."

"Okay," Lou said, wondering what significance this had.

Yusuf continued. "The pyramid suggests that we should spend much more time and effort helping things go right than dealing with things that are going wrong. Unfortunately, however, the ways we use our time and effort are typically (C). We spend most of our time with others dealing with things that are going wrong. We try fixing our children, changing our wives or husbands, correcting our employees, and disciplining those who aren't acting as we'd like. And when we're not actually *doing* these things, we're *thinking* about doing them or *worrying* about doing them. Am I right ?" Yusuf looked around the room for a response.

"For many problems in life," Yusuf then continued, "solutions will have to be deeper than strategies of discipline or correction."

"So what do you suggest ?" Lou asked. (3)"If your child was into drugs, what would you do, Yusuf ? Just ignore it ? Are you saying you shouldn't try to change him ?"

"The answer to that, of course, is yes," Yusuf said. "But I won't invite my child to change if my interactions with him are primarily in order to get him to change."

This caught Lou by surprise.

"I become an agent of change," Yusuf continued, "only to the degree that I begin to live to help things go right rather than simply to correct things that are going wrong. Rather than simply correcting, for example, I need to improve my teaching, my helping, my listening, my learning. I need to put time and effort into building relationships. And so on. If I don't work on the bottom part of the pyramid, I won't be successful at the (D)."

1　下線部(1)の内容を日本語で具体的に説明しなさい。

2　下線部(2)を和訳しなさい。

3 下線部(3)の問いに対する Yusuf の答えはどのようなものか。問題文全体の主旨を踏まえながら，80 字以内の日本語（句読点を含む）で説明しなさい。

4 空欄(A)に入れるのに最も適切な一語を解答欄に書きなさい。

5 空欄(B)に入れるのに最も適切な語を以下の選択肢イ～ニから一つ選び，その記号を解答欄に書きなさい。

イ happen ロ matter ハ substitute ニ waste

6 空欄(C)に入れるのに最も適切な語を以下の選択肢イ～ニから一つ選び，その記号を解答欄に書きなさい。

イ corrected ロ invited ハ reversed ニ worried

7 空欄(D)に入れるのに最も適切な一語を解答欄に書きなさい。

全訳

■相手に変化をもたらしたければ，まず自分を変えよ

「お越しいただきありがとうございます」 部屋の前方のところまで歩くと，アヴィは言った。「私は皆さんに直接お目にかかり，皆さんのお子さんと知り合うことを楽しみにしていました。まず第一に，皆さんがお子さんのことを心配されているのは承知しております。ただし彼らのことでお悩みになる必要はありません。お子さんの面倒はしっかりと見ますから」

「実際のところは」 少し間を取ってからアヴィは言った。「私が一番気にかけているのはお子さんのことではありません」

「それでは，誰のことを一番気にかけているのですか？」とキャロルは尋ねた。

「キャロルさん，それはあなたのことです。皆さん全員のことなのです」

「私たちのことを？」 キャロルの夫のルーは驚いて繰り返した。

「そうです」とアヴィは微笑んだ。

「ではなぜ私たちのことを一番気にかけているのですか？」 ルーは鋭く尋ねた。

「なぜなら，あなたたちは自分が私たちの一番の心配事だとは思っていないからです」とアヴィは答えた。

ルーは控えめに笑った。「ちょっと回りくどい言い方ですね」

アヴィはにこりと笑い，少しのあいだ床に視線を落として考えた。やっと口を開くと「ルーさん，息子さんのコーリー君のことを，私たちに話していただけますか？」と言った。「どんなお子さんですか？」

「息子はすごく才能のある子ですが，人生を無駄に過ごしてしまっています」とルーは冷静に答えた。

「コーリー君は問題児だ。そうおっしゃっているわけですね」 アヴィは言った。

「そうです」

「彼を何らかの方法で，つまり心を入れ替えさせたり，やる気を出させたり，規律を身につけさせたり，欠点を直したりして矯正する必要があるのですね？」

「その通りです」

「そしてルーさんはそれをやってみたのですか？」

「もちろんです」

「それでうまくいきましたか？　コーリー君は変わりましたか？」

「それはまだですが，だから我々はここにいるのです。あの子の頭がどんなに固くても，いつかはわかるようになりますよ，何らかの形でね」

「そうかもしれませんね」とアヴィは自信なさげに言った。

「自分の指導計画がうまくいかないとお思いなのですか？」と驚いた様子でルーは尋ねた。

「状況次第ですね」

「どんな状況次第なのですか？」

「あなた次第なのです」

ルーは不満げに言った。「今後２カ月間息子の世話をするのはあなた方なのに，計画の成功が私次第とは，どういうことですか？」

「それは，その後の長い月日を彼と暮らすことになるのは，あなただからです」とアヴィは答えた。「我々は，手助けはできます。でもコーリー君が家に戻ったときに，家庭環境が家を出たときと同じならば，ここでどんな望ましいことが起ころうとも，後にさほど大きな変化をもたらすことはないでしょう。ユスフと私は一時的な代役にすぎないのです。あなたとキャロル，そしてそれぞれのお子さんの親であるあなた方すべてが」と言うと，彼は親たちの一団を手で指し示した。「重要な支援者なのです」

まったくすばらしいお話だよ——とルーは思った——時間の無駄だ。

「あなたはコーリー君に変わってほしいとおっしゃいましたね？」とユスフの声が後ろから聞こえた。

「ええ」とルーは答えた。

「あなたを責めるつもりはありませんが」とユスフは言った。「でも，それがあなたの望まれることならば，知っておくべきことがあります」

「それは何でしょう？」

「コーリー君に変化をもたらすおつもりなら，まず初めに変わらなければいけないものが，あなたの中にあるのです」

「ほう，なるほど」とルーは食ってかかった。「では，それは何なのですか？」

ユスフは部屋の前方のほぼ全部を占める大きなホワイトボードのところまで歩いた。「絵を描かせてもらいます」と彼は言った。

変化をもたらすためのピラミッド

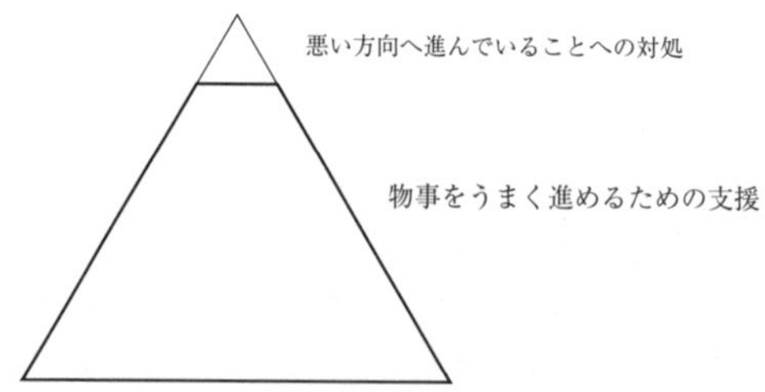

「ピラミッドの内側の2つの部分をご覧ください」とユスフは注意を促した。「ずっと大きい方は，私が『物事をうまく進めるための支援』と名付けた部分です。それに比べ，『悪い方向へ進んでいることへの対処』の部分はごく小さいのです」

「なるほど」 これにどんな意味があるのだろうかと思いながら，ルーは言った。

ユスフは続けた。「このピラミッドは，我々は悪い方向へ進んでいることに対処するよりも，物事がうまく進むための支援をすることにより多くの時間と労力を費やすべきだ，ということを示しています。しかし残念なことに，我々の時間と労力の使い方は，大抵は逆です。我々は他の人との時間の大半を，悪い方向へ進んでいることに対処することに費やすのです。我々は自分たちの子どもを矯正しよう，夫や妻の心を入れ替えさせよう，従業員の欠点を正そう，また我々が望むように行動しない人をしつけようと試みます。そして，これらの行動をしていないときには，我々はそうしなければと考えたり悩んだりします。私の言っていることは，正しいでしょうか？」 ユスフは反応を求めて部屋を見渡した。

「人生における多くの問題に対して」と，それからユスフは続けた。「解決策はしつけや矯正の方策よりも，もっと深いものでなければならないでしょう」

「それで，何をしろと言うのですか？」 ルーは質問した。「もしあなたのお子さんがドラッグにのめりこんでいるとしたら，ユスフさん，あなたはどうなさるのですか？　ただ見ないふりをするのですか？　子どもの行いを改めようとすべきではないとおっしゃっているのですか？」

「もちろん改めようとすべきです，というのが，その質問に対する答えです」とユスフは言った。「しかし，わが子との関わり合いが，主にその子を変えるためのものであるのならば，彼に変わるよう促したりはしません」

この言葉はルーを驚かせた。

「私は変化のきっかけになります」とユスフは続けた。「でもそれは，単に悪い方向に向かっていることを正すことではなく，物事がうまくいくための支援に取り組み始める，といった程度に，です。例えば，ただ単に行いを正すのではなく，自分自身の指導や，支援のしかた，話の聞き方，学び方を向上させる必要があるのです。私は時間と労力を，人間関係を築くために使う必要があるのです。他にもいろいろあります。もし私がピラミッドの下の部分で努力しなければ，その上の部分で成功することはないでしょう」

他人を変えようとする際にまず最も必要なことは何なのかということを，会話を主体とした物語の形で説いている英文。

英文の概要

設定と登場人物：素行に問題のある子どもたちをあずかる施設で，施設の職員が，子どもをあずけにきた親たちに施設の方針を説明している。施設の職員，アヴィとユスフが，保護者グループ内のキャロルとその夫ルーの，息子コーリーへの対処法に関して，2人と討論を繰り広げ持論を展開する。

アヴィの意見：コーリーの矯正に成功するには，家庭環境が変わることが必要で，親はコーリーの重要な支援者である（これに対して，父親のルーは反発する）。

ユスフの意見：悪い事態を正そうとするよりも，事態をよい方向に進めるための支援や人間関係の構築に，より多くの時間と労力を使うべき（反発するルーに対して，ピラミッド型の図を描いて説明。納得のいかないルーをなんとか説得しようとする）。

解 説

問1 ▶下線部は，直前のルーの質問，And why are we your primary concern？に対する返答部分なので，you should be の後に my primary concern が省略されていることを読み取るのがポイント。省略部分を補えば，Because you don't think you should be my primary concern.「なぜならあなたたちは，私が最も心配しているのは自分たちのはずだと思っていないからです」となる。ここでの you というのは，冒頭の説明にあるように，「素行に問題のある子どもたちを施設にあずけにきた親たち」なので，この情報も入れて解答を作成する。

▶アヴィは施設の職員で，キャロルとルーは子どもの親であることをきちんと把握しておくこと。下線部までの会話の流れを見て，ルーの前のキャロルとの会話でも，アヴィは，"You are (my primary concern), Carol. と言っていることに注目する。

問2 **if your family environment is the same when he gets home as it was when he left, whatever good happens here is unlikely to make much of a difference later.**

▶前半の if- 節は the same when ～ as it was when … がポイント。the same as ～「～と同じで」の same と as の間に when he gets home が挿入された形で，この部分は「～のとき…のときにそうだったのと同じで」となる。また it は your family environment を指している。「～のとき」にあたる when he gets home と，「…のとき」にあたる when he left をそれぞれ補うと，「彼が家に戻ったとき，家庭環境が彼が家を出たときにそうであったのと（同じで）」となる。

▶後半は，whatever good happens here「ここで起こる望ましいことは何でも」が動詞 is の主部。この個所は anything good that happens here と書きかえることができる。here は，「ここの施設内で」ということ。later は「(施設を退所して) 家庭に戻った後」ということ。

語句 be unlikely to *do*「～しそうもない，～するとは思えない」 make a difference「違いが生じる，影響を及ぼす」 much of ～「(否定語とともに) あまり～でない」

問3 ▶ If your child was into drugs, what would you do, Yusuf?「もしあなたのお子さんがドラッグにのめり込んでいるとしたら，ユスフさん，あなたはどうなさるのですか？」というルーの問いに対する答えの部分なので，下線部の後（本文の最後まで）が該当箇所だということはわかるだろう。よって解答する際にはまずこの部分をまとめる必要がある。なお，下線部(3)は仮定法過去であるが，口語体であるため were の代わりに was が用いられている。

▶設問の指示に「問題文全体の主旨を踏まえながら」とあるので，この話によって筆者がどのようなことを伝えたいのかを読み取って解答を作成する必要がある。筆者がこの話全体を通じて言いたいことは，「相手に対してどういうことを要求するか」ではなく「自分は何をする必要があるのか」を考えよということ。つまり，「他人に変化をもたらしたいのなら，まず，自分を変えよ」ということである。この話の最後の，ユスフが語っている場面は，普通なら主語を We にして相手を自分の方針に誘い込もうとするところだが，あえて単数形の I を使用している。これは，「相手に働きかける前にまず自分が行動を起こせ」という自分自身の方針にのっとったものであると考えられる。

語句 be into ～「～にのめり込んでいる，～に夢中で」

問4 ▶空所の後で，アヴィの返答に対してルーが How can the success of your program depend on me when …？と不満げに尋ねている点に注目する。この on me は，直前のアヴィの "On (A)." を踏まえたものであると考えられるので，会話の流れから，me に対する you が入ると推測できる。"That depends."→"On what?"→"On you."→"On me?" という言葉のキャッチボールを把握すること。

問5 ▶アヴィは，「ユスフと自分は一時的に代わりをするだけ。あなたとキャロル，そしてそれぞれのお子さんをかかえたあなたがた全員が（ B ）支援者なのだ」と言っている。それぞれの選択肢を空所に入れてみると，the helpers who (B) の意味はそれぞれ，happen→「生じる支援者」 matter→「大切な支援者」 substitute→「代わりとなる支援者」 waste→「無駄になる支援者」となり，ロの matter「重要である」が適切だとわかる。who matter = who are important の関係。

問6 ▶この文の前後の文に注目する。直前で we should spend much more time and effort helping things go right than dealing with things that are going wrong「我々は悪い方向に進んでいることに対処するよりも，物事がうまく進むための支援をすることにより多くの時間と労力を費やすべき」と述べているのに対して，直後では We spend most of our time with others dealing with things that are going wrong.「他の人との時間の大半を，悪い方向に進んでいることに対処することに費やす」と述べており，両者は正反対の内容となっている。選択肢を入れると，それぞれ，イ corrected「正されて」，ロ invited「招かれて」，ハ reversed「逆転されて」，ニ worried「心配されて」となるので，ハの reversed が適切とわかる。

問7 ▶該当文は「ピラミッドの下の部分で努力しなければ，その（ D ）で成功することはないだろう」の意。問題文中のピラミッドの図が上下2つのパートに分かれていることと，ユスフが「ピラミッドの下の部分（the bottom＝Helping things go right)」の大切さを強調していることから，それと対置される空所には Dealing with things that are going wrong「悪い方向へ進んでいることへの対処」にあたる語が入ると推測できる。よって空所には bottom の反意語 top を入れればよい。なお，upside や upper は bottom の反意語ではないので不自然。

解答

問1 素行に問題のある子どもたちを施設にあずけにくる親たちは，自分たちに問題があるとは考えておらず，施設の職員が最も心配しているのは，子どもではなく自分たち親であるとは思っていないということ。

問2 コーリー君が家に戻ったときに，家庭環境が家を出たときと同じならば，ここでどんな望ましいことが起ころうとも，後にさほど大きな変化をもたらすことはないでしょう。

問3 子どもを変えようとすることは必要だが，それは最も必要な目的ではない。自己の指導力を高め，人間関係を構築し，子どもを変える作用因子として側面支援することが必要だ。(80字)

問4 you

問5 ロ

問6 ハ

問7 top

23

2011 年度〔2〕

次の英文を読み，下の問いに答えなさい。

My experience tells me that while friendship can be great, its affections and commitments are often ambiguous. There is statistical evidence to support the concern. A sociologist spoke with about 1,000 individuals and found that nearly two-thirds say friends are one of the biggest causes of stress in their life ; over a quarter that friends are the main cause of arguments with partners and families ; around 11 percent admit to taking a sick day in the previous year due to friendship problems.

(A) friendships are regularly debated in TV programmes, newspaper columns and journals. However, it seems to me that another, more fundamental, question is rarely asked. What exactly is friendship ? What is its nature, its rules, its promise ? How can one tell the difference between its many forms ? How does it compare to, and mix with, the connections shared between lovers and within families ? These questions are more difficult to answer than it might first seem because friendship is hugely diverse.

Aristotle, whose writing on friendship still sets the philosophical agenda to this day, proposed that friendship is at the very least a relationship of goodwill between individuals who return that goodwill. He saw three broad groupings of relationships people called friendship. The first group are friends primarily (B)—like the friendship between an employee and a boss, or a doctor and a patient, or a politician and an ally ; they share goodwill because they get something out of the relationship. The second group are friends primarily (C) ; it may be the football, the shopping, the gossip or sexual intimacy, but the friendship thrives as long as the thing that gives the pleasure continues to exist between them. Aristotle noted that these first two groups are therefore like each other because if you take the utility or the pleasure away, then that may end the friendship.

This, though, is not true of the third group. These are people who love each other (D). It may be their depth of character, their natural goodness, or their intensity of passion, but once established on such a basis these friendships are the ones that tend to last. Undoubtedly, (1)much will be given and much taken too, but the friendship itself is independent of external factors and immensely more valuable than the friendships that fall into the first two groups.

While his discussion of friendship contains many important and informative insights, Aristotle knew, I think, that attempting to define friendship ultimately has its limits. Try listing some of the friends you have—your partner, oldest friend, work colleagues, neighbours, friends from online chat rooms—whoever you might at some time think of as a friend. A look at such a list highlights the vast differences. For example, the friendship with your partner will in certain key respects be unlike that with your oldest friend, though you may be close to both. Conversely, (2)although friendship is for the most part a far less strong tie than the connection to family, you may feel less close to members of your family in terms of friendship than others with whom you have no biological or legal bond.

Personally, I think there is much in Aristotle's belief that the closest kind of friendship is only possible with a handful of individuals, because of the investment of time and self that it takes. He actually went so far as to express a fear of having too many friends. There is an expression attributed to Aristotle that captures the concern : (3)"Oh my friends, there is no friend." One of the things the philosophy of friendship tells us is that life produces personal relationships of many types, but out of these connections like work or marriage good friendship may or may not grow. Those same associations need not necessarily be characterized by deep friendship themselves ; friendship emerges, as it were, from below up. It is a fluid concept.

Another dimension to the ambiguity of friendship is (4)its open-endedness. Unlike institutions of belonging such as marriage which is supported and shaped by social norms, or work where individuals have roles defined by contracts, friendship has no ready-made instructions for assembly or project for growth. People have to create their friendship mostly out of who they are, their interests and needs, without any universally applicable framework. On the one hand, this is a potential weakness because a friendship may "go nowhere." On the other, it is a potential strength because there is also a freedom in this that is crucial to friendship's appeal : it is part of the reason for the diversity within the family of relationships called friendship.

1　下線部(1)の内容を文脈に即して具体的に日本語で説明しなさい。

2　下線部(2)を和訳しなさい。

3　筆者の解釈に従えば，下線部(3)の意味として最も適切なものはどれか。以下の選択肢イ～ニから一つ選び，その記号を解答欄に書きなさい。

イ　わたしの友人は，すべてわたしの敵である。
ロ　わたしには友人が多すぎて，誰がほんとうの友人なのかよくわからない。
ハ　たくさん友人がいると，ほんとうの友人を持つことができない。
ニ　どれほど多くの友人がいても，人間の本質は孤独である。

4　本文に即して，下線部(4)の具体的な内容を80字以内の日本語（句読点を含む）で説明しなさい。

5　第一段落で説明されている「友情」の内容に即して，空欄(A)に入れるのに最も適切な語はどれか。以下の選択肢イ～ニから一つ選び，その記号を解答欄に書きなさい。

イ　Questionable　　ロ　Working　　ハ　Successful　　ニ　Suspected

6　空欄(B)～(D)に入れるのに最も適切なものを以下の選択肢イ～ニから一つずつ選び，その記号を解答欄に書きなさい。ただし，同じ記号を二回以上用いてはならない。

イ　because of their wealth and high social status
ロ　because of who they are in themselves
ハ　because some pleasure is enjoyed by being together
ニ　because they are useful to each other

全 訳

■友情とは何か？

❶ 私は自分の経験から，友情はすばらしいものであるにしても，そこから生まれる愛情と献身は，しばしば曖昧なものであることを知っている。こういったことを裏付ける統計的な証拠がある。ある社会学者が約1,000人の人と対話をしたところ，3分の2に近い人が，友人は日々の生活での最も大きなストレスの原因の一つだと話し，4分の1を超える人は，友人は配偶者や家族との口論の一番の原因だと語り，約11パーセントが友人関係のトラブルが原因で，前年に病欠を1日とったことを認めた。

❷ 疑わしい友情については，テレビ番組，新聞のコラム，または雑誌でいつも論じられている。しかしそれとは別の，もっと根本的な問題が問われることはほとんどないように思われる。友情とは一体何なのであろうか。友情はどのような性質や決まり事，展望をもっているのだろうか。友情の多くの形の違いを，どのように見分けることができるのか。友情は恋人同士や家族内で分かち合う結びつきと比べてどのようなもので，またそれらの結びつきとどう関わっているのだろうか。これらの問いは，最初に思うよりも答えるのが難しい。なぜなら友情とは，非常に多様だからである。

❸ その友情に関する著作が，今日でも哲学的な論題となるアリストテレスは，友情とは最低でも，友好には友好で応じる個人同士の間に存在する友好的な関係である，と主張した。彼は友情と呼ばれる関係を，大きく3つのグループに分けて考えた。最初のグループは主にお互いにとって相手が有用だから友人であるというもので，従業員と雇い主，医者と患者，政治家と支持者の関係のようなものである。彼らが友好を分かち合えるのは，その関係から何かを得ているからである。2番目のグループは，主に一緒にいることで楽しみを得るから友人であるというものである。その楽しみは，サッカー，買い物，うわさ話，性的関係などの可能性があるが，楽しみをもたらすものが2人の間に存在し続ける限りは，友情は育まれるのである。それゆえアリストテレスは，この最初の2つのグループは似たもの同士であると記した。なぜなら，実益や楽しみを取り除いてしまえば，その結果友情は終わるかもしれないからである。

❹ しかしこれは3番目のグループには当てはまらない。このグループの人たちは，その人たち自身がどのような人間なのか，という理由で引かれ合っているからである。それは性格の奥深さかもしれないし，生来の善良な性格かもしれないし，激しい情熱かもしれない。しかし，いったんそのような土台の上に築かれてしまえば，

この種の友情は長く続く傾向がある。間違いなく多くのものが与えられ，多くのものが得られるだろうが，この友情自体は外的要因とは無関係で，最初の２つのグループに該当する友情に比べると，はるかに価値がある。

❺ アリストテレスの友情に関する論考には，多くの重要で有益な洞察があるが，私が思うに，彼は友情を定義づけようとすることは，最終的には限界があるということを知っていたのだと思う。自分の友人の一部を，例えば配偶者，一番古い友人，職場の同僚，近所の人，ネットのチャットルームの友達など，ある時期自分が友人だとみなすであろう人を，誰でもいいから一覧にしてみなさい。そのような一覧表を見ると，大きな違いが際立つ。例えば，配偶者と一番古い友人の両方と親しくても，配偶者との友情は，いくつかの重要な面で一番古い友達とのものとは異なる。反対に，友情はそのほとんどが，家族との絆よりもはるかに弱い結びつきであるが，友情という点では，家族よりも生物学上あるいは法律上のつながりがない他人の方により親近感を抱くかもしれない。

❻ 個人的には，最も深い友情は一握りの人とだけ成り立つものだ，というアリストテレスの考えには説得力があるように思う。そういった友情は時間と自己を傾注することが必要だからだ。事実，アリストテレスはそれにとどまらず，友人を多くもちすぎることへの恐れについても言及している。この心配を捉えた，アリストテレスの発言と伝えられる言葉に「ああ友人たちよ，私には友がおらぬ」がある。この友情に関する哲学が教えてくれることの一つに，人生はさまざまな個人的つながりを生み出すが，仕事や結婚といったこれらの結びつきから，よい友情が育つかどうかは場合による，というものがある。これらの同じ種類の結びつきが，必ずしも固い友情をその特徴としてもつ必要はない。なぜなら友情とは，言ってみれば，下から積み上げられてくるものだからだ。友情とは流動的な概念なのである。

❼ 友情のもつ曖昧さの別の面に，制限がないということがある。社会規範によって支えられ形成される婚姻や，契約により決められた役割が個人にある職場のような帰属が明確にされる制度とは異なり，友情には用意された組立説明書も発展のための計画も存在しない。人々は，普遍的に適用可能な枠組みなしに，本来の自分，興味，要求から友情を生み出さなければならない。ある意味，この特徴は，友情には「行きつく先がない」という点で，潜在的な弱点となる。一方，友情は，その重要な魅力である自由がある点では，潜在的な強みにもなる。つまりこの特徴が，友情と呼ばれる人間関係の集合がもつ多様性の理由の一つなのである。

友情について，アリストテレスの洞察も交えて多面的に考察した英文。

各段落の要旨

❶ 友情のもつ愛情や献身はしばしば曖昧で，友情はトラブルの原因にもなる。
❷ 友情はきわめて多様なため，友情とは何かという問いに答えるのは難しい。
❸ アリストテレスは友情を３つのグループに分けた。１つ目は，利害関係で成立する友情で，２つ目は互いに楽しみをもたらす友情である。
❹ ３つ目の友情は，互いの人間性に引かれ合ってのもので，長続きし，価値がある。
❺ 自分の友人のことを考えれば，友情を定義づけるには限界があるとわかる。
❻ 友情とは流動的な概念であり，最も深い友情は一握りの人間とだけ成り立つ。
❼ 友情は，枠組みや行きつく先がないという点で弱点となりうるが，自由があるという点では強みになりうる。この特徴が，友情がもつ多様性の理由の一つである。

解　説

問１ ▶字数指定がないので，どの程度説明すればいいのか悩ましいが，下線部が何を言っているのかをわかりやすく説明するという方針で解答を作成しよう。

▶下線部は「多くのものが与えられ，そして多くのものが得られもするだろう」が直訳。taken の前に will be を補って読んでいく。ここの take は give and take の take であり，get と同じ意味で用いられている。下線部末の too は，第３段で述べられている２つのグループの友情に対応して用いられている（詳細は後述）。

▶この第４段は３つ目のグループの友情について述べられている段で，下線部も，３つ目の友情についての記述である。第４段第１文に「このこと（＝１つ目と２つ目のグループの友情に当てはまること）は３つ目のグループには当てはまらない」と述べられている。この下線部に続いて，「しかしその友情自体は外的要因とは無関係で，最初の２つのグループに該当する友情に比べると，はるかに価値がある」とある。したがって，最初に出てきた２つの友情との比較対照という形で，この but 以下を解答に含めればよい。

▶第３段第３文（The first group …）に，… because they get something out of the relationship「彼らはその関係から何かを得るので」とあり，第４文（The second group …）には，… the friendship thrives as long as the thing that gives the pleasure continues to exist between them「その友情は，楽しみを与えてくれるものが２人の間に存在し続ける限り育まれていく」とある。したがって下線部の too はこの記述に対応したものと考えることができる。つまり下線部は，「３つ目の友情も，他の２つの友情と同じく，多くのものが与えられ，得られるであろう」ということだと考えられる。

問2 although friendship is for the most part a far less strong tie than the connection to family, you may feel less close to members of your family in terms of friendship than others with whom you have no biological or legal bond.

▶従属節と主節の両方に less ～ than … という劣等比較級が使用されており，この訳し方がポイントとなる。

従属節部：although friendship is (for the most part) a far less strong tie than the connection to family,「友情は大部分が，家族とのつながりよりもはるかに弱い絆ではあるけれども」 for the most part「大部分」は挿入副詞句。比較級を強める far は much より強意。a far less strong tie than the connection to family は「家族との結びつきよりもはるかに，より強くない絆」が直訳だが，less strong は weaker に置きかえて訳してみよう。

主節部：you may feel less close to members of your family (in terms of friendship) than others with whom you have no biological or legal bond「友情という点では，自分の家族よりも，生物学的な，あるいは法律的な絆がまったくない相手の方により多くの親近感を覚えるかもしれない」 less ～ than …「…よりもより～でない」は not as ～ as …「…ほどは～でない」に置きかえて訳すと自然な日本語になる場合が多い。feel less close to members of your family than others も，「他人よりも家族に対してより少なく親近感を覚える」という直訳を「家族に対して，他人に対してほど親近感を覚えない」と訳すとわかりやすい。さらにこれを，比較の大小関係を逆転させて「家族よりも他人に対してより親近感を覚える」と訳すと，さらにわかりやすい訳文となる。

問3 ▶「友はいない」と友人たちに呼びかけている，アリストテレスの逆説の意味を説明する。第6段第1文に，the closest kind of friendship is only possible with a handful of individuals「最も深い友情は一握りの人とだけ成り立つものだ」というアリストテレスの考えが述べられ，それは because of the investment of time and self that it takes「そういった友情は時間と自己を傾注することが必要だから」とある。第2文には，彼の fear of having too many friends「友人を多くもちすぎることへの恐れ」が表明されている。これらの記述に最も近い選択肢はハであり，イとニの記述は本文にはない。ロはハと同じ意味のように見えるが，下線部は「友はいない」と言い切っており，「友人が多すぎる」と言っているロは不適切。

問4 ▶ its は friendship を指す。open-endedness は「両端が閉じられていない状態」，そこから「Yes-No といった明確な答えや，明確なルールがない状態」という意味を表すようになった語。したがって下線部自体は「友情が明確な答えやルールをもっていないこと」となるが,「本文に即して」「80字以内」でという指示があるので,下線部に続いて述べられている,友情の長所と短所についての情報を追加する。

▶同段第2文の,friendship has no ready-made instructions for assembly or project for growth「友情には既存の組立説明書も,発展のための計画もない」

同段第3文:People have to create their friendship mostly out of who they are, their interests and needs, without any universally applicable framework.「人は普遍的に適用可能な枠組みなしに,本来の自分,興味,要求から友情を生み出さねばならない」

同段第4文:On the one hand, this is a potential weakness because a friendship may "go nowhere."「一方ではこれは潜在的な弱点だ。友情は『どこにも行き着かない』からだ」 go nowhere には「何の成果も生まない,行き詰まる」という意味もあるが,ここでは文字通りの意味と解釈する。

同段第5文:On the other, it is a potential strength because there is also a freedom in this that is crucial to friendship's appeal「他方ではそれは潜在的な強みである。そこには友情がもつ魅力に欠かせない自由があるからだ」

▶ its open-endedness の訳に,以上の情報を加えて,80字以内にまとめる。

問5 ▶設問文に,「第一段落で説明されている『友情』の内容に即して」とあるので,第1段の内容に注目する。第1段では,「友情」にはストレスやトラブルをもたらす側面があることが述べられているので,ここで述べられている「友情」はネガティブなものであると考えて,イの questionable「疑わしい,怪しい」を選ぶ。この単語は doubtful と同義。ロの working「実用的な,実際に役立つ」とハの successful「成功した,好結果の」はいずれもポジティブな意味をもつ語なので不適切。ニの suspected「疑われる」は「〜でないかと疑われている」という意味なので,「友情ではないかと疑われている友人関係」となり,これも不適切。

問6 ▶アリストテレスが分類した3種類の友情に関する部分である。(B)(C)(D)いずれも空所の直後に注目すればよい。(B)は1つ目の友情に関するもので,ダッシュの後にある具体例から,ここは「利害関係による友情」であると判断する。(C)は空所の後の記述から「楽しみを与え合う友情」であると判断。(D)は空所の後の記述から「人格に基づく友情」だとわかる。選択肢を見ると,イ「彼らの富と高い社会的地位のためで」→「彼らの」という個所が「相手の」であれば「利害関係の友情」の(B)ということになるが,このままでは該当なし。ロ「実際の人となりのためで」→「人格」の(D)に該当。ハ「一緒にいることで何らかの楽しさが得られるので」→「楽しさ」の(C)に該当。ニ「相手が自分にとって有益なので」→「利害関係による友情」の(B)に該当。

解答

問1　3番目のグループの友情は，1番目と2番目のグループの友情と異なり，利害関係や共通の楽しみのような外的要因によって結びついたものではないが，多くのものを相手に与え，また多くのものを得るという点では同じだ，ということ。

問2　友情はそのほとんどが，家族との絆よりもはるかに弱い結びつきであるが，友情という点では，家族よりも生物学上あるいは法律上のつながりがない他人の方により親近感を抱くかもしれない。

問3　ハ

問4　友情には明確な定義やルールがなく，これは友情が曖昧であることのもう1つの特性である。これは友情の弱点ではあるが，一方では，その制約のなさは長所になりうる。(77字)

問5　イ

問6　(B)―ニ　(C)―ハ　(D)―ロ

24

2010年度〔1〕

次の英文を読み，下の問いに答えなさい。（＊を付した語には，問題文の末尾に注がある。）

Central to traditional Christian thought was the claim that one's status carried no moral meaning. Jesus had been the highest man, but he had been a carpenter. Pilate* had been an important imperial official, but a sinner. It therefore made no sense to believe that one's place in the social hierarchy reflected actual qualities. One could be intelligent, kind, capable, quick and creative and be sweeping floors. And one might be corrupt, mean, sadistic and foolish and be governing the nation.

The claim of a disconnectedness between rank and value was hard to challenge when, for centuries, positions were distributed according to blood-lines and family connections rather than talent and when, as a result, Western societies were filled with (A) who couldn't govern, (B) who didn't understand the principles of battle, (C) who were brighter than their masters, and (D) who knew more than their mistresses.

The situation remained unchanged until the middle of the eighteenth century, when the first voices began to question the hereditary* principle. Was it really wise to hand down business to a son regardless of his intelligence? Were the children of royalty always best fitted to run countries? To highlight the absurdity of the principle, comparisons were made with an area of life where a meritocratic* system had long been accepted by even firm supporters of the hereditary principle: (1)<u>the literary world</u>. When it came to choosing a book what mattered was whether it was good rather than whether the author's parents had been literary or wealthy. A talented father did not guarantee success, or a dishonorable one failure. Why, then, not import this method of judgment into appointments in political and economic life?

"I smile to myself when I consider the ridiculous insignificance into which literature and all the sciences would sink, were they made hereditary," commented a well-known thinker in 1791, "and I carry the same idea into governments. A hereditary governor is as absurd as a hereditary author. I don't know whether Homer or Euclid had sons ; but I will suggest that if they had, and had left their works unfinished, those sons could not have completed them."

Though progress towards a thoroughly meritocratic system may have been slow, at times random and as yet incomplete, from the middle of the nineteenth century, especially in the United States and Britain, it began to influence public perceptions of the relative virtues of the poor and the wealthy. If jobs and rewards were being handed out after an objective interview and examination, then it was no longer possible to argue that social position was wholly separated from inner qualities, as many Christian thinkers had proposed.

An increasing faith in a reliable connection between merit and social position in turn provided money with a new moral quality. When wealth had been handed down the generations according to blood-lines and connections, (2)<u>it was natural to dismiss the idea that money was any indicator of virtue besides that of having been born to the right parents</u>. But in a meritocratic world, where prestigious and well-paid jobs could be won only on the basis of one's own intelligence and ability, it now seemed that wealth might be a sound sign of character. The rich were not only (a); they might also be simply (b).

Thanks to the meritocratic ideal, people were given the opportunity to fulfill themselves. Talented and intelligent individuals, who for centuries had been held down within a strict hierarchy, were now free to express their talents on a more or less level playing field. No longer were background, gender, race or age impassable obstacles to advancement. An element of justice had finally entered into the distribution of rewards.

But there was, inevitably, a darker side to the story for those of low status. If the successful merited their success, it necessarily followed that the failures had to merit their failure. In a meritocratic age, justice appeared to enter into the distribution of poverty as well as wealth. Low status came to seem not merely (c), but also (d).

To succeed financially without inheritance or advantages in an economic meritocracy lent individuals a sense of personal achievement that the nobleman of old, who had been given his money and his castle by his father, had never been able to experience. But, at the same time, (3)<u>financial failure became associated with a sense of shame that the peasant of old, denied all chances in life, had also thankfully been spared</u>.

The question why, if one was in any way good, clever or able, one was still poor became more acute and painful for the unsuccessful to have to answer (to themselves and others) in a new meritocratic age.

注 Pilate キリストを処刑したローマの総督
hereditary 世襲の meritocratic 能力主義の

1 筆者が下線部(1)に言及している意図は何か。日本語で簡潔に説明しなさい。

2 下線部(2)を和訳しなさい。

3 下線部(3)を和訳しなさい。

4 空欄(A)~(D)に入れるのに最も適切な語の組み合わせを下の選択肢イ～ニから選び，その記号を解答欄に書きなさい。

	(A)		(B)		(C)		(D)
イ	commanders	―	authors	―	slaves	―	queens
ロ	peasants	―	generals	―	farmers	―	hunters
ハ	nobles	―	kings	―	emperors	―	commanders
ニ	kings	―	commanders	―	peasants	―	maids

5 空欄(a)~(d)に入れるのに最も適切な語の組み合わせを下の選択肢イ～ニから選び，その記号を解答欄に書きなさい。

	(a)		(b)		(c)		(d)
イ	better	―	regrettable	―	deserved	―	wealthier
ロ	wealthier	―	better	―	regrettable	―	deserved
ハ	better	―	wealthier	―	deserved	―	regrettable
ニ	regrettable	―	deserved	―	better	―	wealthier

6 筆者が「キリスト教の伝統的な考え方」として提示するのはどのような考え方か。35字以内の日本語（句読点を含む）で説明しなさい。

7 筆者は，近代の能力主義は，どのような者にどのような恩恵をもたらし，どのような者にどのような苦しみをもたらす制度だと述べているか。120字以内の日本語（句読点を含む）で説明しなさい。

全訳

■能力主義社会への移行とその功罪

❶ キリスト教の伝統的な考え方の中心にあるのは，人の地位にはいかなる道徳的意味もない，という主張である。イエスは最も位の高い人間であったが，彼は大工であった。ピラトは有力なローマ帝国の官吏であったが，罪人であった。したがって，社会階層における身分がその人の実際の資質を反映していると信じることは無意味だったのである。人は知的で親切かつ有能，利口で想像力に富んでいると同時に，床の掃除人であることもありうる。また堕落していて卑劣かつ残酷で愚かであると同時に，国家の統治者であることもありうるのだ。

❷ 地位と価値は無関係であるとする主張は，何世紀にもわたって，地位が才能よりも血筋や一族の縁故に応じて分配された時代，そしてその結果，西洋社会に，統治できない王，戦いの道義を理解していない指揮官，地主よりも利口な農民，そして女主人より物知りなお手伝いの女性がたくさんいた時代には，異議を唱えることが困難であった。

❸ この状況は，世襲制に対して疑問の声が初めて上がった18世紀半ばまで変わらなかった。事業を，知能とは無関係に息子に継がせることは本当に賢明なのか？ 王族の子供たちは，国を治めることに常に最もふさわしいのか？ この原則の不合理性を際立たせるために，世襲制の強固な支持者からも能力主義が古くから受け入れられていた，ある分野の生活との比較が行われた。すなわち，文学界である。本を選ぶにあたって，肝心なのはその本が良い本かどうかであって，その著者の両親が文芸に通じていたかどうかや，裕福であったかどうかではない。才能ある父親が成功を保証するわけではなく，また不道徳な父親が失敗を保証するのでもない。それでは，この判断方法を政治生活や経済生活における役職にも取り入れてはどうだろうか？

❹「私は，仮に世襲制であったならば，文学やあらゆる分野の科学が陥っているであろう，とんでもない無意味さを考えると，一人ほくそえんでしまう」と，ある有名な思想家が1791年に述べている。「そして私は，同じ発想を政府にも当てはめてみる。世襲による統治者は，世襲による作家と同じようにばかげている。ホメロスやユークリッドに息子がいたかどうかは知らないが，もし彼らに息子がいたとしても，そして彼らが著作を未完のまま残していたとしても，息子たちにはそれを完成させることはできなかっただろう」

❺ 完全に能力主義的な制度への歩みは遅く，時には行き当たりばったりで，今までのところ不完全なものであったかもしれないが，それでも19世紀半ばから，と

りわけアメリカ合衆国と英国において，その歩みは貧しい者と富める者の人徳の相関性に関する人々の認識に影響を与え始めた。仕事と報酬が客観的な面接と試験を経て配分されるようになりつつあるならば，かねてから多くのキリスト教思想家が唱えていたような，社会的地位が内面的資質と全く無関係だとする主張は，もはや不可能になったのである。

❻ 能力と社会的地位には確実な結びつきがあるという考えが増大してくると，今度はお金に新たな道徳的特性が付与された。富が血筋や縁故によって受け継がれていた頃は，(2)お金は立派な両親のもとに生まれたということ以外には，何ら人の長所を示すものではないと考えるのも当然であった。しかし能力主義の世界では，名誉ある報酬の良い仕事は個人の知性と能力に基づいてのみ得られるので，いまや富が人格の確かな証拠でありうると思われるようになったのである。金持ちは，他人より裕福なだけでなく，まさしく他人より優れている者でもある可能性も生じたのである。

❼ 能力主義の理想のおかげで，人は自らの能力を十分に発揮する機会が与えられた。有能で知的な人々は，何世紀にもわたって，厳しい階級社会の中で抑圧されていたが，いまや多かれ少なかれ公平な立場で自らの才能を発揮できるようになった。育ちや性別，人種や年齢は，もはや出世において乗り越えられない障害ではなくなった。いくばくかの正義が，ついに報酬の配分にも関わるようになったのである。

❽ しかし当然この話には，地位の低い人々にとっての負の側面があった。成功者が成功に値するとしたら，必然的に失敗者は失敗に値するはずだということになったのである。能力主義の時代においては，正義は富だけでなく，貧困の配分にも関わるように思われた。地位の低さは単に悲しむべき事態であるだけでなく，当然の報いでもあると思われるようになったのである。

❾ 経済的能力主義において，相続財産も有利な条件もなしに経済的に成功することは，個々人に，父親から財産や城を譲り受けた昔の貴族では決して経験しえなかったような個人的な達成感をもたらした。しかし同時に，(3)経済的な失敗は，人生におけるあらゆる機会を奪われていた昔の農民がありがたいことに感じないでいられた，恥の意識と結びつけて考えられるようになった。

❿ ある人が仮にも善良であったり，利口であったり，有能であるのなら，どうしてその人は貧しいままなのかという問いは，新しい能力主義の時代において，成功できなかった者が（自分自身や他人に）答えなければならないより深刻な，そして痛々しい問いになったのである。

キリスト教社会における，世襲制から能力主義制への歩みと，能力主義の功罪について述べた英文。

各段落の要旨

❶ キリスト教の考え方では，人の地位とその人の資質は無関係である。
❷ 地位と価値は無関係だという主張は，世襲制の時代には反論が困難であった。
❸ 18世紀半ばに世襲制に対する疑問が初めて生じた。世襲制の不合理性を際立たせる文学界の能力主義制を，政治や経済の分野にも取り入れてはどうか。
❹ 世襲による統治者は，世襲による作家同様，ばかげているとある思想家は述べた。
❺ 19世紀半ばから英米を中心に認識が変わり始め，地位と資質が無関係だという主張は有効ではなくなっていった。
❻ 能力主義の世界では，富が人格の確かな証拠となった。
❼ 能力主義のおかげで人は自らの能力を十分に発揮できるようになった。
❽ 能力主義は失敗者にとっては，負の側面を持つ。
❾ 経済的能力主義においては，成功は達成感を，失敗は恥の意識をもたらした。
❿ 能力主義においては，成功しなかった者はその理由を問われるという痛々しい事態も生じる。

解　説

問1　▶下線部直前の記号：(コロン) は，後に補足説明や理由，具体例が続くことを示す記号。ここでは(an area of life where) a meritocratic system had long been accepted「能力主義が古くから受け入れられていた(ある分野の生活)」の具体例として，下線部の「文学界」が挙げられている。

▶これに言及している意図は，同文の冒頭の，To highlight the absurdity of the principle「この原則の不合理性を際立たせるため」であり，この principle は同段第1文の hereditary principle「世襲制」を指す。つまり，能力主義が古くから受け入れられていた分野に言及した意図は，世襲制の不合理性を際立たせるためということになる。

問2　it was natural to dismiss the idea that money was any indicator of virtue besides that of having been born to the right parents

▶ besides that の解釈がポイント。besides ～ は，①肯定文の文脈で「～に加えて，～のほかに」，②否定文・疑問文の文脈で「～を除いて，～以外は」の意味になる。この文の場合は，dismiss が否定的な意味合い（「受け入れない，拒絶する」）を持っているので，②の意味の方を取る。besides の直後の that は代名詞で，virtue「美徳，長所」を指しており，besides の前の virtue と並列関係になっている。

語句　indicator of ～「～の指標，～を示すもの」 be 動詞＋born to ～「～を親として生まれる，～のところに生まれる」 having been は完了形動名詞。

問3 **financial failure became associated with a sense of shame that the peasant of old, denied all chances in life, had also thankfully been spared**

▶ denied all chances と had also thankfully been spared の解釈がポイント。

- (being) denied all chances in life は，理由を表す分詞構文の挿入副詞句。deny *A* *B*「*A* に *B* を与えない」→*A* is denied *B*「*A* は *B* を与えられない」 *A* に当たるのが the peasant of old「昔の小作農」である。
- spare *A* *B*「*A* に *B*（苦労・不快）を与えない，味わわせない」の受動態は，*A* is spared *B*「*A* は *B* を味わわなくてすむ」であり，本文で用いられているのはこの形。主語 *A* は the peasant of old「昔の小作農」で，*B* に当たる語句は，関係代名詞 that の先行詞 a sense of shame。時制が過去完了形である点にも注意。

語句 financial「財政の，金銭的」 become associated with ～「～と結びつけて考えられるようになる」 of old「昔の」 thankfully「感謝して，ありがたいことに」

問4 **正解はニ**

▶同段第１文の blood-lines and family connections rather than talent「才能よりもむしろ血筋や一族の縁故」という箇所を手掛かりにして，「能力がない者が世襲制によって地位を継いだらどうなるか？」という観点から空所に入る語を決定していく。この問題は，それぞれの空所の直後に続く who 以下の内容と結びつき得ない名詞を消去していく方法で答えが見つかる。

(A) govern「統治する」と無縁なのはロの peasants「小作農」
(B) battle「戦い」と無縁なのはイの authors「作家」
(C) their masters「その主人」が存在するはずがないのはハの emperors「皇帝」
(D) their mistresses「その女主人」が存在するはずがないのはイの queens「女王」
以上を消去すると，消去される語が１つもない選択肢ニが正解となることがわかる。

問5 **正解はロ**

▶空所(a)・(b)を含む文は，能力主義における富の意味に関係する箇所。前文の「富（wealth）は人格の確かな証拠（sound sign）」（つまり，「金持ち＝人格者」という図式が成り立つ）を受けての１文である。ここでは「富」に道徳的価値が付与されているから，「金持ちは(a)であるだけではなく，(b)でもある」という文脈には，regrettable は不適切。したがって，この語を含むイとニは除外される。ここでの simply は，「全く，とても」という強意を表す。

▶空所(c)・(d)はそれとは逆に，能力主義における貧困（poverty）の悲惨さが述べられており，「地位の低さは(c)であるだけでなく，(d)でもある」という文脈に合う語を選ばねばならない。イとニはすでに除外されているので，ロかハということになり，(c)・(d)には regrettable「遺憾な，残念な」，あるいは deserved「当然の報いで」のいずれかが入る。not merely *A* but also *B* の構文は，*A* よりも *B* の方に重点が置かれる。第8段第2文の能力主義では「失敗者は失敗に値する」と考えられるようになったということが同段の新しい情報なので，deserved の方を強調するのが妥当。よって，(c)に regrettable，(d)に deserved を入れればよいことがわかる。

問6　▶「キリスト教の伝統的な考え方」に関する参照箇所は，以下の第1段の2点である。

①第1文の one's status carried no moral meaning「人の地位にはいかなる道徳的意味もなかった」

②第4文 It therefore made no sense to believe that one's place in the social hierarchy reflected actual qualities.「したがって，社会階層における身分がその人の実際の資質を反映していると信じることは無意味だった」

これらを字数内にまとめて解答を作成する。

▶また，第5段第2文後半の social position was wholly separated from inner qualities, as many Christian thinkers had proposed「多くのキリスト教思想家が唱えていたように，社会的地位は内面の資質と全く無関係だ」という記述も手掛かりになる。

問7　▶能力主義がどのような者にどのような恩恵をもたらすかについての記述は，以下の4点。

①第7段第1文の「人は能力を十分発揮する機会を与えられた」

②同段第2文の「才能がある知的個人は多かれ少なかれ公平な立場で（on a more or less level playing field）才能を自由に発揮できるようになった」 第1文の fulfill themselves と第2文の express their talents はほぼ同じ意味。

③同段第3文の「経歴，性別，人種，年齢はもはや障害ではなかった」

④第9段第1文の「個人的達成感を与えた（lent individuals a sense of personal achievement）」 lent は gave と同意。

▶能力主義がどのような者にどのような苦しみをもたらすかについての記述は，以下の3点。

①第8段第2文の「失敗者はその失敗に値するはずということになった（the failures had to merit their failure）」

②第9段下線部(3)の「経済的失敗は，恥の感覚と結びつけて考えられるようになった（became associated with a sense of shame）」

③最終段の「善良であったり，利口であったり，有能であっても，貧しいままで成

功できない者（the unsuccessful）にとって，その理由を問われることはいっそう苦痛となった」

▶最終段は，why,（even）if one was …, one was still poor が The question と同格で，became が全体の動詞。

▶以上の箇所を，同じような内容は1つにまとめたり削除したりしつつ，120字以内でまとめる。

解答

問1　古くから能力主義が受け入れられていた分野を引き合いに出すことで，世襲制の不合理を際立たせるため。

問2　お金は立派な両親のもとに生まれたということ以外には，何ら人の長所を示すものではないと考えるのも当然であった。

問3　経済的な失敗は，人生におけるあらゆる機会を奪われていた昔の農民がありがたいことに感じないでいられた，恥の意識と結びつけて考えられるようになった。

問4　ニ

問5　ロ

問6　人の社会的地位には道徳的意味はなく，個人的資質と無関係とする考え方。（34字）

問7　〈解答例1〉有能で知的な者には，育ちや性別，人種や年齢に関係なく能力を発揮する機会を与え，経済的成功による達成感をもたらす一方で，人格や能力に優れていても成功できない者は能力がないと見なされるため，一層つらい恥の苦しみをもたらす制度である。（114字）

〈解答例2〉能力がある人間には，経歴や性別，人種や年齢と関係なく才能を発揮する機会と達成感を与える一方で，経済的な失敗は当然の報いとしての恥の意識と結びつき，有能であっても成功しなかった者には，その理由を答えねばならないさらなる苦痛がもたらされる制度。（120字）

25

2010年度〔2〕

次の英文を読み，下の問いに答えなさい。

Psychologist Arthur S. Rober offers the following summary of the research on decision making: "During the 1970s it became increasingly apparent that people do not typically solve problems, make decisions, or reach conclusions using the kinds of standard, conscious, and rational process that they were more or less assumed to be using." To the contrary, people could best be described, in much of their decision making, as being "non-rational": "When people were observed making choices and solving problems of interesting complexity, the rational and logical elements were often (A)."

Robert Zajonc takes this claim one step further: "For most decisions, it is extremely difficult to demonstrate that there has actually been *any* prior thinking process whatsoever." It isn't that the decisions people make are irrational; it's that the processes by which decisions are made are entirely unlike the step-by-step rational process that might be used to solve, say, a math problem. Decisions are typically made in the unconscious mind, by means of some unknown process. Indeed, according to Rober, people not only don't know how their decision-making process works, they don't even know what information it takes as input.

Daniel Wegner agrees that the decision-making process is less than rational: "We just don't think consciously in advance about everything we do, although we try to maintain appearances that this is the case. The vagueness of our intentions doesn't seem to (B) us much, though, as we typically go along doing things and learning only at the time or later what it is that we are doing. And, quite remarkably, we may then feel a sense of conscious will for actions we did not truly anticipate and even go on to insist that we had intended them all along."

According to Wegner, people have "an ideal of conscious control." We are convinced that we consciously control our actions, that we are in charge of ourselves. (1)<u>When it looks as though we are falling short of this ideal—when we find ourselves doing something we did not choose to do—we hide the fact from</u>

ourselves by creatively revising our beliefs about what it is that we want. This strategy, says Wegner, eventually "leads us into the odd situation of assuming that we must have been consciously aware of what we wanted to do in performing actions we don't understand or perhaps even remember—just to keep up the appearance that we really do have conscious will."

This is not to say that our decision making is completely irrational. Suppose I want X and know that doing Y will bring me X. Under these circumstances, I will probably decide to do Y. This decision is perfectly rational, given that I want X. And because most of our desires are instrumental in this way, it follows that most of our desires are rational, taken in context. It is this fact, as much as anything, that gives rise to the common perception that our desires are rational.

But the desire that gives rise to (2)instrumental desires might not itself be rational. In particular, my wanting X might not be rational : I might not have *decided* to want X ; to the contrary, this desire might simply have come into my head. In this case, my desire to do Y is a rational way to pursue a non-rational goal, and therefore my desire to do Y is itself in some sense non-rational. Suppose, for example, that I like sushi, and to have some, I drive to a restaurant. My desire to drive to the restaurant is absolutely (　C　), given that I like sushi. My liking sushi, on the other hand, cannot be rationally justified : I just like it, that's all. For this reason, my desire to drive to the restaurant cannot be rationally justified, meaning that despite appearances to the contrary, it is a (　D　) desire.

1　下線部(1)を和訳しなさい。

2　下線部(2)はどのようなものを指すか。30字以内の日本語（句読点を含む）で説明しなさい。

3　空欄(A)に入れるのに最も適切な単語を下の選択肢イ～ニから選び，その記号を解答欄に書きなさい。

イ　demanding　　　ロ　disturbing

ハ　missing　　　ニ　mistaking

4　空欄(B)に入れるのに最も適切な単語を下の選択肢イ～ニから選び，その記号を解答欄に書きなさい。

イ　attract　　ロ　bother　　ハ　help　　ニ　satisfy

5　空欄(C)，(D)に入れるのに最も適切な単語を本文中から選び，それぞれ解答欄に書きなさい。

全　訳

■意思決定の過程の非合理性

❶ 心理学者のアーサー=S.ローバーは，意思決定に関する研究を次のように要約した。「1970年代，人が問題を解決したり，決定を行ったり，結論に到達するのに，たいていの場合，自分では多かれ少なかれ用いていると思っている標準的で意図的な合理的過程を踏んでいないということがますます明白になった」と。それとは逆に，人は意思決定の多くにおいて「非合理的」であると言うのが最も適切であろう。「人が選択を行ったり，複雑ゆえに興味深い問題を解決したりするところを観察してみると，合理的で論理的な要素が欠けている場合が多かったのである」

❷ ロバート=ザイアンスは，この主張をもう一歩進めて，こう言っている。「大半の決定に関しては，どういった形のものであれ，前もって考えられた思考過程のようなものが実際に存在している，ということを証明するのは，きわめて困難である」と。これは人が行う決定が不合理的だということではない。決定に至る過程が，例えば数学の問題を解く際に用いられるような段階的な合理的過程とは全く似ていないということなのだ。決定は，たいてい無意識下で，何らかの未知の過程によって行われる。実際，ローバーによると，人は意思決定の過程がどう働くかを知らないだけでなく，その過程が入力データとしてどういった情報を必要とするのかさえわからないのである。

❸ ダニエル=ウェグナーは，意思決定の過程が決して合理的ではないということに同意している。「私たちは自分たちが行うすべてのことについて，前もって意識的に考えてなどいない。もっとも前もって考えていたかのような振りはし続けようとするのではあるが。とはいえ，私たちの意図の曖昧さは，私たちにとってはそれほど気にならない。なぜなら，私たちはたいてい物事をどんどん進め，そのときになって，あるいは後になってようやく，自分が一体何をしているのかがわかるのだから。また大変驚くべきことに，私たちはそのとき，実際には予想していなかった行動について，自覚的な意志があったという感覚を覚えるかもしれないし，さらに進

んで，自分はその行動を最初から意図していたと主張することさえありうるのだ」

❹ ウェグナーによれば，人は「意識的な制御という理想」をもっている。私たちは，自分の行動を意識的に制御しており，自分が自分自身を管理するのだと確信している。自分がこの理想に達していないかのように思われるとき，つまり自分がしようと思っていないことをしていると気づいたとき，私たちは自分が望んでいるのは何なのかについての自らの考えに創意工夫を施して修正を加えることによって，この事実を自分から隠すのである。ウェグナーが言うには，この戦略は，最終的には「ある行動を取る際に，自分がしたいと望んでいることを，理解してもいなければ記憶さえしていないのに，意識的に自覚していたに違いないと想定するという奇妙な事態にまで，私たちを導くことになる。これはただ，自分は本当に自覚的な意志を有しているのだ，と装い続けるためなのである」。

❺ これは，私たちの意思決定が完全に不合理的だと言っているわけではない。例えば私がXを望んでいて，Yを行うことでXが得られると仮定してみよう。このような状況では，私はおそらくYをしようと決心するだろう。この決定は，私がXを望んでいるという前提では，全く合理的である。また私たちの欲求の大半は，このように手段となるものであるから，私たちの欲求の大半は，状況の中でとらえると，合理的であるということになる。何にもまして，この事実こそが，私たちの欲求が合理的であるという共通認識を生み出すのである。

❻ だが手段となる欲求を生じさせる欲求それ自体が合理的ではないこともありうる。特に，私がXを望む行為が合理的でない場合がそうである。つまり私はXが欲しいという「意思決定をし」たわけではなく，反対にこの欲求が単に私の頭に浮かんだだけのことであった場合である。この場合，私がYを行おうとする欲求は，非合理的な目標を追求するための合理的な方法だ。したがって，Yを行おうとする欲求それ自体は，ある意味で非合理的であるのである。例えば私が寿司が好きで，車でレストランに食べに行くとする。私は寿司が好きであることを考慮すると，私の車でレストランへ行きたいという欲求は，全く合理的である。その一方で，私が寿司好きであることを合理的に正当化することは不可能だ。私は寿司が好きだという，ただそれだけのことにすぎないのだから。このような理由から，私がレストランに車で行こうという欲求は，合理的な正当化を得られない。それはつまり，見かけとは反対に，この欲求は非合理的な欲求であるということなのである。

意思決定の過程の曖昧さとその非合理性について，心理的メカニズムについての考察も加えつつ分析した論説文である。第5段・第6段の記述は一見難解に見えるが，三段論法だと考えれば容易に理解できるだろう。

各段落の要旨

❶ 人の意思決定の多くは，意に反して非合理的である。
❷ 意思決定の多くは無意識的で，その仕組みはわかっていない。
❸ 意思決定の曖昧さは決定時には気にならず，決定の理由は後付けである。
❹ 人は自分の行動を意識的に制御しているという理想を抱いている。
❺ Yを行うことでXが得られる場合，Xを得るためにYを行うのは合理的である。我々の欲求の大半はこのような手段となるものであり，合理的である。
❻ しかしXを望む行為が合理的でない場合は，Yを行おうとする欲求は非合理的なものとなる。

解　説

問1　When it looks as though we are falling short of this ideal — when we find ourselves doing something we did not choose to do — we hide the fact from ourselves by creatively revising our beliefs about what it is that we want.

▶文頭から choose to do の後のダッシュ（—）までが従属節で，we hide 以下が主節。

▶２つの when 節は並列関係にあり，主節の動詞の目的語である the fact の指す内容がこの when 節。ダッシュで挟まれた when 節は，前節の言い換えまたは補足説明。「しようと思っていないことをしている」ことは，「理想に達していない」ことの理由，あるいは説明・具体例。

▶ what it is that we want は，it is *A* that ～ の強調構文が基になっている。what が *A* に当たる。

語句　it looks as though〔if〕S V「SがVであるかのように見える〔思われる〕」as though 以下は仮定法ではないことに注意。 fall short of ～「～に達しない」

問2　▶ instrumental desires は直訳すると，「手段〔道具〕となる欲求」という意味。まず，第５段第５文前半にある「我々の欲求の大半はこのように instrumental なので」という記述に注目。そこで，instrumental の具体的説明を第５文の前に探していくと，同段第２～４文に，「Xを望んでいると仮定して，Yを行うとXが得られることがわかっていれば，Yを行うことは合理的だ」とある。よって「Xを得るための手段としてYを行うことがすなわち instrumental な欲求である」ということになるので，解答は，「（Xという）ある欲求を実現する手段としての（Yという）別の行動を求める欲求」という内容を 30 字以内に要約する。

問3　正解はハ

▶同文の前半部（コロンの前）に，「人は意思決定の多くにおいて『非合理的』であると言える」とある。よって，the rational and logical elements「合理的で論理的な要素」が「あるべき所にない，欠けている（＝missing）」と考える。

問4 正解はロ

▶第3段第1文に「意思決定の過程は決して合理的ではない（less than rational）」，つまり，「自分が行うすべてのことを前もって意識的に考えてなどいない」とあるので，「意図の曖昧さ（The vagueness of our intentions）」は「あまり気にならないようだ」という流れになるのが自然。したがって，bother「～を悩ませる，困らせる，～にとって気になる」を選ぶ。

問5 ▶まず最終段の要旨をつかもう。第3文に，「私がYを行おうとする欲求は，非合理的な目標を追求するための合理的な方法だ。ゆえにYを行おうとする欲求それ自体は，ある意味で非合理的である」とある。つまり，Xを得るために手段としてYを行うことは合理的な行為だが，目的であるXそのものに合理的な説明がつかない場合は，Yという行為もまた同様に非合理的だと筆者は述べている。これを具体例を挙げて述べたのが，第4～6文なのだ。ここではXに当たるのが「寿司を食べること」，Yに当たるのが「レストランに車で行くこと」である。

▶空所(C)に続き given that I like sushi「私は寿司が好きであることを考慮すると」とあることから，「レストランに車で行くこと」は「合理的」だと判断できる。よって，(C)には rational が当てはまる。

▶第6文には，「寿司好きであることを合理的に正当化することは不可能だ」とあるので，その場合は，「レストランに車で行くこと」は，「反対の見かけにもかかわらず（despite appearances to the contrary）」→「見かけ（rational）とは反対に」，「非合理的」だと判断できる。よって，(D)には non-rational が当てはまる。

▶第5段第1文に irrational という語があるが，空所(D)の直前には an ではなく a があるので，これを解答とするのは不可。

解答

問1 自分がこの理想に達していないかのように思われるとき，つまり自分がしようと思っていないことをしていると気づいたとき，私たちは自分が望んでいるのは何なのかについての自らの考えに創意工夫を施して修正を加えることによって，この事実を自分から隠すのである。

問2 ある欲求を実現するために必要な手段としての別の行動への欲求。（30字）

問3 ハ

問4 ロ

問5 (C) rational (D) non-rational

26

2009年度〔1〕

次の英文を読み，下の問いに答えなさい。（＊を付した語には，問題文の末尾に注がある。）

Seemingly, the answer to the question "Who is a migrant?" is very straightforward: most countries have adopted the United Nations definition of someone living outside their own country for a year or more. In reality, however, the answer is more complicated. First, the concept "migrant" covers a wide range of people in a wide variety of situations. Second, it is very hard to actually count migrants and to determine how long they have been abroad. Third, just as important as defining when a person becomes a migrant is to define when they stop being a migrant.

Returning home is one way that people stop being migrants—although often even after returning home people maintain elements of new practices and identities they have developed abroad. There are no global estimates on (1)the scale of return migration, although most experts believe that it is substantial.

Data on return migration share many of the problems that characterize data on international migration more generally. Common problems include the difficulties of measuring the time factor in migration, inconsistencies in recording changes of residence, and a lack of consensus over definitions of citizenship.

A particular problem is that the measurement of return migration has traditionally not been a priority in either countries of origin or in host countries, as for neither set of countries has it generally been considered a problem in the same way that the emigration of nationals and immigration of foreigners often have. Even where host and origin countries do claim to have recorded the same return flow, there can be significant differences in their estimations. A good example cited in an article on return migration by Russell King is that during the 1970s German data on Italian repatriation* far exceeded Italian statistics on return migration from Germany.

Another way migration ends is through migrants becoming citizens in a new country. In some countries this is a relatively easy and quick process; in others it is virtually impossible for all but a select few. (2)The explanation for this variation has less to do with the characteristics of the migrants themselves than with the histories, ideologies, and structures of the states involved.

Laws on citizenship and nationality derive from two alternative principles. One is *ius sanguinis* (which means "law of the blood" in Latin), according to which in order to become a citizen one needs to be descended from a national of the country in question. The alternative principle is known as *ius solis* ("law of the soil"), which is based on birth in the territory of the country.

In practice, almost all modern states have citizenship rules based on a combination of these two principles, although one or the other tends to be predominant. Germany, for example, broadly followed the principle of (A) until a change of policy in 2000. This explains why even the children and grandchildren of post-war immigrants from Turkey, who were born and raised in Germany, have traditionally been excluded from German citizenship. It equally explains why, when East and West Germany were reunited, people whose families had lived outside Germany for a number of generations, mainly in Eastern Europe or the former Soviet Union, were automatically granted German citizenship. In contrast, Australia, Canada, the UK, and the USA, for example, broadly follow the principle of (B), so that any child born to a legal immigrant in that country is automatically qualified for citizenship there. Whatever the fundamental principle for acquiring citizenship, most countries also permit migrants to become nationals after being legally resident for a certain number of years: the principle of *ius domicile*. The number of years varies widely, from just three years in Australia and Canada to ten years in Austria and Germany.

Not only do the rules governing becoming a citizen vary between countries, so too do the criteria of citizenship. Some countries, for example, permit dual nationality, and thus do not insist that an immigrant abandons his or her original nationality in order to become a citizen of the new country; in others this is not the case.

In addition, in some countries, full citizenship can only be acquired at the price of cultural assimilation, while other countries enable new citizens to maintain their distinct cultural identities. These outcomes arise from (3)two competing models of integration. Assimilation is one model, which is a one-sided process whereby migrants are expected to give up their distinctive linguistic, cultural, and social characteristics and become indistinguishable from the majority population. Broadly France follows this model. The main alternative is multiculturalism, which refers to the development of immigrant populations into ethnic communities that remain distinguishable from the majority population with regard to language, culture, and social behavior. Australia, Canada, the Netherlands, the UK, and the USA all follow variations on this model.

注

repatriation : return to one's native country

1　下線部(1)に関して，移民の中でもとりわけ帰還移民（return migration）の規模を把握しづらい理由は何か。70 字以内の日本語（句読点を含む）で説明しなさい。

2　"this variation" の指す内容を明らかにしながら下線部(2)を和訳しなさい。

3　下線部(3)の２つのモデルの具体的な内容を，それぞれ 50 字以内の日本語（句読点を含む）で述べなさい。

4　空欄(A)と(B)に入れるのに最も適切な語句を以下の選択肢イ～へから選び，その記号をそれぞれ解答欄に書きなさい。

イ　international migration　　ロ　return migration
ハ　integration　　ニ　*ius sanguinis*
ホ　*ius solis*　　へ　*ius domicile*

全 訳

■移民とは何か？

❶ 見たところ,「移民とはだれか？」という質問に対する答えはとても単純なものと思われる。ほとんどの国々は, 1年以上自国の外で暮らす人という国際連合の定義を採用している。しかしながら, 現実には, その答えはより複雑なものである。第一に,「移民」という概念は, さまざまな種類の状況にいる広範囲にわたる人々に及ぶ。第二に, 実際に移民を数え, 彼らがどれぐらい外国にいたかを判定することはとても難しい。第三に, 移民がいつ移民でなくなるのかを明確にすることは, 人がいつ移民という状態になるのかを明らかにするのと同じぐらい重要なことである。

❷ 母国に戻ることは, 人々が移民であることをやめる一つの方法である。ただ, 帰国した後でも, 人々はしばしば海外で身につけた新しい慣習や独自性の要素を維持している。ほとんどの専門家は帰還移民が相当数いるものと信じているが, 帰還移民の規模に関する世界的な見積もりはない。

❸ 帰還移民に関するデータには, 国家間の移住に関するデータのより一般的な特徴を示す問題の多くも共に含まれている。共通の問題には, 移住における時間的要素を測るのが困難なこと, 転居の記録に整合性がないこと, 市民権の定義に関する合意が欠けていることが含まれる。

❹ 特徴的な問題は, 帰還移民の調査は伝統的に, 移民の母国でも受入国でも, 優先事項ではなかったということである。その理由は, いずれの国でも, 帰還移民は, 国民の他国への移住や外国人の国内への移住がしばしば考えられてきたのと同じようには問題であるとは一般的には考えられてこなかったからである。移民の移住先の国と母国が同じ帰還者の流出入を記録したと主張する場合でも, その見積もり数には著しい差がありうる。ラッセル=キングによる帰還移民に関する論文で引用されているよい例としては, 1970年代において, イタリアへの帰還者に関するドイツのデータは, ドイツからの帰還移民に関するイタリアの統計数をはるかに超えていたというのがある。

❺ 移住が終わる別の方法は, 移民が新しい国の国民になることによるものである。この過程が比較的容易ですばやい国もあれば, 選ばれた少数者を除いてほとんど不可能である国もある。このような違いは, 移民自身の特性というよりも, 関係国の歴史, イデオロギー, 体制と関係がある。

❻ 市民権や国籍に関する法律は, 二者択一の2つの原則から生じる。一つは, *ius sanguinis*「ユース・サングイニス」(ラテン語で「血の法律」を意味する) で, そ

れによると，国民となるためには当該国の国民の子孫である必要がある。もう一つの原則は，*ius solis*「ユース・ソリース」（「土の法律」を意味する）として知られており，それは，当該国の領土での誕生に基づくものである。

❼ 実際，これら2つの原則のどちらかが優勢になる傾向があるけれども，ほとんどすべての近代国家には，この2つの原則の組み合わせに基づいた市民権に関する規則が存在する。たとえば，ドイツは2000年の政策の変更まで一般的に「ユース・サングイニス（血の法律）」の原則に従っていた。このことによって，ドイツで生まれ育った，トルコからの戦後移民者の子どもや孫でさえ，伝統的にドイツの市民権から除外されてきた理由が説明される。同様にそれによって，東西ドイツが統一されたときに，数世代にわたって家族がドイツの外，主に東欧や旧ソ連で暮らしてきた人々に自動的にドイツの市民権が与えられた理由も説明される。対照的に，たとえば，オーストラリア，カナダ，イギリス，アメリカ合衆国は一般的に，「ユース・ソリース（土の法律）」の原則に従い，その結果，その国で合法的な移民の家庭に生まれたいかなる子どもも自動的にその国での市民権の資格を与えられる。市民権を得るための基本的な原則が何であろうと，ほとんどの国々はまた，移民がある年月の間合法的に居住した後国籍を得るのを認めている。これは *ius domicile*「ユース・ドミサイル（住居の法律）」の原則である。居住年月は，オーストラリアやカナダのわずか3年間からオーストリアやドイツの10年間のように，大きく異なっている。

❽ 市民権の獲得を決定する規則だけでなく，市民権の基準も同様に国によって異なる。たとえば，二重国籍を認め，移民が新しい国の国民になるために元の国籍を捨てることを強要しない国もある。また，そうでない国もある。

❾ さらに，完全な市民権は文化的同化という代価を払ってのみ得られる国もあれば，新しい国民が彼ら固有の文化的独自性を維持できるようにしている国もある。これらの結果は競合する2つの統合モデルから生じる。同化がそのモデルの1つであり，これは一方的な過程であるのだが，それによって移民たちは独自の言語，文化，そして社会的特性を捨て，大多数の人々と区別がつかなくなることを求められる。概してフランスがこのモデルに従っている。もう1つの主たるモデルは多文化主義で，移民たちが言語，文化，社会的行動に関して，移住先の国の大多数の人々といつまでも区別できる少数民族社会に発展することを指している。オーストラリア，カナダ，オランダ，イギリス，アメリカ合衆国のすべてが，このモデルが形を変えたものに従っている。

帰還移民の定義と問題点を検証する中で，その身分・地位や，国籍あるいは市民権の定義についても各国の例を紹介しながら考察した英文。

各段落の要旨

❶「移民」の定義は単純なようで実は複雑である。その3つの理由。
❷ 帰還移民の規模についての推計値はない。
❸ 帰還移民のデータの問題点（＝移住期間の算定が困難・転居記録が食い違う・各国の市民権の定義が異なる）。
❹ 帰還移民の調査は移民の母国でも移住先でも優先事項ではなく，その推計値は関係国間で大きく食い違っている。
❺ 移民が移住先でどれほど容易に国籍を取得できるかは，関係国間の歴史，イデオロギー，体制と関係がある。
❻ 市民権や国籍に関する法律は2つの基本原則（血統主義と出生地主義）に基づく。
❼ 市民権取得の原則に関する各国の具体例。追加としての居住地主義の紹介。
❽ 国籍（市民権）の基準は国によって異なる。
❾ 完全な市民権の取得に際して，移民が独自の文化を移住先で維持できるかどうかは，国によって異なる。

解 説

問1 ▶帰還移民に関する特徴的な問題が述べられているのは第4段。該当箇所が下線部直後の第3段ではないことに注意。

▶第1文（A particular problem …）に，「帰還移民の調査は，移民の母国でも移住先の国でも，優先事項ではなかった」と述べられており，第2文（Even where host …）に，同じ帰還者の流出入の記録でも両国によって見積もり数に著しい差がありうると述べられている。これらを字数内でまとめる。

問2 The explanation for this variation has less to do with the characteristics of the migrants themselves than with the histories, ideologies, and structures of the states involved.

▶ this variation「この違い」は，下線部直前の文（In some countries this is …）に述べられている。この文中の this はさらにその前文の migrants becoming citizens in a new country「移民が新しい国で国民になる（→国籍を取得する）こと」を指している。なお下線部直前の a select few の select はここでは形容詞（＝selected）で，few＝few migrants の意味。

▶ have less to do with *A* than with *B*「*B* よりも *A* の方とより少ない関係がある」→「*A* よりも *B* の方と大きな関係がある」→「*B* ほどは *A* と関係がない（＝don't have as much to do with *A* as with *B*)」 less than は直訳すると不自然な日本語になることがあるので，前後の大小関係を読み取って自然な日本語になるように工夫する。not as ～ as … の形に読みかえるのも一つの手である。「この違いの原因は，移民自身の持つ特性よりも関係諸国の歴史，イデオロギー，体制とより大きな関係がある」のように訳してもよい。

語句 the states involved＝the nations that are involved「関係諸国」

問3 ▶まず，最終段の文章構造を把握しよう。第1文で full citizenship「完全な市民権」は cultural assimilation「文化的同化」という代償を払うことによってしか得られない国もあれば，新しく国民となる者が個別の cultural identities「文化的独自性」を維持できる国もあると述べられている。これを受けて第2文では，これらの事態は two competing models of integration「競合する2つの統合モデル」に由来するとあり，その具体的な内容が第3・5文に説明されているのである。

▶1つ目のモデルである「同化」については下線部の直後の第3文（Assimilation is one model, which is …）に述べられている。

▶2つ目のモデルは，第5文（The main alternative is multiculturalism, which …）で「文化的独自性」を尊重する multiculturalism「多文化主義」として説明されている。

▶字数が限られているので，第3・5文をさらに絞り込んで，前者は migrants 以下，後者は the development 以下をまとめよう。

問4 (A) **正解はニ**

▶第7段第1文は principles という語によって前段とつながっている。このように，同一語（句）の存在は，文やパラグラフのつながりを見つける手掛かりとなるので，文脈把握に役立てることができる。問題英文の場合，第7段第1文中の these two principles は，第6段に登場した *ius sanguinis* と *ius solis* を指すと考えられる。

▶また，空欄(B)の英文は In contrast で始まっており，この前後に2つの事柄が対照的に述べられていると考えられる。以上より，(A)と(B)の空欄には *ius sanguinis* と *ius solis* のいずれかが入ると推測できる。

▶空欄(A)のドイツの例は，その後の2文にある「ドイツで生まれ育ったトルコ系移民の子孫には伝統的にドイツ国籍が与えられてこなかった」という記述や，「何世代もの間ドイツ国外で暮らしていた人々に市民権が与えられた」ことから，出生地よりも血統重視の *ius sanguinis*（血の法律）が入ると判断できる。

(B) **正解はホ**

▶空欄(B)の原則に従うオーストラリア，カナダ，イギリス，アメリカの例では，同文の後半に「その国で合法的な移民の家庭に生まれたいかなる子どもも自動的にその国での市民権の資格を与えられる」とあるので，出生地で決まる *ius solis*（土の法律）が入ることがわかる。

解答

問1　帰還移民の調査は移民の母国でも移住先の国でも優先事項ではなく，両国が同じ帰還者の流れを記録した場合も，見積もり数には大きな差がありうるため。(70字)

問2　移民が比較的容易に国籍を取れる国もあれば，少数の人々を除き国籍を取るのがほぼ不可能な国もあるという違いは，移民自身の特性というよりも，関係国の歴史，イデオロギー，体制と関係がある。

問3　①移民が母国の言語，文化，社会的特性を捨て，移住先の国の大多数の人々と区別がつかないようになること。(49字)

②移民が言語，文化，社会的行動に関して，移住先の国の大多数の人々と区別できる民族グループになること。(49字)

問4　(A)ー二　(B)ーホ

27

2009年度〔2〕

次の英文を読み，下の問いに答えなさい。

A recent study shows that, on average, American men now report themselves happier than women do. This is the opposite of what was found in the early 1970s, when women tended to report themselves happier than men.

The study has been greeted like a special gift from heaven by people who want to return to "traditional" gender roles, and has had the immediate effect of raising the happiness level of one group of Americans : conservative radio talk show hosts who claim in an excited way that it proves the feminist movement has made women less happy with their lives.

Of course, for the past 15 years, these very same people have been arguing that women's empowerment has come at the (A) of men, lowering their self-esteem, and decreasing their satisfaction in marriage as they have been forced to do more housework.

The new study finds that, on the (B), today more men report themselves very satisfied with their lives than in the early 1970s. Researchers have discovered the same trends in women's and men's relative happiness in many industrial countries, including Britain. So perhaps the women's movement has helped men more than women, relieving them of the burden of feeling they must be the sole providers for their families and introducing them to the pleasures of less rigid definitions of masculinity.

But before we conclude that the feminist movement has made women less happy than they used to be, we need to recognise one important point. Self-reports of happiness vary according to people's expectations of how much satisfaction they deserve, making them much more subjective and variable than other measures of well-being.

Women today are far less likely to report low self-esteem, feelings of worthlessness, poor health or severe depression than in the 1950s, 1960s, and 1970s. So when we hear that fewer women report themselves very happy today than in the early 1970s, it's important to remember that back then women had much lower expectations. Married women in the 1950s, 1960s, and 1970s often told interviewers that their marriage was happy because "he's never hit me" or he "hardly ever" spent his entire salary at the local pub. Single women who answered Help Wanted advertisements for "active college graduate for typing" or "cheerful receptionist wanted — must be neat and attractive" counted themselves lucky if they weren't fired when they gained a little weight.

Today, some women do feel pressured to "do it all" and feel frustrated when they can't. And most women have much higher expectations for good treatment—both at work and at home—than their mothers and grandmothers.

Take the question of satisfaction in marriage. Where women in the late 1960s said that happiness was having a husband who was hard-working enough to be a good provider, women today want a husband who is emotionally supportive. Whether she believes that describes her husband is now the single best indicator of a woman's happiness in marriage. The second-best indicator is how fair she believes the household division of labour to be.

It is not surprising that these higher expectations lead women to feel disappointed if their husbands don't meet them. But the (C) to these tensions is not to try to convince women to lower their expectations. Instead, let's continue to raise the percentage of men who rise to those expectations.

From Are women really less happy now? by Stephanie Coontz, *The First Post (2007/10/08)*

1 アメリカ人男性が以前よりも現在の方が幸せと感じる理由を60字以内の日本語（句読点を含む）で説明しなさい。

2 フェミニズムが女性を不幸にしたという保守派の意見に筆者が賛同しないのはなぜか。60字以内の日本語（句読点を含む）で説明しなさい。

3 下線部を和訳しなさい。

4 空欄(A)～(C)に入れるのに最も適切な語を下の選択肢から選び，その記号をそれぞれの解答欄に書きなさい。

(A) イ exclusion　ロ expense　ハ extension　ニ extra

(B) イ context　ロ contrary　ハ contrast　ニ control

(C) イ satisfaction　ロ solution　ハ speculation　ニ substitution

全　訳

■女性解放運動は女性を幸福にしたか？

❶ 最近の研究によると，アメリカ人男性は平均すると，女性よりも，幸福であると感じていると自己報告している。これは，女性が自らを男性よりも幸福であると報告する傾向のあった1970年代初期に判明したことの正反対である。

❷ その研究は，「伝統的な」男女の役割に戻りたいと思っている人々によって，天からの特別な贈り物のように歓迎され，アメリカ人のあるグループの幸福度を上げるには効果てきめんであった。そのグループとは，その報告がフェミニズム運動によって女性の自らの生活に対する満足度が下がったことを証明している，と興奮した様子で主張する保守派のラジオ・トークショーの司会者たちのことである。

❸ もちろん，過去15年間にわたってまさにこの連中が，女性への権限付与は男性の犠牲のもとに行われ，男性の自尊心を低下させ，より多くの家事を強制されるようになったために結婚生活における男性の満足度を減少させていると主張してきたのだ。

❹ 新しい研究によると，それどころか，今日では自分の生活にとても満足していると自己報告する男性が1970年代初期より多いことがわかる。研究者たちは，イギリスを含む多くの先進国の男女の相対的な幸福度に同じ傾向を見つけ出した。したがって，おそらく女性解放運動は女性よりも男性の方を多く助け，男性が一人で家族を養わなければいけないと感じる負担を軽減し，男らしさの定義がそれほど厳しくなくなったという喜びを男性にもたらしてきたであろう。

❺ しかし，フェミニズム運動が女性を以前より不幸にしたと結論づける前に，我々は一つの重要な点を認識する必要がある。幸福に関する自己報告は，自分がどれほどの満足に値するのかに対する人々の期待に応じて異なり，それらは他の幸福測定の手段よりはるかに主観的で変わりやすいものとなっている。

❻ 今日の女性たちは，1950年代，1960年代，1970年代に比べると低い自尊心や，（自分に）価値がないのではないかという思いや，体の弱さや深刻な憂鬱を報告する可能性ははるかに小さい。よって，1970年代初期に比べて，自分がとても幸福であると報告する女性が減少していることを耳にするとき，その当時，女性が抱いていた期待は今よりずっと小さかったことを思い出すことが重要である。1950年代，1960年代，1970年代の既婚女性はしばしばインタビュアーに，「夫が私を一度も叩いたことがなく」，夫が地元のパブで給料を全部使ったことが「めったにない」ので，自分たちの結婚は幸せであると言った。「タイピングのできる積極的な大学卒業生求む」とか「明朗な受付係求む。端正で魅力的な人に限る」のような求人広

告に応じた独身女性は，少し体重が増えたときでも首にならなければ自分は幸運だと思ったのだった。

❼ 今日，女性によっては「それをすべて」しなければならないと強くプレッシャーを感じ，それができないときに落胆を覚える者もいる。そして，ほとんどの女性は，仕事と家庭の両方でよい待遇を受けることに対して自分たちの母親や祖母たちよりも，はるかに大きな期待を抱いている。

❽ 結婚生活における満足という問題を考えてみよう。1960 年代後半の女性たちは，よい養い手になれるほど十分によく働く夫を持つことが幸福であると言ったが，今日の女性たちは感情面で支えてくれる夫を持ちたいと思っている。それが自分の夫のことを述べていると信じているかどうかが，今のところ結婚生活における女性の幸福度を示す唯一，最良の尺度である。二番目によい尺度は，女性が家庭での仕事の分担がどれほど公平であると信じているかということである。

❾ 昔より高いこれらの期待によって，女性が，自分の夫がその期待に添えない場合に落胆を感じるようになることは，驚くべきことではない。しかし，これらの夫婦間の不信感に対する解決法は，女性に期待を下げるようにと説得してみることではない。それよりもむしろ，女性の期待に応える男性の割合を上げ続けようではないか。

フェミニズム運動を題材に，既婚男女の幸福度・満足度の変遷と，幸福の尺度について論じた英文。“Happiness consists in contentment.”「幸福は満足にあり」という金言を彷彿させる論説文である。

各段落の要旨

❶ 1970 年代初期と最近では男女の相対的幸福感は正反対であり，最近では男性の方が幸福感が強い。

❷ 保守派の意見によれば，フェミニズム運動によって女性の満足度が低下したという。

❸ 保守派は 15 年前には，女性に対する権限付与が男性の自尊心と満足度を減少させると考えていた。

❹ 今日多くの先進国で，男性の方が女性よりも満足度が高い傾向が見られ，その原因は女性解放運動であると考えられる。

❺ 幸福度の自己報告は，満足に関する個人の期待度に左右される。

❻ 一昔前は，女性は今よりもはるかに低い期待を抱いていた。

❼ 今日の女性は親世代よりも大きな期待を抱いている。

❽ 今日では，結婚生活において夫が感情面で支えてくれ，夫婦の役割分担が公平であることが，女性の幸福度の尺度である。

❾ 女性の満足度を高めるには，女性の期待度を下げるのではなく，期待に応える男性の割合を増やすべきである。

解　説

問1　▶第4段最終文（So perhaps …）が参照箇所。同段第1文に「とても満足していると自己報告する男性が1970年代初期より多い」とあり，最終文中の，relieving で始まる分詞構文の部分にその理由が述べられている。

語句　relieve *A* of *B*「*A* の *B* を軽減する」 feeling は動名詞で，後に接続詞 that が省かれている。 sole「唯一の」 provider「家族を養う者」 introducing も付帯状況を表す分詞構文。 introduce *A* to *B*「*A* に *B* を経験させる（＝与える）」 less rigid「より厳しくない，より緩い」 masculinity「男らしさ」

問2　▶「保守派の意見」とは第2段のラジオ・トークショーの司会者たちの意見であり，この意見に筆者が賛同しない理由は第5～7段にまたがって述べられている。本文中では，はっきりと理由として述べられていないので，文意をくんで筆者の考えを読み取る必要がある。

▶第5段第2文（Self-reports of happiness …）で筆者は，「幸福に関する自己報告は人々の期待に応じて変わる主観的なものである」ことに注意を促している。

▶第6段第2文（So when we …）ではさらに，1970年代初期には，「女性が抱いていた期待は今よりも小さかった」ために，当時の方が幸福感が強かったと補足説明される。

▶第7段第1文（Today, some women …）・第2文（And most women …）で，「今日女性は仕事と家庭の両方で大きな期待を抱いている」ので，うまくいかないと「落胆を覚える」と説明されている。

▶つまり，筆者が「保守派の意見」に賛同しないのは，フェミニズムのせいで女性が不幸になったのではなく，女性の期待が以前よりも大きくなったために，相対的に幸福ではないように見えるだけだからである。これらの内容を問題文の条件に合うようにまとめる。

問3　**Whether she believes that describes her husband is now the single best indicator of a woman's happiness in marriage.**

▶ Whether she believes (that) that describes her husband (or not)「そのことが自分の夫の特徴を述べていると彼女が考えるかどうか」が文の主部。that は指示代名詞で describes の主語であり，前文の (being) emotionally supportive「感情面で支えとなる」を指している。

語句　the single best indicator「唯一の最も優れた尺度〔指標，目安〕」

問4 (A) 正解はロ

▶直後の分詞構文の箇所で，lowering their self-esteem「男性の自尊心を下げ」，decreasing their satisfaction「男性の満足を減らす」というネガティブな結果が付帯しているので，at the expense of ～「～を犠牲にして」という意味のイディオムが適切と考えられる。

(B) 正解はロ

▶直後に，「今日ではとても満足していると自己報告をする男性が1970年代初期より多い」とあり，これは前段と反対のポジティブな内容であるので，対比・対照を表す on the contrary が適切と考えられる。ハの contrast は，in〔by〕contrast という形で用いるので，ここでは不可。

(C) 正解はロ

▶ tensions はここでは，the feelings that exist when people or countries do not trust each other and may suddenly attack each other or start arguing「相手を信用せず攻撃や口論を仕掛けたくなるときに抱く感情」という意味。第9段第1文から，この tensions は女性の expectations が高くなり男性がそれに応えないときに生じることがわかる。第2文と第3文には，この tensions を和らげる方法が述べられているので，空所には solution (to ～)「(～の) 解決策」が入る。

解答

問1 女性運動のおかげで，男性が自分1人の稼ぎで家族を養う義務感から解放され，男らしさの定義も以前ほど厳しくなくなったため。(59字)

問2 〈解答例1〉女性が求める待遇や満足度が以前よりも高くなったために相対的に不満が強まり，幸福感が薄らいでいるように見えるだけだから。(59字)

〈解答例2〉幸福感はその期待度に左右されるが，今日女性が抱く期待が以前より大きいために，相対的に不幸に見えるだけだと考えられるから。(60字)

問3 それが自分の夫のことを述べていると信じているかどうかが，今のところ結婚生活における女性の幸福度を示す唯一，最良の尺度である。

問4 (A)―ロ (B)―ロ (C)―ロ

28

2008 年度〔1〕

次の英文を読み，下の問いに答えなさい。

A woman whose sister had recently died got a call from a male friend who had lost his own sister a few years before. The friend expressed his sympathy, and the woman told him painful details of the long illness her sister had suffered. But as she talked, she could hear the clicking of the computer keys at the other end of the line. Slowly she realized that her friend was answering his e-mail, even as he was talking to her in her hour of pain. His comments became increasingly hollow and off the point as the conversation continued. After they hung up, she felt so miserable that she wished he had never called at all. She'd just experienced the interaction that the philosopher Martin Buber called "I-It." [I]

In I-It interaction, Buber wrote, one person has no attunement to, or understanding of, the other's subjective reality: in other words, that person feels no real empathy for the other person. The lack of connectedness may be all too obvious from the receiver's perspective. (1)The friend may well have felt obliged to call and express his sympathy to the woman whose sister had died, but his lack of a full emotional connection made the call a hollow gesture. Psychologists use the term "agentic" for this cold approach to others. I am agentic when I care not at all about your feelings but only about what I want from you. [II]

When other tasks or concerns split our attention, the shrinking reserve left for the person we are talking with leaves us operating on automatic, paying just enough attention to keep the conversation on track. Should more presence be called for, the result will be an interaction that feels "off." Multiple concerns damage any conversation that goes beyond the routine, particularly when it enters emotionally troubling zones. To be charitable, the multitasking sympathy caller may have meant no harm. But when we are multitasking and talking gets added to the mix of our activities, we readily slide into the It mode.

There is another form of interaction. Take the example of a tale I overheard at a restaurant: "My brother has terrible luck with women. He's got terrific technical skills, but zero social skills. Lately he's been trying speed dating. Single women sit at tables, and the men go from table to table, spending exactly five minutes, and they rate each other to indicate if they might want to get together. If they do, then they exchange e-mail addresses to arrange a meeting another time. But my brother ruins his chances. I know just what he does : as soon as he sits down, he starts talking about himself nonstop. I'm sure he never asks the woman a single question. (　A　)"

For the same reason, when she was single, opera singer Allison Charney employed a "dating test"; she counted the amount of time it took before her date asked her a question with the word "you" in it. On her first date with Adam Epstein, the man she married a year later, (2)she didn't even have time to start the clock — he passed the test right away. That "test" looks for a person's capacity for attuning, for wanting to enter and understand another person's inner reality. This sort of empathetic connection is called "I-You." [Ⅲ]

As Buber described it in his book on a philosophy of relationships, I-You is a special bond, an attuned closeness that is often — but of course not always — found between husbands and wives, family members, and good friends. The everyday modes of I-You reach from simple respect and politeness, to affection and admiration, to any of the countless ways we show our love. [Ⅳ]

The emotional indifference and remoteness of an (　B　) relationship stands in direct contrast to the attuned (　C　). When we are in the (　D　) mode, we treat other people as means to some other end. By contrast, in the (　E　) mode our relationship with them becomes an end in itself.

The boundary between It and You is fluid. Every You will sometimes become an It ; every It has the potential for becoming a You. When we expect to be treated as a You, the It treatment feels terrible, as happened on that hollow phone call. In such moments, You is reduced to It. Empathy opens the door to I-You relations. We respond not just from the surface ; as Buber put it, I-You "can only be spoken with the whole being." A defining quality of I-You engagement is "feeling felt," the distinct sensation when someone has become the target of true empathy. At such moments we sense that the other person knows how we feel, and so we feel known.

1　下線部(1)を和訳しなさい。

2　下線部(2)は具体的にはどのようなことを意味しているか，30字程度の日本語（句読点を含む）で説明しなさい。

3　"I-You" の関係を形作るためには，自分が相手にどのように関わるべきか，またその時相手はどのような気持ちになるか，文脈に即して60字以内の日本語（句読点を含む）で説明しなさい。

4　空欄(A)に入れるのに最も適切な文を下の選択肢イ～ニから選び，その記号を解答欄に書きなさい。

イ　He cannot decide whom he wants to see again.

ロ　He always receives too many e-mail addresses.

ハ　He's never had any woman say she wants to see him again.

ニ　He's never answered e-mails from the women he met there.

5　空欄(B)～(E)に入れるべき語句として最も適切な組み合わせを下の選択肢イ～ニから選び，その記号を解答欄に書きなさい。

	(B)	(C)	(D)	(E)
イ	I-It	I-You	I-You	I-It
ロ	I-It	I-You	I-It	I-You
ハ	I-You	I-It	I-You	I-It
ニ	I-You	I-It	I-It	I-You

6　以下の英文は，問題文の［ I ］～［ Ⅳ ］のどの位置に補うのが最も適切か。その番号を解答欄に書きなさい。

That egocentric mode contrasts with "communion," a state of high mutual empathy where your feelings do more than matter to me — they change me. While we are in communion, we stay within a mutual feedback loop. But during moments of agency, we disconnect.

全訳

「わたし―あなた」の関係とは？

❶ 姉を最近亡くした女性が，数年前に同じく姉を亡くした男友達から電話をもらった。その友人は同情の意を表し，女性は自分の姉が苦しんだ長期にわたる病気について，痛ましい詳細を語った。しかし，彼女が話をしていると，受話器の向こうでコンピュータのキーをたたく音が聞こえてきた。そのうち彼女は，友人がEメールの返事を書いていることに気づいた。それも，苦しんでいる彼女に話をしながらであった。会話が続くにつれて，彼の言葉はますます空しく，的はずれのものとなった。電話を切ったあと，彼女は，そもそも彼が電話をしてこなければよかったのにと思うほど惨めな気持ちになった。彼女はまさに，哲学者のマルティン=ブーバーが「わたし―それ」と呼んだ相互関係を経験したのであった。

❷ ブーバーによると，「わたし―それ」という相互関係では，人は相手の主観的現実と通じあうことも，それを理解することもない。言い換えると，その人は相手に対して本当の共感をまったく抱いていない。心のつながりがないことは，電話を受けた人から見れば，あまりにも明らかであろう。<u>その友人は，姉を亡くした女性に電話をかけ，同情の意を表さなければいけないとたぶん感じたのであろう。しかし，十分な心のつながりがなかったために，その電話は口先だけの見せかけの行為になった</u>。心理学者は，他人へのこのような冷たい接し方に対して「代理的」という言葉を使う。私が「代理的」であるのは，あなたの感情のことはまったく気にとめずに，私があなたから望むことのみを気にかけるときである。そのような自己中心的な状態は，「交流」，つまり，あなたの感情が私にとって重要であるだけでなく，私を変えてしまうほど高い相互共感にある状態と対照をなしている。われわれは交流の状態にある間は，互いにフィードバックしあう円環の中にとどまる。しかし，代理的である瞬間には，われわれはつながりを失う。

❸ 他の仕事や関心事に注意が断たれると，話をしている相手に対して残しておいた遠慮がなくなっていき，その結果，会話は機械的になってしまい，会話をそつなく進めていくだけの注意しか払わなくなる。より多くの配慮が求められる状況では，その結果は「心が離れた」感じのする言葉のやりとりになるであろう。関心事がいくつも重なると，お決まりの型を超えるいかなる会話も駄目になる。感情的に悩ましい領域に会話が入ったときには特にそうである。寛大に評すれば，他の作業をしながら同情を示す電話をかけてきたその人は，傷つけようというつもりはなかったのかもしれない。しかし，複数の作業をしていて，その混在した行動に話すという作業がさらに加わると，われわれはすぐに「それ」状態に入り込む。

❹ また別の形の相互関係もある。私がレストランで小耳に挟んだ話を例に挙げよう。「うちの兄は女性にものすごく運がないんだ。彼は専門的な技術はとてもいいものをもっているんだけど，社交的な技術がまったくないんだよ。最近，彼はお見合いパーティに挑戦していてね。独身女性たちがテーブルに座り，男性たちがテーブルからテーブルへと移動し，きっかり５分間話をする。そして，お互いを評価してつきあいたいかどうかを伝える。もしつきあいたいなら，男女は別の機会に会う手はずを整えるためにＥメールアドレスを交換しあうんだよ。でも，うちの兄は自分のチャンスをつぶしてしまうのさ。彼がどうするのかはよくわかっているよ。彼は，座るとすぐに休みなく自分のことを話し始めるんだ。きっと彼は女性に１つも質問をすることがないだろうな。彼はどの女性にも，もう一度会いたいと言ってもらったことがないんだ」

❺ 同じ理由で，オペラ歌手のアリソン=チャーニーは独身のとき，「デート・テスト」を行った。彼女のデート相手が「あなた」という言葉が入った質問を彼女にするまでにかかった時間を，彼女は測ったのである。彼女が１年後に結婚することになったアダム=エプスタインとの初デートで，彼女は時計をスタートさせる時間さえ必要としなかった。彼はすぐにテストに合格したのである。その「テスト」は，人の調和の能力，つまり別の人の内なる現実に入り込み，それを理解することを望む能力を求めている。この種の共感的なつながりは，「わたし—あなた」と呼ばれる。

❻ ブーバーが関係性の哲学に関する本の中で述べたように，「わたし—あなた」は特別なつながりで，夫婦間や家族間や友人間でしばしばみられる——もちろん常にというわけではないが——調和のとれた親密さである。「わたし—あなた」の日常的な状態は，単純な尊敬と丁寧さから愛情と賞賛へ，そしてわれわれが愛情を示す無数の方法にまで及んでいる。

❼「わたし—それ」という関係性の感情的な無関心やよそよそしさは，調和のとれた「わたし—あなた」と正反対である。「わたし—それ」という状態にあるとき，われわれは他者を他の目的のための手段として扱う。それに対して，「わたし—あなた」の状態においては，他者との関係はそれ自体が目的となる。

❽「それ」と「あなた」との間の境界は流動的である。すべての「あなた」はときには「それ」になることがある。すべての「それ」には「あなた」になる可能性がある。われわれが「あなた」として扱われたいと思うときに，「それ」として扱われることは，あの口先だけの電話で起こったのと同じように，不愉快に感じられる。そのような瞬間，「あなた」は「それ」に変わる。共感によって「わたし—あなた」という関係へのドアが開かれる。われわれはうわべだけで反応するのではない。ブーバーが述べたように，「わたし—あなた」は「存在のすべてをもってのみ語られ

うる」のである。「わたし―あなた」という関係の決定的な特質は，「感じられていると感じること」，つまり，誰かが真の共感の的になったときに生じる独特な感情である。そのような瞬間，われわれがどのように感じているかを相手が知ってくれたと感じ，その結果，われわれは相手に知ってもらったと感じるのである。

対人関係において，相手を共感的に理解することの重要性を説いた英文である。

各段落の要旨

❶ 哲学者マルティン=ブーバーが呼ぶところの “I-It” の関係（＝表面的な見せかけの共感によるつながり）の具体例の紹介。
❷ “I-It” の関係についての心理学的考察。「代理的」（“agentic”）と「交流」（“communion”）という対照的な専門用語の説明。
❸ 相手に対して悪意はないのに，「それ」（“It”）状態に陥ってしまう条件の提示。
❹ “I-It” の関係であると考えられるもう１つの具体例の紹介。
❺ “I-You” の関係（＝共感によるつながり）の具体例の紹介。
❻ “I-You” の関係についての説明。
❼ “I-It” の関係と “I-You” の関係の比較対照。
❽ “I-You” の関係を築き上げるために不可欠なもの，および，この関係がもたらすものの提示。

解　説

問１ **The friend may well have felt obliged to call and express his sympathy to the woman whose sister had died, but his lack of a full emotional connection made the call a hollow gesture.**

▶ ２つの節からなる重文である。前半は完了形助動詞と feel obliged to … の訳に注意し，後半は無生物が主語の SVOC（第５文型）の訳に注意すること。

▶ may well have felt は，may well 〜「たぶん〜だろう」と may have felt 〜「〜を感じたのかもしれない」（過去への推量）が組み合わさったもの。

▶ feel obliged to call and express … の call と express はともに to につながっており，「電話をかけて…を述べなければならないと感じている」ということ。express *one's* sympathy to 〜 は「〜に哀悼の意を表する，〜にお悔やみを述べる」の意。

語句　emotional connection「心情的な（心の）つながり」 hollow「口先だけの，空虚な」 gesture「意思表示（行為）」

問２ ▶下線部を直訳すると「彼女は時計をスタートさせる時間すらなかった――彼はそのテストにすぐ合格したのだ」となる。

▶まず，この「テスト」がどういうものかを前文（第５段第１文）の「デート・テスト」の説明から読み取ろう。

▶「デート相手が,『あなた』という言葉を含む質問をしてくるまでの時間を測る」というのが,このテストの内容。

▶その時間を測る時計をスタートさせる間もなく,彼がテストに合格したというのだから,「デート相手が『あなた』という言葉を含む質問をすぐにしてきた」という内容の答案を作成すればよいことがわかる。

▶「30字程度」とあるので,字数は30字プラスマイナス5字の範囲でまとめたい。

問3 ▶“I-You”の関係についてこの設問で求められている事柄は,最終段に述べられている。

▶最終段第5文で,“I-You”の関係にはempathy「共感」が必要であることが述べられ,続く第6文では「『わたし―あなた』は『存在のすべてをもってのみ語られうる』のである」と書かれている。さらに第7文には,「(相手に)感じられていると感じることが,この関係の特質である」とある。

▶そして最終文で,「そのようなとき,相手は話し手がどう感じているかを知り,ゆえに話し手は相手にわかってもらえたと感じる」と述べられている。この最後の部分が,設問文の「その時相手はどのような気持ちになるか」に対応する部分。

▶以上を60字以内になるようにまとめればよい。

問4　正解はハ

▶空所(A)を含む段落は,女性に運のない男性の例を紹介したところ。この男性は,社交的な技術がまったくなく,お見合いパーティに出席しても自分のことを一方的にまくしたてるという。

▶相手に対する関心のかけらも見せないこのような男性に,女性がもう一度会いたいと思うとは考えにくいので,ハが最適。

問5　正解はロ

▶相手を物扱いし共感的理解を欠く“I-It”の関係に対し,“I-You”の関係は相手を思いやり共感的理解を持つ。この概念を基本に,空所前後の語句から,2者のどちらであるかを判断していく。

▶それぞれの決め手となる表現と,空欄に入る語句は以下のとおり。

(B):indifference and remoteness「無関心やよそよそしさ」→I-It

(C):attuned「調和のとれた」→I-You

(D):treat other people as means to some other end「他者を他の目的のための手段として扱う」→I-It

(E)：our relationship with them becomes an end in itself「他者との関係はそれ自体が目的となる」→I-You

問6　正解はⅡ

▶補う英文中に使用されている語句や表現と，空所Ⅰ～Ⅳの前後で使用されている語句・表現との結びつきをチェックして補う箇所の見当をつけ，その位置で文脈に合うかどうかを確認しよう。

▶補う英文の1文目は，That egocentric mode「そのような自己中心的な状態」で始まっている。さらに3文目では，moments of agency「代理的である瞬間」という表現がみられる。

▶したがってこの英文は，"I-It" の関係について述べられており，agentic「代理的な」という心理学用語も紹介されている箇所，つまり，空所Ⅱに入れるのが最も適切であると言える。

解答

問1　その友人は，姉を亡くした女性に電話をかけ，同情の意を表さなければいけないとたぶん感じたのであろう。しかし，十分な心のつながりがなかったために，その電話は口先だけの見せかけの行為になった。

問2　会うとすぐに，彼が「あなた」という言葉を使った質問をしてくれたこと。(34字)

問3　うわべだけではなく心の底から相手に共感することが重要で，そうすれば相手は「自分は理解されているのだ」という気持ちになる。(60字)

問4　ハ

問5　ロ

問6　Ⅱ

29

2008年度〔2〕

次の英文を読み，下の問いに答えなさい。（*を付した語には，問題文の末尾に注がある。）

In just one species, our species, a new trick evolved : language. It has provided us a broad highway of knowledge-sharing, on every topic. Conversation unites us, in spite of our different languages. We can all know quite a lot about what it is like to be a Vietnamese fisherman or a Bulgarian taxi driver, an eighty-year-old nun or a five-year-old boy blind from birth, a chess master or an airplane pilot. (1)No matter how different from one another we people are, scattered around the globe, we have the capacity to explore our differences and communicate about them. No matter how similar to one another cows are, standing shoulder to shoulder in a herd, they cannot know much of anything about their similarities, (　A　) their differences, because they can't compare notes. They can have similar experiences, side by side, but they really can't share experiences the way we do.

Even in our species, it has taken thousands of years of communication for us to begin to find the keys to our own identities. (2)It has been only a few hundred years that we've known that we are mammals, and only a few decades that we've understood in considerable detail how we have evolved, along with all other living things, from simple beginnings. We are outnumbered on this planet by our distant cousins, the ants, and outweighed by yet more distant relatives, the bacteria. Though we are in the minority, our capacity for long-distance knowledge gives us powers that rise above the powers of all the rest of the life on the planet. Now, for the first time in its billions of years of history, our planet is protected by far-seeing security guards, able to anticipate danger from the distant future—a comet on a collision course, or global warming—and devise schemes for doing something about it. (3)The planet has finally grown its own brain : us.

We may not be up to the job. We may destroy the planet (　B　) saving it, largely because we are such free-thinking, creative, restless explorers and adventurers, so unlike the billions and billions of cells that compose us—slavish workers laboring without knowing or caring who we are or, for that matter, what *they* are. Brains are for anticipating the future, so that timely steps can be taken in better directions, but even the smartest of beasts have very limited foresight, and little if any ability to imagine alternative worlds. We human beings, in contrast, have discovered (4)<u>the mixed blessing</u> of being able to think even about our own deaths and beyond. A huge portion of our energy expenditure* over the last ten thousand years has been devoted to relieving the concerns provoked by this unsettling new perspective that we alone have.

If you burn more calories than you take in, you soon die. If you find some tricks that provide you with more than enough calories, what might you spend them on ? You might devote decades of labor by a huge number of individuals to building temples and tombs, and fires on which you destroy some of your most precious possessions as sacrifices—and even some of your very own children. Why on earth would you want to do that ? These strange and awful expenditures give us clues about some of the hidden costs of our heightened powers of imagination. (5)<u>We did not acquire our knowledge painlessly</u>.

注 expenditure：消費，浪費

1 下線部(1)を和訳しなさい。

2 下線部(2)を和訳しなさい。

3 下線部(3)について，人間が地球の脳であるとはどのような意味か，第2段落全体の内容をふまえて60字以内の日本語（句読点を含む）で説明しなさい。

4 下線部(4)の意味として最も適切なものを下の選択肢イ〜ニから選び，その記号を解答欄に書きなさい。

イ 様々な意味で幸福なこと

ロ ありがたくもあり，迷惑でもあること

ハ 悲惨な状況に陥ること

ニ 思いもよらない幸運に恵まれること

5　問題文全体の内容をふまえて，下線部(5)の意味を100字以内の日本語（句読点を含む）で説明しなさい。その際，次のキーワードをすべて少なくとも一度ずつ用いること。

【言語，知識，未来，想像力，犠牲】

6　空欄(A)と(B)に入れるのに最も適切な語句を下の選択肢イ〜ニから選び，その記号をそれぞれ解答欄に書きなさい。((A)と(B)に同一の選択肢を入れてはならない。)

イ　instead of　　ロ　at once　　ハ　let alone　　ニ　by far

全　訳

■言語獲得の代償

❶ わずか一つの種，われわれの種，すなわち，人類において新しい技巧が生まれた。つまり，言語である。それは，どんな話題についても知識を共有するための，広い幹線道路をわれわれに与えてくれた。会話は言語の違いにもかかわらず，われわれを結びつける。われわれはみな，ベトナム人の漁師やブルガリア人のタクシー運転手，80歳の尼僧や生まれつき目が見えない5歳の少年，チェスの名人や飛行機のパイロットなどがどのようなものであるかについて，かなり多くを知ることができる。(1)われわれ人間が世界中に散らばり，どれほどお互いに異なっていようとも，われわれにはその違いを探り，それらについて情報を伝え合う能力がある。牛は群れの中で肩を触れ合って，どれほどお互いに似ていようと，自分たちの違いはおろか，自分たちの類似点についてもあまり多くのことを知ることはできない。なぜなら，牛は意見を述べ合うことができないからである。牛は並び合って，似たような経験をすることはできるが，われわれのように経験を共有することは実のところできない。

❷ 人類においてさえ，われわれが自分自身のアイデンティティを知る鍵を見つけ始めるには数千年もの意思伝達が必要であった。(2)われわれが自分たちはほ乳類であると知ったのは，わずか数百年前のことであり，われわれがいかにして単純な始まりから，他のあらゆる動物とともに進化してきたかをかなり詳細に理解したのは，わずか数十年前のことである。われわれは，この惑星での遠い親類であるアリに数では負けているし，さらにもっと遠い親類のバクテリアには重要性で負けている。われわれは少数派であるけれども，広範囲にわたる知識をもつという能力によって，地球上の他の生物すべての力よりも高いところに位置する力を与えられている。今

や，数十億年にわたる歴史の中で初めて，地球は先見の明のある見張りに守られているのである。その見張りは，衝突軌道上のすい星や地球温暖化など，遠い未来の危険を予測し，それに対して何か方策を立てる能力がある。地球はついに自らの脳を育てたのである。それがわれわれ人類なのである。

❸ われわれはその任に耐えられないかもしれない。われわれは地球を救う代わりに破壊するかもしれない。その主な理由は，われわれが非常に自由な発想と創造性をもった，休むことのない探検家であり，冒険家であるからだ。それは，われわれを構成する莫大な数の細胞とはまったく異なったものである。細胞は奴隷のような労働者で，われわれが何者なのか，またさらに言えば，「自分たち」が何なのかを知らず，気にもしないで働いている。脳は未来を予測するためにあり，その結果，よりよい方向へ向けて時宜を得た方策がとられ得る。しかし動物は，もっとも利口なものでさえ，ごく限られた見通ししかもたず，別世界のことを想像する能力は，あったとしてもごくわずかである。対照的に，われわれ人間は，己の死やその先のことでさえも考えることができるという，ありがたくもあり，迷惑でもあることを発見した。過去1万年間にわたって費やされてきたわれわれの労力の大部分は，われわれに固有のやっかいなこの新しい見通しが引き起こす，懸念を和らげるのに捧げられてきた。

❹ 摂取した以上のカロリーを燃やせば，人はすぐに死ぬだろう。もし十分である以上のカロリーが得られるような方法を見つけたら，そのカロリーを何に費やすだろうか？　何十年にも及ぶ膨大な人数の労働をつぎこんで，寺院や墓を建てるかもしれないし，火を点けて自分の最も大切な持ち物や，ときには自分自身の子供たちすらをも生贄にして滅ぼしてしまうかもしれない。一体なぜ人はそのようなことをしたいと思うのだろうか？　これらの不可解かつすさまじい浪費は，すぐれた想像力の隠された犠牲に関する手がかりをわれわれに与えてくれる。われわれは苦痛なく知識を獲得したわけではないのである。

人類と言語についての論説文。哲学的に述べられているので少し難しいかもしれない。

各段落の要旨

❶ 数多くの種の中で，人類のみに進化の過程で言語が誕生した（→その結果，人間は情報を伝達し合うことができる）。

❷ 人間には広範囲にわたる知識をもつという能力がある（→よって地球は，人類という頭脳を得たと言える）。

❸ 動物とは異なり，未来を予測し懸念する能力（想像力）が人間にはある（→しかし，この能力は人間にとってありがたくもあり，迷惑でもある）。

❹ 想像力の代わりに支払った代償は，不可解かつすさまじい浪費を手がかりに理解できる（→人類の知識は苦痛なしに手に入ったものではない）。

解　説

問1　No matter how different from one another we people are, scattered around the globe, we have the capacity to explore our differences and communicate about them.

▶ No matter how different from～「～といかに異なっていようとも」の譲歩構文で始まる副詞節は globe まで。scattered around the globe の部分は付帯状況を表す分詞構文。

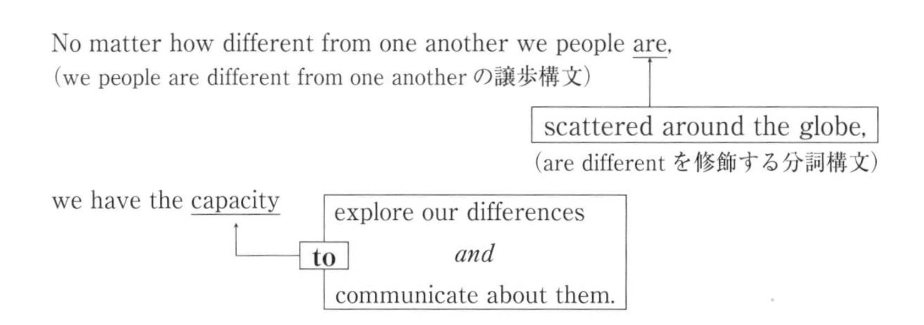

▶下線部直後の英文も同じ構造をしている。分詞構文の挿入句が修飾している箇所も同じである。比較検討してみよう。

語句　scattered「(広範囲に) 散らばった，点在している」 explore「～を探求する」 differences「違い，相違点」 communicate「情報を伝え合う」

問2　It has been only a few hundred years that we've known that we are mammals, and only a few decades that we've understood in considerable detail how we have evolved, along with all other living things, from simple beginnings.

▶強調構文であることをまず把握したい。has been 以下の部分が2つに分かれ，複数の副詞句が挿入されているので，修飾関係を正しく把握することがポイント。

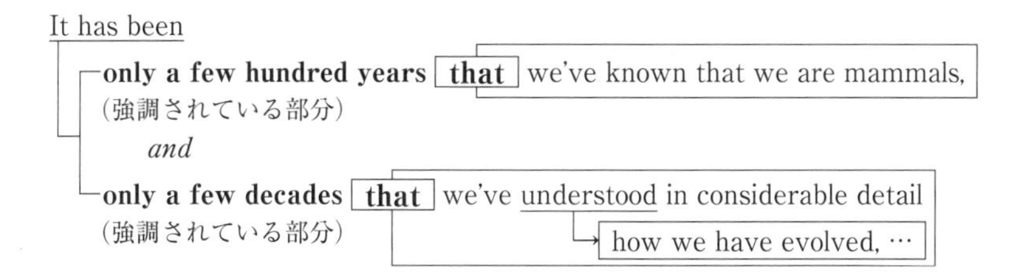

語句 mammal「ほ乳類」 considerable「かなりの」 along with～「～と一緒に」

問3 ▶「地球はついに自らの脳，つまりわれわれ人類を育てたのである」という下線部の意味を説明している部分は，直前にある。

▶下線部(3)の直前の文に出てくる far-seeing security guards「先見の明のある見張り」とは，「人類」のことである。ここで「地球はその長い歴史で初めてその見張り（人類）に守られ，遠い未来の危険を予測し，その危険について何か手を打つことができる」と述べられている。

▶下線部は，危険を予測し方策を考案することのできる高い知能をもつ人類を，地球の頭脳にたとえた比喩表現。

問4 正解はロ

▶ the mixed blessing は「混じり合った恩恵」が直訳。ここでは具体的に何が「混じり合っている」のかを考えていこう。

▶下線部の前の第3段第3文に「人間は将来を予測し適切な措置を講じることができる」とある。これは「ありがたいこと」である。

▶ところが，下線部の直後には「人間は己の死やその先のことについても考えることができる」とあり，続く第3段最終文から，その予見能力は unsettling「心を乱す，やっかいな」ものでもあることがわかる。

▶したがって，ロが最適。mixed blessing は「よくもあり悪くもあること」という意味で一般的にも用いられる表現。

問5 ▶下線部は「われわれは苦痛なくその知識を得たわけではない」という意味だが，ここでの「苦痛」とは，同じ段の sacrifices「生け贄，犠牲」や costs「代償，犠牲」といった語で表されている。死に対する人間の想像力のために，人は理不尽な犠牲や代償を払う可能性があることを，筆者は述べている。

▶使うべきキーワードがそれぞれ本文のどこで，どのような文脈で使用されているのかを見ておこう。

「言語」：第1段第1文（人間のみが「言語」を得た）
「知識」：第1段第2文（人間は言語によってあらゆる「知識」を共有している）
「未来」：第2段第5文（人間は遠い「未来」の危機を予測できる）
「想像力」，「犠牲」：第4段第5文（人間のすぐれた「想像力」の，隠された「犠牲」に関する手がかりを与えてくれる）

問6 (A) 正解はハ

▶文法的に選択肢を絞り込み，文脈に合うか確認しよう。

▶空所の直前にコンマがあることに注意。基本的に let alone の前にはコンマが必要である。この時点で，選択肢の中では文法的に let alone が最適である。

▶ let alone は否定文で用いられ，not *A*, let alone *B*「*A* でなく，ましてや *B* ではない，*B* どころか *A* でもない」の意味。

▶続く because 以下の compare notes は「意見を交換する」という意味であり，ハを入れると文脈にも合う。牛は，「意見を述べ合うことができないため」に，「違いはおろか，類似点についてもあまり多くのことを知ることはできない」のである。

Ⓑ 正解はイ

▶(A)にハを選んだので，(B)にハは入らない。さらに，at once saving および by far saving という連結は文法的に不可。

▶よってイを入れると，instead of saving it（＝the planet）「この惑星を救う代わりに」となる。文脈面から見ても，「救う」と destroy the planet「この惑星を滅ぼす」が対比されることになり，これが最適。

解答

問1　われわれ人間が世界中に散らばり，どれほどお互いに異なっていようとも，われわれにはその違いを探り，それらについて情報を伝え合う能力がある。

問2　われわれが自分たちはほ乳類であると知ったのは，わずか数百年前のことであり，われわれがいかにして単純な始まりから，他のあらゆる動物とともに進化してきたかをかなり詳細に理解したのは，わずか数十年前のことである。

問3　人間は地球の一部分でしかないが，地球の将来の危険を予測し，対策を立てるための知能をもつ唯一の生物だということ。(55 字)

問4　ロ

問5　人間は言語の獲得によって大量の知識を共有し，未来を予測できるようになった。だが同時に，死後の世界にまで及ぶ想像力のために，かえって不安が生まれたので，さまざまな犠牲を払わねばならなくなったということ。(100 字)

問6　Ⓐ—ハ　Ⓑ—イ

30

2007年度〔1〕

次の英文を読み，下の問いに答えなさい。

There is an idea current in the prevailing culture that writing about something that pains you heals the pain. I was not, when I began writing my life story, and am not now, healed of my mother. But you do gain a small distance from anything by keeping it in suspension in your mind while you work at finding the words to fit it. The process is so slow that you don't notice its effect, but the point is that it is a process. I found out when I was a little girl that if you're crying uncontrollably and want to stop, the thing is to do something useful with your tears — water a plant, say. They'll dry up (A) themselves. The same happens when you try to make sentences out of painful material : the material lightens as it is put to work.

(1)This relief to the individual is justification enough for revealing oneself in some cultures. But not in Ireland. In Ireland there are punishments for speaking out — on the lowest level by sour murmurs behind your back that you're in it for the money, and on a much more serious level by reproach for breaking the agreement that previous generations kept untouched. *How could you do it to your poor mother?* they say. *Couldn't you have left the poor woman her good name? What right have other people to know what went on behind closed doors in your family?* The lid was kept on in Ireland, no matter what. Everyone might know that he beats her or she steals from shops or they've been up to Dublin for cancer tests, but as long as nothing is spoken, all concerned can hold their heads up and chat away with the neighbors, standing around after church on a Sunday. (2)Silence was the defensive strategy of a people who did not believe situations can be changed and did not imagine they could ever get away from each other. And it made a kind of sense — at least everyone concerned kept a bit of dignity. My father took this line about my mother's alcoholism ; it wasn't there if it wasn't spoken about. This did in fact keep open the possibility of her behaving well, and in the last years of his life he took her on a few holidays abroad, and she, freed from any hint of being a mother, for once not bored, and having him all to herself, loved every moment of those escapes.

I wasn't an expert in (3)denial like he was. Nor, of course, did I understand the context in which he saw her, or have access to his memories of her as a young woman and his lifelong private knowledge of her. I wanted to talk straight out about the harm she did, once he and romance betrayed her, and about how he had not prevented the harm. I didn't need permission from the family to do that — none of us ever do ask the others for permission for anything. (B), even an apparently flexible family is a family, and I needed to introduce my project in some better way than just sending my brothers and sisters copies of the finished book. So at draft stage I visited the three older women — girls, as I always think of them, and as they're always called — approaching each in a different tone, just as they use different tones with me. Their network of contacts and influence elsewhere in the larger family group made them (C) of the whole nine.

1 下線部(1)について，“relief”がもたらされるのはなぜか，40字以内の日本語（句読点を含む）で説明しなさい。

2 下線部(2)を和訳しなさい。

3 下線部(3)はどのようなことを意味しているか，日本語で説明しなさい。

4 筆者の母親はどのような人物で，筆者にどのような影響を与えたのか，80字以内の日本語（句読点を含む）で述べなさい。

5 空欄（ A ）に入れるのに最も適切な単語を下の選択肢イ～ニから選び，その記号を解答欄に書きなさい。

イ by　　ロ for　　ハ in　　ニ of

6 空欄（ B ）に入れるのに最も適切な単語を下の選択肢イ～ニから選び，その記号を解答欄に書きなさい。

イ Although　　ロ Because　　ハ Nevertheless　　ニ Therefore

7 空欄（ C ）に入れるのに最も適切な単語を下の選択肢イ～ニから選び，その記号を解答欄に書きなさい。

イ participants　　ロ protesters

ハ representatives　　ニ spies

全 訳

■辛い思い出を文章にすると癒されるか？

❶ 一般的な文化に流布している考えで，苦痛を与えるものについて書くことは，その苦痛を癒してくれるという考えがある。私は自分の半生記を書き始めたときも，また現在も，母について癒されたことがない。しかし，何であれ，それを的確に表す言葉を探そうと努めている間は，そのことについては心の中で保留にしておけば，確かにその物事から少しの距離をおくことができる。その過程はとてもゆっくりしたものなので，その効果に気づくことはないが，重要なのはそれが過程だということである。私が幼い少女の頃に気づいたのは，もしどうしようもなく泣いていて泣きやみたいと思うなら，涙で何か役立つことをすればよいということである。たとえば，植物に水を与えるといったことである。涙はひとりでに乾くであろう。辛い題材から文章を作ろうとするときにも同じことは起こる。つまり，その題材は文章にされると軽くなるのである。

❷ 個人にとってのこのような苦痛の軽減は，文化によっては自分自身をあからさまに出す理由として十分に正当なものである。しかし，アイルランドではそうではない。アイルランドでは，はっきりと話すことには罰が伴う。最も低いレベルでは，あなたがお金のためにそれに加わったと陰で意地悪くささやかれ，より深刻なレベルでは，以前の世代が手をつけないままにしていた約束事を破ったと非難される。どうやってかわいそうな自分の母親にそんなことができるのか，と人々は言う。そのかわいそうな女性によい評判を残してあげることはできなかったのか。他の人に，閉じられた扉の裏で，家族の中に起こることを知るどのような権利があるのだろうか，と。アイルランドでは何であれ，ふたはかぶせられたままであった。彼が彼女をたたいているとか，彼女が店から物を盗んでいるとか，彼らががんの検査のためにダブリンへ行ったなどということは，みなが知っているかもしれない。しかし，何も語られない限り，関係者はみな胸を張り，日曜日に教会での祈りのあと隣人と立ち話を続けることができる。沈黙は，状況を変えることはできないと思い込み，相手から逃げられるとは想像もしなかった民族の防衛手段だった。そして，それはある程度うなずけるものだった。少なくとも関係者は全員，多少の威厳を保ったのだから。私の父は母のアルコール依存症にこのような方針をとった。つまり，話題にあがらないならば，それは存在しないのであった。実際，このおかげで母が行儀よくふるまう可能性が開かれていたのであった。父は人生最後の数年間，母を数回海外での休暇に連れて行き，母は母親であるという意識から完全に解放され，そのときばかりはまったく退屈することもなく，父を独占できたため，その逃避のすべ

ての瞬間をいたく気に入ったのであった。

❸ 私は父のような否定の達人ではなかった。もちろん，私には父が母を見ていた状況を理解もできなかったし，父が覚えている若かりしころの母の思い出や，父がずっと覚えている，母について個人的に知っている事柄を，知るよしもなかった。父と恋愛に裏切られるやいなや母が加えた危害について，また父がその危害を未然に防ごうとしなかったことについて，私は率直に話したかった。私はそうするのに家族から許可を得る必要はなかった。私たちの家族のだれも何かを行うのに他の家族から許可を求めたりは決してしないのである。それでもやはり，見た目にはゆるい家族でも家族であり，私には，ただ兄弟や姉妹にできあがった本を送るよりもましなやり方で計画を知らせる必要があった。そこで，私は草稿の段階で３人の姉たち――私は彼女たちをつねにおねえちゃんと思い，彼女たちはつねにおねえちゃんと呼ばれているのだが――を訪れ，ちょうど彼女たちが私に対して異なった口調を使うのと同じように，それぞれに対して異なった口調で話しかけたのであった。親戚グループの中で，連絡を取り合い，影響し合う人脈をもっていたので，彼女たちは９人すべての代表者となったのであった。

英文は，筆者が少女時代の辛い思い出を回想し，それを書くことによって辛さを和らげようとする過程を述べたエッセイで，筆者の人生論が語られている。

各段落の要旨

❶ 一般的な文化においては，苦痛を与えるものについて書くと，その苦痛が癒される（→筆者の考えが述べられており，英文の主題でもある）。

❷ しかしアイルランドの文化では，あからさまに言うことには罰が伴う。筆者の父親は，筆者の母親に関して否認を続けた（→第１段で述べられた一般論にそぐわない特殊事例であり，第１段とは対照をなす。起承転結で言うならば「転」の部分）。

❸ 筆者は自分の父親と母親について率直に書こうと考え，３人の姉たちだけにそのことを伝えた（→筆者の真意。第２段からさらに転じて，結局，第１段の主題に帰着していく）。

解　説

問１　▶まずは，下線部が含まれた英文の意味をつかもう。→<u>This relief</u> to the individual is justification enough for revealing oneself in some cultures.「個人にとっての<u>この苦痛の軽減</u>は，文化によっては，自分をあからさまに出すことの十分正当な理由になっている」

▶次に，「なぜ苦痛が軽減されるのか」について書かれている箇所を探そう。<u>該当箇所は第１段第３文</u>。But you do gain a small distance from anything by keeping it in suspension in your mind while you work at finding the words to fit it.

「しかし，何であれ，それを適切に表す言葉を見つけようとしている間は，心の中にそれを保留しておくことによって，確かに少しの距離をとるのだ」

※辛いことを言葉で表す作業というのは，ある程度の距離をおいて客観的に見ないとできない作業である。

ここでの anything は第 1 文の something that pains you を指す。肯定文での anything は「それが何であろうと」という意味が加わる。words to fit it「それを的確に表す言葉」の it は anything を指す。

▶最後に，第 1 段第 3 文を，40 字以内にまとめよう。制限字数が少ないので，実はこの作業が結構難しい。

語句 keep *A* in suspension「*A* を保留にしておく」 work at *doing*「～することに取り組む，～しようと努力する」

問 2 Silence was the defensive strategy of a people who did not believe situations can be changed and did not imagine they could ever get away from each other. And it made a kind of sense — at least everyone concerned kept a bit of dignity.

▶第 1 文は，people の前の不定冠詞に注意。a people で「一民族」の意となる。また，believe と imagine の後には接続詞 that が省かれている。can が現在形なのは，この部分が普遍的真理とみなされているから。ever は not を強調するために使われている。did not imagine they could ever get away は，「逃れられるとは絶対に想像していなかった」ということ。

▶第 2 文の it は第 1 文全体を指し示している。ダッシュ以下は，ダッシュの前の部分を補足説明したもの。

語句 defensive strategy「防衛戦略，防衛方法，防衛手段」 get away from～「～から逃れる」 make sense「意味をなす，理にかなう，納得がいく，うなずける」 a kind of～「多少の～，幾分の～，ある程度の～」 everyone concerned「関係者全員」 a bit of dignity「少しばかりの威厳」

問 3 ▶まずは下線部を含む英文の意味を把握しよう。I wasn't an expert in denial like he was.「私は否定において父のようには専門家ではなかった」→「私は父と違って否定するのが上手ではなかった」

▶次に何を denial「否定，否認」するのかを考えてみよう。筆者の父親は上手だったという denial だが，これは第 2 段の下線部(2)の後に述べられている「母親のアルコール依存症に関して父親がとった方針」，つまり「自分の妻がアルコール依存症だという事実を認めず，ひたすら否定し続けてその事実が存在しないものとしてしまったこと」だということがわかる。

問4　▶筆者が母親について述べた箇所を文中に探そう。

●第1段第2文：筆者は昔も今も，母親について癒されたことはない。(筆者に与えた影響)
●第1段後半　：筆者が辛かったのはおそらく母親のせいであろうと推測できる。筆者はしかし，そのときの体験から，辛いことを率直に認めてそれを表現すれば，その辛さが和らぐと考えるに至った。(筆者に与えた影響)
●第2段後半　：母親はアルコール依存症だった。
●第3段第3文：母親が夫（筆者の父親）に裏切られたとき彼女は（周囲に）危害を加えた。

▶上の下線部をまとめて，筆者の母親は「どのような人物」で「筆者にどのような影響を与えたのか」を，80字以内にまとめればよい。制限字数内に収めるにはかなり枝葉を切りつめる必要があり，「筆者に与えた影響」の部分をどうまとめるかで，若干解答が変わってくる。解答例として3通り提示しておく。

問5　正解は　イまたは二

▶ by〔of〕*oneself* で「ひとりでに」の意。for *oneself*「独力で」，in *oneself*「それ自体」はともに文脈に合わない。

問6　正解はハ

▶空所直前の文で「家族の許可は必要なかった」と述べ，空所の直後に「(　B　) 一見ゆるいようでも家族は家族」とあり，さらに次文（So at draft stage …）で「そこで草稿の段階で3人の姉たちを訪ね…」とある。「*X*：許可は必要なかった」のに「*Y*：姉の許可を求めた」という逆接関係から，「*X* なのに *Y*，*X* にもかかわらず *Y*」という意味になるよう Nevertheless を入れる。

語句　flexible family「(考え方が) 柔軟な家族，融通のきく家族」

問7　正解はハ

▶筆者は3人の姉たちに何を期待したのかを考えればよい。
→母親のことを公表するにあたって親族の同意・了承を得るために，人脈と強い影響力をもっている3人の姉を，一族9人の意見を代表する者たち（＝representatives）に選んだということ。

問1　的確に表す言葉を探そうとする過程で，辛い物事から距離をおくことができるから。(38字)

問2　沈黙は，状況を変えることはできないと思い込み，相手から逃げられるとは想像もしなかった民族の防衛手段だった。そして，それはある程度うなずけるものだった。少なくとも関係者は全員，多少の威厳を保ったのだから。

問3　事実を認めずにひたすら否定し続け，その事実を存在しないものにしてしまうこと。

問4　〈解答例1〉母親はアルコール依存症で時に暴力をふるい，そのために幼い筆者は辛い思いをしたが，その体験から筆者は，辛い体験は言葉で表現すると軽減されると考えるようになった。(79字)

〈解答例2〉筆者の母親はアルコール依存症にかかっており，夫に裏切られたときは周囲に危害を加えた。そのために筆者は心に傷を負い，その傷は現在に至るまで癒されていない。(76字)

〈解答例3〉アルコール依存症にかかり，夫に裏切られたときは周囲に危害を加えた。幼い筆者は深く傷ついたが，辛いことは率直に認めて外に出せば軽減されることを体験から学んだ。(78字)

問5　イまたはニ

問6　ハ

問7　ハ

解答

31

2007年度〔2〕

次の英文を読み，下の問いに答えなさい。

Contrary to popular belief, researchers have found that men gossip just as much as women. In one English study, both sexes devoted the same amount of conversation time (about 65 per cent) to social topics such as personal relationships; in another, the difference was found to be quite small, with gossip accounting for 55 per cent of male conversation time and 67 per cent of female time. As sport and leisure have been shown to occupy about 10 per cent of conversation time, (1)discussion of football could well account for the difference. (2)Men were certainly found to be no more likely than women to discuss "important" or "sophisticated" subjects such as politics, work, art and cultural matters — except (and this was a striking difference) when women were present. On their own, men gossip, with no more than five per cent of conversation time devoted to non-social subjects such as work or politics. It is only in mixed-sex groups, where there are women to impress, that the proportion of male conversation time devoted to these more "sophisticated" subjects (A) dramatically, to between 15 and 20 per cent.

In fact, recent research has revealed only one significant difference, in terms of content, between male and female gossip: men spend much more time talking about themselves. Of the total time devoted to conversation about social relationships, men spend two thirds talking about their own relationships, while women only talk about themselves one third of the time.

Despite (3)these findings, the myth is still widely believed, particularly among males, that men spend their conversations "solving the world's problems," while the womenfolk gossip in the kitchen. In my focus groups and interviews, most English males initially claimed that they did not gossip, while most of the females readily admitted that they did. On further questioning, however, the difference turned out to be more a matter of language than (B): what the women were happy to call "gossip," the men defined as "exchanging information."

Clearly, there is a sense of dishonor attached to gossip among English males,

(4)an unwritten rule to the effect that, even if what one is doing is gossiping, it should be called something else. Perhaps even more important : it should sound like something else. In my gossip research, I found that the main difference between male and female gossip is that female gossip actually sounds like gossip.

1　下線部(1)はどういうことか，日本語で説明しなさい。

2　下線部(2)を和訳しなさい。

3　下線部(3)の内容を50字以内の日本語（句読点を含む）で説明しなさい。

4　下線部(4)を和訳しなさい。

5　空欄（　A　）に入れるのに最も適切な単語を下の選択肢イ～ニから選び，その記号を解答欄に書きなさい。

イ　decreases　ロ　drops　ハ　increases　ニ　expands

6　空欄（　B　）に入れるのに最も適切な単語を下の選択肢イ～ニから選び，その記号を解答欄に書きなさい。

イ　impression　ロ　myth　ハ　practice　ニ　theory

全　訳

■男性もうわさ話が好き？

❶ 一般的に信じられているのとはうらはらに，研究者たちは，男性も女性と同じぐらいうわさ話をすることに気づいた。あるイギリスでの研究では，男女とも会話時間のうち同じだけの時間（約65パーセント）を，個人的な関係のような社交上の話題にあてていた。また別の研究では，その違いはごくわずかで，うわさ話は男性の会話の55パーセントを占め，女性の会話の67パーセントを占めていることがわかった。スポーツとレジャーが会話時間の約10パーセントを占めることがわかっているので，サッカーに関する議論がその差異の説明となる可能性が高い。

❷ (2)男性は，女性同様，政治，仕事，芸術，そして文化問題といった「重要」ま

たは「高尚」な話題について議論する可能性が低いことが確かにわかった。ただし，（これは顕著な違いであるが）女性がその場にいる場合を除いてである。女性がいないと，男性はうわさ話をする際に，仕事や政治のような社交とは無縁の話題に会話時間のわずか5パーセントしかあてない。男性による会話時間のうち，より「高尚な」これらの話題にあてられる割合が15〜20パーセントと劇的に跳ね上がるのは，注意を引きたい女性がいる，男女混合の集団の場合のみである。

❸ 実際，最近の調査によると，内容の点では男性と女性のうわさ話に顕著な違いは1つしかないことがわかった。それは，男性ははるかに多くの時間を自分自身について語るのに費やすということである。社交上の関係についての会話にあてられる総時間のうち，男性は自分自身の関係について語るのにその3分の2の時間を費やす一方，女性は自分についてはわずか3分の1の時間しか語らないのである。

❹ これらの発見にもかかわらず，男性は「世界の問題を解決する」ような会話を行うが，女性は台所でうわさ話をするという俗説が，特に男性の間では依然として広く信じられている。私が行った集団面接や個別面接では，イギリス人男性のほとんどはうわさ話をしないと最初は主張し，一方，女性のほとんどはうわさ話をするとすぐに認めた。しかしながら，さらに質問をしていくと，その違いは実際的というよりもむしろ言葉の問題であることがわかった。女性が喜んで「うわさ話」と呼んだものを男性は「情報交換」と定義したのであった。

❺ イギリスの男性の間ではうわさ話に不名誉感がつきまとっているのは明らかだ。それは，(4)たとえ自分がしていることがうわさ話であっても，何か別の呼び方をされるべきだという趣旨の不文律である。おそらくさらに重要なことは，それは何か別のもののように聞こえるべきだということである。私の行ったうわさ話に関する調査で，私は，男性と女性のうわさ話の主な違いは，女性のうわさ話は実際にうわさ話のように聞こえることだとわかった。

英文は，うわさ話について男女の違いを考察したエッセイ。

各段落の要旨

❶ イギリスのある研究によると，男性は女性と同じくらいうわさ話をする（→「男性も女性同様，うわさ話をする」ということで，これが英文の主題である）。

❷ 男性が高尚な話題について議論する可能性は女性同様低いが，注意を引きたい女性が同席しているとその可能性は途端に跳ね上がる（→男性のうわさ話の特徴その1）。

❸ 男性は自分について語るのに女性の倍の割合の時間を費やす（→男性のうわさ話の特徴その2）。

❹ 筆者の調査によると，女性が「うわさ話」と称したものを男性は「情報交換」と定義した（→男性のうわさ話の特徴その3）。

❺ 筆者の調査によると，男女のうわさ話の主な違いは，女性のうわさ話は確かにうわさ話のように聞こえるという点のみである（→男女のうわさ話の相違点に関する筆者の結論）。

解 説

問1 ▶以下の2点に注目。

①**第1段第2文**の with gossip 以下：うわさ話が会話に占めている割合＝男性：55パーセント／女性：67パーセント（その差12パーセント）

②**第1段第3文**：スポーツとレジャーが会話の10パーセントほどを占めている。

この2つの事実から，「12パーセントという差を占めているのはサッカー談義かもしれない」，ということが推測できる。

語句 could well *do*＝may well *do*＝be likely to *do*「～する可能性がある，～かもしれない」 account for ～①「～を説明する，～の理由(原因)となる」 ②「～を占める」(＝occupy) ここは②の意味と解釈する。

問2 Men were certainly found to be no more likely than women to discuss "important" or "sophisticated" subjects such as politics, work, art and cultural matters

▶以下の4種の構文・イディオムの組み合わせとして，とらえていく。

① be found to be ～「～だとわかる」 ② no more ～ than …「…同様～でない」

③ be likely to *do*「～する可能性がある」 ④ *A* such as *B*「*B*のような*A*，*B*といった*A*，*A*たとえば*B*」

問3 ▶ findings「発見したこと，わかったこと」について書かれてある事柄を文中から抜き出し，それをまとめる。

①第1段第1文の have found 以下：「男性も女性と同じぐらいうわさ話をする」

②第2段第1文（下線部(2)）の found 以下：「男性の議論のレベルは女性と同じ」（①の中にまとめることができる）

③第2段第3文：「女性がいると男性は高尚な話をし出す」

④第3段第1文後半のコロン以下：「男性は自分について語るのに女性より多くの時間を費やす」

以上を50字以内にまとめればよいが，制限字数が少ないので要点のみを簡潔にまとめること。

問4 an unwritten rule to the effect that, even if what one is doing is gossiping, it should be called something else

▶ここは a sense of dishonor … among English males を同格的に補足説明している部分。直前に which is を補って読んでもよい。

▶ even if what one is doing is gossiping「たとえやっていることがうわさ話であっても」は，to the effect に続く that 節中での従属副詞節。what は関係代名詞で，one は不特定の人間を表している。

▶ it は what one is doing（＝gossiping）を指している。

語句 unwritten rule「不文律，暗黙のルール」 to the effect that ～「～という趣旨の，～という内容の」

問 5　正解はハ

▶第 2 段第 2 文の no more than five per cent「わずか 5 パーセント」と第 3 文最後の between 15 and 20 per cent「15～20 パーセント」から，ハの increases「増加する」を選ぶ。

問 6　正解はハ

▶ more *A* than *B*「*B* というよりもむしろ *A*」（＝*A* rather than *B* / not so much *B* as *A*）という構文に注意。

▶ matter of ～は「～の問題」という意味。than の後に a matter of が省略されている。したがって，ここは「男女の間の差異は，（　B　）の問題というよりもむしろ言葉の問題である」となる。空欄Bの後に「女性が『うわさ話』と呼ぶものを男性は『情報交換』と定義した」とあるので，「実際・実践（practice）の問題というよりもむしろ言葉の問題である」と考えればよいとわかる。

解答

問 1　会話に占めるうわさ話の割合は，男性が女性よりも 12 パーセント少なかったが，この差異はサッカーに関する議論が原因かもしれない，ということ。
問 2　男性は，女性同様，政治，仕事，芸術，そして文化問題といった「重要」または「高尚」な話題について議論する可能性が低いことが確かにわかった。
問 3　男性が高尚な話をするのは女性がいるときだけで，実際にはうわさ話を好み，自分について語りたがること。(49 字)
問 4　たとえ自分がしていることがうわさ話であっても，何か別の呼び方をされるべきだという趣旨の不文律。
問 5　ハ
問 6　ハ

32

2006年度〔1〕

次の英文を読み，下の問いに答えなさい。（＊印を付けた単語には問題文の末尾に注がある。）

Hearing the results of the scan, my girlfriend Lisa and my mother could not keep from crying ; they sat in the lobby with tears running from their eyes. But (1)I was oddly unemotional. It had been a busy week, I thought to myself. I was diagnosed on a Wednesday, had surgery Thursday, was released Friday night, had a press conference announcing to the world that I had cancer on Monday morning, started chemo* on Monday afternoon. Now it was Thursday, and it was in my brain. This opponent was turning (イ) to be much tougher than I'd thought. I couldn't seem to get any *good* news : *It is in your lungs, it's stage three, you have no insurance, now it's in the brain.*

But believe it or not, there was a certain relief in hearing the worst news yet — because I felt like that was the end of it all. No doctor could tell me anything more ; now I knew every terrible thing in the world.

Each time I was more fully diagnosed, I asked my doctors hard questions. (2)*What are my chances ?* I wanted to know the numbers. My percentage was shrinking daily. Dr. Reeves told me 50 percent, "but really I was thinking twenty," he admitted to me later. If he was perfectly honest, he would have told me that he nearly wept when he examined me, because he thought he was looking at a terminally ill 25-year-old, and he couldn't help but think of his own son, who was my age.

What are my chances ? It was a question I would repeat over and over. But it was irrelevant, wasn't it ? It didn't matter, because the medical odds don't take into account the unfathomable. There is no proper way to estimate somebody's chances, and we shouldn't try, because we can never be entirely right, and it deprives people of hope. Hope that is the only cure for fear.

Those questions, *Why me ? What are my chances ?* were unknowable, and I would even come to feel that they were too self-absorbed. For most of my life I had operated under a simple principle of winning or losing, but (3)cancer was teaching me a tolerance for ambiguities. I was coming to understand that the disease doesn't discriminate or listen to the odds — it will destroy a strong person with a wonderful attitude, while it somehow miraculously fails to affect the weaker person who is willing to accept failure. I had always assumed that if I won bike races, it made me a stronger and more worthy person. Not so.

Why me ? Why anybody ? I was no more or less valuable than the man sitting next to me in the chemo center. It was not a question of worthiness.

What is stronger, fear or hope ? It's an interesting question, and perhaps even an important one. Initially, I was very fearful and without much hope, but (4)as I came to realize the full extent of my illness, I refused to let the fear completely erase my optimism. Something told me that fear should never fully rule the heart, and I decided not to be afraid.

I wanted to live, but whether I would or not was a （　ロ　）, and in the midst of confronting that fact, even at that moment, I was beginning to sense that to stare into the heart of such a fearful （　ロ　） wasn't a bad thing. To be afraid is a priceless education. Once you have been that scared, you know more about your weakness than most people, and I think that changes a man. I was brought low, and there was nothing to take refuge in but the philosophical : this disease would force me to ask more of myself as a person than I ever had before, and to seek out a different ethic.

注　chemo＝chemotherapy：化学療法

1　筆者が下線部(1)のように述べている理由を70字以内の日本語で説明しなさい。

2　"my chances" の内容を具体的に明らかにしつつ下線部(2)を和訳しなさい。

3　下線部(3)は具体的にどのようなことか，100字以内の日本語で説明しなさい。

4　下線部(4)を和訳しなさい。

5　空欄（　イ　）に入れるのに最も適切な単語を下の選択肢 a）～ d）から選び，その記号を解答欄に書きなさい。

a） away　　b） in　　c） off　　d） out

6 空欄（ ロ ）に入れるのに最も適切な単語を下の選択肢 a）～ d）から選び，その記号を解答欄に書きなさい。

a） chance　　b） fact　　c） hope　　d） mystery

全 訳

■がんにかかってわかったこと

❶ 精密検査の結果を聞いて，ガールフレンドのリサと母は泣くのをこらえられなかった。2人は涙を流しながらロビーに座っていた。しかし，私は不思議なほど冷静だった。あわただしい1週間だったなと私は心の中で思った。水曜日に診断を受け，木曜日に手術を受け，金曜日の夜に退院し，月曜日の朝に記者会見を開いて，がんにかかっていると世間に公表し，月曜日の午後に化学療法を始めたのであった。今は木曜日で，がんは私の脳にもあった。この敵は思っていたよりずっと手強いと

わかりつつあった。私はまったくよい知らせを得ることができないようであった。がんはあなたの肺の中にある，第３期である，あなたは保険に加入していない，今やがんは脳内にまである，といった具合にだ。

❷ しかし，こんなことを言っても信じないだろうが，それまでで最悪の知らせを聞くということにはある種の安堵感があった。なぜなら，それでそのすべてが終わったように感じたからだった。世の中の恐ろしいことをすべて知ってしまった今，これよりも悪い知らせを医者から聞くことはないだろう。

❸ 私はより詳しい診察を受けるたびに，医者に厳しい質問をした。(2)私が生きられる見込みはどのくらいですか？　私は数字が知りたかった。私のパーセンテージは日に日に下がりつつあった。リーブズ医師は50パーセントだと言ったが，後には「でも本当は20パーセントだと思っていたよ」と認めた。彼が本当に正直であったなら，私を診察したときにほとんど泣きそうだったと私に語っていただろう。なぜなら，彼は末期症状の25歳を見ているのだと思い，そして，私と同い年の息子のことを考えずにはいられなかっただろうから。

❹ 私が生きられる見込みはどのくらいですか？　それは，私が何度も繰り返す質問であった。しかし，それは無意味だったのではないだろうか？　そもそも医学的な可能性というのは測定不可能なものを考慮に入れないので，その質問は見当ちがいだったのだ。だれかの生きる可能性を推定する適切な方法はないし，それを試みるべきでもない。なぜならば，私たちがまったく正しいということはありえないし，それは人々から希望を奪うからである。恐怖に対する唯一の治療法である希望を。

❺ なぜ私が？とか，私の生きられる見込みはどのくらいか？といったような質問は，答えを知りようがないし，私はそれらがあまりにも自己中心的なものだとさえ感じ始めていた。私は人生のほとんどを勝つか負けるかという単純な考え方で行動していたが，がんは私に，あいまいなことに対する寛容を教えてくれていた。その病気は差別もしないし，確率に耳を傾けもしないのだと私は理解し始めていた——それは態度の立派な強い人間を滅ぼすかと思えば，失敗に甘んじる弱い人間をなぜか奇跡的にも襲わなかったりするのである。もし私が自転車レースに勝てば，そのことで私はより強い，より価値のある人になるだろう，私はつねにそう思ってきた。しかし，そうではなかったのだ。

❻ なぜ私が？　なぜ他の人が？　私は化学療法センターで隣に座っている男性よりも価値が高いわけでも，低いわけでもなかった。価値の問題ではなかったのだ。

❼ 恐怖と希望ではどちらが強いのか？　それは興味深い質問であり，おそらく重要なものでもあるだろう。当初，私はとても恐ろしく，あまり希望もなかったが，(4)自分の病気の全貌がわかってくると，私は自分の楽観主義が恐怖心によってすっかり消えてしまうにまかせておくのは断固お断りだった。恐怖によって心が完全に

支配されるということはあってはならないと何かが私に語りかけてきて，私は恐れまいと決心した。

❽ 私は生きたかった，しかし，この先も生きられるかどうかは謎であった。そして，その事実に直面している最中に，その瞬間でさえ，私はそのような恐ろしい謎の核心を見つめることは悪いことではないと感じ始めていた。恐怖を感じることは貴重な教育である。人はいったんそれほどの恐怖を感じると，たいていの人よりも自分の弱さについて知るようになる。そして，それが人を変えると私は思う。私は意気消沈し，哲学的なもの以外に逃れるところはなかった。この病気のおかげで，私は今までなかったほど，1人の人間としての自分について問いかけ，そして異なった価値体系を探し出さざるをえなくなったのである。

進行がんに冒された青年が死の恐怖と闘いつつ，自己についての価値観をはじめとする新たな人生観を見出していく様子が一人称で語られている。直接話法の中身が引用符なしでイタリック体で記述されている。

各段落の要旨

❶ 筆者は進行がんにかかっている（→筆者の置かれた悲惨な状況）。
❷ 最悪の状況で筆者は安堵感をおぼえた（→極限状況での心理）。
❸ 生存率についての筆者と担当医とのやりとり（→医師の心理）。
❹ 患者が医師に生存の可能性を尋ねることの是非について（→不適切ではないかと筆者は考えている）。
❺ がんになって，筆者はそれまでの「勝ち負け」主体の価値観を改める（→価値観・人生観の変化）。
❻ がんになるかどうかと人間の価値は無関係である（→その人の価値の問題ではないと筆者は悟る）。
❼ 筆者は，恐怖と闘おうと決意する。
❽ 死の恐怖に直面し，生死について考え始めてみると，新たな自分の内面や価値体系を見つけることになるのだと筆者は悟る。

解 説

問1 ▶ I was oddly unemotional.「私は不思議なほど冷静だった」

下線部に続く部分を読んでみよう。筆者はかなり厄介ながんに冒されていることが判明して緊急手術を受けたばかり。精密検査で脳への転移も見つかった。そのような状況で unemotional「感情的にならない，冷静な」ならば，それは当然 oddly「不思議なほどに」と言えるだろう。では，なぜ unemotional だったのか。その答えを見つけるには第2段を読んでみよう。そこに there was a certain relief「ある種の安堵感があった」とある。本問の解答はこの「安堵感」の理由を述べればよいことがわかるだろう。

▶解答をまとめる上でポイントとなるのは第2段で，特に第2文，No doctor could tell me anything more ; now I knew every terrible thing in the world.「世の中の恐ろしいものをすべて知ってしまった今，これよりも悪い知らせを医者から聞くことはないだろう」を中心に解答を作成する。

語句 believe it or not「こんなことを言っても信じないだろうが（でも本当なのだ)」 the worst news yet「それまでで最悪の知らせ」

問2 *What are my chances ?*

▶ここの chances は「見込み，可能性」という意味。直後に the numbers「数字」とか percentage が出てくることからも明らか。数値を尋ねるときには，疑問詞は what を用いることに注意。そして，進行がんの文脈で「可能性」という言葉が出てきたら，それが「生存の可能性」を指すことは容易に判断できよう。

問3 ▶ cancer was teaching me a tolerance for ambiguities「がんは私に，あいまいなことに対する寛容を教えてくれていた」

「あいまいなことに対する寛容」というのは「あいまいなことを認めて受け入れる」ということ。第5段の下線部に続く部分に解答の核となる内容が存在する。

it（＝the disease＝cancer）will destroy a strong person with a wonderful attitude, while it somehow miraculously fails to affect the weaker person who is willing to accept failure「がんは態度の立派な強い人間を滅ぼすかと思えば，失敗に甘んじる弱い人間をなぜか奇跡的にも襲わなかったりする」ここで筆者は，がんに限っては自転車レースにおけるような単純な勝ち負けの原理は通用しないということ（つまり，自分が生きるか死ぬか予測が立てられない不透明な状況で生きること）を学んだ，と述べているのである。

語句 discriminate「差別する，分け隔てする」（ここでは自動詞） listen to the odds「確率に耳を貸す，見込みどおりになる」 destroy「～を破壊する，～を滅ぼす」 somehow miraculously fails to affect「どういうわけか奇跡的にも襲うことができない」病気が主語の affect は attack の意味。「～を冒す」とか「～を襲う」と訳す。

問4 as I came to realize the full extent of my illness, I refused to let the fear completely erase my optimism

▶「自分の病気の全体をはっきりと理解するようになると，私は恐怖心が私の楽観主義を完全に消すのを許すことを拒絶した」が直訳。

▶ as I came to … と refused to let the fear completely erase … の訳がポイント。refused 以下はこなれた日本語にするのが少し難しい。自信がなければ直訳でいこう。

▶ as「～するとき，～すると」→主節動詞 refused には比例や，事態の経過・変化といった意味がないので，この as は「～するにつれ」とはならない。

語句 come to realize ～「～を理解するようになる」 the full extent「全範囲，すべて」 refused to let the fear *do*「恐怖心に～させておくことを拒絶する，恐怖心が～するにまかせておくのを拒否する」 completely erase my optimism「私の楽観主義を完全に消す」

問5 正解はd）

▶ turn out to be ～「～だとわかる，判明する」は基本イディオム。

▶主語の This opponent「この敵」は筆者を冒しているがんを指す。

▶ tougher<tough この場合は「克服するのが困難な，手強い」の意。

問6 正解はd）

▶文脈から判断する。「私は生きたかったが，私がこの先生きるかどうかは（　　）だった」と，「そのような恐ろしい（　　）の核心をじっと覗き込むことは悪いことではなかった」の空欄に共通に入る語を，a）「機会，可能性」，b）「事実」，c）「希望」，d）「謎，理解不能なこと」の中から選ぶ。d）が適切である。

解答

問1 最悪の知らせを聞いたが，世界中のひどいことをすべて知ったので，どの医者もこれ以上悪いことは言えないとわかり，ある種の安堵感を感じたから。(68字)

問2 私が生きられる見込みはどのくらいですか？

問3 筆者はそれまで，単純に勝つか負けるかの世界で生きてきたが，強者でも弱者でも無差別に，無作為に襲いかかるがんにかかり，自分が生き残れるのかわからない，先行きが不透明な状況で生きることを学んだということ。(100字)

問4 自分の病気の全貌がわかってくると，私は自分の楽観主義が恐怖心によってすっかり消えてしまうにまかせておくのは断固お断りだった。

問5 d）

問6 d）

33

2006 年度〔2〕

次の英文を読み，下の問いに答えなさい。

People have the wrong idea about ethics. It does not exist primarily to punish, to repress, to condemn. There are courts, police and prisons for that and no one would claim they are governed by pure morality. Socrates died in prison, but he died more free than his judges. It is here, perhaps, that philosophy begins. It is here that ethics begins, ceaselessly, in each of us: at the point where no punishment is possible, no sanction is effective, no condemnation is necessary. Ethics begins when we are free: it is freedom itself, when that freedom is considered and controlled.

In a shop you see a CD you'd like to steal … but there's a security guard watching, or maybe you're just scared of being caught, of being punished. This is not honesty; it is self-interest. It is not ethics; it is caution. Fear of the police is the opposite of virtue, or it is the virtue of prudence.

(1)Imagine that you have a ring which enables you to become invisible at will. What would you do? What would you not do? Would you continue to respect other people's property, for example, their privacy, their secrets, their freedom, their dignity, their lives? No one can answer for you: the question concerns you alone, but it concerns you entirely. (2)Anything that you do not usually do but would permit yourself were you invisible owes less to ethics than it does to caution or hypocrisy. On the other hand, that which you would still require of yourself or forbid yourself, even if you were invisible—not out of self-interest, but from a sense of duty — that alone is strictly moral. Your soul has its own standards. Your morality has its standards by which you judge yourself. Your morality is that which you require of yourself, not because of what others might think, nor because of some external threat, but in the name of a particular conception of good and evil, of duty and of prohibition, of what is (イ) and (ロ), of humanity and of yourself. In practical terms: morality is the sum total of the rules which you would respect, even were you invisible and unbeatable.

Is that a lot? Is it a little? That is for you to decide, if you could make yourself invisible would you condemn an innocent man, for example, or betray a friend, would you murder? Only you can answer; your ethics (ハ) entirely on your answer. Even though you don't have the magic ring, that doesn't prevent you from thinking, judging, acting. Only you know what you should do, no one else can make the decision for you. The power of ethics is that you are only as good as the good that you do, as the evil that you refrain from doing, all with no other reward than the satisfaction — even if no one ever knows of it — of having done good.

What is ethics? It is the sum total of those things that an individual imposes on himself or denies himself, not primarily to further his own welfare or happiness — that would be nothing more than egotism — but in consideration of the interests or the (ニ) of others, in order to stay true to a certain conception of humanity and of himself. Ethics is the answer to the question: "(ホ)?" It is the sum of my duties, in other words of the imperatives which I believe to be legitimate — even if from time to time, as everyone does, I break them. It is the law which I impose — which I should impose — upon myself; independently of the judgment of others and of any expectation of reward or sanction.

"What should I do?" and not: "What should others do?" This is what distinguishes ethics from moralizing. "Ethics," according to the French philosopher Alain, "is never for one's neighbor": someone who is preoccupied by his neighbor's duties is not moral, but a moralizer. Is it possible to imagine a more unpleasant person, a more pointless task? Ethics is legitimate only in the first person singular. To say to someone: "You should be brave" is not an act of bravery. Ethics is valid only for oneself; duty applies only to oneself. For others, compassion and the law are enough.

From The Little Book Of Philosophy by Andre Comte-Sponville, William Heinemann.

1 下線部(1)で始まる段落における説明に従えば，何が "moral" であると言えるのか，50字以内の日本語で説明しなさい。

2 下線部(2)を和訳しなさい。

3 空欄（ イ ），（ ロ ）に入れるのに最も適切な組み合わせを次の選択肢 a)～d)から選び，その記号を解答欄に書きなさい。

a) (イ) criticism　(ロ) admiration
b) (イ) possible　(ロ) impossible
c) (イ) pleasant　(ロ) unpleasant
d) (イ) acceptable　(ロ) unacceptable

4 空欄(ハ), (ニ)に入れるのに最も適切な単語をそれぞれ下の選択肢a)〜d)から選び，記号を解答欄に書きなさい。

(ハ) a) influences b) imposes c) decides d) depends
(ニ) a) rights b) curiosity c) prizes d) punishment

5 空欄(ホ)に入れる4語からなる疑問文を，文中から抜き出して解答欄に書きなさい(ただし，疑問符は語数に含めない)。

6 以下の例は，それぞれa)caution, b)moralizing, c)moralityのどれに相当するか，その記号を解答欄に書きなさい。

1) 通りを歩いていたら前の人がゴミを通りに棄てた。マナーがなってないと思ったのでその人に注意をした。
2) 山道を一人で歩きながらジュースを飲んだ。誰も見ていないので容器を棄ててしまいたい衝動に駆られたが，山を汚したくないと思い，自分で持って帰った。
3) 通りで好きな俳優のポスターを見かけた。はがしてもらってしまおうと思ったが監視カメラがあるのでやめた。

全訳

■倫理観とは？

❶ 人は倫理観に関して間違った考えを持っている。倫理観は主に，罰を与えたり，抑圧したり，刑を宣告したりするために存在するのではない。そのためには裁判所や警察や刑務所があり，それらが純粋な道徳性によって治められているとはだれも主張しないだろう。ソクラテスは牢獄で死んだが，彼は自分を裁いた裁判官よりも自由な状態で死んだ。おそらく，哲学の始まりはここにある。倫理観が私たち一人一人の中に間断なく生まれるのはここからである。つまり，どんな罰も不可能で，どんな拘束も効果がなく，どんな有罪判決も必要ないところに生まれるのである。倫理観は私たちが自由であるときに始まる。倫理観とは自由そのものなのであるが，その自由が考慮され制御されるときに生まれるのだ。

❷ ある店の中で，CDを見て盗みたいと思う…しかし，警備員が見ているか，あるいは捕まって罰せられるのが恐いだけなのかもしれない。これは誠実さではなく，私利というものである。それは倫理観ではなく，用心なのだ。警察に対する恐怖は美徳の反対であり，つまりは抜け目なさの美徳なのである。

❸ 自在に透明人間になれる指輪を持っていると想像してほしい。あなたは何をするだろうか？　何をしないだろうか？　たとえば，他人の財産，プライバシー，秘密，自由，尊厳，生活といったものを尊重し続けるだろうか？　だれもあなたに代わって答えることはできない。その質問はあなた一人に関わるものだが，同時に何から何まであなたの問題なのだ。通常ならやらないが，透明人間になったらやってしまうことは何でも，倫理観によるというより，用心や偽善によるところが大きい。一方，たとえ透明人間であっても，依然として自分自身に要求したり禁止したりするもの，つまり，利己心からではなくて義務感からそのようにすることだけが，厳密に言えば道徳なのである。あなたの心には独自の基準がある。あなたの道徳には基準があり，あなたはそれを使って自分自身を判断するのだ。あなたの道徳は，あなたが自分自身に課すものであるが，それは他人がどう思うかや，何らかの外的脅威のためにではなく，何が善であり何が悪なのか，何をすべきであり何をすべきではないのか，何が受け入れられ何が受け入れられないのか，あるいは人間らしさや自分らしさとは何なのかといったことについての，ある特別なとらえ方に基づいて課すものなのである。実際的な言葉で言うと，道徳とは，あなたが透明人間で無敵であっても尊重するであろう規範の総計なのである。

❹ その総計は多いだろうか？　少ないだろうか？　もしあなたが透明人間になれたら，たとえば，無実の人を有罪にしたり，友人を裏切ったり，殺人を犯したりす

るだろうか？　それはあなたが決めることである。あなたにしか答えることはできない。あなたの倫理観は全面的にあなたの答えにかかっている。たとえ魔法の指輪を持っていなくても，そのせいで考えたり，判断したり，行動したりできないということにはならない。あなただけがあなたのすべきことを知っていて，他のだれもあなたに代わって決めることはできない。倫理観の持つ力とは，人は自分が行う善行や，行うのを控える悪行と同程度の善良さしかないというだけで，たとえだれもそのことを知らなくても，善いことをしたという満足が得られる以外には何の報酬もないということである。

❺ 倫理観とは何だろうか？　それは個人が自分自身に課したり拒否したりするものの総計である。それは主に自分自身の幸福を高めるためというのではなく——それでは単なる自己本位であろう——他人の利益や権利を考慮して，人間らしさと自分らしさについての概念に忠実であることを目的として，なされるのである。倫理観は「私は何をすべきか？」という質問に対する答えである。それは，私の義務，言い換えれば，ときにはみなと同じようにそれを破ることがあるとしても，正当であると私が信じる責務の合計である。それは，私が自分自身に課す，あるいは課すべき行動規範であり，他人の判断とも，報酬や拘束を期待することとも無関係のものである。

❻「他人が何をすべきか？」ではなく，「私は何をすべきか？」。これが倫理観と道徳的お説教とを区別するものである。フランスの哲学者アランによると，「倫理観は決して隣人のためにあるのではない」ということである。隣人の義務のことで頭がいっぱいの人は道徳的なのではなく，教訓を垂れる人間なのである。これよりも不快な人間，無意味な仕事を想像することは可能だろうか。倫理観は一人称単数においてのみ正当なものとなるのである。「あなたは勇敢であるべきだ」とだれかに言うことは，勇敢な行為ではない。倫理観は自分自身に対してのみ有効なのであり，義務は自分自身にのみ当てはまる。他人には，同情と規範があれば十分なのである。

英文は，倫理観と道徳についての論説文。哲学的テーマなので少し難しい。

各段落の要旨

❶ 第１文が主題文。筆者は世間の持つ誤った倫理観に警鐘を鳴らしている（→倫理観はいかなる状況で生まれるのかということについての筆者の考え）。

❷ 倫理観と警戒心は別物である。

❸ 道徳とは何かについての筆者の考え。最後の文が主題文（→筆者は，道徳とは，自分が透明になって無敵になっても尊重しようとする規範の総計であると，透明人間を例にあげて説明している）。

❹ 最後の文が主題文。倫理観は自己決定，自己判断すべきもので，自己の満足以外に報酬はない（→倫理観に外的ファクターは入ってこないということで，ここから第５段につながっていく）。

❺ 倫理観とは何か，ということについての筆者の考え（→ここと，続く第6段がこの英文のメインとなる部分）。

❻ 倫理観とお説教の違いについての筆者の考え（→それは「他者に向かう」のか「自己に向かう」のかの違いであると筆者は述べる）。

解 説

問1 ▶制限字数が少ないので，該当箇所を拾い出して英文和訳的にくっつけると字数オーバーする。頭の中で概念をまとめて答案を作成するという要約的作業が必要。

▶ moral「道徳」についての筆者の考えは，下線部(2)に続く On the other hand 以下に述べられているが，端的にはこの第7文の that alone is strictly moral の部分である。つまり，「利己心ではなく義務感を規範とする行為」ということであるが，これだけでは字数が不足する。筆者は第10文でさらに詳しく述べており，第11文で具体的にまとめているので，その部分の表現（not because of what others might think …, but ～ および，the sum total of the rules which …）を利用する。

語句 self-interest「利己（心）」 sense of duty「義務感（透明人間になっても行為の動機となるもの）」 what others might think「他人がどう思うだろうかということ」 external threat「外的脅威（捕まって罰せられるといった脅威）」 a particular conception of good and evil「善悪という特別な概念」（a particular conception of）duty and prohibition「義務と禁止（という特別な概念）」 the sum total of the rules「規範の総計」

問2 Anything that you do not usually do but would permit yourself were you invisible owes less to ethics than it does to caution or hypocrisy.

▶日本語に直しにくい英文で，owes less to ethics than it does to の和訳がポイントである。

▶ Anything that you do not usually do but would permit yourself were you invisible までが主部。このうち中心となる主語は Anything「何でも」である。that は関係代名詞。

- do not usually do but would permit yourself「通常はやらないが（→この部分は仮定法にはなっていないことに注意）自分に許可する（＝ついやってしまう）であろう」
- would permit yourself were you invisible は仮定法過去形。were you invisible は if の省略による倒置で，if you were invisible「もしあなたが透明になったら」ということ。

▶ owes less to ethics than it does to caution or hypocrisy が述部。

- owe *A* to *B*「*A* は *B* のおかげである，*A* は *B* の恩恵を受けている」に less ～ than … が組み合わさったもの。it は Anything を受けている。does は代動詞で owes を受けている。it does to の to は owe *A* to *B* の to である。 caution「用心，警戒心」 hypocrisy「偽善」
- owes 以下を直訳すると「それが用心や偽善に負うている恩恵よりも少ない恩恵を倫理に負うている」となる。これはつまり「それは倫理観よりも用心や偽善から得ている恩恵の方が多い」→「それは倫理観によるというより用心や偽善によるところが大きい」ということ。

問 3　正解は d）

▶ good and evil「善悪」，duty and prohibition「義務と禁止」といった，「すべきこと，すべきではないこと」という道徳観に関する語句が続いていることから，同様の組み合わせを選択肢から探す。d）はイ「受け入れられる」，ロ「受け入れられない」となっており，ふさわしいと判断できる。

問 4　ハ　正解は d）

▶同じ段の第 3 文の That is for you to decide「それはあなたが決めるべきことだ」（for you は to decide の意味上の主語）と，第 4 文の Only you can answer「あなたにしか答えられない」が決め手。d）depends を選び，your ethics depends entirely on your answer「あなたの倫理観はすべてあなたの答えにかかっている（あなたの答え次第だ）」とすればよい。

ニ　正解は a）

▶ in consideration of the interests or the（　　　）of others「他人の利益や（　　　）を考慮して」という部分は，文脈から「他人の welfare や happiness を考慮して」のような意味になると考えられるので，a）rights「権利」が適切である。

問 5　正解は What should I do（?）

▶空所に続く英文中の my duties「私の義務」と imperatives「義務，責務」がヒントとなる。これらの単語に注目してこの英文を見てみよう。

▶ It is the sum of my duties, in other words（it is the sum）of the imperatives which I believe to be legitimate「それは私の義務の総計，言い換えれば，正当であると私が信じている責務の合計である」とあるから，空所には「自分がしなければならないこと」に関する疑問文が入ると見当がつく。それを文中に探すと，続く第 6 段第

1文に “What should I do ?” が見つかる。

※読解問題は基本的には英文を読み進めながら並行して設問を片づけていけばよいのだが，本問のように「文中から抜き出せ」というような指示が与えられている設問を効率よく処理していくためにも，英文を読む前にまず設問全体にざっと目を通しておくとよい。

問6 正解は 1)－b) 2)－c) 3)－a)

▶まずそれぞれの語を筆者がどう定義づけているのかを確認しておこう。

- caution「用心，警戒」は第2段から，「見つかったり捕まったりすることに対する警戒心」の意。
- moralizing「道徳を説くこと」は第6段から，「他人に道徳を説く（お説教する）こと」の意。
- morality「道徳性，倫理」は第3段から，「透明人間のようにだれにも見られない存在であっても，自己の義務感から自分を律すること」の意。

▶以上から，1)は人に注意したのでb)moralizing，2)はだれも見ていなかったが自己判断で規律を守ったのでc)morality，3)は監視カメラに写るからやめたのでa)cautionとなる。

問1 利己心や他人の思惑，外的脅威ではなく，善悪の観念や自己の義務感に従って行動する際の遵守規範の総計。(49字)

問2 通常ならやらないが，透明人間になったらやってしまうことは何でも，倫理観によるというより，用心や偽善によるところが大きい。

問3 d)

問4 ハ－d) ニ－a)

問5 What should I do ?

問6 1)－b) 2)－c) 3)－a)

34

2005年度〔1〕

次の英文を読み，下の問いに答えよ。（＊を付した語句には問題文の末尾に注がある。）

Most people recognize the importance of reading stories to small childen, who can then learn how books work (for example, that a line of text should be read from left to right), how letters form words and how narrative flows.

But literacy is only one benefit of storytelling. (1)Another is the chance for children to identify with fanciful characters who try to work out conflicts with others and within themselves. If very young children can't do this in the safety of an adult's lap, the later costs to them and to society can be greater than poor reading skills. Can any of this loss be made up later ? A storybook program at a San Antonio juvenile prison* suggests that it may never be too late.

Three people came together to create the program. Celeste Guzman works for Gemini Ink, a group that seeks opportunities for creative writers to give workshops in schools, homes for the elderly, shelters for battered* women and prisons. Glenn Faulk, a prison officer at the Cyndi Taylor Krier Juvenile Correctional Treatment Center, designs activities for violent youths while they serve their sentences. Grady Hillman, a poet, trains artists and writers to teach in community settings.

Their plan evolved slowly, with few of its possibilities apparent at first. Youths at the Krier juvenile prison are expected to perform public service. Mr. Faulk proposed to several prisoners that, rather than mow lawns at the courthouse or pick up trash on the highway, they write children's books that could be given to a library at a battered-women's shelter. He thought the idea might be particularly attractive to youths who had themselves fathered children before being imprisoned. He also knew that in writing children's stories, the youths would be forced to abandon their tough-guy street language.

Ms. Guzman then recruited Mr. Hillman to run a writing workshop for seven juvenile offenders who volunteered. He began each session by reading a children's book aloud, expecting to teach story structure and character development. But it soon became apparent that the storytelling had another, unexpected effect : the six young men and one young woman, none of whom had lived healthy childhoods that included adults reading stories, were enjoying the tales themselves.

Their favorite, Mr. Hillman said, was *Millions of Cats*, by Wanda Gág. It is an "ugly duckling" kind of story in which an old woman wants to pick a single cat as a pet, from millions of cats who hope to be selected. Her choice is unexpected, a cat who has been least aggressive in seeking her favor.

Mr. Hillman thought that the story was popular because the youths had spent their adolescence driven toward arrogance and pretending to toughness. The notion that humility might have a reward was surprisingly attractive to them.

Mr. Hillman's own favorite was *The Tale of Peter Rabbit*, by Beatrix Potter. Because Peter disobeys his mother's rules, he is trapped in Mr. McGregor's garden. Peter's trouble becomes progressively worse, but he ultimately resolves it and escapes to the security of home. This, Mr. Hillman thought, might be a (a)parable for the young offenders' own lives.

The workshop's goal was the youths' contribution of their work to the community. Each of them wrote a story. Some were fanciful, like a tale about a wizard who can't spell and whose wishes are therefore fulfilled improperly: (2)when he wants a bath, he spells "bat," and so instead of getting a bath, he gets a bat that chases him around his cave. Some stories were more realistic, like one about a girl who has to accept that she is shorter than others.

Ms. Guzman had the storybooks printed, and in May the youths read their stories aloud at a prison meeting to which their parents were invited. Now, as the young offenders earn behavior points that allow them to have supervised trips away from the center, they will be permitted to perform readings for children on the outside.

Thirty years ago, literacy programs were more common in adult and juvenile prisons alike, because reading and writing skills were thought important for future employment. Some adult programs included "bibliotherapy," using literature to explore psychological problems as a step to rehabilitation. But today, prisons give more emphasis to punishment, protection of the community and (b)restitution. The San Antonio program is an exception to that trend, though not the only one. Mr. Hillman now hopes to train writers around the country to use storybooks with youthful offenders. If all children heard fairy tales when they were small enough to sit on laps, though, perhaps (3)fewer would have to do so in prison.

From LESSONS ; Making Fairy Tales Into Learning Tool by Richard Rothstein, *The New York Times (2002/07/24)*

注　juvenile prison : a prison for young people
　　battered : abused or subjected to violence

1　下線部(1)を和訳せよ。

2　下線部(2)を和訳せよ。

3　下線部(3)はどういうことか。日本語でわかりやすく説明せよ。

4　下線部(a), (b)の語の意味をそれぞれ文脈から判断し，下から最も適切なものを選び，それぞれ記号で答えよ。

(a) parable
　イ　A simple story illustrating a moral or religious lesson.
　ロ　A fanciful tale of legendary deeds and creatures, usually intended for children.
　ハ　A piece of humorous writing or a short play that copies and makes fun of another.

(b) restitution
　イ　The act of making good or compensating for loss, damage, or injury.
　ロ　An entertaining and often amusing account of a real or fictitious event.
　ハ　Compensation in the form of payment from the sale of goods.

5　第4段落（“Their plan evolved” で始まる）について，Mr. Faulk が若い囚人たちに童話を書くように勧めた理由を2つ，100字以内の日本語（句読点を含む）で説明せよ。

6　以下の文章は童話 *Millions of Cats* の1）物語の内容，2）若者たちが物語を気に入った理由についてまとめたものである。空欄(イ), (ロ), (ハ)に入れるのにふさわしい内容をそれぞれ日本語で書け。

1）何百万もの猫の中からおばあさんが飼うことに決めたのは，そのなかでもっとも(イ)＿＿＿＿＿＿＿＿＿＿＿＿猫であった。
2）刑務所に入る以前のこれらの若者たちは，(ロ)＿＿＿＿＿＿＿＿＿＿＿＿ので，(ハ)＿＿＿＿＿＿＿＿＿＿＿＿という物語の教訓に魅力を感じたから。

全 訳

■物語を読み聞かせることの重要性

❶ ほとんどの人は，幼い子供たちに物語を読んで聞かせることの重要性を認識しており，それによって子供たちは，本がどのように機能しているのか（たとえば，文字の列は左から右へ読まれるべきだということなど），文字がどのように単語を形成しているのか，物語がどのように流れているのかを学ぶことができる。
❷ しかし，読み書き能力は，物語を読んで聞かせることから得られる利点のほんの1つにすぎない。(1)もう1つの利点は，他者との衝突や自己内の葛藤を苦労して解決しようと努力する架空の登場人物に子供たちが自分を重ね合わせる機会である。もし，ごく幼い子供たちが，大人の膝という安全なところでこれをすることができなければ，彼らと社会が後に被る損失は，読む技術が劣っていることより大きなものとなりうる。この損失は，後に少しでも補いうるものなのだろうか？ サン=アントニオ少年刑務所の童話プログラムは，それが遅すぎるということは決してないであろうことを示している。
❸ そのプログラムは，3名の人物が協力してつくった。セレスト=グスマンはジェミニ社に勤めている。そこは，創造的な作家たちが，学校や老人ホーム，虐待を受けた女性用の保護施設や刑務所で勉強会を開く機会をさがす団体である。シンディ=テイラー=クリエ少年矯正治療センターの刑務官であるグレン=フォークは，暴力的な少年が刑に服する間の活動を計画している。詩人のグレイディ=ヒルマンは，芸術家と作家が地域社会の環境の中で教えるよう彼らを訓練している。
❹ 彼らの計画は，当初はその可能性がほとんど明らかになることもなく，ゆっくりと進んでいった。クリエ少年刑務所の若者たちは，公共奉仕を行うことになっている。フォーク氏は数人の囚人に，裁判所の芝を刈ったり公道のゴミを拾ったりするよりむしろ，虐待を受けた女性用の保護施設内の図書室に贈る童話を書いたらどうかと提案した。彼は，その考えが特に，刑務所に入る前に自らも父親となった若者たちにとって魅力的だろうと思ったのである。彼はまた，童話を書く際に，若者たちが荒くれ者の粗野な言葉を捨てざるをえなくなることも知っていたのだ。
❺ グスマン女史はその後，ヒルマン氏を誘って，自ら申し出た7人の少年犯罪者のために書き方の勉強会を開いてもらった。彼は物語の構成と人物像の展開を教えようと思って，声に出して童話を読むことから毎回の勉強会を始めた。しかし，すぐに，物語を語ることには別の予期しなかった効果があることが明らかになった。6人の若い男性と1人の若い女性――その中のだれ一人として，物語を語ってくれる大人が存在する健全な子供時代を送った者はいなかったのだが――彼らは，

自ら物語を楽しんでいたのであった。

❻ ヒルマン氏によると，彼らの好きな本はワンダ=ガァグの『ひゃくまんびきのねこ』であったという。それは「醜いアヒルの子」の類の物語で，ある老婦人が，選ばれたがる何百万匹もの猫の中から，ペットとして１匹の猫を選ぼうと考えるというものである。彼女の選択は予想外のもので，それは彼女にもっとも気に入られようとしていなかった猫なのだった。

❼ ヒルマン氏は，その物語が人気があるのは，若者たちが傲慢へと駆り立てられ，強がって青春時代を過ごしていたからであると考えた。謙虚さが報われるかもしれないという考えは，彼らには驚くほど魅力的であったのだ。

❽ ヒルマン氏自身の好きなものは，ビアトリクス=ポターの『ピーターラビットのおはなし』であった。ピーターは母親の言いつけに従わなかったので，マクレガーさんの庭に閉じ込められる。ピーターの苦境は次第にひどくなっていくが，彼は最終的にそれを解決し，家庭という安全なところへと脱出する。これは，若い犯罪者自身の人生にとって教訓的なたとえ話となるかもしれないと，ヒルマン氏は思ったのである。

❾ その勉強会の目標は，若者が自ら作業することによって社会に貢献することであった。彼らのそれぞれが物語を書いた。あるものは空想的なもので，たとえば，単語の綴りを書くことができず，そのために願いがきちんとかなえられない魔法使いについての物語などであった。(2)その魔法使いはお風呂（“bath”）に入りたいのに“bat”（コウモリ）と綴ってしまい，お風呂に入る代わりにコウモリが現れて，洞窟中を追い回されてしまうのである。ある物語はより現実的なもので，たとえば，自分が他の者より背が低いことを受け入れなければならない女の子の話などであった。

❿ グスマン女史はその童話を活字にし，若者たちは５月に，親が招待された刑務所の集まりで自分たちの物語を朗読した。今，若い犯罪者たちは品行得点を稼げば，監督付きでセンターから出ていけるようになっているため，外で子供たちに物語を読むことが許可されるであろう。

⓫ 30年前，読み書きプログラムは成人用刑務所と少年刑務所の両方で今以上に一般的であったが，それは，読み書きの技術が将来の雇用に重要であると思われていたからであった。成人用プログラムの中には「読書療法」が含まれており，それは，更生へのステップとして心理的問題を探るために文学を利用するものであった。しかし，今日，刑務所は罰を与えることや地域社会の保護，そして損害賠償をより重視している。サン=アントニオのプログラムは唯一の例外だというわけではないが，そういった傾向の例外なのである。ヒルマン氏は今，国中の作家を訓練して，若い犯罪者たちに童話を活用するようにさせたいと願っている。しかし，すべての子供

たちが膝の上に座れるほど小さいときにおとぎ話を聞いていれば，刑務所でそうすることになる者はおそらくもっと少数になるであろう。

非行や罪を犯した者の更生の補助手段として，物語を作らせることの有効性について述べたエッセイである。固有名詞が複数出てくるので，人物の結びつきとその背景をしっかり追いながら読み進めていきたい。

各段落の要旨

❶ 幼児に対する物語の読み聞かせの有用性について。
❷ 物語の読み聞かせが持つもう１つの利点について（→少年刑務所での童話プログラムの導入部分）。
❸ そのプログラムを作った３人の人物の紹介（→ジェミニ社所属のグスマンと刑務官のフォーク，詩人のヒルマン）。
❹ フォーク氏の試みを紹介（→公共奉仕の代わりに少年刑務所の若者に童話を書かせるという提案）。
❺ グスマン女史とヒルマン氏の試みを紹介（→勉強会の始めに物語を音読した）。
❻ その少年たちが好きな童話『ひゃくまんびきのねこ』の概略。
❼『ひゃくまんびきのねこ』が人気がある理由（→謙虚さが報われるという点が共感を呼ぶのではないか）。
❽ ヒルマン氏自身が好きな『ピーターラビットのおはなし』の概略と彼がそれを評価する理由。
❾ 勉強会で若者たちが書いた物語の例。
❿ 若者たち自身による刑務所での朗読会とその意義。
⓫ 30 年前の刑務所の読み書きプログラムの目的（＝将来雇用を得ること，更生のために心理的問題を探ること）と，現在の刑務所の実情における童話プログラムの位置づけと展望。

解　説

問1　Another is the chance for children to identify with fanciful characters who try to work out conflicts with others and within themselves.

▶主語の Another は直前の文の benefit を受けており，Another benefit「もう１つの利点」ということ。これを「もう１つ」と訳しても減点はされないかもしれないが，「もう１つの利点」と補って訳した方がよい答案になるだろう。

▶ children は不定詞 to identify の意味上の主語。

▶ conflicts は，with others と within themselves（＝children）の両方にかかっている。

語句　identify with ～「～を自分と同一視する，～に自分を重ね合わせる」 fanciful characters「架空の〔空想上の〕登場人物」 work out ～「～を苦労して解決する」

conflict「衝突，葛藤」

問2 **when he wants a bath, he spells "bat," and so instead of getting a bath, he gets a bat that chases him around his cave**

▶直前に a wizard who can't spell and whose wishes are therefore fulfilled improperly「単語を綴ることができず，そのために願いがきちんとかなえられない魔法使い」とあることに注目。下線部が，綴ったものを実体化させる魔法をうまく操れない魔法使いに関する記述であることが予想できるだろう。

語句 wizard「(男の）魔法使い」(女性形は witch) spell「(文字・単語を）綴る」fulfill「(願い・夢を）かなえる」 bat「コウモリ」

問3 ▶この文が仮定法過去形で書かれていることに注意する。

▶ do so は前出の動詞句の代用と考えられる。

▶「親の膝に座れるほど小さいときにおとぎ話を聞いていれば，刑務所でそうすることになる者はおそらくもっと少数になるであろう」という文を思い浮かべてみれば，do so は heard fairy tales を受けていることが，自ずと明らかになるはず。

▶よって，下線部は「刑務所でおとぎ話を聞かなければならなくなる者はおそらく減るだろう」→「罪を犯して刑務所に入る者が減るだろう」の意だとわかる。

語句 fairy tale「おとぎ話」 lap「膝（腰から膝がしらの間の部分)」

問4 (a) 正解はイ

▶語の意味を文脈で判断する際は，前後をよく読んで意味の見当をつけることが大切。

▶直前の２文にある『ピーターラビットのおはなし』の概略を読むと，母親の言いつけに背いたピーターが次第に困難な状況に陥っていくものの，最後は解決して安全なわが家に戻っていく話であるとわかる。

▶下線部を含む文に「ピーターラビットの話は若い犯罪者の人生にとっての parable となるかもしれない」と書かれていることを考えれば，イ「道徳や宗教的教訓を説明した平易な物語」がもっとも適切。 parable「寓話（=『イソップ物語』のように，動物を登場人物にして道徳的教訓を伝える短い物語)」

▶ロ「伝説的行為や生き物の空想的物語で，たいていは子供向けのもの」
ハ「他人の真似をしてからかうユーモラスな文章あるいは寸劇」

(b) 正解はイ

▶ restitution は，今日の刑務所が重視しているものとして挙げられており，直前には punishment「罰すること」と protection of the community「地域社会の保護」

も並列的に提示されている。よって，イ「損害補償つまり，損失や損害，負傷に対する補償行為」が正解。 restitution「賠償，補償」

▶ロ「現実または架空の出来事についての，楽しく，そしてしばしば愉快な記述」
ハ「商品の販売による支払いという形での補償」

問5 ▶第4段第4文の He thought 以下の部分と，第5文の He also knew 以下の that 節の内容をまとめればよい。

語句 father a child「子供の父親となる」 be imprisoned「投獄される，拘置される」 youth「若者」 tough-guy「強い男の」 street language「粗野な言葉，俗語」

問6 ▶ *Millions of Cats* についての記述は第6・7段にある。このうち，1）「物語の内容」については第6段に，2）「（ヒルマン氏が考えた）若者たちが物語を気に入った理由」は第7段に述べられている。

▶ pretend to toughness（＝pretend to be tough）「強がる」 pretending は(being) driven と並列の位置にあり，ともに spent（their adolescence）を修飾している。

語句 be least aggressive in ～「～にもっとも積極的でない」（being）driven toward arrogance「傲慢へと駆り立てられた状態で」 humility「謙虚さ」 have a reward「報われる」

解答

問1 もう1つの利点は，他者との衝突や自己内の葛藤を苦労して解決しようと努力する架空の登場人物に子供たちが自分を重ね合わせる機会である。

問2 その魔法使いはお風呂（“bath”）に入りたいのに “bat”（コウモリ）と綴ってしまい，お風呂に入る代わりにコウモリが現れて，洞窟中を追い回されてしまうのである。

問3 刑務所で物語を語ってもらう必要のある者が少なくなるだろうということ。つまり，罪を犯して刑務所に入る者が減るだろうということ。

問4 (a)―イ (b)―イ

問5 童話を書くことが，拘置される前は自らも子供の父親であった若者にとって魅力的なのではと考えたからであり，また，子供向けの話を書くときは彼らも荒くれ者の粗野な言葉を捨てざるをえないとわかっていたので。(98字)

問6 (イ)彼女の好意を求めるのに消極的な
(ロ)傲慢へと駆り立てられ，強がって青春時代を過ごしてきた
(ハ)謙虚さが報われるかもしれない

35

2005年度〔2〕

次の英文を読み，下の問いに答えよ。

There are, of course, many motivating factors in human behavior, but we would claim that nationalism is particularly worthy of study. Why is it particularly significant ? (1)Its significance lies in its power to arouse passionate loyalties and hatreds that motivate acts of extreme violence and courage; people kill and die for their nations. Of course it is not alone in this : people are driven to similar extremes to protect their families, their extended families or 'tribes,' their home areas with their populations, and their religious groups and the holy places and symbols of their religions. However, these other loyalties are often rather (a) to understand than nationalism. Parents making supreme sacrifices for their children can be seen (b) obeying a universal law in life forms, the instinct to protect one's own genetic material. This instinct can also be seen at work in the urge to protect one's extended family ; but then the extended family, or on a slightly larger scale the 'tribe,' can also be seen, in perhaps the majority of circumstances in which human beings have existed, (c) essential for the survival of the individual and of the nuclear family. The nation is not generally essential to survival in this way. Of course, if the entire nation were to be wiped out, the individuals and their families would die, but the (d) of the nation as a social unit would not in itself pose a threat to individual or family survival ; (2)only if it were to be accompanied by ethnic violence or severe economic collapse would it be life-threatening, and such disastrous events are not an inevitable consequence of the loss of political independence. Conversely, there is no logical connection between the gaining of political independence by a subject nation and increased life chances for its citizens. In many, perhaps the vast majority, of modern nations there is likewise no evidence that in defending the nation one is defending one's own genetic material ; the notion that the citizens of modern nations are kinsfolk, while the citizens of (potentially) hostile neighbors are aliens, makes no sense in view of the highly varied genetic make-up of most modern populations.

1 下線部(1)を日本語に訳せ。

2 下線部(2)を日本語に訳せ。

3 空欄（ a ）に入れるのにふさわしい英語1語を書け。

4 空欄（ b ），（ c ）には同一の語が入る。その英語1語を書け。

5 空欄（ d ）に入れるのにふさわしい dis で始まる英語1語を書け。

全 訳

■なぜ国家主義は人を突き動かすのか？

人間の行動には，もちろん多くの動機要因があるが，われわれは特に国家主義が研究に値すると主張したい。なぜそれが特に重要なのか。(1)国家主義の重要性は，極めて暴力的で勇敢な行為に突き動かす，熱烈な忠誠心と激しい憎悪をかき立てる力にある。人々は自分の国家のために人を殺したり死んだりする。もちろん，そうしたことは国家主義だけにおいて生じることではない。人々は自分の家族，拡大家族または「一族」，地域住民が住む居住地域，自分の宗教集団や自分の宗教の聖地と象徴を守るために，同様の極端な行為に駆られる。しかしながら，これらその他の忠誠心は，国家主義よりかなり理解しやすいものであることが多い。自分の子供のために最大の犠牲を払う親は，生命体における普遍的法則，すなわち，自分自身の遺伝物質を守ろうとする本能に従っているとみることができる。この本能は，自身の拡大家族を守ろうとする衝動においても機能しているのがわかる。しかしそうであるなら，拡大家族，あるいはもう少し大きな規模で言うと「一族」もまた，人間が置かれてきたおそらく大多数の状況において，個人と核家族の生存にとって不可欠なものであるとみることができる。この点において，一般に国家は，生存に不可欠であるとは言えない。もちろん，もし国家全体が絶滅した場合，個人とその家族も滅びるだろうが，一社会単位としての国家が消滅しても，それ自体は個人または家族の生存にとっての脅威とはならないだろう。(2)国家の消滅は，民族紛争や深刻な経済破たんを伴う場合にのみ，生命を脅かすことになるのであって，そのような悲惨な出来事は，政治的独立が失われた結果必ず起こるものではない。逆に，属国による政治的独立の獲得とその国民が生存する可能性の増大との間に論理的なつながりはない。同じように，多くの，ことによると大多数の近代国家においては，人が国家を守るとき，自身の遺伝物質を守っているということを証明するものはないのだ。近代国家の国民が親族であり，（仮想）敵国である隣国の国民がよそ者であるという考え方は，現代人の多くがきわめて多様な遺伝的構造をもっていることを考えれば，まったく意味をなさない。

「国家と個人の生存の関係」と「家族（一族）と個人の生存の関係」を比較しつつ，国家主義（ナショナリズム）を研究する意義について考察した英文。

要旨 人間の行動を動機づける要因の中でも特に研究する意義があるのは，国家主義である。自己の遺伝物質の保存に結びつく家族や子供と異なり，社会単位としての国家の存在は，個人にとって生存に不可欠というわけではない。それにもかかわらず，国民は国家を守るために多大な犠牲を払おうとする。

解　説

問1 Its significance lies in its power to arouse passionate loyalties and hatreds that motivate acts of extreme violence and courage

▶ Its は nationalism を受けたもの。passionate は loyalties と hatreds の両方を修飾していると考えるべき。

▶ of extreme は violence と courage にかかっている。ここの of＋抽象名詞は形容詞の働きをしており，acts of extreme violence and courage は，extremely violent and courageous acts と同義である。

語句　lie in ～「～にある」 arouse「～を引き起こす，かき立てる」 loyalty「忠誠（心）」(*cf.* royalty「印税，王族」)

問2 only if it were to be accompanied by ethnic violence or severe economic collapse would it be life-threatening, and such disastrous events are not an inevitable consequence of the loss of political independence

▶ only if it were to be accompanied by … would it be life-threatening は，従属節の only if 以下が強調のために文頭に移動し，そのため主節が倒置形になっている。

▶ if it were to … (,) it would be … は仮定法。and 以下は仮定法ではないことにも注意。

▶ it は，空欄 d に入る disappearance (of the nation) を指す。

語句　be accompanied by ～「～を伴う，～と同時に起こる」 collapse「崩壊，（経済などの）破たん」 disastrous event「悲惨な出来事」

問3 正解は easier

▶空欄を含む文は「しかし，こういった他の忠誠心は，国家主義より理解するのがかなり（　　）なことが多い」の意。

▶同文の前には「人々は国家のために人を殺し，死ぬ」→「もちろん人を殺し，死ぬという行為は，それ（＝国家主義）にかぎって行われているわけではない」→「人々は，自分の家族，一族，居住地域，宗教のために同様の行為に駆り立てられる」という内容が述べられている。

▶他方，同文の後には，「親が子供を守るのは自己の遺伝物質を守ろうとする本能によるものとみることができる」→「その延長と考えれば，家族，一族が生存に不可欠だというのもわかる」→「だが国家は，遺伝物質保存の上で不可欠というわけではない」とある。つまり筆者は，命をかけて守るだけの明確な理由が「国家」に関しては見あたらないと考えているとわかる。

▶以上の流れから，「国家のために死ぬ心情より，家族など他のもののために死ぬ心情の方が理解しやすい」という筆者の考えがくみ取れるであろう。

問4　正解は as

▶空欄を含む2文で用いられているのは，see *A* as *B*「*A* を *B* とみなす」の受身形の be seen as ～「～とみなされる」である。

▶空欄 c の直前の in perhaps the majority of circumstances in which human beings have existed「人間が置かれてきたおそらく大多数の状況において」は挿入語句。can also be seen に（　c　）essential … がつながっている。

問5　正解は disappearance

▶該当文中の，if the entire nation were to be wiped out「もし仮に国家全体が消滅したら」が手がかり。この文では「国家全体の消滅」と「一社会単位としての国家の（　d　）」が対比されているので，空欄 d には dis で始まる「消滅」という意味の名詞が入ると考える。

解答

問1　国家主義の重要性は，極めて暴力的で勇敢な行為に突き動かす，熱烈な忠誠心と激しい憎悪をかき立てる力にある。

問2　国家の消滅は，民族紛争や深刻な経済破たんを伴う場合にのみ，生命を脅かすことになるのであって，そのような悲惨な出来事は，政治的独立が失われた結果必ず起こるものではない。

問3　easier

問4　as

問5　disappearance

36

2004 年度〔1〕

次の英文を読み，下の問いに答えよ。

When I got married, many of my American friends sent me gifts and cards that said things like, "Congratulations! I wish the two of you great happiness in the years to come," or "Congratulations on your wedding. May your days and years together be blessed with great happiness." I also received gifts and cards from Japanese friends. Some of them expressed similar sentiments, but there was one thing many Japanese friends wrote that none of the Americans had. It was, "Congratulations! Please be an excellent wife." Actually they usually wrote it in Japanese: *Omedeto gozaimasu. Suteki na okusan ni natte kudasai.*

I noticed that nobody was telling my new spouse to be a good husband, but (1)that bothered me less than what the message seemed to imply. Why did they think I needed this piece of advice? Did they believe that if they didn't give me a gentle push in the right direction I might forget to try to be a loving partner? Or even worse, did they fear that I was perhaps not quite up to the position?

The answer to these questions is — of course not. As far as I know, nobody doubted my abilities as a wife and I found out later that many other Japanese women I knew had received notes of the same type when they tied the knot. It's just something that Japanese people often write on wedding cards to women, without a lot of deep thought, and the intention is friendly (　a　), not stern warning.

I believe this example stems from a communication pattern that is more typical of Japanese than of American English. The most representative expression of this sort is *ganbatte*, which can be translated variously as "Good luck!," "Go for it!," "Do your best!," or "Hang in there!" Taking a look at the first expression, although Americans say "Good luck" in many of the same situations that Japanese people say *ganbatte*, the two expressions are actually pretty different. "Good luck" conveys what the speaker wishes for you, something that can be expressed in Japanese with the phrases … *ni narimasu yoni* or … *gaarimasu yoni*. On the other hand, *ganbatte* is a directive or (　b　) for you to do something.

Some people interpret the frequency of the use of the expression *ganbatte* as proof that Japan is a country in which trying hard is more valued than in the United States. As evidence, they cite the fact that Americans often express exactly the (c) sentiment, such as "Take it easy!" or "Have fun!" I don't think Americans are any less hardworking than Japanese people. In fact, it could be argued that in many cases Americans don't tell each other to work hard because (2)it is taken for granted that the other person would do his or her best, as in the case of newlyweds starting out on a lifetime of "for richer or for poorer, in sickness and in health."

But casual conversation in the United States does often include references to personal (d). I once asked two groups, one of Americans and one of Japanese, to write down what they thought they would say in a situation where they were fluent speakers of Italian and had just been praised for their ability to speak smoothly to Italian clients at their place of work. Some Americans wrote that they would say something like, "Thanks. I enjoyed having the (e) to use my Italian today." On the other hand, some of the Japanese wrote sentences like, "My Italian is not perfect, but I studied it really hard when I was a university student." There were a variety of responses in both groups, but none of the Americans mentioned having studied it hard and none of the Japanese mentioned enjoying it, although it is probable that if the situation had been real, some Americans might have worked hard to master Italian and some Japanese might have enjoyed using it, even if they didn't say so.

Well, (3)in an ideal world, effort and pleasure would go hand in hand. As for wedding congratulations, through the encouraging remarks of my Japanese friends and the good wishes of my American friends, my husband and I recently celebrated our 18th wedding anniversary. You'll have to ask him if I'm a *suteki na okusan*.

From Cultural Conundrums / Please be an excellent wife! by Kate Elwood, *The Daily Yomiuri (2002/10/08)*

1 下線部(1)を that の指すものを明らかにして和訳せよ。

2 下線部(2)を和訳せよ。

3 下線部(3)はどういうことか。日本語でわかりやすく説明せよ。

4　空欄（　a　）～（　e　）に入れるのに最も適切な語を次から１つずつ選び，それぞれ記号で答えよ。ただし，同じ語を２回以上選んではならない。

ア）possibility　　イ）anxiety　　ウ）satisfaction
エ）encouragement　　オ）identical　　カ）request
キ）discouragement　　ク）opposite　　ケ）chance
コ）conviction

全　訳

■結婚式の祝辞に見る日米の差

❶ 私が結婚したとき，アメリカ人の友人の多くが贈り物やカードを送ってくれたが，そこには「おめでとう！　お二人が末永く幸せでありますように」や「ご結婚おめでとうございます。あなた方の結婚生活がすばらしい幸せに恵まれますように」などといったことが書かれていた。私は日本人の友人からも贈り物とカードをもらった。似たような言葉を書いてくれた人もいたが，アメリカ人の友人はだれ一人として書かなかったのに多くの日本人の友人が書いていたことが一つあった。それは「おめでとう！　よい奥さんになって下さい」というものだった。実際には，それはたいてい日本語でこう書かれていた。「おめでとうございます。すてきな奥さんになって下さい」と。

❷ 気づいてみると，私の夫によい旦那さんになるように言った人はだれもいなかったのだが，(1)そのことよりもそのメッセージが暗に意味していると思われたもの

の方が私を嫌な気分にさせた。なぜ彼らは私にあんな忠告が必要だと思ったのだろうか。彼らは，私を正しい方向に軽く一押ししておかないと，誠実な伴侶になろうと心掛けるのを忘れるとでも思ったのだろうか。あるいは，もっとひどければ，もしかすると私は妻という立場に適していないのかもしれないと心配したのだろうか。

❸ これらの問いに対する答えは――もちろんノーである。私の知る限りでは，だれも私に妻としての能力がないとは思っていないし，後でわかったことだが，私の知っている多くの日本人女性は結婚するときに，同じような手紙をもらっていたのである。これは単に日本人が女性に贈る結婚祝いのカードによく書くことにすぎず，それほど深い意味はなく，その意図するところは親しみを込めた激励であり，手厳しい警告ではないのだ。

❹ 私は，この例は，アメリカ英語よりも日本語によくみられるコミュニケーションのパターンに原因があると信じている。この種の一番代表的な表現は，「がんばって」というもので，これは "Good luck !" "Go for it !" "Do your best !" あるいは "Hang in there !" などと，さまざまに訳すことができる。最初の表現に目を向けてみると，「がんばって」と日本人が言うのと同じ状況でアメリカ人が "Good luck" と言うことも多いのだが，実際のところこの２つの表現は非常に異なっている。"Good luck" は発言者が相手のために祈っていることを表すもので，日本語であれば，「…になりますように」や「…がありますように」という言い方で表現できるものである。これに対して「がんばって」は相手に何かせよという命令または要請なのである。

❺ 人によっては，「がんばって」という表現が頻繁に使われるのは，日本が一所懸命になることをアメリカよりも高く評価する国であることの証だと解釈する。こういった人たちはその証拠として，アメリカ人がまったく正反対の言葉，例えば「気楽にやろうよ」とか「楽しんでね」という表現をよく使うという事実を引き合いに出すのである。私はアメリカ人の方が日本人よりも勤勉でないなどとはまったく考えていない。実際，次のように議論することもできるだろう。多くの場合，アメリカ人がお互いに対して一所懸命やるようにと言わないのは，(2)相手が最善を尽くすのが当然だとされているからである。「富めるときも，貧しいときも，病めるときも，健やかなるときも」と言って，新婚の夫婦が生活を始めるときのように。

❻ しかし，アメリカにおけるくだけた会話では，個人的な満足感に関する話題に触れることが実際に多い。私は以前，２つのグループに次のような依頼をしたことがある。一方はアメリカ人のグループで，もう一方は日本人のグループだったのだが，仮に彼らがイタリア語を流暢に話せて，イタリア人の顧客に流暢に話しかけることができる能力を職場でほめられたとしたら，自分はどう言うと思うかを書いてもらったのである。アメリカ人の中には，「ありがとうございます。今日はイタリ

ア語で話す機会を持ててよかったです」と言うだろうと答えた人たちがいた。一方，何人かの日本人は「私のイタリア語は完璧ではありませんが，学生時代には本当に一所懸命勉強しました」と書いた。どちらのグループにもさまざまな答えがあったが，アメリカ人のグループのだれ一人として，イタリア語を一所懸命に勉強したということは書かなかったし，日本人も，イタリア語を話せて楽しかったということはだれも書かなかった。おそらく，これが現実の場面であれば，たとえ口には出さなくとも，アメリカ人の中にもイタリア語をマスターするために一所懸命に勉強した人がいただろうし，イタリア語が使えて楽しかったと感じる日本人もいただろうが。

❼ 確かに，理想的な世界では，努力と喜びは手を携えてやっていくものだろう。結婚式のお祝いで言えば，日本人の友人の激励の言葉と，アメリカ人の友人の祈りの言葉を通じて，夫と私は最近結婚 18 年目の記念日を祝ったところである。私が「すてきな奥さん」なのかどうか，私の夫に聞いてみるといい。

結婚して 18 年になるアメリカ人女性が，日米の言語文化の相違について述べたエッセイ。いわゆる「日本人論・アメリカ人論」というジャンルのエッセイである。

各段落の要旨

❶ 筆者が結婚したときに友人からもらった祝福の言葉に関する，日米間の違い（→日本人の多くから「すてきな奥さんになって下さい」との言葉をもらったが，アメリカ人はだれ一人これを書かなかった）。
❷「すてきな奥さんになって下さい」という言葉を受けての筆者の分析（→自分はよい妻にならないと思われているのではないか？）。
❸「すてきな奥さんになって下さい」というメッセージの真意（→深い意味はなく，激励であって手厳しい警告ではない）。
❹ 日本語の「がんばって」とその英訳の一例である “Good luck!” の相違についての筆者の考え（→前者は命令・要請で，後者は祈り）。
❺ 日米でこのような言語上の表現の差異が生じる理由についての筆者の意見。
❻ 個人的な満足感について，日米でのとらえ方の違いについての具体例。
❼ 筆者は，「理想的世界では，努力と喜びは一体である」と認め，自分が「すてきな奥さん」なのかどうか夫に聞いてみるとよいと述べる。

解　説

問 1　that bothered me less than what the message seemed to imply

▶ that は同じ文の前半にある noticed の目的節（＝that nobody was telling my new spouse to be a good husband「私の夫によい旦那さんになるように言った人はだれもいなかったこと」）を指す。

▶下線部の直訳は「(だれも私の夫によい旦那さんになるようにと言っていなかったことは,) そのメッセージが暗に意味していると思われたものほど私を困惑させなかった」。

▶ new spouse「新しい配偶者」は「新しく配偶者となる人, 結婚してこれから伴侶となる人」という意味。

▶ちなみに, what the message seemed to imply「そのメッセージ (=すてきな奥さんになって)が暗に意味していると思われたこと」とは, 同じ段の最後の2文で筆者が述べている内容を指す。第2段最終文の be up to the position は「(妻という) 立場に耐えられる, 適している」という意味。

語句 bother「～を困惑させる, 当惑させる, 嫌な気にさせる」 ～ less than …「…ほど～ない」 imply「～を暗に意味する」

問2 it is taken for granted that the other person would do his or her best

▶ it is taken for granted that ～「～が当然であると考えられている」という構文と, the other person が「相手」の意であることがポイント。would は推量を表す。

語句 do *one's* best「最善を尽くす」

問3 ▶第6段の内容を踏まえた上で解答する。第6段には,「一般にアメリカ人は何かをした後で, 楽しかったという感想を述べるが, 日本人はそれをするために一所懸命努力したことを述べる」という趣旨の内容が書かれている。

▶下線部で筆者が「理想的世界においては, 努力と楽しみは相伴う」と述べていることを踏まえた上で, 解答を作成すればよい。

語句 would *do*「～するものだ」(習性を表す) go hand in hand「手に手を取って進む, 相伴う, 密接な関係がある」

問4 ▶それぞれの空所の前後を読み, 文脈から見当をつけて選択肢から選び出すという作業を繰り返せばよい。

a 正解はエ)

▶空欄の前後を訳すと,「これは単に日本人が女性に贈る結婚祝いのカードによく書くことにすぎず, それほど深い意味はなく, その意図するところは親しみを込めた(a)であり, 手厳しい警告ではない」となる。

▶これは「すてきな奥さんになって」というメッセージに関して述べた箇所である。「温かい激励」といった趣旨の内容になると考えられるので, エ)encouragement「激励」を選べばよい。

b　正解はカ)

▶空欄の前後を直訳すると,「一方,『がんばって』はあなたが何かをしなければならないという命令あるいは(　b　)なのだ」となる。

▶「命令」と同類の語が入ると考えられるので,カ)request「要求,要請」が正解。

c　正解はク)

▶空欄の前後を訳すと,「アメリカ人はしばしば,『気楽にやろうよ』とか『楽しんでね』といった,まさに(　c　)感情を表明する」となる。

▶ここでは「がんばって」に見られるように,努力を尊重する日本人と,「気楽にやろうよ」「楽しんでね」といった言葉をかけるアメリカ人が対比されて述べられている。したがって,ク)opposite「正反対の」を選ぶ。

▶直後のsentimentが名詞なので,形容詞を選ぶといった文法的考察も必要。ちなみに,選択肢中の形容詞はidentical「同一の」とoppositeの2つのみである。

d　正解はウ)

▶空欄の前後を訳すと,「しかしアメリカでは,くだけた会話は個人的(　d　)に対する言及を実際にしばしば含んでいる」となる。

▶空欄eを含む文中のI enjoyedが手がかりとなる。enjoyと意味上の結びつきがある語は,ウ)satisfaction「満足感」である。

e　正解はケ)

▶空欄の前後を直訳すると,「私は今日自分のイタリア語を使用する(　e　)を持つことを楽しみました」となる。

▶アメリカ人のコメント。chanceを入れれば,「イタリア語を使う機会を持てて楽しかった」となり,文脈にも合う。

解答

問1　私の夫によい旦那さんになるように言った人はだれもいなかったのだが,そのことよりもそのメッセージが暗に意味していると思われたものの方が私を嫌な気分にさせた。
問2　相手が最善を尽くすのが当然だとされている。
問3　日本人は努力について,アメリカ人は個人的な楽しみについて言及するが,物事は努力と楽しむことの両方を通じてなされるのが理想的であるということ。
問4　a―エ)　b―カ)　c―ク)　d―ウ)　e―ケ)

37

2004年度〔2〕

次の英文を読み，下の問いに答えよ。（＊を付した語句には問題文の末尾に注がある。）

A few years ago in America, there was a new burst of interest in (1)shaming people in public. Judges began to order thieves to wear sandwich boards* and walk outside the stores they had stolen from. And the courts ordered people found guilty of sexual violence to put signs in their yards announcing their crimes. More than ever, it appears, people are in the mood for good old redfaced humiliation. These days, you can get shamed on television, on the World Wide Web, on the bumper sticker of your car.

In June, "Forgive or Forget," a nationally broadcasted TV show, started, featuring people confessing their (a) and begging for (b). A woman is ashamed that she let her boyfriend think he was the father of her baby. A man is sorry he lost touch with his daughter for years. A woman blames herself for getting her sister addicted to drugs. They apologize, they confess, they beg. And then, at the prompting of the host, they stand before a door on stage and nervously open it. If their victim is on the other side, they kiss and make up. If no one is there, the guilty one is left to burst into desperate tears before the camera.

This summer, a judge in Massachusetts said habitual drunk drivers could be ordered to put bright orange bumper stickers on their cars announcing their problem and urging other drivers to report "dangerous driving" to the police. In Minneapolis, the police department has organized "shaming units," in which people arrested for street crimes are brought in front of community members waiting at the police station. As the accused stand before them handcuffed*, the citizens begin with a kind of (c)verbal stoning. "They scold, saying things like, 'You're the reason our children aren't safe in this neighborhood'," said Lieutenant* Marie Przynski, who started the shaming program in this area. Afterward, the accused are released, but the arrests stay on their records and their names and license plate numbers are given to neighborhood leaders. "The community loves it," Lieutenant Przynski said.

Dan Kahan, a professor at the University of Chicago Law School, thinks (2)shaming is generally a good idea because it provides an inexpensive and morally satisfying alternative to imprisonment. "Fines and community service don't strike people as appropriate," he said. "Fines don't seem to be serious enough to fit the crime, and community service seems uplifting rather than degrading." Some critics (d) shaming because it can also humiliate (e) family members who live in the house with the sign outside or drive the car with the bumper sticker on it.

June Tangney, a professor of psychology at George Mason University in Fairfax, Virginia, says shaming may make society feel good, but it is unlikely to succeed in changing the behavior of the person being humiliated, especially since those people are used to ignoring society's rules. "Feelings of shame can actually have some unintended negative consequences," said Tangney, who has studied shame among people who have made non-criminal mistakes. "When people feel shamed or humiliated, they're likely to want to hide themselves and likely to avoid taking responsibility," Tangney said. "If we are holding them up to public humiliation, their focus then is on themselves and how they're being badly treated, rather than a focus on the behavior and the consequences of the behavior."

From The Nation ; Forget Prisons. Americans Cry Out For the Pillory. by Pam Belluck, *The New York Times (1998/10/04)*

注 sandwich boards：体にぶら下げる広告用の看板
handcuffed：手錠をかけられた状態で
Lieutenant：警察署の副署長

1 下線部(1)に関して，人々はどのようなことをさせられるか。その具体例を同じ段落から２つ見つけ，日本語で述べよ。

2 下線部(2)を和訳せよ。

3 空欄（ a ）（ b ）に入れるのに最も適した語の組み合わせを下から１つ選び，記号で答えよ。下の組み合わせは（ a ）—（ b ）の順に並んでいる。
ア）secrets — money

イ）guilt − forgiveness
ウ）problems − money
エ）forgiveness − apologies
オ）guilt − apologies

4　下線部(c)の verbal stoning とはどのようなことか。その内容として最も適したものを下から１つ選び，記号で答えよ。
ア）shaming the accused by accusing them loudly
イ）asking the accused to stop committing crimes
ウ）throwing sharp stones at the accused
エ）preaching to the accused so that they repent
オ）speaking kindly to the accused

5　空欄（　d　）（　e　）に入れるのに最も適した語の組み合わせを下から１つ選び，記号で答えよ。下の組み合わせは（　d　）−（　e　）の順に並んでいる。
ア）approve of − innocent
イ）argue against − guilty
ウ）complain of − guilty
エ）disapprove of − guilty
オ）object to − innocent

6　最後の段落で述べられている，shaming に対する June Tangney の反対意見を150字以内の日本語（句読点を含む）で要約せよ。

全訳

■恥をかかせる刑罰には意味があるか？

❶ 数年前，アメリカでは，人前で恥をかかせることに対する関心が新しく急激に高まった。裁判官は窃盗犯に対して，体にぶら下げる広告用の看板を身につけ，盗みをはたらいた店の前を歩くよう命じるようになった。また裁判所は，性的暴行で有罪になった人々に対して，自宅の庭に自分が犯した罪を記した看板を設置するように命じたのである。今までにないほどに，人々はかつての赤面するような屈辱を必要だと感じるようになっているように思われる。近頃では，テレビやインターネットあるいは車のバンパーに貼ってあるステッカーでも，屈辱を受けることがあるのだ。

❷ 6月に『許すか忘れるか』という全国ネットのテレビ番組が始まり，出演者が自分の罪を告白して許しを請う内容を売りにしている。ある女性は，ボーイフレンドに彼女の赤ん坊の父親であると思わせてしまったことを恥じる。ある男性は何年間も娘と音信不通であったことを謝る。また，ある女性は，自分の妹が麻薬中毒になったのは，自分の責任だと言う。彼らは謝罪し，告白し，許しを請うのである。それから，彼らは番組の司会者の指示にしたがって，舞台の上にしつらえられたドアの前に立ち，そして不安げにそのドアを開けるのである。もしその罪の犠牲になった人がドアの向こう側にいれば，彼らはキスをして仲直りする。だれもいなければ，罪を犯した出演者はカメラの前で絶望の涙を流すのである。

❸ 今年の夏，マサチューセッツ州のある裁判官は，常習的に飲酒運転をする者に対して，明るいオレンジ色のステッカーを車のバンパーに貼るように命じることがあると発言した。そのステッカーとは，彼らの問題を公表し，彼らが「危険な運転」をした場合，警察に通報するようにと他のドライバーに呼びかける内容のものだ。ミネアポリスでは，警察が「辱めのための施設」を設置し，路上犯罪で逮捕された人間は警察で待ちかまえている地域住民の目の前でそこに連行される。容疑者が住民の前に手錠をかけられた状態で立つと，市民の方は厳しい言葉を投げつけ始めるのである。「彼らは，例えばこんなふうに言って責めるんです。『お前がいるからうちの子供たちがこの辺りで安全に暮らせないんだ』ってね」と，副署長のマリー=プルシンスキーは語った。彼女はこの地区での辱めの計画を始めた人物である。その後，容疑者は釈放されるが，逮捕歴は記録に残り，名前と車のナンバーは地区の代表者に通知される。「地域はこの方法を気に入っています」とプルシンスキー副署長は語った。

❹ シカゴ法科大学院のダン=カーン教授は，恥をかかせることは，禁固刑の代替策

として費用もかからず道徳的にも満足のいくものなので，概してよい考えであると考えている。「罰金と地域に対する奉仕活動は，適切なものだとは思われていない」と彼は言った。「罰金は罪に見合うほど十分に厳しいものとは思われていないし，地域に対する奉仕活動は恥ずかしいものというより，むしろ気分を高揚させるものだと思われます」 批評家の中には，外に看板が設置されている家に住み，バンパーにステッカーが貼ってある車を運転する無実の家族にまで屈辱を与えることになりかねないという理由で，これに反対している者もいる。

❺ バージニア州フェアファックスにあるジョージ=メイソン大学の心理学教授ジューン=タングニーは，恥をかかせることは社会をいい気分にさせるかもしれないが，屈辱を受けた人物の行動を変える可能性は低いと言う。何よりも，これらの人物は社会の規範を無視するのに慣れているためだと言う。「恥という感情は，実は意図しないマイナスの結果をもたらす可能性があるのです」とタングニー教授は語った。彼女は犯罪には当たらない過ちを犯した人々における，恥の感覚を研究してきた。「人間は恥ずかしいと思ったり屈辱を受けたりすると，身を隠したいと思い，責任を取ることから逃れようとする傾向があるのです」とタングニー教授は言った。「もし我々がそのような人々によってたかって恥をかかせたなら，彼らの意識は自分自身や，いかに自分たちがひどい扱いを受けているかということに向いてしまい，自分の行為とそれによって生じた結果には意識は向かないのです」

アメリカのいくつかの州で行われている，罪を犯した者に公衆の面前で恥をかかせる刑罰の紹介とその有効性について述べた英文。

各段落の要旨

❶ 人前で恥をかかせる刑罰の具体例の紹介。
❷ 自分の罪を告白して許しを請うアメリカのテレビ番組の紹介。
❸ アメリカ，マサチューセッツ州の判例と，ミネアポリス警察での取り組みの紹介。
❹ シカゴ法科大学院のカーン教授の肯定的意見と，批評家の否定的意見の紹介。
❺ バージニア州のタングニー教授の，否定的意見とその理由（→辱めの刑は，受刑者に被害者意識を与え，自分の犯した行為やその結果に目を向けることを妨げてしまうので逆効果）。

解 説

問1 ▶同じ段（第1段）の第2・3文（Judges began to …）の内容を説明すればよい。

▶第3文（And the courts …）は people … violence が ordered の目的語。announcing their crimes は signs を修飾している。

語句 order *A* to *do*「*A* に～するよう命じる」 outside the stores they had stolen from「(そこから)物を盗んだ店の外を」(be) found guilty of ～「～で有罪判決を受ける」sexual violence「性的暴行」put signs「看板を設置する」yard「庭」announce「～を公表する，～を告げる」

問 2　shaming is generally a good idea because it provides an inexpensive and morally satisfying alternative to imprisonment

▶構文はシンプル。語句を的確に訳せるかどうかがポイントとなる。

語句　shaming「恥ずかしい思いをさせること」provide「～を提供する」inexpensive「費用のかからない」morally satisfying「道徳的に満足を与えるような」alternative to ～「～に代わるもの，～の代替案」imprisonment「禁固刑，投獄」

問 3　正解はイ)

▶ confessing their (　a　) and begging for (　b　) とは，「自分の (　a　) を告白し，(　b　) を懇願する」ということ。

▶“Forgive or Forget”『許すか忘れるか』というテレビ番組の内容を紹介した文なので，「罪を告白して許しを請う」という意味の文になると考えればよい。

語句　forgiveness「(人の) 罪を許すこと」(*cf.* apology「(人に) 罪をわびること，謝罪」)

問 4　正解はア)

▶まず選択肢の意味を確認しよう。

ア)「被告人を大声で非難して恥ずかしい思いをさせること」

イ)「被告人に罪を犯すのをやめるよう求めること」

ウ)「被告人に尖った石を投げつけること」

エ)「被告人が悔い改めるように説教すること」

オ)「被告人に親切に話しかけること」

▶直後の They scold, saying …「彼らは…と言ってしかる」という記述から，verbal stoning が言葉を使った刑罰の一種であると見当がつく。

▶ stoning 自体は「石投げの刑，石うちの刑」だが，verbal が「言葉による」という意味なので，下線部は「言葉で非難して罰すること」の意となる。よって，ア) が正解。

問 5　正解はオ)

▶まず選択肢の意味を確認しよう。

ア)「～に賛成する」―「無罪の」

イ)「～に反論する」―「有罪の」
ウ)「～のことで不平を言う」―「有罪の」
エ)「～に賛成しない」―「有罪の」
オ)「～に反対する」―「無罪の」

▶空欄を含む文の直訳は「恥ずかしい思いをさせることは，外に看板がある家で暮らしたり，バンパーにステッカーが貼られた車を運転したりする（ e ）家族のメンバーにまで屈辱を与えることになりかねないので，批評家の中にはこれに（ d ）者もいる」である。

▶ family members は，刑罰を受ける被告人ではないので，「無罪」である。それを踏まえれば，批評家たちが「辱めの刑」に反対していると予想できる。よって，オ)が正解。

問6 ▶最終段第1文後半（it is unlikely … ignoring society's rules）および，第3・最終文（"When people feel …"）を要約する形でまとめればよい。

語句 be unlikely to *do*「～する可能性は低い」 humiliate「～に恥をかかせる，～に屈辱を与える」 be used to ignoring「無視することに慣れている」 avoid taking responsibility「責任を取ることから逃れる」 hold *A* up「*A* ををさらし者にする」 public humiliation「公共の場で屈辱を受けること」

解答

問1 ①盗みを犯した者は広告用の看板を身につけ，盗みに入った店の前を歩かされる。
②性的暴行をした者は，その旨を書いた看板を自分の家の庭に設置させられる。

問2 恥をかかせることは，禁固刑の代替案として費用もかからず道徳的にも満足のいくものなので，概してよい考えである。

問3 イ)

問4 ア)

問5 オ)

問6 罪を犯した人々は社会のルールを無視するのに慣れているので，辱めの刑で彼らの行動が改善される可能性は低い。むしろ身を隠したいと考えて，責任を取ることから逃れようとしがちである。また屈辱を受けた場合，自分や自分に与えられるひどい仕打ちに目を向けてしまい，自分の行動や，その結果を意識することはあまりない。(150字)

38

2004年度〔3〕-A

次の1から3の英文を読み，それぞれについてその内容に最も合う英語のことわざを下の選択肢の中から1つずつ選んで記号で答えよ。

1　Last night, I had a terrible fight with my mother. She thought I was not listening to anything she said anymore, and I thought she was not allowing me any freedom. After much shouting and crying, however, we quietened down a little, and had a heart-to-heart discussion about our relationship. As a result, I was able to learn how much she loved and cared for me, while she appreciated that I was no longer a little child who needed to be protected all the time. So, in the end, we were both very glad we'd had that terrible fight.

ア）All that glitters is not gold.
イ）It is dark at the foot of a candle.
ウ）There is no accounting for tastes.
エ）After a storm comes a calm.
オ）Beauty is in the eye of the beholder.

2　Yesterday was the worst day in my life. Actually, I was very happy until 5 p.m., because it was my payday. I left the office dreaming about a new handbag I had wanted for a long time. But it was all downhill after that. At the station, I realized that I had been pickpocketed and lost my wallet. So I had to walk all the way back to my apartment instead of taking a bus. When I arrived and opened the door, I found that a burglar had been in my room and taken all my valuables. Talk about bad luck!

ア）Actions speak louder than words.
イ）It's no use crying over spilt milk.
ウ）Four eyes see more than two.
エ）It never rains but it pours.
オ）Don't bite off more than you can chew.

3 An old man who lives next door to us had the same dog for nearly twenty years. The man had no family, so the dog had been his only company for a long time. But one day, the dog disappeared. The old man was frantic with fear, but the dog was nowhere to be found. It was painful to see my neighbor after that, because he was so sad and unhappy. So I did what I would not usually do: deceive someone. I found a dog very similar to the old man's beagle, and I lied to him that it was his old friend and that it had been discovered wandering in the neighborhood. The old man and his dog next door are looking very happy again.

ア) There is no place like home.
イ) The farthest way about is the nearest way home.
ウ) The end justifies the means.
エ) The darkest hour is just before the dawn.
オ) Barking dogs seldom bite.

全　訳

■1．母親とのけんか

昨夜，私は母とひどいけんかをした。母は私が最近母の言うことにまったく耳を貸さないと考えており，私の方は母が何の自由も認めてくれないと思っていたのだ。しかし，ずいぶん怒鳴ったり泣いたりした後で，私たちは少し冷静さを取り戻し，私たちの関係について率直に話し合った。その結果，私は母がどれほど私を愛し気にかけてくれているかを知り，一方で母は，私がもうつねに保護を必要とする子供ではなくなったことをきちんと理解してくれた。そんなわけで最後には，私たちはどちらも，あんなにひどい親子げんかをしたことをとても嬉しく思った。

■2．給料日の災難

昨日は私の生涯最悪の日だった。実は，私は午後5時まではとても幸せだったのである。給料日だったからだ。私は長い間ほしかった新しいハンドバッグのことを夢見ながら退社した。ところがその後は，坂道を転がるように悪くなっていったのだ。駅で，私はスリに遭い財布がなくなっているのに気づいた。そのため，私はバスに乗る代わりに，遠路はるばる歩いて自分のアパートに帰らなければならなかった。アパートに着いてドアを開けると，部屋に空き巣が入っていて貴重品をみな盗られていた。なんてついてないんだろう！

■3．隣人への思いやり

私の家の隣に住んでいる年老いた男性は，同じイヌを20年近く飼っていた。この男性には家族がなかったので，このイヌだけが長い間男性の話し相手だった。しかしある日，このイヌがいなくなってしまった。老人は心配のあまり気も狂わんばかりだったが，イヌはどこにも見つからなかった。それからはこの隣人の姿を見るのは辛かった。とても悲しくて辛そうだったからである。そこで私はいつもならやらないことをやった。人をだましたのである。私はこの男性が飼っていたビーグル犬にとてもよく似たイヌを見つけ，そのイヌが彼の飼っていたイヌで，近くを歩いているのを見つけたのだと彼に嘘をついた。隣に住んでいる老人とイヌは，今ではまたとても幸せそうにしている。

解　説

問1　正解はエ）

▶ア）「光るものすべてが金とはかぎらない」→「見かけは当てにならない」

イ）「ろうそくの根元は暗い」→「灯台もと暗し」
ウ）「人の好みは説明できない」→「人の好みはさまざま」→「たで食う虫も好きずき」
エ）「嵐の後に静けさが訪れる」→「雨降って地固まる」 これが最も適切。
オ）「美は見る人の目の中にある」→「美の判定は見る人でさまざま」→「あばたもえくぼ」

問2　正解はエ）

▶ア）「行動は言葉よりも雄弁である」→「人は言葉よりも行いで判断される，口先よりも実践が大切」
イ）「こぼれたミルクのことで泣いても無駄だ」→「覆水盆に返らず」
ウ）「２つの目よりも４つの目の方がよく見える」→「三人寄れば文殊の知恵」
エ）「土砂降りにならずには決して雨が降らない」→「降れば土砂降り」→「泣きっ面に蜂」 これが最も適切。
オ）「噛める以上のものを食いちぎるな」→「自分の能力以上のことをしようとするな，背伸びをするな」

問3　正解はウ）

▶ア）「わが家のような場所はない」→「わが家が一番，住めば都」
イ）「一番遠回りの道が家に帰る一番の近道だ」→「急がば回れ」
ウ）「目的は手段を正当化する」→「嘘も方便」 これが最も適切。
エ）「一番暗いのは夜明けの直前」→「最悪の状況にこそ好転の望みあり」
オ）「吠える犬はめったに咬まない」→「口先ばかりの人間は実行力が伴わない」

解答

問1　エ）
問2　エ）
問3　ウ）

第 2 章　英作文

39

2023年度〔2〕

Choose one of the pictures below and describe it in English. Your description should be 100 to 140 words in length. Indicate the number of the picture you have chosen. *Correctly* indicate the number of words you have written at the end of the composition.

(1)

(2)

(3)

解　説

問題文の訳

以下の画像から1つを選び，英語で説明しなさい。説明の長さは100語から140語とします。選んだ画像の番号を示しなさい。英作文の最後に，書いた語数を正確に記しなさい。

テーマ1　バイオリンを弾く男性とその演奏を聴いている3人の男性たち

テーマへのアプローチ

1人の男性がバイオリンを弾き，3人の男性がその演奏に耳を傾けている絵である。粗末な納屋と，納屋の外で立って聴いている黒人男性の様子から，この絵が奴隷制度から黒人が解放されつつある時代（19世紀）のアメリカ農村部の一場面を描いたものと推測できる。納屋の中にいる白人男性も，外にいる黒人男性もともに音楽を楽しんでいるのだが，彼らの間には差別という壁があるように思われる。

構成を練る

次の3点について述べていく。

①絵の概要と，全体的な印象

②人物と背景の描写

③この絵から推測できること

日本語で考える

示された日本語案を，後ろの **英作のヒント** を頼りに英訳し，あとで〔解答例〕と見比べてみよう。もちろん，日本語案を参考にしながら，自分で案を考えてもよい。案を考える際は，英訳可能かどうかも同時に検討し，英訳が難しいと思われる事例は別の表現や具体例に置き換えるか，思い切って割愛すればよい。

①絵の概要と，全体的な印象

- 19世紀のアメリカ農村部の生活の一場面を描いたものと思われる。

②人物と背景の描写

- 絵の中の4人の男性のうち，3人は扉が大きく開いた納屋の中にいる。
- その3人のうち1人が椅子に座ってバイオリンを弾いている。
- あとの2人は，それを聴いている。1人が奥で腰かけ，もう1人はコートのポケットに左手を入れて立っている。
- 納屋の外では，アフリカ系アメリカ人と思われる黒人労働者が，帽子を右手に持って立ち，静かにバイオリンを聴いている。

●中にいる白人男性たちは帽子をかぶったままだ。

③この絵から推測できること

●男性たちは皆音楽を楽しんでいるが，納屋の中にいる白人男性たちと外の黒人労働者の間には人種差別という壁が存在しているように見える。

英作のヒント

①絵の概要と，全体的な印象

▶「農村部の生活」country〔rural〕life

②人物と背景の描写

▶「扉が大きく開いた納屋の中に」inside a barn with the door wide open

▶「奥で腰かけている」sit in the back

▶「コートのポケットに左手を入れて立っている」(be) stand with his left hand in the pocket of his coat

▶「黒人労働者」a black worker →「黒人」を意味する black / Black に差別的な意味合いはない。African(-)American という婉曲語は，「先祖がアフリカから来た」ことを意味する丁寧語の一種であり，単に「黒人」と述べたい場合には black という語が適切と思われる。

▶「帽子を右手に持って」with his hat in his right hand

▶「帽子をかぶったままで〔帽子をかぶって〕」keep their hats on / have their hats on

③この絵から推測できること

▶「人種差別の壁」a wall of racial discrimination〔segregation〕

(1) This seems to be a painting of American country life in the 19th century. Of the four men in the painting, three are inside a barn with the door wide open. One of the three men is sitting in a chair playing the violin. The other two men are listening to it ; one sits in the back, and the other stands with his left hand in the pocket of his coat. Outside the barn, a black worker who seems to be African American stands listening quietly to the violin with his hat in his right hand, while the white men inside keep their hats on. All the men are enjoying music, although there seems to be a wall of racial discrimination between the white men inside and the black worker outside.
(131 語)

解答例

テーマ2 予期せぬ出来事に驚き，ろうばいする画家

テーマへのアプローチ

建物や人物の様子から，古い時代の田舎家で起こった出来事を描いた絵と思われる。まずは，家の内部にいる4人の人物（3人の子どもたちとその母親らしき女性）の様子（どういう位置にいて何をしているのか）を描写していく。さらに，戸口の2人の男性に注目し，その様子を描写する。この男性たちが手に持っているものから，彼らは画家と推察できる。部屋にイーゼルがあるところを見ると，ここは彼（彼ら）のアトリエかもしれない（イーゼルは少しわかりにくいので，気づくのが難しいかもしれないが）。手前の男性はとても驚いた表情をしているが，もしかしたらそれは，女性が壁の塗装に使用している塗料が，画家が自分の絵を描くために取っておいた大切な白い絵の具だからかもしれない。

構成を練る

次の4点について述べていく。

①絵の全体的な印象

②家の中にいる4人の人物の描写

③戸口にいる男性たちの描写，および，手前の男性と部屋のイーゼルに関する考察

④手前の男性が驚いた表情をしている理由に関する考察

日本語で考える

①絵の全体的な印象

- これは古い絵で，質素な田舎家で起こった出来事を描いているように思われる。

②家の中にいる4人の人物の描写

- 1人の女性が粗末な机の上に立って，忙しそうに壁を白く塗っている。
- 床では幼い男の子と女の子が，塗料の準備をして母親の手伝いをしている。
- もう1人の女の子が戸口にいる2人の男たちを見ている。

③戸口にいる男性たちの描写，および，手前の男性と部屋のイーゼルに関する考察

- 男たちはそれぞれ絵画を携えており，おそらく画家だろう。
- 室内にイーゼルがあることから，画家（たち）はここを自分のアトリエとして使用していることが推察される。
- 手前の男性のほうは，驚いて口を大きく開け，女性に何かを言おうとしている。

④手前の男性が驚いた表情をしている理由に関する考察

- 女性の行為は，予想外，あるいは画家にとって望ましくないことだろう。
- もしかしたら女性が壁に塗っている塗料は，画家が自分の絵のために取っておいた大切な白い絵の具なのかもしれない。

英作のヒント

①絵の全体的な印象

▶「質素な田舎家」a humble cottage

②家の中にいる４人の人物の描写

▶「粗末な机」a shabby desk / an old and worn-out desk

▶「忙しそうに壁を白く塗る」→「壁を白く塗るのに忙しい」be busy painting the wall white

▶「塗料の準備をして母親（＝絵の中の女性）の手伝いをする」help her by preparing paint

▶「戸口にいる」in the doorway

③戸口にいる男性たちの描写，および，手前の男性と部屋のイーゼルに関する考察

▶「絵画を携えている」carry a painting

▶「…おり，おそらく～だろう」→「…なので～と思われる」→「…ということが～ということを示唆している」…, which suggest(s) that ～

▶「室内にイーゼルがあることから～が推察される」→「部屋にあるイーゼルは～だということを示唆している」the easel … suggests that ～　「部屋にあるイーゼル」the easel (standing) in the room

▶「アトリエ〔仕事場〕」a studio / a workplace（an atelier はフランス語由来）

▶「手前の男性」the man in front

④手前の男性が驚いた表情をしている理由に関する考察

▶「予想外，あるいは望ましくない」unexpected or undesirable

▶「～を壁（一面）に塗る」brush〔spread〕～ over the wall

解答例

(2) This seems to be an old painting that shows what happened in a humble cottage. A woman is busy painting the wall white as she stands on a shabby desk, while a young boy and a girl are helping her by preparing paint on the floor. Another little girl is looking at two men in the doorway. Each of them is carrying a painting, which suggests that they are artists. Moreover, the easel standing in the room suggests that they use this cottage as their studio. The man in front looks quite surprised. His mouth is wide open as he tries to say something to her. It seems that what she is doing is unexpected or undesirable for him. Possibly, the paint she is brushing over the wall might be important white paint that he keeps for his paintings. (139語)

テーマ3 鎧や楽器の前で矢を持ち微笑むキューピッドと，見守る犬

テーマへのアプローチ

愛の神，キューピッドを主題とした絵画である。暗く混沌とした世界に立つ，見るものをほっとさせるような明るいキューピッドが描かれている。その表情は自信に満ち，立ち姿は勇敢ですらある。

そのそばにはキューピッドに仕えるかのような犬たちがいる。キューピッドの前には，脱ぎ捨てられた鎧〔甲冑〕その他が暗く雑然と散らばっている。キューピッドの周りはやや明るいトーンで描かれているようにも見え，キューピッドと散らばった武器などの対比から，暗く邪悪な力に対する愛の勝利を体現しているようにも見える。

構成を練る

次の3点について述べていく。

①絵画の印象と，主題と思われる男の子（キューピッド）に関する描写

②犬と，男の子（キューピッド）の前に散らばっているものに関する描写

③この絵画が象徴していると思われるものについての考察

日本語で考える

①絵画の印象と，主題と思われる男の子（キューピッド）に関する描写

- これはヨーロッパの古い絵画と思われる。
- この絵の主題，つまり中心人物は愛の神，キューピッドである。
- この絵のキューピッドは，例にもれずぽっちゃりした男の子で，背中には翼がある。
- 右手には矢を，左手には弓のようなものを持って，暗い背景を背に立っている。
- そのはつらつとした目は，誇りと自信に満ちている。

②犬と，男の子（キューピッド）の前に散らばっているものに関する描写

- 1匹の犬がそばに座ってキューピッドを見守り，画面の左手前の地面にもう1匹の犬が横たわっている。
- キューピッドの前の地面に，鎧〔甲冑〕が一式捨てられている。
- リュートやハープといった楽器やその他の文化的な物も捨てられている。

③この絵画が象徴していると思われるものについての考察

- おそらく，この絵が表しているのは，愛の力，あるいは何らかの邪悪な力に対する愛の勝利だ。

英作のヒント

①絵画の印象と，主題と思われる男の子（キューピッド）に関する描写

▶「主題，題材」theme / subject

▶「例にもれず」→「例によって，通常通り」as usual
▶「ぽっちゃりした〔ふっくらした〕」plump（fat と違い，ネガティブな意味はない）
▶「右手には矢を持って」holding an arrow in his right hand
▶「弓」bow
▶「暗い背景を背に」against the dark background
▶「はつらつとした目」bright eyes
▶「誇りと自信」pride and confidence

②犬と，男の子（キューピッド）の前に散らばっているものに関する描写

▶「(～の) そばに座って … を見守っている」sit beside ～ watching …
▶「鎧〔甲冑〕が一式」→「一式の鎧〔甲冑〕」a suit of armor
▶「リュートやハープといった楽器」musical instruments, such as a lute and a harp→楽器名がわからない場合は musical instruments のみですます。

③この絵画が象徴していると思われるものについての考察

▶「*B* に対する *A* の勝利」triumph〔victory〕of *A* over *B*
▶「何らかの邪悪な力」some evil power

解答例

(3) This seems to be an old European painting. Its theme or main figure is Cupid, the god of love. Cupid in this painting is, as usual, a plump little boy with wings on the back. He stands against the dark background, holding an arrow in his right hand and something like a bow in his left hand. His bright eyes are full of pride and confidence. One dog sits beside him watching him, and another is lying on the ground in the left foreground. On the ground before Cupid lies a discarded suit of armor, as well as musical instruments, such as a lute and a harp, and other items of culture. Probably, what this painting shows is the power of love, or the triumph of love over some evil power.（131 語）

2022年度〔2〕

Choose one of the pictures below and describe it in English. Your description should be 100 to 140 words in length. Indicate the number of the picture you have chosen. *Correctly* indicate the number of words you have written at the end of the composition.

(1)

(2)

(3)

解 説

問題文の訳

以下の画像から1つを選び，英語で説明しなさい。説明の長さは100語から140語とします。選んだ画像の番号を示しなさい。英作文の最後に，書いた語数を正確に記しなさい。

テーマ1 ベンチに座って新聞を読んでいる彫像に話しかけている男性

テーマへのアプローチ

日常のありふれた光景を切り取った，一見平凡な写真だが，よく見ると，不思議なところがあることに気づく。左側の老人は質感が不自然であり，ベンチの向かって左側の脚に不可解な点が見られる。ここから，この老人は彫像であることが推測できる。

これはもしかすると，野外彫刻のような，公共の場に展示されたアート作品の1つかもしれない。このように，画像説明問題で断定できない事柄については，「～のように見える」とか「～かもしれない」という表現を使用しておくとよい。

構成を練る

次の3点について述べていく。

①2人の人物の描写

②左側の老人の銅像が座っているベンチの描写

③ベンチが置かれている意図に関する考察と写真の感想

日本語で考える

①2人の人物の描写

- この写真には2人の男性が写っている。生身の男性とベンチに座っている彫像と思われる老人である。
- 男性が腰をかがめて，彫像に顔を合わせて親しげに話しかけるようなふりをしている。
- 彫像の老人は脚を組んでベンチに腰掛け，読んでいる新聞を中断して，振り返って話しかけてきた男性に応えているように見える。

②左側の老人の銅像が座っているベンチの描写

- ベンチの左側の脚は存在せず，老人の彫像の右脚と一体化しているように見える。そしてその脚がベンチを支えている。

③ベンチが置かれている意図に関する考察と写真の感想

- これは野外彫刻のような，公共の場に展示されたアート作品の1つではないかと思われる。

●このユーモアが利いた写真は知的刺激を与えてくれ，楽しませてくれる。

英作のヒント

①２人の人物の描写

▶「生身の男性」→「生きている男性」a living man

▶「彫像」a statue / a sculpture

▶「腰をかがめて」bending over

▶「顔を合わせて親しげに」face to face in a friendly way

▶「脚を組んで」with his legs crossed

▶「読んでいる新聞を中断して」→「新聞を読むのをやめて」stopped reading the newspaper

②左側の老人の銅像が座っているベンチの描写

▶「ベンチの左側の脚は存在せず」→「ベンチの左側の脚（leg）は見えない」one leg of the bench cannot be seen

▶「～と一体化して」be integrated with ～

③ベンチが置かれている意図に関する考察と写真の感想

▶「公共の場に展示された」exhibited in a public space〔place〕

▶「アート作品の１つ」a work of art

▶「ユーモアが利いた」humorous

▶「知的刺激を与えてくれる」は「（いろいろ）考えさせてくれる」と言い換えて，makes me think とする。

▶「楽しませてくれる」は「（面白くて）笑いたい気持ちにさせる」と考えて，makes me laugh とする。〔解答例〕では，makes me think と共通の makes me の部分は繰り返しを避けるため，省略している。

解答例

(1) This photo shows two men: a living man and a statue of an old man. The man is bending over, and pretending to speak to the statue, face to face in a friendly way. It looks as if the statue of an old man sitting on the bench with his legs crossed stopped reading the newspaper, and looked back to answer him. Surprisingly, one leg of the bench cannot be seen. It is integrated with the right leg of the statue, which supports the bench. This statue and the bench may be a work of art exhibited in a public space. This humorous photo makes me think and laugh.（109 語）

テーマ2 右手前に黒い彫像，左手に噴煙に立ち向かう機動隊の群れを写した写真

テーマへのアプローチ

これは構図を計算に入れて被写体をうまく取り込んだ，メッセージ性のある報道写真のように思える。右側手前に，ロダンの彫刻「考える人」と思われる黒い像を大きく写し込み，その奥には噴煙のように広がる煙。その左手には，噴煙と対峙し，何かから身を守ろうとする機動隊あるいは警官隊らしき人の群れが，小さく見える。この3点について描写する。

荒く騒々しい人間の愚かな行動を横目に，「考える人」は静かに思索にふける。この写真を見て何を思うかは，人それぞれだが，少なくともこの写真の「考える人」は，その存在感ゆえに，撮影者の主張を代弁しているように思われる。

構成を練る

次の5点について述べていく。

①導入：写真の第一印象

②右手前の彫刻（ロダンの「考える人」）の描写

③左手の機動隊〔警官隊〕の群れの描写

④機動隊〔警官隊〕の前に広がる噴煙の描写

⑤この写真が伝えようとしているメッセージ

日本語で考える

①導入

- これは何か大切なメッセージを伝えようとしている報道写真と思われる。

②右手前の彫刻の描写

- 写真の右手前では，黒い像が座って地面を見つめ，深い瞑想にふけっている。
- これは有名な芸術家ロダンの彫刻「考える人」に違いない。彫刻は何を考えているのか。

③左手の機動隊〔警官隊〕の群れの描写

- 写真の左下隅には，彫刻から少し離れたところに機動隊の群れがいる。彼らはヘルメットをかぶっており，そのうち数人がライフルを持っている。最前列の警官たちは，盾を手にして自らと仲間を守っている。

④機動隊〔警官隊〕の前に広がる噴煙の描写

- 煙は爆発や火災によるものかもしれない。
- 警官たちは危険な状況にあるようだ。

⑤この写真が伝えようとしているメッセージ

- この写真は人間の愚かさを象徴しているように思える。あるいは，「混沌と秩序」「戦争と平和」といったものを対照させているようにも思える。この写真は

「我々はどう生きるべきか」を示しているようにも思える。

英作のヒント

①導入

▶「(メッセージ等）を伝える」carry〔convey〕

▶「報道写真」a news photo

②右手前の彫刻の描写

▶「(写真の）右手前に」in the right foreground (of the photo)

▶「像」statue

▶「深い瞑想にふけって」be lost in deep meditation

▶「彫刻」sculpture

▶「ロダンの彫刻，『考える人』」"The Thinker" by Rodin→Rodin のスペルに自信がない場合は，by Rodin を by a great sculptor〔artist〕としておく。

③左手の機動隊〔警官隊〕の群れの描写

▶「写真の左下隅に」in the lower left corner of the photo

▶「〜から少し離れたところに立つ」stand some distance from 〜

▶「機動隊」(the) riot police→「機動隊」は「警官隊」と同義と考えてよい。

▶「警官隊」(the) police（複数扱い）/ (the) police force

▶「〜の群れ」→「〜の一団」a group of 〜 とする。アメリカ英語では，通例，単数扱いになる。

▶「ライフル，小銃」rifle（→gun は「拳銃」）

▶「(男性の）警官たち」policemen→「男女の警官たち」は police officers

▶「盾を手にして〜を守る」hold shields〔a shield〕to protect 〜

④機動隊〔警官隊〕の前に広がる噴煙の描写

▶「爆発か火災によるもの」be from an explosion or (a) fire

▶「危険な状況にある」be in danger

⑤この写真が伝えようとしているメッセージ

▶「人間の愚かさ」human stupidity〔folly〕

▶「A と B を対照させる」contrast A with B

解答例

(2) This looks like a news photo meant to convey an important message. In the right foreground, a dark statue sits looking down at the ground, lost in deep meditation. This must be the famous sculpture "The Thinker" by the great artist Rodin. What is he thinking about? In the lower left corner of the photo, a group of riot police stands some distance from the sculpture. They are wearing helmets and a few of them are holding rifles. Some policemen in the front are holding shields to protect themselves and their colleagues. The smoke may be from an explosion or fire. They may be in danger. This photo seems to me to express human stupidity, or it contrasts chaos with order, or war with peace. Certainly it suggests how we should live.（132語）

テーマ3　闘う古代の剣闘士の扮装をした男たちと，そのショーを見物する人々

テーマへのアプローチ

闘っている2人の男性と，背後に並ぶ人々，そしてこのイベントが行われている場所といった情報から，この写真がどういう状況を表しているのかを考える。

上半身裸の男たち2人が，剣を持って闘っている。背後の仕切り幕の向こうにはカメラを構えた観客が見物していることから，この闘いは観光客目当てのショーである可能性が高い。このショーについての考察をメインに述べていく。観客はこの写真に写っていない所にもいることが考えられる。語数に応じて，その記述を加えてもよい。

構成を練る

次の点について述べていく。

写真から直接読み取れる情報と状況についての考察：「闘っている2人の男たち」「闘っている場所の様子」「背後の人々」について描写しつつ，これがどういう状況なのか，並行して考察していく。

日本語で考える

写真から直接読み取れる情報と状況についての考察

- この写真には，剣を持って闘う2人の男性と，背後にある仕切りの向こうに，このイベントを楽しんでいる観客たちが写っている。観客の中にはカメラを手にしている人もいる。
- このイベントは，古代の格闘技のショーであると思われる。
- 戦士たちの外見や服装から判断すると，彼らは古代ローマの剣闘士を演じているのかもしれない。2人とも上半身裸である。片方の男性は剣を力強く一振りして，もう一人をもう少しで倒そうとしているところである。
- 剣闘士のこの歴史ショーは，おそらく観光客向けのものだろう。このイベントは，屋外の砂地の場所で行われている。写真に写っていないもっと多くの観客がいるのかもしれない。間違いなく，観客はみんな，このわくわくするショーを楽しんでいる。

英作のヒント

写真から直接読み取れる情報と状況についての考察

▶「背後の仕切りの向こうの」→「少し離れた仕切りの向こうの」beyond the fence some distance〔meters〕away

▶「ショー」a show

▶「古代の格闘技」an ancient combative sport

▶「外見と服装から判断すると」judging from the appearance and costumes→この

場合の「服装」はclothesでも可だが，costumesという語が最も適切。

▶「古代ローマの剣闘士」a gladiator of Ancient Rome

▶「上半身裸で」their upper body is naked→「上半身に何もつけていない」have nothing on their upper body→「半ズボンとブーツしか身につけていない」wear only shorts and boots

▶「剣を力強く一振りして」→「力強い剣の一振りで」with a powerful swing of his sword

▶「*A* は屋外の砂地の場所で行われている」*A* is taking place in an outdoor area filled with sand

▶「～に写っている」appear in ～ / be seen〔shown〕in ～

解答例

(3) This photo shows two men fighting with a sword and spectators beyond the fence some distance away enjoying the event. Some of them are holding cameras. This event seems to be a show of an ancient combative sport. Judging from the appearance and costumes of the fighters, they may be playing the role of gladiators of Ancient Rome. Both of them wear only shorts and boots. One of the men has almost knocked the other out with a powerful swing of his sword. This historical show of gladiators is probably targeting tourists. It is taking place in an outdoor area filled with sand. There may be many more spectators who do not appear in the photo. All the spectators are surely enjoying this exciting show.（125語）

41

2021 年度〔2〕

Choose one of the proverbs below and explain in English what you believe it means. Your explanation should be 100 to 140 words in length. Indicate the number of the proverb you have chosen. *Correctly* indicate the number of words you have written at the end of the composition.

1 A pig and a farmer should not try to be friends.

2 A late reply is worse than no reply at all.

3 The right word is more effective than the wrong book.

解　説

問題文の訳

以下のことわざのうち１つを選び，それが何を意味していると思うかを英語で説明しなさい。説明は100語から140語の長さとします。選んだことわざの番号を示しなさい。解答の末尾に，書いた語数を正確に記しなさい。

1　豚と農夫は友人になろうとすべきではない。
2　遅い返事は全く返事がないよりも悪い。
3　適切な１語〔ひと言〕は１冊の不適切な本よりも効果がある。

テーマ1 豚と農夫は友人になろうとすべきではない。

テーマへのアプローチ

ことわざとは，「覆水盆に返らず」とか「蓼食う虫も好き好き」といった，人生の真理や教訓を表した簡潔な言い回しや格言であり，世代から世代に語り継がれてきたものだ。本問で提示されたことわざはすべて架空のものであり，その意味を説明せよというのが問題の指示である。

1の「豚と農夫」のことわざは，両者の関係性を考えると，一般には「所詮，豚は食肉として売り飛ばすべき存在」なので，友達になるといった「本来の目的を妨げるような状況を作るべきではない」と考えるのが自然だろう。しかしこのことわざは，農夫の視点からとらえるか豚の視点からとらえるかで，異なった解釈ができる。豚を擬人化し，そこに上下関係や支配関係を当てはめ，豚と農夫の関係を人間社会の縮図と見ると，このことわざは，強者から搾取されている弱者に対する警句ととらえることもできる。

構成を練る

次の3点について述べていく。

①ことわざの解釈の仕方

②農夫の視点から見たことわざの意味

③豚の視点〔立場〕から見たことわざの意味

日本語で考える

①ことわざの解釈の仕方

このことわざは農夫の視点から見るか豚の視点から見るかで2通りに解釈できる。

②農夫の視点から見たことわざの意味

- 豚を育てて売る農夫が豚に過剰な愛情を持つと，その豚を売ったり殺したりするのが難しくなるだろう。その結果，農夫は生計の手段を失うだろう。
- このことわざは，世の中には親しくなりすぎてはいけない関係があることを教えている。

③豚の視点〔立場〕から見たことわざの意味

- このことわざは「絵に描いた餅」を望んではいけないということを意味していると解釈できる。
- 結局のところ豚は，餌をくれて自分を愛情深く育ててくれる農夫を信頼したところで，いつかは食肉用に売られて殺されるのだから。

英作のヒント

①ことわざの解釈の仕方

▶「〜の視点から見る」look from the standpoint of 〜 / take the standpoint of 〜

▶「〜かどうかで」→「〜か … かによって」according to whether 〜 or …

▶「２通りに解釈できる」can be interpreted in two ways

②農夫の視点から見たことわざの意味

▶「前者の場合は」→同じ表現を繰り返すのを避け，語数を減らすために，in the former case といった表現が効果的な場合がある。

▶「～に愛情を持つ」have affection for ～

▶「生計の手段，生計の道」*one's* living

▶「親しい関係」close relationships〔relations〕

③豚の視点〔立場〕から見たことわざの意味

▶「後者の場合は」in the latter case

▶「*A* を～という意味だと解釈する」interpret〔take〕*A* to mean ～

▶「～を希望する」hope for ～ →hope＋名詞の形は誤り。

▶「絵に描いた餅，夢物語，無理な願望，希望的観測」pie in the sky→これを言い換えるならば，something impossible「何か無理なもの」。

▶「愛情深く」lovingly

解答例

1．This proverb can be interpreted in two ways according to whether you look from the standpoint of the farmer or that of the pig. In the former case, if a farmer who raises and sells pigs made friends with his pigs, he would have too much affection for them and would find it difficult to sell or kill them. As a result, he would lose his living. This proverb teaches us that in the world, there are relationships that should not be too close. In the latter case, we can interpret the proverb to mean that we should not hope for "pie in the sky" or something impossible. After all, someday, the pig will be sold and killed for meat even if it trusts the farmer who gives it food and raises it lovingly.（134 語）

テーマ2 遅い返事は全く返事がないよりも悪い。

テーマへのアプローチ

英語に“Better late than never.”ということわざがある。これは「遅くてもやらないよりはまし」とか「たとえ遅れても来ないよりはまし」という意味で，良くない状況を前向きにとらえようとするときに使われる表現だ。これに当てはめれば，本テーマは，「遅い返事でもないよりはまし」といったものになるだろう。これが世間一般の常識だ。しかし本テーマはその逆となっている。

このテーマの場合，「遅れて返事をしたために相手が迷惑を被ったケース」を考えればよい。一定の期限を過ぎてしまった場合は，相手が何らかの判断をすでにしてしまっているかもしれない。そういう場合は，返事を出さないままにしておいたほうがましであろう。本テーマのことわざは，そういう状況を表していると思われる。

構成を練る

次の 4 点について述べていく。

①与えられたことわざの特異性
②なじみのことわざとの違い
②逆説的ことわざの特性
④本ことわざが当てはまる状況

日本語で考える

①与えられたことわざの特異性

このことわざには逆説的な意味がある。

②なじみのことわざとの違い

「遅くてもしないよりはまし」という，よりなじみのあることわざを考えると，「遅い返事でもないよりはまし」というほうが通常は適切だ。しかし「遅い返事でもないよりはまし」は，ことわざとしては単純で当たり前すぎるので，人はこのことわざをあまりありがたく思わないかもしれない。

③逆説的ことわざの特性

逆説的ことわざは，（ふつうのことわざよりも）より魅力的で印象的に聞こえる。

④本ことわざが当てはまる状況

問題のことわざは，パーティーに人を招待して，何人かが期限までに回答し損ねた状況を述べるのに使用できる。返事がない場合，来ないという意味だと解釈し，人数分の料理しか準備しない。返事を出さない者は単に礼を欠くだけかもしれないが，遅れて回答して参加したいと言ったら，自分がいかに身勝手かということを相手に示すことによって，よりひどく相手の気分を害するだろう。

英作のヒント

①与えられたことわざの特異性

▶「逆説的な」paradoxical

②なじみのことわざとの違い

▶「遅くてもしないよりはまし」Better late than never.

▶「なじみの，よく知られた，一般的な」familiar / popular

▶「～を考えると，～を考慮に入れると」given

▶「～をありがたく思う」appreciate

③逆説的ことわざの特性

▶「～に聞こえる」sound

④本ことわざが当てはまる状況

▶「問題の～」～ in question

▶「期限までに」→「締め切りまでに」by the deadline

▶「*A* を～という意味だと解釈する」take〔interpret〕*A* to mean ～

▶「人数分の料理しか準備しない」→「出席するであろう人たちのためだけの料理を用意する」prepare food only for those who would attend

▶「礼を欠くだけかもしれない」may be just impolite→impolite「失礼な」

▶「身勝手な，わがままな，自己中心的な」selfish

▶「～の気分を害する」hurt / offend

解答例

2．This proverb has a paradoxical meaning. It is usually right to say, "A late reply is better than no reply," given the more familiar proverb, "Better late than never."　However, as the proverb, "A late reply is better than no reply" is too simple and natural, so people may not appreciate it enough.

Paradoxical proverbs sound more attractive and more impressive. The proverb in question can be used to describe a situation where you invite people to a party, and some fail to reply by the deadline. You would take "no reply" to mean they are not coming, and prepare food only for those who would attend. Those who do not reply may be just impolite, but if they reply later and want to join, they will only hurt you more badly by showing how selfish they are.（138 語）

テーマ3 適切な1語〔ひと言〕は1冊の不適切な本よりも効果がある。

テーマへのアプローチ

本というものは，その内容や伝える情報の質，量はさまざまだが，基本的には「有益で信頼できる」ものであるはずだ。したがって，このことわざの意味を解釈するには，「不適切な本」とはどういうものなのかを考える必要がある。また，英語の word には「語」以外に「ひと言」という意味もあるので，「適切な1語〔ひと言〕は1冊の不適切な本よりも効果がある」とはどんな場合なのか，そしてこのことわざが当てはまる日常の状況とはどのようなものなのかについて具体的に考えねばならない。

そのように考えていくと，このことわざは，「的外れで不適切な情報は，いくらたくさんあったところで，適切で的を射た一片の情報にも敵わない」ということを，比喩的，強調的に述べたものであると考えることができる。たとえば word を problem に変えてみれば，「適切な1問は1冊の不適切な問題集よりも効果がある」という具体的な命題ができるが，このことわざはこういう命題を比喩的に伝えている。

与えられた情報は豊富なのに，使う者の目的に沿っていなかったりレベルが合っていなかったりするために，効果も上げられないし，かえって害をもたらす場合もあるといった例を具体的に考えてみよう。

構成を練る

次の2点について述べていく。

①**序論**：与えられたことわざの解釈

②**本論**：このことわざが当てはまる状況の具体例（または自分の経験）

日本語で考える

①**序論**

このことわざは，たとえ信頼できる情報に見えても，使う者の目的と能力に沿っていなければ役には立たないということを意味している。

②**本論**

- このことわざの説明となる自分の経験を書くことにする。
- 友人との関係がうまくいかなかったとき，問題解決のために心理学の本を買った。しかし学術的すぎるし専門用語ばかりで，難しくあまり役に立たなかった。そんなとき母が人間関係についての良きアドバイスをひと言与えてくれて，悩みが解消した。
- もう1例。高2のときに数学の難問集に取り組んだが，しだいに自信とやる気をなくした。しかし第一志望大学の入試傾向に合った別の本の問題をやってみたら，数学の問題への効果的な取り組み方がわかった。

英作のヒント

①序論

▶「信頼できる」reliable

▶「目的と能力に沿う」meet the purpose and ability

②本論

▶「友人との関係がうまくいかない」→「友人とうまくやっていくのに苦労する」have trouble〔difficulty〕getting along with a friend

▶「学術的すぎる」too academic〔scholarly〕

▶「専門用語ばかりで」be full of technical terms / have too many technical terms

▶「人間関係」human relations / (human) relationship(s)

▶「悩みが解消される」worries dissolve〔go away〕←dissolve「消える，なくなる」

▶「高２生で」be a high school junior / be in the second year of senior high school

▶「難問集」→「難しい（練習）問題ばかりの本」a book full of difficult exercises / a collection of difficult problems

▶「問題に取り組む」work on the problems / tackle the problems

▶「自信とやる気をなくす」lose *one's* confidence and motivation

▶「〜の入試の傾向に合う」match the pattern of the questions in the examination for 〜

▶「第一志望大学」*one's* first-choice college〔university〕

▶「問題をやってみたら〜がわかった」→「問題が〜を教えてくれた」

解答例

3．This proverb means that information isn't useful if it doesn't meet the user's purpose and ability, even though it seems reliable. I will write about my experiences that explain this proverb well. When I had trouble getting along with friends, I bought a book of psychology to solve the problem. However, the book was difficult and of little use because it was too academic and full of technical terms. Then, my mother gave me a word of good advice on relationships, and my worries went away. Here's another example. As a high school junior, I worked on a math book full of difficult exercises, but I gradually lost my confidence and motivation. However, a problem in another book that matched the pattern of the questions in the examination for my first-choice college taught me how to tackle math problems effectively.（140 語）

42

2020 年度〔3〕

Choose one of the topics below. Indicate the number of the topic that you have chosen. In English, write 100 to 130 words about the topic. *Correctly* indicate the number of words you have written at the end of the composition.

1 Introduce your favorite Japanese book to a non-Japanese speaker.

2 Describe a situation when you felt proud of yourself.

3 Explain the differences between a friend and an acquaintance.

解 説

問題文の訳

以下のテーマから1つを選びなさい。選んだテーマの番号を示しなさい。テーマについて100語から130語の英文を書きなさい。解答の末尾に，書いた語数を正確に記しなさい。

1 あなたのお気に入りの日本の本を，日本語を話さない人に紹介しなさい。

2 自分を誇らしく思った状況を述べなさい。

3 友人と知人の違いを説明しなさい。

テーマ1　あなたのお気に入りの日本の本を，日本語を話さない人に紹介しなさい。

テーマへのアプローチ

ここでは「日本の小説（novel）」ではなく「日本の書籍（book）」がテーマとして指示されているので，扱う対象は小説に限らず，評論やノンフィクション，伝記，詩集，絵本，図鑑，辞典など，多岐にわたる。必ずしも小説に限定しなくてもよい。また，指示が「内容を説明せよ」ではなく「紹介せよ」となっているので，たとえば『広辞苑』を紹介するときは，その歴史やどういう使われ方をしているのか等も書けばよい。小説の場合は作者に関する説明も含まれるだろう。書物に関して特に思い浮かばない場合は，読書感想文に選んだ本について書いてみてはどうだろう。

〔解答例〕に挙げたのは『十角館の殺人』という綾辻行人のデビュー作にして日本の推理小説の代表作の1つ。「館シリーズ」の第1作である。

構成を練る

次の3点について述べていく。

①導入部：作品タイトルと作者名

②作者の紹介

③お気に入りの本の具体的内容とその魅力

日本語で考える

①導入部

お気に入りの本は，綾辻行人の『十角館の殺人』。

②作者の紹介

綾辻は日本ミステリー界の大物の1人。彼の最高傑作で最も人気がある作品群は「館シリーズ」と呼ばれている。

③お気に入りの本の具体的内容とその魅力

- 『十角館の殺人』は「館シリーズ」の第1作。大学の推理小説研究会の一行が，小さな無人島にある「十角館」と呼ばれる奇抜で非現実的な建造物で春合宿を行うが，合宿を楽しんでいる間に，部員たちが次々と殺害されていく。
- 本作品の最大の魅力は，斬新なトリックと，ありえない衝撃の結末。ラストで明かされる殺人鬼の名前は，あなたをきっと驚愕させるだろう。綾辻の「館シリーズ」は私の期待を裏切らない。だから私は彼の作品が大好きだ。

英作のヒント

①導入部

▶本のタイトルはローマ字でよい。英訳が可能な場合は，タイトルの英訳を添える。タイトルの意味を英語で説明するという形でも可。「十角」decagon→dec(a)-/deci-「10」+-gon「…角形（の）」 *cf.* pentagon「五角形」

②作者の紹介

▶「ミステリー界」mystery novels circles〔category〕

▶「人気がある，支持されている，受け入れられている」popular

▶「館，大邸宅」house→綾辻の「館シリーズ」は「奇妙な，異様な」を意味する bizarre で形容されることが多い。

③お気に入りの本の具体的内容とその魅力

▶「推理小説研究会」a mystery workshop / a mystery seminar〔club〕

▶「無人島」a desert island / an uninhabited island

▶「非現実的な，凝った作りの」fanciful / fantastic

▶「斬新な」novel / original / unique

▶「衝撃の結末，驚くべき結末」a surprise ending

▶「～を驚愕させる」astound/ astonish/ amaze（astound が最も程度が強い）

解答例

1．My favorite book is “Jukkakukan no Satsujin” or “The Decagon House Murders” written by Yukito Ayatsuji. Ayatsuji is one of the biggest names in Japanese mystery novels circles. His best and most popular works are the “Bizarre House Series.” “Jukkakukan no Satsujin” is the first of this amazing series. Members of a college mystery workshop have a spring camp in a bizarre and fanciful structure called “Decagon House” on a small desert island. While they are enjoying their camp, members are murdered one after another. The biggest appeal of this work is a novel trick and an unlikely surprise ending. The murderer’s name revealed at the end will surely astound you. Ayatsuji’s “Bizarre House Series” has never disappointed me, which is why I love his works.（126語）

テーマ2　自分を誇らしく思った状況を述べなさい。

テーマへのアプローチ

自分を誇りに思う状況というのは，一般に，何か困難なことを達成したり克服したり，途中で投げ出すことなく最後までやり続けたといった状況だろう。そういう経験がある者はそれを書けばよい。ただ，自分を誇らしいと感じるのは個人の主観的な判断によるものであり，客観的な基準や尺度はない。困難の度合いも人それぞれで，個人差がある。ハードルの高さはまちまちだ。何か大きなことを成し遂げないと自分を誇らしく思ってはいけないということではない。

些細なことでもよい。これは頑張ったと胸を張れることがあったら，そのエピソードや経緯を書いてみよう。

構成を練る

経緯の始点と終点を定め，時系列で書いていく。

①導入

②経緯と状況

日本語で考える

①導入

ずっと入りたかった高校に入学したとき，私は何事にも最善を尽くそうと思った。それ以来私は，できることとやらねばならないことはやってきた。

②経緯と状況

- 加えて，親に頼りすぎてはいけないと思ったので，家計を助けるために奨学金をもらった。さらに，家事もできるだけ手伝ってきた。
- もちろん高校生活は楽しかったし，成績も良かった。成績は着実に向上した。コツコツと頑張ったからこそ，今ここでこうやって第一志望の大学の難関入試を受けていることができるのだ。
- 私は今の私を誇らしく思う。無事入試に合格したら，きっとこれまでの人生で自分を最も誇らしく思うことだろう。

英作のヒント

①導入

▶「ずっと入りたかった高校」high school that I have long wanted to enter→不定詞の部分を代不定詞にできると，語数削減に役立つ。

▶「できることとやらねばならないことはやってきた」→ここも can と must の後の動詞を省くことができる。

②経緯と状況

▶「親に頼る」depend on *one's* parent(s)

▶「家計を助ける」help with family〔household〕expenses / help (to) support *one's* family

▶「奨学金をもらう」get〔win / receive〕a scholarship

▶「家事を手伝う」help with housework→「家庭の雑用をする」と考えて do (the) household chores とすることもできる。

▶「(学校の) 成績が良い」do well at〔in〕school / have a good school record

▶「成績が向上する」improve *one's* academic record〔performance〕

▶「コツコツ頑張る」study diligently / make a diligent〔steady〕effort

▶「難関入試」a difficult〔competitive〕entrance examination

▶「第一志望大学」*one's* first-choice college〔university〕/ the college〔university〕that is *one's* first choice

▶「今の私」what I am (now)

▶「自分を最も誇らしく思う」be proudest of *oneself* (同一人物についての比較なので，proudest に the がつかない)

2. When I entered the high school that I had long wanted to, I thought I would do my best in everything. Since then, I've been doing what I can and what I must. Besides, I thought I shouldn't depend on my parents too much. So I got a scholarship to help with family expenses. Also, I have done as many household chores as possible. I have enjoyed high school life of course and have done well at school. I have improved my academic record steadily. It is because I have studied diligently that I can now take the difficult entrance examination for my first-choice college here. I am proud of what I am now. When I successfully pass the examination, I will surely be proudest of myself in my life. (130 語)

解答例

テーマ3　友人と知人の違いを説明しなさい。

テーマへのアプローチ

友人と知人の違いがテーマである。両者は親しさの度合いが異なるという点は明白だ。「親友」という言葉はあるが「親知人」という言葉はない。「親しい知人」というあいまいな表現も考えられるが，知人とはあくまでも，ただの知り合いである。「親しい知人」という表現があるとしたらそれは，「ただの知人よりは親しいが，友人とまでは言えない」ということだろう。

そういう考察を経て，友人とはどういう存在なのか，知人とはどういう人物なのかを，できるだけ具体的に説明していけばよい。

構成を練る

次の２点について述べていく。

①友人の定義と思われる特徴を列挙

②知人の定義と思われる特徴を列挙

日本語で考える

①友人の特徴を列挙

- 好感を持ち一緒にいて楽しい人物。対等な関係にあり互いに信頼し合っている。
- 目標と利害と楽しみを共有している。
- 必要なときは楽しく共に努力する。
- 困ったり問題が生じたりすると助け合い相談し合う。
- 友人が最もできやすい時期は学生時代だが，職場の同僚も状況によっては友人になりうる。

②知人の特徴を列挙

- 友人ほど親しくないし交流も薄い。
- 友人だった人物が，異なった生活空間に移って親密度や交流が減ると，単なる知人に移行することが多い。

英作のヒント

①友人の特徴を列挙

▶「一緒にいて楽しい人物」a person you enjoy spending time with

▶「対等な関係にある」be on an equal footing〔terms / relations〕/ have an equal relationship

▶「目標と利害と楽しみ」goals, interests, and fun

▶「困ったり問題が生じたりする」be in trouble or have a problem

▶「助け合い相談し合う」help (each other) and consult with each other

▶「友人が最もできやすい時期」the time when you are most likely to make friends
▶「学生時代」*one's* school days
▶「職場の同僚，仕事仲間」a coworker / a fellow worker / a colleague
▶「〜によっては，〜次第では」depending on 〜

②知人の特徴を列挙

▶「友人ほど親しくない」be less close to you than a friend / be not as〔so〕close to you as a friend
▶「友人よりも交流が薄い，連絡〔付き合い〕が少ない」have less contact〔interaction〕with you than a friend
▶「異なった生活空間に移る」move into another〔different〕living environment / begin to live in another〔different〕place
▶「単なる知人に移行する」→「単なる知人になる」change into just an acquaintance / become a mere acquaintance
▶「〜することが多い」→「しばしば〜する」often *do*

解答例

3．A friend is a person you like and enjoy spending time with. Friends are on an equal footing, and trust each other. They share goals, interests, and fun. They enjoy working together when necessary. They help and consult with each other when they are in trouble or have a problem. The time when you are most likely to make friends is your school days, but your coworkers can also be your friends, depending on the situation. An acquaintance is a person who is less close to you and has less contact with you than a friend. A friend often changes into just an acquaintance when he or she moves into another living environment, becomes less close to you, and has less contact with you.（124語）

43

2019 年度〔4〕

Choose one picture. Indicate the number of the picture that you have chosen. In English, write 100 to 130 words about the picture. *Correctly* indicate the number of words you have written at the end of the composition.

1

2

3

解　説

問題文の訳

写真〔絵〕を１枚選びなさい。選んだ写真〔絵〕の番号を示しなさい。その写真〔絵〕について 100 語から 130 語の英文を書きなさい。書いた語数を作文の後に正確に記しなさい。

テーマ１　水辺の護岸壁に腰かけ，腕組みをして寒そうに肩をすぼめている老人の写真

テーマへのアプローチ

１人の老人が写った写真である。解答作成へのアプローチは２通りある。１つは，この写真から見て取れる情報を，推理を交えて客観的に描写していくというもの。もう１つは，この写真の老人の表情や服装をもとに，想像を交えて１つのストーリーを作るというもの。

いずれにせよ，老人の表情や服装，そして背景について，見て取れることはきちんと描写することが必要。また，１つ目のアプローチを取る際は，やや不鮮明なモノクロ写真が故の不明な部分に関しては，その旨を述べておくとよい。

構成を練る

次の３点について述べていく。

①老人に関する描写

②背景に関する描写

③横にある物体に関する描写

日本語で考える

①老人に関する描写

- 厚手のコートを着て湖岸に腰を下ろし，腕組みをしている。
- 寒さに震えているように見える。
- 老人が何のためにここにいるのか，また何を考えているのかは想像の域を出ない。

②背景に関する描写

- 湖面に霧またはもやが漂っている。
- 遠く対岸には低い山並みが見える（波もほとんどないこととあわせて，ここが湖岸であると推測できる）。
- 湖の上空に見える２つの黒い点は鳥の翼のように見える。おそらく鳥が飛んでいるのだろう。
- 全体に陰鬱とした風情である。

③横にある物体に関する描写

- 老人の横にティッシュボックスのような箱とティッシュのようなものがあるが，ティッシュボックスにしては大きすぎる（老人の体の幅よりも大きい）。
- この箱が何なのかはこの写真からはわからない。

英作のヒント

①老人に関する描写

▶「腕組みをして」with *one's* arms folded
▶「寒さに震える」shiver with cold →「寒さを我慢する」なら stand the cold となる。
▶「想像の域を出ない」→「想像力にゆだねられる」be left to imagination

②背景に関する描写

▶「霧，もや」fog / mist
▶「対岸」the other side of the lake
▶「～に低い山並みがある」low hills lie along ～ ← along で「並み」の意味が出る。
▶「（湖が）陰鬱な，寂しい，荒涼とした」desolate / depressing

③横にある物体に関する描写

▶「ティッシュボックス」a tissue box
▶「モノクロ写真」black-and-white photo

解答例

1．An old man in a heavy coat is sitting by a lake with his arms folded. He seems to be shivering with cold. It is winter, and it looks cloudy. Mist floats over the water, and low hills lie in the distance, along the other side of the lake. Two birds are flying over the lake, but the lake looks very desolate. There is a box beside the man, and it looks like tissues are coming out of the box. However, the box is too large to be a tissue box, and from this black-and-white photo, it is hard to tell what the box is ; it is a mystery. Additionally, why the man is sitting here in the cold, and what he is thinking, are left to my imagination.（129 語）

テーマ2　平行に延々と伸びる金網の柵と，その間に横たわるらせん状の鉄条網の写真

テーマへのアプローチ

政治的なメッセージを持った写真と言える。中心部が明るく周辺部が暗いのは，何かの穴から覗いて撮った写真なのだろう。正面にまっすぐ平行に伸びる2つの金網の柵の間には，らせん状に巻かれた有刺鉄線のように見える鉄条網が延々と続いている。ここを生身の人間が越えることはまず不可能だろう。遠くには監視塔らしきものも見える。柵の上には照明らしきものが等間隔で配置されている。明るい空と，黒く凶悪な有刺鉄線との対比が印象的だ。人の姿はまったくない。このことが，この場所をいっそう非人間的なものに見せている。これは2つの地域を政治的に分断している境界を写した写真であり，この写真が発信しているメッセージは明確だ。

構成を練る

次の4点について述べていく。

①何が写っている写真なのか
②写真が象徴的に表していること
③背景の空との対比とその描写
④写真が伝えるメッセージ

日本語で考える

①何が写っている写真なのか

この鉄条網の写真は，対立する国家または政府の境界線を示している。凶暴な黒いらせん状の鉄条網が2つの柵の間をどこまでも続いている。

②写真が象徴的に表していること

鉄条網はきわめて暴力的で残酷に見える。人間が越えるのを絶対に許さない。これは分断と分裂の写真だ。人間の姿が写っていないことで，この写真の非人間性がさらに増す。

③背景の空との対比とその描写

遠くの明るい空と，手前の黒くて暴力的ならせん状の鉄条網が，著しい対照をなしており，それが余計に，悲劇や戦争の悲惨さを連想させる。

④写真が伝えるメッセージ

この写真が示しているのは，人間の持つ負の側面だ。人類の長い歴史の中で，この種の分断と無縁であったことがめったになかったのは残念だ。

英作のヒント

①何が写っている写真なのか

▶「鉄条網」barbed wire fence（「有刺鉄線」は barbed wire という。barbed が思い

浮かばない場合は，wire fence のみで代用する）

▶「対立する」opposing / conflicting

▶「凶暴な」brutal / vicious（evil を使用してもよい）

▶「らせん状の」spiral / coiled

▶「どこまでも」endlessly

②写真が象徴的に表していること

▶「暴力的で残酷な」violent and cruel〔vicious / evil〕

▶「分断と分裂」division and disruption

▶「非人間的な」inhuman

③背景の空との対比とその描写

▶「*A* が *B* を連想させる」→「(人が) *A* で *B* を連想する」associate *A* with *B*

▶「～が余計に」は「～なのでいっそう」と考える。all the＋比較級～

▶「戦争の悲惨さ」は「悲惨な戦争（戦時)」と言い換えれば，より簡単に表現できる。

④写真が伝えるメッセージ

▶「人間の持つ負の側面」the negativity of humankind / a negative aspect of humans

▶「～と無縁で」は「～がない」と考える。(be) free of ～

▶「～なのは残念だ」it is regrettable that ～

2．This photo of barbed wire fences shows the border between opposing nations or governments. Brutal black spiral wires stretch endlessly between the two fences. They look extremely violent and cruel. They definitely refuse humans. This is a photo of division and disruption.

There aren't any human beings in this photo, which increases my impression of this photo as inhuman. I associate this picture with tragedy and miserable wartime, all the more because the bright sky in the distance shows a striking contrast to the black violent spiral wires in the foreground. This photo depicts the negativity of humankind. It is regrettable that we have seldom been free of this kind of division in the long history of humankind. (118語)

解答例

テーマ3　近現代の東欧が舞台とおぼしき絵画。登場人物は男性ばかりで荒々しい雰囲気。

テーマへのアプローチ

屈強で荒くれた感じの男たちが丹念に描き込まれた絵画である。描かれた人物や持ち物を丁寧に見ていくと，書くべき内容を見つけることができる。

この絵は，ロシアの画家イリヤ=レーピンが 1880 年から 10 年以上もの年月をかけて描いた「トルコのスルタンへ手紙を書くザポロージャ・コサック」という絵画で，狭義のロシア・トルコ戦争に着想を得ている。イリヤ=レーピンに関する知識があれば抵抗感も小さいであろうが，イリヤ=レーピンを知らなくても，世界史の知識があれば，時代や場所に対する見当はつくのではないだろうか。時代と場所の見当がつけば，あとは描かれているものを描写していくという方針で，解答を作成していく。印象的な部分から取り掛かっていけばよい。

このような，人物が描かれている絵画が題材として出題された場合は，どのような人物がどのような場所で，どういったことをしているかを見ていけばよい。単純な絵もあれば複雑な絵もあるが，想像や推理を交えれば，指定語数では書ききれないほどの情報が見つかるだろう。

構成を練る

次の 3 点について述べていく。

①特徴的な人物の描写

②時代と場所への推測

③絵の背景を推測

日本語で考える

①特徴的な人物の描写

屋外に置かれた木製の簡単なテーブルで，1 人の男が羽根ペンで何かを書いている。彼の周りでは 10 人以上の男たちが，その男が書くところを見ている。何人かは頑強で荒々しくすら見える。そのうちの 1 人は上半身裸だ。背中に武器らしきものをぶら下げている者もいる。

②時代と場所への推測

衣装といくつかの特徴から判断して，この絵は 100 年ほど前にトルコ辺りの東ヨーロッパで描かれたものに違いない。

③絵の背景を推測

男たちの多くは陽気で嬉しそうで興奮しているように見える。これは男たちが戦いに勝利したところを描いたものなのかもしれない。この絵は屈強な男たちのエネルギーや力，喜びを表している。

英作のヒント

①特徴的な人物の描写

▶「屋外で，野外で」outdoors / in the open air　outdoors は副詞。

▶「羽根ペン」a quill / a pen made from a bird's feather

▶「上半身裸で」→「上半身（upper body）に何も身に着けていない」

▶「武器らしきものをぶら下げて」have something that looks like weapons

▶「背中に」on *one's* back

②時代と場所への推測

▶「衣装といくつかの特徴」clothes and features（clothes は不可算名詞）　やや難しい単語になるが，clothes の代わりに attire を用いてもよいだろう。この語も不可算名詞である。

▶「～から判断して」judging from ～

▶「トルコ辺りの東ヨーロッパ」Eastern Europe, such as Turkey

③絵の背景を推測

▶「陽気な」cheerful / lively

▶「戦いに勝利する」win a battle

▶「（絵画などが）*A* が～しているところを描いている」represent *A doing*

解答例

3．At a rough wooden table outdoors, a man is writing something with a pen made from a bird's feather. Around him, more than ten men are watching him write. Some of them look very strong and tough, even wild. One of the men has nothing on his upper body, but some of them have something that looks like weapons on their backs. Judging from their clothes and their features, this must be a picture painted about 100 years ago somewhere in Eastern Europe, such as Turkey. Many of the men in the painting look cheerful, happy, and excited, so this may be a painting that represents them having won a battle. I am not sure, but this painting surely shows the energy, power, and joy of tough men.（128 語）

44

2018 年度〔4〕

Choose one of the news headlines below. Create an original news story for the headline that you chose. Your news story should be between 100 to 130 words long. *Correctly* indicate the number of words you have written at the end of your answer.

1 Strange new insect species discovered in Amazon rainforest

2 Man arrested for biting dog

3 Ministry of Health expects major birth rate increase

解 説

問題文の訳

以下のニュースの見出しから1つを選びなさい。選んだ見出しに合う独創的なニュース記事を創作しなさい。ニュース記事は100語から130語の長さでなければなりません。解答の最後に，書いた語数を正確に記しなさい。

1 奇妙な新種の昆虫がアマゾンの熱帯雨林で発見される

2 男が犬を噛んで逮捕される

3 厚生省は出生率の大幅増を期待

▶新聞等の見出しは簡潔化されるため，冠詞は省略されている。受動態の場合は，be動詞も省かれている。正式な文は以下の通り。

1．A strange new insect species was discovered in the Amazon rainforest.

2．A man was arrested for biting a dog.

→ A man was arrested for a biting dog. という解釈も文法上は可能だが，意味および慣例上，こちらの意味にはとらない。

3．The Ministry of Health expects a major birth rate increase.

→ 日本の「厚生労働省」の正式な英訳は，（the）Ministry of Health, Labour and Welfare で，Ministry of Health は正確には中国などの「保健省」を指すが，本問題では，日本の厚生労働省を指していると考えてよい。あるいは，国名をうやむやのままにしておく。

テーマ1　新種の昆虫の発見を報じるニュース記事

テーマへのアプローチ

熱帯雨林は多大な生物多様性を有しており，3日に1種，新種の生物が発見されているという。動植物，とりわけ昆虫の宝庫であり，美術工芸品のように美しい昆虫や，逆にグロテスクな昆虫など，多種多様な驚くべき昆虫が生息している。

本テーマは「奇妙な新種の昆虫」ということなので，何か他にない新たな形質を考えなければならないが，形状や大きさ，模様や色に関しては，まさかと思うような昆虫がすでに実在しており，現実が想像を超えている感がある。思い切って，SFのような突拍子もない昆虫を想像してみるのもよいだろう。たとえば，光合成を行う昆虫とか，外殻が金属質の昆虫とか，電磁波を発生する昆虫というような。

無難な形質を選ぶのであれば，形状や大きさ，模様や色，音声や鳴き声の面で考えていけばよい。

構成を練る

次の3点について述べていく。

①**導入**：どういった珍しい昆虫を発見したのか。

②**発見時の状況**：珍しい昆虫を発見した時の様子を記述。

③**新種の昆虫についての補足説明**：発見した昆虫についての補足説明と，調査チームの今後の活動予定などを記述。

日本語で考える

①導入

ある調査チームが，人間の赤ん坊の泣き声のような音を出す新種のセミを発見した。

②発見時の状況

調査隊は，ジャングルの中で赤ん坊の泣き声がするので，驚いて一帯を捜索すると，体長6cmほどのセミが，その泣き声の正体だとわかった。このセミの鳴き声は人間の赤ん坊とまったく同じで，調査隊は同じ種類のセミを4匹発見して捕獲し，その鳴き声や，鳴く時の様子を記録した。

③新種の昆虫についての補足説明

セミのような小さな生き物が，人間の赤ん坊の泣き声のような音を出すのはきわめて珍しい。調査チームは捕獲したセミを持ち帰り，その発声器官や記録した音声を調べ，その鳴き声の秘密を解明したいとのことである。

英作のヒント

①導入

▶「音を出す」make a sound

▶「セミ」cicada(s)

②発見時の状況

▶「泣き声，音，鳴き声」はcry，sound，songを使い分ける。

▶「一帯を捜索する」→「その地域を捜索する」search the area

▶「体長6cm」six centimeters in length

▶「～が泣き声（鳴き声）の正体だ」→「泣き声は～から来る」the cry comes from ～

③新種の昆虫についての補足説明

▶「発声器官」a sound organ / an organ that makes a sound

解答例

1．A research team found a new cicada species that makes a sound like a human baby's cry.

The research team was surprised to hear a baby crying in the jungle, so they searched the area. Then they found that the cry came from a cicada that was about six centimeters in length. The song of this cicada was quite the same as that of a human baby. The team caught four cicadas of the same species and recorded their songs and how they sang.

It is very strange that such small creatures as cicadas make a human baby's sound.

The team says they are going to bring back the cicadas they caught and find out the secret of their song by studying the sound record and their sound organs.（129語）

テーマ 2　犬を噛んで逮捕された男のニュース記事

テーマへのアプローチ

If a man bites a dog, that's news. という警句がある。この警句は，出来事や事象が珍しく，異常であればあるほど，ニュースとしての価値が高いことを示している。本テーマはこの警句を想起させる。

人が犬を噛んで逮捕されるという異常事件自体は，海外でいくつか報告されている。その多くは，自分自身あるいは自分のペットや身内が襲われたことに対する反撃という形で生じている。

傷害の程度にもよるが，日本では，犬を噛んだ程度で実名報道されたりすることはまずない。珍しい事件として新聞の紙面を埋める程度である。逮捕の必要性や正当性といった法律上の疑問もあるが，本テーマは，そこまで考える必要はないと思われる。

構成を練る

次の 3 点について述べていく。

①**導入**：誰が何をしたのかを端的に紹介する。凶悪事件ではないので，地名や人名まで明らかにする必要はない。

②**事件の概要**：事件がどのようにして起こったのか，男はなぜ逮捕されたのかを述べる。

③**補足**：逮捕後の男の様子について述べる。

日本語で考える

①導入

昨日，65 歳の男が，他人の犬を噛んだとして逮捕された。

②事件の概要

男が公園を散歩していると，1 匹のダックスフンドが近づいてきた。パンをあげて遊んでいると，ダックスフンドがいきなり手に噛みついてきた。男は腹を立て，ダックスフンドの首をつかみ，その鼻に噛みつきけがをさせた。近くにいた飼い主が駆けつけ，勝手に食べ物を与えないでくれと抗議し，男を非難した。男はさらに立腹し，今度はダックスフンドの耳に噛みついたため，飼い主は警察に通報し，男は現行犯で逮捕された。

③補足

男は警察で事情聴取を受け，正当防衛を主張している。

英作のヒント

①導入

▶「他人の犬」は「不特定の犬」ということなので，単に a (pet) dog とする。

②事件の概要

▶「ダックスフンド」dachshund→「チワワ」なら chihuahua　スペルがわからない場合は単に a dog とする。小型犬に設定したいのなら a small dog とすればよい。

▶「怒る」get angry / get furious / get mad

▶「〜の首根っこを押さえる」grab〔seize〕〜 by the neck

▶「〜の鼻を噛む」bite 〜 on the nose

▶「大量に出血する」bleed a lot（bleed の過去形は bled）

▶「勝手に」→「許可なく」without permission

▶「〜を非難する」→「〜に責任がある（と言う）」blame / say 〜 is to blame

▶「警察に通報する」report to the police

▶「現行犯で」→「その場で」on the spot

③補足

▶「事情聴取を受ける」be questioned

▶「正当防衛を主張する」claim self-defense

解答例

2．A 65-year-old man was arrested yesterday for biting a pet dog. When he was walking in the park, a dachshund came up to him. He gave the dog some bread and was playing with it, when it suddenly bit his hand. He got furious, grabbed the dog by the neck, and bit it on the nose. The dog got injured and bled a lot. The dog's keeper ran to him and told him not to give her dog any food without her permission. She scolded and blamed him. The man got mad and bit the dog again, this time on the ear. So the keeper reported to the police. The man was arrested on the spot. He was questioned at the police station and claimed self-defense.（126 語）

テーマ3　出生率が大幅増加するかもしれないというニュース記事

テーマへのアプローチ

出生率が大幅に増加することを厚生省（保健省）が期待しているという見出しなので，大幅増加をなぜ期待できるのかがわかる記事を書く。

出産を促し，子育てを支援する効果的な政策が成果を上げ始めたと想定すればよい。効果的な政策として，以下のようなものが考えられる。これらを理由に，厚生省の期待を裏づける記事を書けばよい。

❶「保育料や教育費を無料にして，子育ての経済的負担を軽減する」
❷「女性が結婚して出産した後も働き続けられるよう，職場の環境を改善する」
❸「男性も育児に協力できるよう，男女ともに仕事と子育てが両立できる環境を整える」
❹「地方創生政策を推し進める」（東京のように生活費が高く人口が密集している都会では，出産して子育てをするのが難しい。地方に安定した雇用があれば，若者が地方で安心して家庭を築くことができる）

構成を練る

次の3点について述べていく。

①**導入**：厚生省が出生率の大幅増加を期待しており，その理由として，政府が4つの政策を発表したことを述べる。

②**政策の具体例**：出生率が大幅増加することを期待できる理由を，具体的に4点述べる。政府が発表した4つの政策を列挙していく。

③**結び**：メディアとしての期待を述べる。

日本語で考える

①導入

厚生省（保健省）は，今後2，3年で出生率が大きく増加することを期待している。政府はその裏づけとなる，出生率を増加させる4つの政策を発表した。

②政策の具体例

❶保育料や教育費を無料にして，子育ての経済的負担を軽減する。
❷女性が結婚して出産した後も働き続けられるよう，職場の環境を改善する。
❸男性も育児に協力できるよう，男女ともに仕事と子育てが両立できる環境を整える。
❹地方創生政策を推し進め，若者が地方都市で安心して家庭を築くことができるよう，安定した雇用を創出する。

③結び

メディアも出生率の増加を期待している。

英作のヒント

①導入

▶「出生率」birth rate / birthrate / birth-rate

▶「政策」policy / plan

②政策の具体例

▶「保育料や教育費を無料にする」は「無料の保育施設や教育を提供する」ということ。

▶「保育施設，託児所」childcare facility / daycare center

▶「子育ての経済的負担」financial〔economic〕burden on childcare

▶「出産する」have a baby / give birth

▶「職場の環境」は working conditions が適切。「労働条件，労働状況」ということ。

▶「仕事と子育てが両立できる」は「子供を育てながら仕事ができる」ということ。

▶「地方創生」は regional revitalization と訳す。revitalization は「再活性化」という意味。re は「再び」を表す接頭辞。vitalization は vital（形容詞）→ vitalize（動詞）→ vitalization（名詞）となる。

▶「安心して」は「将来への不安を感じることなく」と考える。

▶「将来への不安」uncertainty〔anxiety〕about *one's* future

▶「安定した雇用を創出する」create secure〔stable〕employment

③結び

▶「うまくいく」be〔become〕successful

解答例

3. The Ministry of Health expects that the birth rate will increase greatly in the next couple of years. The government has announced four plans to increase the birthrate. The first plan is to offer free childcare facilities and education in order to reduce the financial burden on childcare. The second plan is to improve women's working conditions so that they can continue working after getting married and having a child. The third plan is to offer working conditions that enable both men and women to keep working while raising children. The fourth plan is to promote regional revitalization policy to create secure employment so that young people can make a home in a local city without feeling uncertainty about their future.

We do hope these plans will be successful soon.（130語）

45

2017年度〔4〕

Choose one of the situations below. In English, write an appropriate letter for that situation. The length of your answer should be 100-130 words. *Correctly* indicate the number of words you have written at the end of your answer.
＊解答の中に，あなたの本名や住所などの個人情報は絶対に書かないで下さい。

1 You have been dating your partner for three years. Last week was your birthday, and your partner completely forgot about it. He / she did not buy you a present, telephone you, or even say, "Happy birthday." Write a letter to your partner explaining how disappointed you feel.

2 You traveled by airplane to New York during the summer, but there were many problems with the flight that ruined your vacation. Write a letter to the airline company president complaining about what happened.

3 Your friend always stays at home alone, watching television or playing games. She / he never goes outside to do anything or meet anyone, so you are worried about her / him. Write your friend a letter advising her / him about what she / he should do.

解 説

問題文の訳

以下の状況から1つを選びなさい。その状況に対する適切な手紙を英語で書きなさい。解答の長さは100〜130語とする。解答の最後に，書いた語数を正確に記しなさい。

1 あなたは恋人と交際を始めて3年が経った。先週はあなたの誕生日だったが，あなたの恋人はそのことをすっかり忘れていた。プレゼントも買ってくれず，電話もなく，「お誕生日おめでとう」とすら言ってくれなかった。あなたがどれほどがっかりしているかを説明する手紙を恋人に書きなさい。

2 あなたは夏にニューヨークへ飛行機で旅をしたが，飛行機の旅に数々の問題があり，休暇が台無しになってしまった。航空会社の社長に対して，起こったことについて苦情を述べる手紙を書きなさい。

3 あなたの友人は常に家にひとりでいて，テレビを見るか，あるいはゲームをしている。何かをするとか，だれかに会うために外出することは一度もないので，あなたは友人のことを心配している。友人が何をすべきなのかについてアドバイスする手紙を友人に書きなさい。

テーマ1 誕生日を忘れられたことに対する失望の手紙

テーマへのアプローチ

どれほどがっかりしているかを伝える手紙を書けという指示なので，基本的には失望を素直に表せばよい。このテーマの場合，相手を責めたり相手に嫌な印象を与えたりすることなく自分の気持ちをうまく伝えるにはどのように書けばいいのか，といったことを考えながら，書く内容を決めていく。今の自分の不安な気持ちを正直に相手に伝えるのも効果的だろう。

ちなみに，なぜ直接口頭で伝えないで，手紙なのか？という疑問がわくかもしれないが，直接会って言うよりも，文章のほうが気持ちを伝えやすいし，角が立たない場合もある。それに，手紙だと自分の気持ちを整理しながら冷静に伝えることができる，ということもあるだろう。

構成を練る

次の4点について述べていく。

①**現在の状況と自分の気持ち**：先週の誕生日を忘れられて失望していることを伝える。相手に何を期待していたかを伝える（ただし，相手を過度に非難したり，一方的に追いつめたりしない)。

②過去の状況：幸せだった過去の誕生日を振り返る。相手が負担を感じない程度に相手に対する期待や希望を伝える。
③現在の不安点：現在の２人の関係について，心配な点，不安な点を書く。
④将来への期待：今後の２人の関係について，前向きな希望を伝える。

日本語で考える

①現在の状況と自分の気持ち

最近何週間もデートをしていないね。私〔僕〕の誕生日を覚えてる？　先週の金曜日だったのに。誕生日に何か素晴らしいものをもらえると期待していたのに残念です。

②過去の状況

去年は素敵なプレゼントをもらってとてもうれしかった。でも高価なものでなくてもいい。私〔僕〕がうれしくなるものなら何でもいい。電話１本，あるいは「お誕生日おめでとう」の言葉をもらえたらうれしかったのに。

③現在の不安点

もう私〔僕〕のことを愛してないのかな？　この前食堂で，あなた〔君〕が○○と楽しそうに話していたり，図書館で××と勉強してるのを見たし。

④将来への期待

今は悲しいし，とても不安。私〔僕〕をもう一度幸せな気持ちにさせてくれないかな。

英作のヒント

①現在の状況と自分の気持ち

▶「デートをする」は動詞の date を用いるか go on a date を使う。

②過去の状況

▶「お誕生日おめでとう」は “Happy birthday” の代わりに greetings「お祝いの言葉」という語で表すこともできる。これには greeting card の意味もある。
▶「もらえたらうれしかったのに」は〔解答例〕では無生物を主語にして仮定法過去完了形で表している。

③現在の不安点

▶「もう～でない」no longer ～
▶「食堂」cafeteria

③将来への期待

▶「もう一度幸せにしてほしい」は I wish (that) ～ で表すと実現しない悲観的な願望になってしまうので，I hope (that) ～ で表す。この場合，that 節には will は用いない（遠い不確定の未来に対しては will を用いる）。

1.

Kent

I'm very sad I haven't gone on a date with you for weeks. Kent, do you remember my birthday ? Friday last week was my eighteenth birthday, and I was expecting something wonderful from you. I've been very disappointed that you gave me nothing this year, though a nice present had made me really happy last year. You don't have to give me something expensive, though. Anything that makes me happy is OK. Just a telephone call from you, or greetings would have made me very happy. I'm afraid you no longer love me. The other day I saw you chatting with May in the cafeteria, and studying with Rei in the library. Now I'm very worried as well as very sad. I hope you make me happy again.

Alisa（130 語）

解答例

テーマ2　航空会社の社長への苦情の手紙

テーマへのアプローチ

飛行機の旅で生じた複数のトラブルのために休暇が台無しになったという設定なので，予定していた現地での旅行プランが遂行できなくなる事態を考えてみよう。ただし自然現象といった不可抗力によるものや，乗客が引き起こしたトラブルの場合は，航空会社に責任を問うのは難しいだろう。また，飛行機が遅れたためにその後の予定が台無しになった場合も，実際に飛行機が目的地に着いたのであれば，航空会社は基本的には補償はしない。かといって，現実的に補償してもらえるのかどうかを考察して，補償してもらえそうなトラブルについて手紙を書くというのも難しい。ゆえにここでは，フライトのトラブルのせいで後の予定に狂いが生じたことや，飛行中に不愉快だったことや不便だったこと，またその改善要求を伝えるといった方針で解答を作成してみよう。

構成を練る

次の3点について述べていく。

①手紙の主旨と利用便がわかる情報を明示
②トラブルを列挙（並行して，休暇が台無しになった理由を述べてもよい）
③休暇が台無しになった理由（②の部分で述べてもよい）と，改善要求

日本語で考える

①手紙の主旨と利用便がわかる情報を明示

手紙の主旨は，その目的が伝わるように書く。宛先については，Dear President 程度でよい。架空の航空会社の名前をつけて，たとえば Dear the president of US Airlines「US 航空社長様」としてもよい。便名は手紙文中に入れた方が明確だが，利用日と出発地・到着地を書いておけば事足りるだろうから，無理に明示しなくてもよいだろう。

②トラブルを列挙

具体的なトラブルの例（複数個）を考える。飛行機の旅で生じるトラブルには次のようなものがある。(1)遅延：たとえば，機体の整備不良あるいは，はっきりしない理由で，またはパイロットやクルーのスケジュールの都合で出発が大幅に遅れたり，場合によっては利用機体が別の機体に変更になったり，最悪の場合は該当便が欠航になって出発が次の日に延期されたりする。(2) lost baggage：空港で預けた手荷物が別の便に積み込まれ，違う場所に行ってしまう。到着地の空港で申し出ると通常，1～3日で戻って来て配達される。(3)機内サービスの不徹底：機内の設備や機内食に問題や不具合があったり，乗務員の接客態度に問題がある場合。(4)他の乗客による迷惑行為：乗務員に伝えても改善されない場合。

③休暇が台無しになった理由と改善要求

せっかくの休暇（＝旅行計画）が上記のようなトラブルで台無しになった理由を告げ，今後同じようなことがないよう改善を求める。

理由の具体例：親友の結婚式に出席できなかった。チケットを購入していた催し物（演劇やスポーツ）に間に合わなかった。

英作のヒント

①手紙の主旨と利用便がわかる情報を明示

▶「苦情」complaint

▶「苦情を言う」complain / make a complaint

→単に「怒っている」I'm angry ということを伝えてもよい。

▶「航空会社」airlines　たとえば，「US 航空社長様」なら Dear the president of US Airlines とする。

②トラブルを列挙

▶「遅延する」become delayed

▶「機体の整備不良」poor (plane) maintenance

▶「はっきりしない理由で」for some uncertain reason

▶「乗務員の都合で」for crew's reasons

▶「欠航になる」the flight is canceled

▶「機内の設備」equipment〔facilities〕in the cabin

▶「客室乗務員」flight attendant / cabin crew（イギリス英語）→ cabin attendant (CA) は和製英語

▶「接客態度がよくない」→「乗客に対して失礼で」be impolite to the passengers

▶「きちんとした研修〔訓練〕を積む」receive formal training

▶「機内食」in-flight meal〔food〕/ airplane〔airline〕food〔meal〕

③休暇が台無しになった理由と改善要求

▶「徹底した研修〔訓練〕」thorough training

2 .

Dear President

I wish to make a complaint. I was going to fly from Narita to New York in your airplane on August 5, 2016, but after I was made to wait for 3 hours, my flight was canceled because of poor plane maintenance. I had to take another plane the next day, so I couldn't attend my best friend's wedding in New York. What was worse, my baggage got lost, and I had to wait for it to arrive for two days in New York, which was very inconvenient. In addition, some of the flight attendants were impolite to the passengers. I felt they had not received formal training. And your in-flight meals were far from delicious. I strongly hope you give your employees thorough training.（127 語）

解答例

テーマ3　外出をまったくしなくなった友人へのアドバイスの手紙

テーマへのアプローチ

引きこもってテレビを見るかゲームをするかしかしていない友人に対して送るアドバイスを考える。しかしあまり上から目線でアドバイスをすると反発されるかもしれない。解答を作成するにあたって考えるべきことは多々ある。そもそも引きこもりの原因は何なのか，どのくらいの期間引きこもっているのか，友人は高校生なのか，大学生なのか，何歳なのか。条件文に at home alone とあるが，これはまったくの一人暮らしを意味するのか，それとも親元で暮らしてはいるが他者との交流がまったくないということを意味しているのか。食事はどうしているのか。このあたりの説明はまったく与えられていないが，「まったく外出しない」という説明から，どうやら食事等は親に作ってもらっているのではないかと考えられる。また，大学入試問題なので，出題者は高校生を想定して問題を作成していると思われる。

構成を練る

次の3点について述べていく。

①相手を思いやりつつ現状を確認

②自分の気持ちを述べる

③現状の打開策を提案する

日本語で考える

①相手を思いやりつつ現状を確認

最近調子はどうですか。この半月近く，君がどうして学校に来なくなったのかなあとずっと考えていました。田中先生から，君がテレビを見てゲームをするだけになっていると聞きました。田中先生はそのことを君のお母さんから聞いたとのこと。

②自分の気持ちを述べる

僕は君がそのうち登校すると思っていたけど，だんだん君のことが心配になってきました。友だちとして無関心であるわけにはいかないので。

③現状の打開策を提案する

これは僕の意見にすぎないのだけれど，一日中家にひとりでいることは君にとっていいことではありません。君が何も問題がないと自分で思うなら，それでいいのです。でも，自分で問題があると思うなら，その問題について誰かと話すことが助けになるでしょう。僕はいつでも君と話したいと思っている，ということを知っておいてください。

（＊語数調整のために取捨選択する）

英作のヒント

①相手を思いやりつつ現状を確認

▶「最近調子はどうですか」How have you been (recently / lately)?

▶「どうして君が学校に来なくなったのかなあと不思議に思う」wonder why you stopped coming to school

▶「*A*（人）から～ということを聞く」hear from *A* that ～

②自分の気持ちを述べる

▶「～のことが次第に心配になる」get more and more worried about ～

▶「～に対して無関心で」be indifferent to ～ / don't care about ～ →「～に対して無関心でいることはできない」cannot be indifferent to ～ / cannot do without caring about ～

③現状の打開策を提案する

▶「これは私の意見にすぎないのですが～」this is just my opinion but ～ →相手に自分の考えを押しつけるつもりがないことを示すときによく使われる。

▶〔解答例〕の if you think you do は前の文の述部を do 一語で受けている。語数制限のある問題では，このような省略が有効になる。

▶「～ということを知っておいてください」I want you to know ～ →日本語に直訳すると回りくどい感じがするかもしれないが，頻出の表現。

解答例

3.

Hi Akira,

How have you been? I've been wondering why you stopped coming to school. I heard from Mr. Tanaka, our homeroom teacher, that you only watch TV or play games at home. That is what your mother told him. I thought you'd soon come to school again, but I've been getting more and more worried about you. As a friend of yours, I cannot be indifferent to you. This is just my opinion but it is not good for you to stay at home alone all day. If you think you don't have any problems, it's okay. But if you think you do, talking to someone about your problems will be helpful. Please contact me anytime. I'll be happy to talk with you.

Takashi（125 語）

46

2016年度〔4〕

Choose one picture. Write 100 to 130 words of English about this picture. Indicate the number of the picture that you have chosen. *Correctly* indicate the number of words you have written at the end of the composition.

②

③

解 説

問題文の訳

写真〔絵〕を1枚選びなさい。それについて100語から130語の英文を書きなさい。選んだ写真〔絵〕の番号を示しなさい。書いた語数を作文の後に正確に記しなさい。

テーマ1 窓の敷居にもたれて，外の景色をぼんやり眺めている少女の写真

テーマへのアプローチ

ここにあるのは，至ってシンプルな写真だ。この写真について書く場合，2つのアプローチがある。1つは，書く内容を，あくまでも写真から得られる情報と，その情報に基づく推測に限定するというもの。問題文に「写真〔絵〕についてストーリーを作成せよ」とは指示されていないので，できるだけ客観的に述べるという方針である。もう1つは，与えられた情報（この写真では，少女の表情や窓の外の景色等）をもとに，想像力を働かせて1つのストーリーを作り，それを記述するというもの。後者のパターンで書く場合は，そのストーリーが必ずしも事実ではなく，あくまで想像あるいは推測であることが伝わるような表現の工夫をすべきであろう。また，この2つのアプローチをミックスして解答を作成してもよい。想像の部分は，可能性として考えられる内容が複数ある場合，語数が許せばその複数の可能性について書いてもよい。〔解答例〕はこの「複数の可能性についての推測を最後に補足」という方針で作成している。

構成を練る

次の3点について述べていく。

①写真から得られる客観的情報

②少女の心理

③少女がいる場所

日本語で考える

①写真から得られる客観的情報を列挙

- 少女が1人，窓の敷居に置いた右手に右頬を乗せて窓の外を眺めている。
- 窓の外には水滴がついており，どうやら外は雨が降っているようだ。
- 窓の外に黒っぽく見えるのは木立で，遠くに見えるのは連山であろう。田舎の風景が広がっている。

②少女の心理を表情から推測

- 少女の表情は憂いを秘め，悲しげでもある。物思いにふけっているように見える。

③少女がいる場所の推測

- 窓は比較的大きく，窓ガラスが固定され，開閉できないタイプの窓に見える。ホテルか，比較的豪華な列車の窓のように見える。

● もしこれが休暇で訪れたホテルの一室であれば，少女の表情は遊びに出たいのに雨のために外に出られない残念な気持ちを表している。
● これが車窓ならば，少女の表情は，たとえば故郷を出て都会に向かう不安や期待，孤独の入り交じった表情と考えることもできる。

英作のヒント

①写真の描写

▶「(ぼんやりと）窓の外を眺める」gaze out the window

▶「敷居」sill→「窓の敷居」window sill→window bar や window frame で代用可。

②少女の心理を表情から推測

▶「憂鬱な，気が滅入って」be gloomy / feel blue

▶「物思いにふけって」be lost in thought

▶「窓ガラス」windowpane→window だけでも可。

③少女がいる場所の推測

▶単なる推測なので仮定法にはしない。仮定法というのは，「実際は〜なのだが…」というように，ある事実があってその裏返しを，仮定として述べる表現なので，ここでたとえば「ホテルの部屋にいる場合」を仮定法で表すと，「実際はホテルの部屋にいないのだが」ということが事実として確定してしまうことになる。したがって，単なる条件を表す＝直説法で表現する。

▶「不安」anxiety / anxiousness→この語には「切望」という意味もあるが，何か未知のものを強く待ち望む気持ちと不安感は，根底に共通したものがあるということだろう。

解答例

① In this picture, a young girl is gazing out the window with her right cheek on her right hand which is lying on the window sill. The girl looks gloomy and sad. She is lost in thought. The black shapes seen outside the window are probably woods and mountains in the countryside. The window is rather large, and it seems to be one that doesn't open. The drops of water outside the window suggest that it is raining outside.

If she is in a hotel room now, this picture shows her sad feelings that she can't play outside because it's raining, though she wants to. If she is on a train from her hometown to the city, her face shows the mixture of her anxiety, hope, and loneliness.（128 語）

テーマ2　農家の庭の動物たちと，それを見ている男性の1コマ漫画

テーマへのアプローチ

1コマ漫画である。田舎の，農家の庭にいる動物たちと，それを離れたところから見つめている男性が描かれている。塀で囲まれた農家の庭での一風景である。各部分を丁寧に描写していけば，語数は十分満たせるであろう。

このような，与えられた画像について述べる問題は，とにかくまず，じっくりと見ていくことである。そうすれば，書くべき内容やアイデアが見つかったり浮かんだりしてくるであろう。

この絵の場合は，描かれている動物たちを丁寧に見ていくと，擬人化されているのではないかと思われる場面が見つかる。牛を挑発しているように見える家禽（これが七面鳥なのかアヒルなのかガチョウなのかは定かではないが）と，猫を威嚇するネズミに怯えたように逃げようとする猫である。

構成を練る

次の2点について述べていく。

①絵の概要

②絵の各部

日本語で考える

①絵の概要を説明

- これは農家の庭の風景を描いたものであろう。

②絵の各部を説明

- 絵の中央には七面鳥（もしくはガチョウまたはアヒル）が2羽，羽を広げている。七面鳥の前には牛がいる。
- どうやら七面鳥たちは，闘牛士のまねをしているようだ。牛を挑発しているか，あるいはからかっているように見える。
- 絵の奥の塀の上では，ネズミが立ち上がって猫を威嚇し，猫は怯えて逃げようとしている。
- 画面の右には羊が3匹ほど，身を寄せ合っている。彼らは牛と七面鳥，猫とネズミの争いには関わりたくないようだ。
- 左前景にいる農場の持ち主と思われる人物は，そういった動物たちを少し離れたところから優しいまなざしで見守っている。

英作のヒント

①絵の概要

▶「農場内の庭，敷地」farmyard

▶「ユーモアの効いた，ユーモアがある」humorous

②絵の各部

▶「七面鳥」turkey 「アヒル」duck 「ガチョウ」goose（複数形は geese）

▶「牛」cow / bull / ox→cow は「牛」を表す最も一般的な語。オス・メス両方に使える。cow はまた，メス牛・乳牛を表す。bull はオスの牛。ox（複数形は oxen）は農場の役牛や肉牛を表し，オス・メス両方に使える。去勢した大型のオス牛という意味もある。

▶「闘牛士のふりをする」pretend to be a bullfighter

▶「～に挑む」challenge→「実際は牛に挑んでいないのに挑んでいるように見える」という意味合いをもたせるのなら，〔解答例〕の as if they are を仮定法の as if they were に変える。

▶「～をからかう」tease ～

▶「立って～を脅している」stand threatening ～

▶「猫は怯えて」→「その怯えた猫は」the frightened cat

▶「～に関わる」→「～に巻き込まれる」get involved in ～

▶「～間の争い」conflicts between ～→絵の中の争いは複数なので複数形に。

▶「左前景」the left foreground→foreground は background に対応する語。front part で代用可。

▶「離れたところから」from a distance→この句はなくてもよい。

② This picture shows a scene of a farmyard and it looks 〔seems〕 a little humorous. In the center, two turkeys are spreading out their wings, and there is a bull in front of the turkeys. The turkeys seem to be pretending to be bullfighters. They look as if they are challenging, or teasing the bull. On the fence in the back are a mouse and a cat. The mouse stands threatening the cat. The frightened cat is running away. On the right side, a few sheep are standing together. They are probably peace-loving animals, and don't seem to want to get involved in the conflicts between other animals. And in the left foreground, an old man, who seems to be a farm owner, is standing, watching them gently from a distance. (130 語)

解答例

テーマ3 泣いている女性と，ベッドに横たわる男性の絵

テーマへのアプローチ

このテーマの場合も，絵を言葉で説明していくだけで，指定語数は十分埋まる。あまり細かく丁寧に説明するとすぐに130語を超えるので，どういった情報をどういう風に描写するかを，英訳の難易度も考慮に入れて取捨選択し，決定していくことが大切。描かれた場面には，想像や推測を入れないと断定や説明が無理な部分もある。荒唐無稽ではない，無理のない説明を展開していこう。

この絵でまず目に入るのは，左手で顔を覆って泣いている女性と，奥のベッドの男性だ。2人は夫婦と思われる。この部分が絵の主題であろう。女性の服装から，時代は一昔前に見える。カーテンもない木枠の窓や，雨漏りと思われる染みの入った壁から，この家が古く粗末なものであり，2人は決して裕福ではないことが推測できる。男性はベッドで寝ているが，窓からは光が差し込んでいるので，夜ではない。女性がドアノブに手をかけているのは，部屋から出てきたところだからだろう。ベッドの男性は，服を着たまま寝ている。毛布もかけていない。女性はこの状態を嘆いている。

この絵について，男性は死んでいると考えるのは，服装が病人のそれらしくないこと，ベッドの上にだらしなく寝ていること，また，女性が部屋の外でただ泣いていることから，少し不自然。もし夫が何らかの原因で急死しているのがわかった場合，泣く前にまず，することがあるはず。この絵からは，それが見えてこない。

構成を練る

次の2点について述べていく。

①絵の描写（一部に推測を交える）

②女性が泣いている理由

日本語で考える

①絵の描写（一部推測を交えて）

- 部屋のドアのそばで女性が泣いている。奥には，ベッドに横たわっている男性が見える。男性は服を着たまま寝ている。この2人はたぶん夫婦だろう。
- 窓からは光が差し込んでいるので，夜ではない。木枠の窓にはカーテンはなく，壁には染みが入っているのが見える。部屋は全体に質素。2人は裕福ではないだろう。

②女性が泣いている理由

- 夫は酔っぱらって熟睡している。妻はこの状況を悲しみ，泣いているのだ。
- 夫は結婚後，酒場通いが始まり，今ではほぼ毎晩通うありさま。妻の再三の懇願も無視して，今日も朝帰り。彼女は将来に絶望し，悲嘆に暮れている。

英作のヒント

①絵の客観的描写

▶「泣く」cry / weep

▶「夫婦」a couple / husband and wife（慣用句。通例無冠詞。wife and husband とは言わない）

▶「熟睡して」be fast asleep

▶「光が～に差し込む」light streams into ～

▶「木枠の窓」wooden-framed window

▶「染みがある」stained

▶「雨漏り」rain leak

②女性が泣いている理由を推測して説明

▶「週末に酒場に通う」go to a bar on weekends

▶「結婚後」after marriage / after they got married

▶「彼に（酒場通いを）しないように再三懇願したが」though she has begged him repeatedly not to は,「再三懇願したにもかかわらず」in spite of her repeated pleas とすることもできる。

解答例

③ A young lady is weeping by the bedroom door. The door is open, and a man is seen lying on the bed with his clothes on. They are probably husband and wife. He seems to be fast asleep, but it isn't night, for light is streaming into the bedroom through the window. The wooden-framed window has no curtain, and the wall by the window is stained, perhaps from the rain leak. They don't seem to be well-off.

I imagine the wife is crying because her husband, who began to go to a bar on weekends after marriage, now goes there almost every night, though she has begged him repeatedly not to. Today again, he came home early in the morning from the bar, and she feels hopeless about her future.（130 語）

47

2015年度〔4〕

Write 120 to 150 words of English on one of the topics below. Indicate the number of the topic you have chosen. *Correctly* indicate the number of words you have written at the end of the composition.

1 "An education changes your mirrors into windows." Explain what this quote means.

2 TV news programs and newspaper articles should only state the facts and avoid expressing political viewpoints. Explain why you agree or disagree with this opinion.

3 Write a description of this picture.

解　説

問題文の訳

以下のテーマのうちの1つについて120語から150語の英文を書きなさい。選んだテーマの番号を示しなさい。書いた語数を作文の後に正確に記しなさい。

1 「教育は，あなたの鏡を窓に変える」 この引用文が何を意味しているのか説明しなさい。

2 テレビのニュース番組や新聞の記事は事実を述べるにとどめ，政治的見解は避けるべきである。この意見にあなたが賛成あるいは反対する理由を説明しなさい。

3 次の絵について説明しなさい。

テーマ1 「教育は，あなたの鏡を窓に変える」とは何を意味しているか。

テーマへのアプローチ

「教育があなたの鏡を窓に変える」という比喩は何を意味するのか？ 実際に目の前に1枚の鏡があると想像して，鏡と窓がそれぞれどのような特性をもっているのか，考えてみよう。

まず，鏡を見るとそこに何が見えるかを想像してみよう。鏡の中に見えるものは，そこに映った自分と，自分の背後の景色だ。鏡が小さいと，自分の顔しか映らないだろう。鏡は自分と，自分が今いる場所，つまり現実の狭い世界しか映し出さない。しかもその像は虚像であり，鏡の世界に入っていくことはできない。一方，窓の外には，自由に行き来でき，無限の知識や可能性を与えてくれる世界が広がっている。鏡と窓では，そこに見える物もその方向も異なる。鏡が後ろ向きの閉じられた世界しか映し出さないものと考えるならば，窓は前向きの未来の可能性と広い視野を与えてくれるものと考えることができる。そして，それを可能にしてくれるのが教育だと，この引用文は述べているのである。

構成を練る

次の4点について述べていく。

①引用文の意味
②考察1：「鏡」について
③考察2：「窓」について
④考察3：「教育」の役割について

日本語で考える

①引用文の意味

教育は我々の物の見方を変え，未来に向けて新たな視野や可能性を与えてくれる。

②考察1：「鏡」についての考察

鏡には自分（と背後の景色）しか映らない。閉じられた狭い世界であり，現在しか映し出さない。鏡の向こう側は見えない。鏡を見通すことはできないからだ。鏡は限られた可能性を表している。

③考察２：「窓」についての考察

窓はそれを通して外の世界，つまり新たな世界が見える。それは無限の広がりをもっており，未来の無限の知識や可能性を与えてくれる。窓は広い視点と未来の機会を比喩的に表している。

④考察３：「教育」の役割についての考察

教育によって，我々はさまざまな物の見方や，人生の進むべき方向を示す知識や経験を得る機会を得る。

英作のヒント

①引用文の意味

▶「物の見方」a way of looking at things / how we look at things / viewpoint / perspective

②「鏡」についての考察：鏡の特性

▶「映る」(be) reflected

▶「～を見通す」see through ～

③「窓」についての考察：窓のもつ可能性

▶「～する機会」an opportunity to *do*→「機会」は chance でも間違いではないが，chance は「偶然の好機」という意味合いが強く，努力等で得られる機会には opportunity を使用する方がよい。

▶「比喩・象徴」metaphor

④「教育」の役割についての考察

▶冒頭で述べたことを再度繰り返すような形になるが，「教育は物事を一面的ではなく多面的に見ることを教える」また，「教育によって人生の指針となるような知識や経験を得る機会が得られる」といった，教育の役割について述べればよい。

解答例

1．This quote means that education changes our ways of looking at things, and gives us opportunities to acquire knowledge and experiences.

When we look at mirrors, we only see ourselves reflected in them. We can't see anything behind the mirrors, because we can't see through mirrors. Mirrors only show what is there now and here. So, they represent limited and closed possibilities.

On the other hand, when we look at windows, we can see the outside world, which is limitless and leads to anywhere. So windows are a metaphor for wider viewpoint and opportunities to do various things in the future.

By getting education, we become able to see things from multiple perspectives not restricted to our values. We can get opportunities to gain knowledge and experiences that help us decide which course to take in life too. This is what the quote means, I think.（146 語）

テーマ2 ニュース番組や新聞記事は事実のみ述べ，政治的見解は避けるべき。賛成か反対かとその理由説明。

テーマへのアプローチ

賛否両論を考えてみよう。まず，「政治的見解は避けるべき」に対する賛成論。言論の自由が保障された社会では，テレビや新聞も自由に政治的見解を述べることができる。社説がその良い例である。しかし，一般大衆は権威あるメディアの言うことを信じやすい。メディアに政治的見解を自由に表明することを許せば，世論操作が行われるかもしれない。実際に日本には，誤報・捏造記事を事実と偽って広め，報道機関の公正さに傷を付けた大手メディアがあるのも事実。メディアにとって不可欠なのは，客観性と公正さである。これが賛成論。

次に，「政治的見解は避けるべき」に対する反対論。「マスメディアは事実のみを伝えればよい」という考えは，メディアに関係する人間は意見を述べてはならないということであり，「表現の自由」を否定することになる。メディアは政治的見解を述べてもよい。大事なのは，視聴者や読者が，メディアを正しく読み解く力を身につけることなのだ。メディアで流される情報を頭から信じ込むのではなく，自らの頭で考える能力を身につけていくべきであろう。

構成を練る

次の3点について述べていく（ここでは賛成論の例について述べることにする）。

①**意見提示**：賛成の立場を明示する。

②**譲歩**：提示した意見に反する事実を一部認める。

③**意見の根拠**：賛成論の根拠を述べる。

日本語で考える

①意見提示

テレビのニュースや新聞の記事は，政治的見解ではなく事実のみを述べるべきである。

②譲歩

確かに，言論の自由が保障された社会では，メディアも政治的見解を自由に述べることはできる。

③意見の論拠

- 一般大衆は権威あるメディアの言うことを信じやすい。このことを考えれば，メディアには世論を操作する力があると言える。
- メディアが伝えるのは1つの意見であるとしても，政治的見解の表明を許すのは危険である。
- したがって，メディアに不可欠な「客観性と公正さ」を確保するために，メディアは政治的見解を述べてはいけない。同時に我々はメディアの言うことをうのみにしないよう気をつけねばならない。メディアが伝えるのも1つの意見であり，真実とは限らないからである。

英作のヒント

①意見提示

▶問題文で与えられた表現を利用するとよい。語数がオーバーする場合は単に I agree with this opinion. とすることもできるが，曖昧さを避けるために，〔解答例〕では問題文の英文をそのまま引用している。

②譲歩

▶「確かに（〜だが…）」Certainly, 〜, but … / To be sure 〜, but … / It is true (that) 〜, but …

▶「メディア，マスコミ」(the) mass media→単複両扱い。

▶「言論の自由」freedom of speech / the right of free speech / the right to speak freely

▶「〜を保障する，保証する」guarantee / assure

③意見の論拠

▶「権威ある」authoritative→major や leading という形容詞を代用することも可。

▶「世論を操作する」manipulate〔control〕public opinion / control how〔the way〕people think about political issues

解答例

2. I agree with the opinion that TV news programs and newspaper articles should only state (the) facts and avoid expressing political viewpoints. Certainly, mass media can express their political viewpoints freely in a society where freedom of speech is guaranteed, but the general public often believes in what the authoritative media says, without any doubts. Considering that the mass media practically have the power to manipulate public opinion, it would be dangerous to allow them to express political viewpoints even though their viewpoints are only their "opinions."

Therefore, in order to maintain their objectivity and fairness, mass media should not express their political viewpoints. At the same time, we should be careful not to believe automatically what the mass media says because they merely show their opinions and they are not always the truth.（134 語）

テーマ3 この絵について，説明せよ。

テーマへのアプローチ

芸術科目で美術を選択した者なら，この絵が，19世紀後半のフランス印象派の絵画だと見当がつくかもしれない。このテーマを選ぶのは，絵が好きか，この絵についての知識が多少はある者であろう。これはルノワールの「舟遊びをする人々の昼食」（1876年）という絵で，舞台はセーヌ川河畔。残念なことに，印象派独特の光に溢れた色彩豊かな画風は，この白黒写真からは伝わらない。たとえば画面上部から左上にかけては，鮮やかなオレンジ色と白の縞模様のテントが描かれている。左奥には茂みの向こうにセーヌの川面が描かれている。そういった描写はこの白黒写真ではわからない。

しかしこの問題に答える際に，この絵の作者名やタイトルを知っている必要はない。この絵に関する知識は，実は解答には必要ないのだ。問題文のWrite a descriptionという指示は「言葉で描写せよ」という意味なので，絵から読み取れる情報を列挙していけばよい。画面には色々な人物や物が描かれているので，120語以上の英文に相当する情報は容易に見つかるだろう。そういう意味では，このようなテーマは案外書きやすいかもしれない。

構成を練る

次の2点について述べていく。

①絵の第一印象

②絵の各部についての説明を列挙

日本語で考える

①絵の第一印象

- この絵は100年ほど前のフランスの有名な画家による印象派の絵画。非常に表現力があり，生き生きとしている。

②絵の各部についての説明を列挙

- 10人あまりの男女がテーブルの周りで食事をしたり会話をしたりしている。
- テーブルの上にはワインとおぼしきボトルが数本といくつかのグラス，そして果物が並んでいる。
- 上部がテントで覆われているところから，レストランか何かの屋外テラスでの光景と思われる。
- ほとんどの人物は正装しているが，中にはかなりくだけた格好の男性もいる。
- ほとんどすべての人物が帽子をかぶっている。
- 手前左端の女性は両手に犬を抱えて話しかけているように見える。

英作のヒント

①絵の第一印象

▶「印象派の絵画」impressionistic painting→〔解答例〕では，第1文で paint の派生語が3カ所で出てくるのを避けるために，一部で painting の代わりに masterpiece「傑作」，painter の代わりに artist という語を用いて作成した。

▶「表現力がある」expressive

▶「生き生きとして」full of life

②絵の各部についての説明を列挙

▶「テラス」terrace / patio→2階にあるようには見えないので，balcony は不適切。

▶「天幕，テント」tent / awning / patio cover 「上部がテントで覆われている」→「テントのような物が上部からぶら下がっている」

▶「茂み，灌木」bush

▶「手すり」hand rail

▶「～にもたれる，寄りかかる」lean against ～

解答例

3．This seems to be an impressionistic masterpiece which was painted by a famous French artist about 100 years ago. This painting is very expressive, and full of life. About ten men and women are enjoying lunch, and talking to each other around the table. They are having a very good time. On the table are several wine bottles, some glasses, fruit, and so on. This seems to be the scene of the terrace just outside of a restaurant or a hotel, for something like a tent is hanging from above, and some plants or bushes are seen beyond the hand rail against which a lady is leaning. Most people are formally dressed with a hat on, but two men look very informal in sleeveless T-shirts. The lady on the left, sitting at the table, is talking to the dog which she is holding in front of her face.（148語）

48

2014年度〔4〕

Write 120 to 150 words of English on one of the opinions below. Indicate the number of the opinion you have chosen. Also, indicate the number of words you have written at the end of the composition.

1 Many lawmakers believe it is a good idea to ban all smoking in public in Japan. Explain why you agree or disagree with this opinion.

2 Relatively few young people have voted in recent Japanese national elections, so many experts believe that younger generations do not care about the future of their country. Explain why you agree or disagree with this opinion.

3 Speaking about violence and war, Gandhi once said, "An eye for an eye will only make the whole world blind." Explain why you agree or disagree with this opinion.

解　説

問題文の訳

以下の意見のうち1つについて120語から150語の英文を書きなさい。選んだ意見の番号を示しなさい。さらに，書いた語数を作文の後に記しなさい。

1 多くの立法者たちは，日本の公共の場での喫煙を全面的に禁止することは良い考えだと思っている。この意見に対する賛否とその理由を説明しなさい。

2 近年，日本の国政選挙に投票に行く若者は比較的少数だ。ゆえに多くの専門家は，若い世代は国の将来に関心がないのだと思っている。この意見に対する賛否とその理由を説明しなさい。

3 暴力と戦争について語ったとき，ガンディーはかつて「目には目をという報復手段は全世界を盲目にするだけだろう」と述べた。この意見に対する賛否とその理由を説明しなさい。

テーマ１　公共の場での喫煙禁止は良い考えである。賛成か反対か，その理由説明。

テーマへのアプローチ

今日の先進国，特に欧米では，健康上の理由で，公共の場では全面禁煙となっている国が大半である。また，高額のタバコ税を課している国もある。日本でも喫煙のできる場所はどんどん制限されており，愛煙家はますます肩身が狭くなっている。「公共の場」とは広く不特定多数の人が集まる場所であり，建物や乗り物だけでなく，公園や公道も「公共の場」である。学校も敷地内禁煙となっている所がほとんどで，分煙を認めている学校はごく一部にとどまる。そのような状況において，愛煙家のタバコを吸う権利と非喫煙者のタバコの害から身を守る権利の両方を考えた上で結論を決めたい。

構成を練る

次の３点について述べていく。

①**意見提示**：与えられたテーマに賛成する。

②**賛成の論拠**：喫煙は本人だけでなく，周囲の人間の健康にも悪影響を及ぼす。また火災の原因にもなる。

③**結論（まとめ）**：喫煙場所は自宅などの私的空間にとどめるべきである。

日本語で考える

①意見提示

私は公共の場での全面禁煙に賛成である。

②賛成の論拠

理由は主に２つある。１つは，タバコは健康に悪く，発がん性があること。周囲にいる者にも害を与える。子供や妊婦が意に反して間接喫煙をさせられる。非喫煙者すらもが有害な煙にさらされる。またその臭いは非喫煙者にとって非常に不快である。２つめは，歩きタバコは危険であることや火のついたタバコを放置すると火災を引き起こす可能性があることである。

③結論

愛煙家は個人的空間でタバコを吸えばよい。万人の健康と安全のために公共の場での喫煙はすべて禁止すべきである。

英作のヒント

①意見提示

▶与えられた英文を利用して「公共の場での全面的禁煙に賛成する」を英訳する。

▶「～についての意見」an opinion on〔about〕～

②賛成の論拠

▶大きく２つに分けて意見の論拠（reasons）を提示する。First, … / Second, … という提示またはOne is that … / The other is that … という提示で説明する。

▶ pregnant woman「妊婦」は a woman who is having a baby も可。

▶「二次喫煙／間接喫煙／受動喫煙」は passive smoking だが，〔解答例〕のように「副流煙を吸う」breathe secondhand smoke と表すことも可。

▶「意に反して」against *one's* will

③結論

▶愛煙家の権利を認めつつ，すべての人の健康と安全のために公共の場での喫煙を全面的に禁止すべきと結論づける。

▶「～のために」for the sake of ～

解答例

1．I agree with the opinion on banning all smoking in public in Japan. There are two main reasons. First, statistics show that smoking is bad for health. It causes some kinds of cancer. Smoking also does harm to people around smokers. Children and pregnant women around smokers are made to breathe secondhand smoke against their will. Even nonsmokers are exposed to harmful smoke. In addition, the bad smell of cigarette smoke makes nonsmokers feel sick.

Second, tobacco gives off high-temperature heat. Therefore to smoke while walking along the street can be dangerous to other pedestrians, especially to small children. In addition, a burning cigarette will, if it is left carelessly, cause a fire.

Smokers may smoke in their private spaces where non-smokers are safe from smoke. For the sake of health and safety of everyone, and for a comfortable living environment, we must ban all smoking in public.（148 語）

テーマ 2 若者の選挙離れは日本の将来への関心の薄さの反映である。賛成か反対か，その理由説明。

テーマへのアプローチ

日本の若い世代の多くが国政選挙の投票に行かないことは，総務省が出している統計資料からも裏付けられる。それによると，昭和 51 年から平成 24 年にかけての 40 年ほどで衆議院議員選挙の投票率は全体で約 10 ポイント減少しているが，年代別に見ると 20 歳代と 30 歳代の落ち込みが特に大きく，ともに 20 ポイント以上減少している。若者の選挙離れが進んでいることは確かだ。

しかし「選挙に行かない」=「国の将来に無関心」と言い切れるのだろうか。そのあたりを切り口に考えてみよう。つまり，「若者が選挙に行かない」という統計的事実から「若者が国の将来に無関心」という結論が引き出せると考えるかどうかで，このテーマに対する賛否が決まるのである。「選挙に行かない」→「政治に無関心」という相関性は考えられるが，「選挙に行かない」→「国の将来に無関心」という相関性についてははっきりわからないのではないか。投票に行かない理由としては，政治に対する不信感，日本の将来のためにどのように行動すればよいのかわからないという気持ちなども考えられるだろう。

構成を練る

次の 3 点について述べていく。

①**意見提示**：提示された意見には賛成できない。

②**その論拠**：「政治に無関心」と「将来のことに無関心」は異なる。投票をしないのは，投票しても何も変わらないと思っているからではないか。

③**結論（まとめ）**：投票によって未来が変わると確信できれば，若者も投票をするようになるのではないか。

日本語で考える

①意見提示

確かに国政選挙に投票に行く若者はかなり少ないが，だからといって若者が日本の将来に関心がないと言えるのか。私は彼らが日本の将来に無関心だとは思わない。

②その論拠

確かに現状に満足して将来に不安を感じていない若者もいるが，ほとんどの若者は将来の生活と日本の未来を心配している。若者がだんだん投票に行かなくなっているのは，日本の政治と政治家に不信感があるからではないか。彼らは今の政治家に失望している。だから選挙に投票しても，政治も日本の未来も変えられないと思っている。だから政治に関心を向けようとしないのだ。

③結論

投票に行くことによって日本の未来が良い方向に変わるということを信じればも

っと多くの若者が政治に関心を向けるだろう。

英作のヒント

①意見提示

▶「確かに国政選挙に行く若者は少ないが，だからといって日本の将来に関心がないと言えるのだろうか？」はIt may be true that ～, but does it mean that …?「確かに～かもしれないが，だからといってそれは…ということだろうか？」を用いた。

②その論拠

▶トピックを否定する論拠としてここでは，「日本の若者は国の将来に不安や関心はあるが，現状の政治と政治家に失望しているために投票に行かない」ことを示した。

▶なお，与えられたトピックに対する肯定論を展開する場合は，「現代の日本の若者は豊かな時代の中で，現状に不満を持たず将来に不安も抱かない若者に育ってしまった」という論陣を張ればよい。バブルが崩壊して20年が経ち，その間デフレスパイラルも経験したが，それでも日本は一定の豊かさを維持してきた。肯定論を展開する場合はそこを論拠に入れるとよい。

③結論

▶「投票に行くことで政治が変わると確信できれば若者は投票に行く」と結論する。「Sが～することを確信する」→「必ずSは～だと信じる」believe S will be sure to *do*

▶なお，肯定論を展開した際の結論は，「日本はなんだかんだ言っても結局豊かであり，若者は現状への不満や将来への不安を持たず社会変革を望んでいないので投票にも行かないのだろう」という内容で締めくくる。

解答例

2. It may be true that relatively few Japanese young people vote in national elections, but does it mean that today's young people don't care about Japan's future? I don't think they are indifferent to the future.

Indeed, some young people are quite satisfied with the present, and feel no anxiety about the future, but I know most young people are anxious about their future life and Japan's future. The reason why fewer and fewer young people vote in elections may be that they distrust Japan's government and politicians. They are disappointed in today's Japanese politicians. So they think that even if they vote in elections, they cannot change politics nor can they change Japan's future. So they don't try to take an interest in politics.

I think more young people will take an interest in politics if they believe voting will be sure to change Japan's future for the better. (150語)

テーマ3　報復による暴力の連鎖は無制限に広がる。賛成か反対か，その理由説明。

テーマへのアプローチ

「目には目を（歯には歯を）」はハンムラビ法典に記されており，これは「やられたらやり返せ」という復讐を奨励しているものと解釈されがちだが，実際は，行きすぎた報復を戒めるものだというのが正しい。しかし，手段としての非暴力を訴えたガンディーは，「目には目を」を「報復による暴力の連鎖」の原因とみなし，個人レベルの報復が連鎖反応的に民族や国家間に広がり，ついには全世界に及ぶことを危惧したのだろう。まずはガンディーの「世界が盲目になる」の暗喩（メタファー）の意味するところを考え，その正当性を認めるか否か，認めるならどの程度認めるかによって解答の方向性が決まるだろう。

構成を練る

次の3点について述べていく。

①**意見提示**：ガンディーの意見に反対する。

②**ガンディーが恐れる「目には目を」とは？**

③**論拠と結論**：「目には目を」という限定的な報復を認めることでガンディーの恐れるような事態は回避される。

日本語で考える

①**意見提示**

私の意見はガンディーの意見と異なる。本来「目には目を」は復讐の奨励ではなく過剰な報復を戒めたものであるからだ。

②**ガンディーの言う「目には目を」についての考察**

しかしガンディーは少しでも報復を認めることによって，報復の連鎖が広がると考えている。「目には目を」という考え方は復讐を正当化するので，報復の連鎖に陥りやすい。やられたらやり返すということになると，いたるところで報復合戦が始まり，最悪の場合，最後は世界大戦が勃発する。これがガンディーが恐れる最悪のシナリオだ。

③**論拠と結論**

以上は憂鬱で希望のない考え方だ。確かに行きすぎた報復はこのような事態を招くかもしれないが，「目には目を」という限定的な報復を認めることによって，かえって「暴力の連鎖」は無限に拡大することはなく，当事者間にとどまるのではないか。したがって，この負の連鎖は果てしなく世界全体に広がるとは思わない。「目には目を」の報復はそれが「正しく」なされた場合は報復の連鎖は最小限にとどまるはずだ。

英作のヒント

①意見提示

▶ガンディーの意見に賛成できない，または意見が異なるということを提示する。

②ガンディーの言う「目には目を」についての考察

▶「目には目を」と「全世界が盲目になる」というメタファー（暗喩）が何を意味しているのかを説明し（この暗喩は「報復の連鎖」と「全世界に暴力が広がる（世界大戦の勃発）」ということを意味していると考え），それが部分的には正しいことを認める。つまり，いったん譲歩する。このときにはIt is true (that) ～「確かに～である」という構文を用いるとよい。

③論拠と結論

▶このメタファーの正当性をどの程度認めるかにあたっては，the whole world「全世界」のwhole「全部」に注目し，「部分的に認めるか」「全面的に認めるか」で論陣を張る。つまり報復の連鎖が全世界に行き渡るまで果てしなく無限に続くと考えるのではなく，限られた範囲内で収束する（したがってガンディーが言う「全世界が盲目となる」という事態は回避される）と考える。

▶「連鎖」はchain (reaction) だが，「攻撃 → 報復 → またその報復 →…」という繰り返しと考えて〔解答例〕のようにcycleとしてもよい。

▶人類の歴史は争いに満ちているが，限定的な報復を認めて不満を解消して（ガス抜きをして）いかないと，いずれ大爆発して一方的かつ全面的な暴力となって歯止めも収拾もきかなくなるのではないかという結論で終わることにしたい。catastrophicallyという単語を知っているならbeyond our controlの代わりに使うとよい。

解答例

3．My opinion is different from Gandhi's because the idea of "an-eye-for-an-eye" is essentially an argument against excessive revenge.

It is true the idea of "an-eye-for-an-eye" easily leads to a cycle of violence and revenge. Those who have been attacked will attack the other party in turn. Here and there deadly revenge will take place, and at worst world war will occur in the end. This is the worst-case scenario that Gandhi was afraid of.

However, I think this negative cycle will be limited to the parties involved. I don't think this cycle will spread endlessly to the whole world. The history of human beings is full of battles and conflicts, but an-eye-for-an-eye will end with limited groups if it is done "properly." I'm afraid unless we allow anger and frustration to be effectively released through revenge, they will gradually build up and finally explode beyond our control.（147 語）

49

2013年度〔4〕

Write 120 to 150 words of English on one of the statements below. Indicate the number of the statement you have chosen. Also, indicate the number of words you have written at the end of the composition.

1 Governments must protect and promote so-called "endangered" languages that are disappearing quickly today. Explain why this is true.

2 Abraham Lincoln once said, "It has been my experience that people who have no vices have very few virtues." Explain why this is true.

3 Recently, many governments around the world are legalizing marriage between two people of the same sex. Legalizing same-sex marriage is a good idea in Japan. Explain why this is true.

解　説

問題文の訳

以下の文のうち1つについて120語から150語の英文を書きなさい。選んだ文の番号を示しなさい。さらに，書いた語数を作文の後に記しなさい。

1 各国政府は今日急速に消滅しつつあるいわゆる「絶滅危惧」言語を，保護し奨励しなければならない。このことが正しい理由を説明しなさい。

2 エイブラハム=リンカーンはかつて，「私の経験では，欠点のない人間には長所はほとんどない」と述べた。このことが正しい理由を説明しなさい。

3 近年，世界の各国政府は同性婚を法的に認め始めている。同性婚の合法化は日本では良いことだ。このことが正しい理由を説明しなさい。

テーマ1 絶滅危惧言語の保護育成が必要である。その理由は？

テーマへのアプローチ

絶滅が危惧されている言語の多くは，限られた地域で少数の民族にしか使用されない言語である。優勢言語に取って代わられたり吸収されたりしていつのまにか消えていく。植民地化や政治的な支配・弾圧といった人的要因によって消滅したり絶滅の危機に瀕する言語もある。

言語をコミュニケーションのための道具とみなすならば，その種類が少なければ少ないほど便利で都合がよい。世界共通語が１つあれば便利であろう。それならばなぜ絶滅危惧言語の保護育成が必要なのだろうか？ endangered language は endangered species「絶滅危惧種」のもじりであることに気づけば，その問いに対する答えの糸口が見えてくるのではないだろうか。

構成を練る

与えられた記述が正しいということを前提にその理由を作文していく。次の４点について述べていく。

①絶滅危惧言語とは何か？

②意思疎通の手段としての言語について：言語数は少ない方がよい。

③言語の意義について：言語は文化・歴史の一部であるので多い方がよい。

④結論：絶滅危惧言語は保護する必要がある。

日本語で考える

①絶滅危惧言語とは何か？

絶滅危惧言語とは，少数民族によって限られた地域で使用される言語のことである。やがては優勢言語に淘汰され（取って代わられ）たり吸収されたりして消滅する可能性が高い。政治的支配や弾圧によって抹殺される言語もある。

②意思疎通の手段としての言語について

コミュニケーションという点からすれば，世界の言語の数は少なければ少ないほど好都合である。意思疎通には世界共通語が１つあればそれで十分だ。

③言語の意義について

言語はその話者とそれが話されている地域の文化と歴史を反映している。言い換えるならば言語は文化の一部である。ゆえに１つの言語が消滅するとき，１つの文化も部分的に消滅する。したがって我々はすべての言語を遺産として未来に伝える義務がある。

④結論

以上の理由により，各国政府は絶滅危惧言語を保護奨励する責任がある。

英作のヒント

①絶滅危惧言語とは何か？

▶ここでは，絶滅が危惧されている弱小言語はどのような状況下で消滅するのかを書く。under political control or oppression「政治的支配や弾圧のもとで」は by being colonized「植民地化によって」と言い換えてもよい。

②意思疎通の手段としての言語について

▶「コミュニケーションという点では」From the communication point of view

▶「世界の言語の数は少ないほど便利である」 The＋比較級 ～, the＋比較級 …「～であるほど，ますます…」の構文を使えばよい。

▶「世界共通語」a universal language；a common language

③言語の意義について

▶言語は文化の一部（part of a culture）であることを示す。

▶「言語が消滅するということは～ということだ」when a language disappears, it means that ～

▶「A を B に伝える」pass on A to B；hand down A to B

④結論

▶この〔解答例〕では結論を最後に持ってきている。トピックセンテンスが最後に来ているパターン。

▶「以上の理由により」For the reasons stated above

解答例

1．Most of the endangered languages are those spoken within limited areas by ethnic minorities. They are in time very likely to be replaced or absorbed by dominant languages and disappear. Some languages are forced to disappear under political control or oppression.

From the communication point of view, the smaller the number of languages in the world is, the more convenient it is. A single universal language would be enough for communication.

However, a language reflects the culture and the history of those who speak it and the region where it is spoken. In other words, a language is part of a culture. So when a language disappears, it means that part of a culture disappears, too. We must pass on every culture to the future as a heritage. Therefore we must pass on every language, too.

For the reasons stated above, governments are responsible for protecting and promoting endangered languages.（150 語）

テーマ2 欠点のない人には長所がほとんどない。その理由は？

テーマへのアプローチ

リンカーンはどういう意図でこのようなことを言ったのだろう？ 彼はここで vice と virtue を不可算名詞の「悪徳」「美徳」ではなく，可算名詞の「欠点」「長所」という意味で使用している。リンカーンが述べたことは一見「欠点のある者は長所がある」とか「欠点が大きいほど長所は大きい」と同義のようにも聞こえるが，実はこれらは同義ではない。論理学的には，「欠点のない者は長所がない」という命題が真ならば，その対偶である「長所がある者は欠点がある」が真であり同義である。「長所は必ず欠点を伴う」ということだ。命題の裏である「欠点がある者は長所がある」や，逆命題である「長所がない者は欠点がない」は元の命題と同義ではない。リンカーンが言いたかったのは，「欠点も長所もない人間などいない」ということだったのではないか。コインに表と裏があるように，物事にはすべて表と裏がある。プラスがあればマイナスが，山があれば谷があるのだ。直観的には，優れた人間であればあるほど欠点も大きいということだ。

構成を練る

次の3点について述べていく。

①**一般論**：「欠点がなければほとんど長所はない」と同義なのは「長所があれば欠点がある」である。

②**具体論**：リンカーンの真意は「長所だけの人間はいない」「物事は良いことだけではなく，良いことがあれば悪いことを必ず伴う」ということだと思う。

③**結論**：人間は長所が多ければ短所も多い。よってリンカーンは正しい。

日本語で考える

①**一般論**（リンカーンの言葉の一般的解釈）

論理学的に言えば，リンカーンの言ったことが正しければ「すべての長所は短所を持つ」も正しいと言える。つまり「長所は必然的に短所を伴う」ということである。短所も長所もない人間などいないと私は思う。

②**具体論**（リンカーンの言葉の具体的解釈）

リンカーンは，欠点がない人間などいないとも考えたのではないか。彼は短所と長所をコインの裏表と考えたに違いない。片面だけのコインなどあり得ない。万物，万人に，ものの両面がある。プラスがあればマイナスがある。悪いことなしに良いことは得られない。高い山があれば深い谷がある。

③**結論**

この理屈で行けば，人間は長所が多いほど短所も多い。長所が多い者は短所をよく知っている。ゆえにリンカーンが言ったことは正しい。

英作のヒント

①**一般論**（リンカーンの言葉の一般的解釈）

▶「欠点のない人間には長所はない」という命題が真なら，論理学的にはその対偶「人間は長所があれば欠点がある」も真である。ここを出発点とする。

▶「論理学的には」Logically speaking,

▶「～という命題が真なら」 ここでは proposition「命題」という語を使わなくても「リンカーンの言ったことが真実であるなら」と置き換えて考えればよい。

②**具体論**（リンカーンの言葉の具体的解釈）

▶「長所があれば欠点がある」という命題の具体例を，さまざまな比喩表現を用いて紹介する。リンカーンは長所と短所を表裏一体と考えていたと思われる。基本的には同じものと考えていたと思われる。短所は見方によっては長所にもなる（Seen from a different viewpoint, vices can also be virtues）ということを論の中心として述べればよい。

③**結論**

▶短所と長所は表裏一体という理屈のもと，リンカーンが言ったことの正当性を結論として述べる。

解答例

2．Logically speaking, if what Lincoln said is true, the statement “all virtues have vices” is also true. In other words, “virtues necessarily involve vices.” I think there can be no such people as have no vices or virtues.

I imagine Lincoln also thought there could be no people who had no vices. He must have regarded vices and virtues as two sides of the same coin. A coin with only one side is impossible. Everything, and everyone, has two sides of something. For example, something positive has always something negative. Good things cannot be gained without bad things. Where there is a high mountain, there’s a deep valley. It can be said that the higher a mountain is, the deeper a valley is.

In this logic, the more virtues one has, the more vices one has. People who have many virtues know about vices well. Therefore Lincoln’s statement is true.（150 語）

テーマ3 日本でも同性婚を合法化するべきである。その理由は？

テーマへのアプローチ

結婚とは何だろう。結婚によって新たな世帯あるいは家族が誕生し，これが社会の構成単位となる。安定した社会を築いていくためには，この単位が安定していなければならない。そのため，多くの社会では夫婦の権利や義務が法律で定められ，保障されている。

それでは同性婚を法律で認めるということはどういうことなのか。同性愛や同性婚については，従来のモラルや慣習に反するため，認めがたいと思う者もいるかもしれないが，実は，人権が尊重され価値観が多様化している現在の民主主義国家においては同性婚を認めない合理的理由を挙げるのはけっこう難しいことなのだ。性的少数派である同性愛者を社会の構成員として受け入れ，その権利も法的に保障しなければならない。生物種や言語・文化と同様，民主主義社会は，多様な考え方や価値観を認め受け入れてこそ，より健全で堅固なものになる。このテーマはテーマ1とも関連があるので，併せて考えてみるとよい。

構成を練る

次の2点について述べていく。

①**テーマの確認**：同性婚合法化は同性婚の奨励ではなく，同性のカップルが異性同士の夫婦と同じ権利を享受できるようにするためのものである。

②**賛成の論拠**：現在，同性カップルが合法的に結婚するには性転換手術を受けて戸籍上の性別を変えたりしないといけない。現在の日本では，多様化する価値観を認めることは健全な民主主義国家には必要なことである。よって，同性婚は合法化するべきである。

日本語で考える

①テーマの確認

このテーマは，国が同性婚を奨励しているものではないことを確認しておきたい。法的に認めるということは，通常の結婚に伴う法律上の権利と義務を，同性間の結婚にも適用するということだ。

②賛成の論拠

日本では同性婚は法律で認められていない。法律で認められていないということは，結婚に伴う諸権利も与えられないということを意味する。現在では，性同一性障害者が法的に結婚しようとすれば，性転換手術を受け，戸籍上の性別を変えて結婚しなければならない。彼らを社会の一員として認めて受け入れ，結婚に伴う法的権利を与えるためにも，日本でも同性婚を法的に認めることが必要だ。また，彼らは少数派であり，「法律で認めたら同性婚が増え，少子化が促進されるのでは？」という心配は無用であろう。同性婚を法律で禁止することは，そもそも民主主義の理念に反する。民主主義社会は，多様な考え方や価値観を認め受け入れてこそ，バランスが取れた，より健全で堅固なものになる。そういうわけで，日本で同性婚を合法化するというのは良い考えである。

英作のヒント

①テーマの確認

▶ same-sex marriage「同性婚」や legalizing「合法化」といった語については，提示された英文中の表現を利用する。

②賛成の論拠

▶語数がオーバーするようであれば，「彼らは少数派であり法律で認めたら同性婚が増えるのでは（少子化を促進する）？という心配は無用」という件は省いてもよい。gender identity disorder「性同一性障害」などはこの機会に覚えておくとよいだろう。

解答例

3. The statement given here doesn't mean that the Japanese government encourages same-sex marriage. "Legalizing same-sex marriage" means "giving legal rights to the same-sex couples as well."

In Japan, same-sex marriage is not legalized now. This means that same-sex couples are denied rights involved in traditional marriage. If those who suffer from gender identity disorder try to get married legally, they must undergo a gender-change operation and change their legal gender. In order to accept them as proper members of our society and give them legal rights involved in marriage, legalizing same-sex marriage is good and necessary in Japan, too. Same-sex couples are a sexual minority. So we don't have to be afraid that same-sex marriage will spread if the government legalizes it. Prohibiting same-sex marriage by law is against the idea of democracy. Democratic society can become well-balanced, healthier, and solider when it accepts various ways of thinking and values.（150 語）

50

2012年度〔4〕

Write 120 to 150 words of English about one of the topics below. Indicate the number of the topic you have chosen. Also, indicate the number of words you have written at the end of the composition.

1 Tokyo is not representative of Japanese culture. Do you agree or disagree ?

2 Is technology making human beings more intelligent or less intelligent ? Why ?

3 Explain how you think the world will be in the year 3000.

解　説

問題文の訳

以下のテーマのうちの1つについて120語から150語の英文を書きなさい。選んだテーマの番号を示しなさい。さらに，書いた語数を作文の後に記しなさい。

1 東京は日本文化の代表ではない。賛成か，反対か。

2 科学技術によって人間の知能は向上しているのか，あるいは逆に，低下しているのか？ それはなぜか？

3 西暦3000年の世界がどのようになっているかを説明せよ。

テーマ1　東京は日本文化の代表ではない。賛成か，反対か。

テーマへのアプローチ

東京が，「日本の中心」であり，「何でも揃っている街」「何でも手に入る街」であることに異論はないだろう。では，東京は「日本文化の代表」ではないのか？　ニューヨークなどは「アメリカの経済・文化の中心」と言うではないか。どこがどう違うのだろう？

このテーマを選ぶ場合は，「文化とは何か？」についての考察が必要だ。「日本文化」とはいったい何なのか？　東京の文化がすなわち日本文化なのか？　そもそも「東京の文化」とは何か？　「東京の文化」があるのなら，「大阪の文化」「京都の文化」もあるはずで，それらもまた，東京に存在するのだろうか？

古くからそれぞれの地域で独自の文化が育まれてきた日本社会の場合，「文化」というものをひとくくりにして，それを一地域で代表させるという考えには少し無理がありそうだ。

構成を練る

次の4点について述べていく。

①**意見提示**：与えられたテーマに賛成する。

②**譲歩**：東京が多くの点で日本の中心であり，さまざまなものが各地から集まっていることは認める。

③**意見の根拠**：改めて「文化」とは何かを問い，「文化」が情報や商品とは違い日本各地に固有に存在するものであることを述べる。

④**まとめ**：自分の意見の確認。

日本語で考える

①意見提示

東京は日本文化の代表ではないという考えに賛成する。

②譲歩

なるほど東京は多くの点，特に情報源・経済活動といった点で日本の中心であり，東京には何でも揃っている。また東京には，日本各地から多くの人や様々なものが集まっている。

③意見の根拠

しかし文化はどうだろう。情報や商品は，東京で創り出し，発信することができるが，「日本文化」というものを東京で創り出すことができるのだろうか？　「日本文化」というのは，日本各地に固有に存在する文化の集合体であり，東京はあくまでもその一部を担っているに過ぎない。「大阪文化」や「東北文化」などがみな東京に集まっているのだろうか？　私にはそうは思えない。

④まとめ

古くからそれぞれの地域で独自の文化が育まれてきた日本においては，一地域の文化が全体を代表するというのは無理がありそうだ。

英作のヒント

①意見提示

▶「賛成か，反対か」が問われているので，まずは自分の意見を明示する。

▶「～という考えに賛成〔反対〕する」I agree〔disagree〕with the idea that ～

②譲歩

▶自分とは違う立場の考えをあらかじめ検討しておくと，自分の意見がより強固なものになる。It is true that ～, (but …)「確かに～である，(だが…)」の型。

③意見の根拠

▶「文化の集合体」the body of traditional cultures（culture は，異なる文化を意味する場合は普通名詞扱い）

④まとめ

▶自分の意見の確認。①を別の言い方で述べることが望ましい。

解答例

1．I agree with the idea that Tokyo is not representative of Japanese culture.

It is true that Tokyo is the center of Japan in many ways, especially in sources of information and economic activities, and that we can get everything there. In Tokyo, we can find many people and products from all over Japan.

Then, what about culture ? We can create information and merchandise in Tokyo and export them, but can we create "Japanese culture" in Tokyo ? Japanese culture is a body of traditional cultures belonging to each region in Japan. Tokyo is only a small part of it. Does the culture of Osaka, and Tohoku, and other districts all exist together in Tokyo ? I don't think they do.

In Japan, where a unique culture has been fostered in each region, it seems unreasonable that the culture of one local area represents the whole area.（145 語）

テーマ2　科学技術によって人間の知能は向上しているのか，あるいは逆に，低下しているのか？　それはなぜか？

テーマへのアプローチ

抽象的なテーマであるが，「難しい技術を使いこなすために，人は以前よりも知能が高くなっていっているのか，あるいは便利な技術に頼りすぎて人は頭を使わなくなり，知能が低下しているのか？」と言い換えることができよう。また，英文の時制が現在進行形である点に注意。遠い未来の予想が問われているのではなく，今現在どうなっているのか？ということである。

intellect「知性（教養があること）」ではなく，intelligence「知能（生まれもった知力）」という観点から考察するならば，人類全体として見れば現在のところ大きな変動はないはずだ。これは生物の種としてとらえるべき問題だからだ。便利な科学技術のおかげで怠惰になる者が出てくることもあるかもしれないし，最新の技術を使いこなすために頭を使わねばならない場面が出てくるかもしれない。だが知能そのものに変動はないというのが現状であろう。

構成を練る

次の3点について述べていく。

①**意見提示**：両者のどちらでもない（人間の知能は今も昔も同じ）。

②**意見の根拠**：生物種としての観点からの，人の知能への考察。／科学技術が直接人間に及ぼす影響。

③**まとめ**：自分の意見の確認。

日本語で考える

①意見提示

今のところ，科学技術によって人間の知能は向上もしていないし，低下もしていない。

②意見の根拠

全体として見れば，生物種としての人の知能は人類誕生以来変動がないと思われる。太古の時代にも，石や骨で道具を作り，火をおこす方法を発見した数多くの天才がいたであろう。科学技術の発達に比例して知能が向上してきたわけではないのである。

現在は，科学技術のおかげで，頭を使わなくても多くのことが解決できるようになっており，我々の知力が減退するのではないかと心配する人もいるかもしれない。しかしその反面，新しい科学技術を使いこなすために頭を働かせなければならないのだから，心配には及ばない。

③まとめ

科学技術によって，人間の怠惰さや勤勉さは変化しているかもしれない。しかし知能は，人類が今の人類であり続ける限り，変わることはないだろう。

英作のヒント

①意見提示

▶ *A* or *B*? という2者択一型で問われる場合，解答は「*A*」「*B*」「neither *A* nor *B*」「both *A* and *B*」の4パターンが考えられる。いずれにしても説得力ある根拠を明確に述べることが肝要。ここでは「neither *A* nor *B*」のパターンを選ぶこととする。

②意見の根拠

▶課題文で Why?「それはなぜか」と問われているので，この「根拠」の部分がない，あるいは薄弱な解答では減点の対象となりかねないことに注意。

▶「科学技術の発達に比例して」は「科学技術の発達によって」と考えてよい。「科学技術の発達（進歩）」は technological advances でもよい。

③まとめ

▶最後に自分の意見を確認し論にしまりを与える。

▶「人間の怠惰さや勤勉さは変化しているかもしれない」は human laziness and diligence may be changing と直訳してもよい。

2．At present, technology is neither making human beings more intelligent nor making them less intelligent.

The intelligence of the human species as a whole seems to have remained unchanged since the earliest times. I'm sure that, in ancient times, too, there were a number of geniuses who made tools out of stones and bones and find out how to build a fire. I don't think human intelligence has been improved or degraded by developments in technology.

Today, we can do many things without using our brains, thanks to technology. Therefore, some people may be afraid that our mental ability will decline. On the other hand, we have to exercise our minds to use new technology. Therefore, we don't have to worry at all.

Technology may have an influence on how lazy or diligent we are, but our intelligence will never change as long as human beings remain the same.

（149語）

解答例

テーマ3　西暦3000年の世界がどのようになっているかを説明せよ。

テーマへのアプローチ

自由度の高い書きやすいテーマだが，未来図をただ思いつくままに漫然と書いていくと単調な英文になりやすい。解答例では，まず過去1000年間をふり返り，その考察の上に立ってこれからの1000年を展望するという方針のもと作成した。あるいは，政治・経済や科学技術，医療分野といった，特定の分野に絞って述べると，まとまりのある英文になるだろう。

人類は過去1000年間に何度も戦争を経験してきた。今後それが皆無になるとは考えにくい。人類は今後も数々の不幸や災害に見舞われるだろう。しかしそういうことを経験しつつ，科学技術は発達し続け，人々の暮らしは大きく変化していくだろう。解答の方向性に制限はないが，悲観的な未来像よりも，希望に満ちた未来像を組み立てていきたい。

構成を練る

次の3点について述べていく。

①**導入**：過去1000年間についての考察。

②**意見提示**：現在あるいはこれまでの世界に存在してきたネガティブな面を認めつつ，人類は今後も発展を続けるであろう（具体的な予測をいくつか述べる）。

③**まとめ**：自分の意見の確認。

日本語で考える

①**導入**

西暦3000年に世界がどのようになっているかを考える前に，この1000年間で世界がどう変わってきたかを考えてみよう。世界は戦争を繰り返しつつも，数々の発明発見を遂げて発展してきた。

②**意見提示**

現在の地球温暖化，気候変動，民族の対立による地域紛争を思うと，人類が西暦3000年に生存しているかどうか，不安はある。しかし人類は幾多の困難を乗り越え，かつてしてきたように発展し続けるであろう。西暦3000年にはほとんどの病気は克服され，人の平均寿命は100歳を超えているであろう。エネルギー問題や食糧問題も解決しているだろう。人類は海底から宇宙空間に及ぶあらゆる場所に居住できるようになっているであろう。

③**まとめ**

西暦3000年には，戦争のない理想的な世界が実現しているであろう。

英作のヒント

①**導入**

▶このようなテーマで，いきなり「西暦3000年の世界は～である」とするとあとにつながりにくい。よって〔解答例〕では導入を設け，意見を提示する前に過去への考察を行うことを示唆した。

▶表現は課題文のものを借用し，how the world will be（未来）⇔how the world has changed（過去）のように未来と過去を対置している。

②意見提示

「導入」の「過去⇔未来」の枠組みを下敷きにして自分の意見を述べる。

▶「～を思うと」Considering ～　分詞構文。

▶「幾多の困難を乗り越える」overcome〔get over〕a lot of〔various〕difficulties

▶「平均寿命」average life expectancy

③まとめ

▶最後に自分の意見を確認しておく。

▶「戦争のない世界が実現している」there will be a world without war / the world will be free of war

3．Before thinking about what the world will be like in the year 3000, consider how the world has changed in the past 1000 years. Although the world has experienced many hardships such as wars and disasters, it has steadily developed through inventions and discoveries.

Considering today's problems, such as global warming, the threat of climate change, and regional conflicts caused by hatred between nations, I'm worried about whether humans will exist in the year 3000. However, humans are sure to overcome various difficulties and continue to develop as they have done so far. In the year 3000, most diseases will have been conquered, and the average life expectancy will be over 100 years. Energy and food problems will have been solved, too. People will be living everywhere from the sea bed to outer space.

There will finally be an ideal world without war on this planet in the year 3000.（150 語）

解答例

51

2011 年度〔3〕

Write 120 to 150 words of English about one of the topics below. Indicate the number of the topic you have chosen. Also, indicate the number of words you have written at the end of the composition.

1 What three items would you take with you if you had to go and live on an uninhabited island ?

2 How do you think Japanese animations influence the image of Japan in the eyes of the rest of the world ?

3 Describe one historical person that you admire, explaining the reasons for your admiration.

解　説

問題文の訳

以下のテーマのうちの1つについて120語から150語の英文を書きなさい。選んだテーマの番号を示しなさい。さらに，書いた語数を作文の後に記しなさい。

1 もし無人島に行って生活しなければならないとしたら，どのような3つの品物を持っていくか。

2 あなたは日本のアニメが，他の国々の目に映る日本のイメージにどのような影響を与えていると思うか。

3 尊敬する歴史上の人物と，その理由について書け。

テーマ1 もし無人島に行って生活しなければならないとしたら，どのような3つの品物を持っていくか。

テーマへのアプローチ

想像力と発想力が要求されるテーマ。何を選ぶかに，その人の価値観や人生観も表れる。選ぶ品そのもので点差がつくことはないと思われるが，「なぜその品を持っていくのか」という理由の説明が必要。一見書きやすいように見えるテーマだが，持っていく物を3つに絞るのは結構難しい。無人ということ以外，島に関する具体的な情報が一切与えられていないからだ。島で暮らす期間についての指示もない。普通に考えれば，3品だけでは生き抜くのは大変だということがわかる。

「生活」を主目的に考えるなら，「ナイフ」「火をおこす道具」といった実用品を選ぶことになる。もっと気楽に考えて，生活手段は島で確保できるということを暗黙の前提に考えるなら，「愛読書」などでもよいだろう。〔解答例〕は，前者で作成したが，何を選ぶにせよ，自分にとってその品が不可欠であることを説得力をもって示すことが重要である。

構成を練る

次の3点について述べていく。

①**持っていく品物の提示**：きちんと理由が説明できるものなら何でもよい。

②**その理由**：3つの品につき，持っていく理由をそれぞれ説明する。

③**まとめ**

日本語で考える

①持っていく品物の提示

私は，サバイバルナイフ，大型の虫眼鏡，鍋を持っていきたい。

②その理由

サバイバルナイフは食べ物を得て，それを調理するのに使うことができる。また，住まいや，生活に必要なさまざまなものを作るのにも使える。サバイバルナイフは多様な用途に用いることができるのだ。

虫眼鏡は，太陽光を集めて火をおこすのに使える。虫眼鏡は他には使い道がないが，火をおこす手段は不可欠である。虫眼鏡は太陽の光さえあればいつでも簡単に火がおこせるので，この目的には理想的である。

鍋は料理には不可欠である。湯を沸かすのにも使うことができる。鍋がなければ，食べ物を生のままか，火であぶって食べるしかなくなり，特定のものしか食べられなくなってしまう。

③まとめ

これらの品があれば，1人でどうにか生き延びていくことはできるだろう。

英作のヒント

①持っていく品物の提示

▶「私は～を持っていきたい」は，問題文の表現を利用して，I would take *A*, *B*, and *C*. とすればよい。

②その理由

▶本問では理由を述べる際，「～に使える」，「～に便利である」，「～に不可欠である」といった表現を多用することになるが，同じ表現ばかりでは単調な文になるので，何種類かの表現を使い分けることが望ましい。

▶「～に使える」は，can be used to＋不定詞〔for＋名詞〕でよい。

▶「～に便利である」は be useful for＋名詞〔in *doing*〕でよいが，「実用的な」と考えて practical を用いることもできる。

▶「～に不可欠な」は indispensable〔essential〕for ～ がぴったりだが，「絶対必要」と考えて quite〔absolutely〕necessary のように表現することもできる。

③まとめ

▶「どうにか生き延びる」somehow manage to survive

▶「ひとりで」on my own / by myself

解答例

1．I would take a survival knife, a large magnifying glass, and a pan.

A survival knife can be used to get food and prepare it. It can also be useful in making a shelter and in creating various things necessary for daily life. A survival knife can be used for multiple purposes.

A magnifying glass can be used to create a fire by focusing sunlight. Though a magnifying glass isn't practical for other purposes, a means of building a fire is indispensable. For this purpose, a magnifying glass is the best, because I can easily build a fire any time while the sun is shining.

A pan is essential for cooking. It is necessary for boiling water, too. Without a pan, I must eat raw or roasted food, and I can eat only certain kinds of food.

With these items, I would somehow manage to survive on my own.（149語）

テーマ2　あなたは日本のアニメが，他の国々の目に映る日本のイメージにどのような影響を与えていると思うか。

テーマへのアプローチ

日本のアニメやコミックは膨大で多岐にわたり，いわゆる日本の「サブカルチャー」の一端を形成している。日本のアニメの質は高く，海外にも多くの作品が輸出され，高い人気を博している。

アニメやコミックは一般的には低年齢層を対象としているので，「子どもが見るもの」という認識も根強くあり，大人になっても漫画やアニメに夢中になると，「オタク」というレッテルを貼られることもある。また，一部のアニメには「暴力的」と評されるものもあるようだ。とはいうものの，日本アニメは登場人物が魅力的で，話の筋もよく練られ，大人の鑑賞にも堪えられるものとなっている。また，絵も丁寧に描き込まれており，総じて高度な技術と高い質を備えていると言えるだろう。

サブカルチャーの質が高くなるためには，メインカルチャーの質が高くなければならず，日本アニメが海外で高く評価されるということは，裏を返せば，日本が成熟した高い文化を持った国だと認識されていることを意味するだろう。

構成を練る

次の4点について述べていく。

①**意見提示**：日本のアニメは，日本のイメージに肯定的な影響を与えている。

②**譲歩**：日本アニメの持つ否定的側面。

③**意見の根拠**：日本アニメの持つ肯定的側面。

④**まとめ**：質の高い日本のアニメは，日本の文化水準の高さを世界に印象づける。

日本語で考える

①意見提示

日本のアニメは，日本のイメージに肯定的な影響を与えていると私は思う。その多くがさまざまな国に輸出されており，高い評価を受けている。海外でのファンも多い。

②譲歩

確かにアニメは概して子ども向けであり，アニメを楽しむ大人は幼稚だと考える人もいる。また，暴力的な日本アニメもあると眉をひそめる人がいるのも事実だ。

③意見の根拠

とはいうものの，日本アニメは全体的に洗練されており，高い技術を持ち，質も高い。日本アニメは，魅力的な登場人物，退屈させないストーリー展開，丁寧に描き込まれた絵といった，他に類のない特質があるのである。

④まとめ

日本のアニメは，この半世紀にわたり発展してきた。アニメが育ってきた国は，高度な文化を持つ国でもある。他国の人々が日本アニメを楽しむとき，きっと高度な文化を持つ国だという印象を抱くだろう。

英作のヒント

①意見提示

▶まずは自分の主張をはっきりと述べる。

▶「～に肯定的〔否定的〕影響を与える」influence ～ in a positive〔negative〕way

②譲歩

▶「確かに～（だが…）」は It is true that ～.「（だが…）」の部分は**③意見の根拠**冒頭の However に表れている。

③意見の根拠

▶「他に類のない」unique

▶「退屈させないストーリー展開」exciting plot〔story line〕

▶「丁寧に描き込まれた絵」pictures drawn and painted carefully

④まとめ

▶**①意見提示**で述べた「肯定的影響」を別の言い方で表現すればよい。

2．I think Japanese animations influence the image of Japan in a positive way. Many of them have been exported to various countries and have been highly appreciated there. Many people abroad admire them.

It is true that some people think animations are generally aimed at young children and regard adults who enjoy them as childish. And it is also true that some people frown on some Japanese animations for being too violent.

However, Japanese animations in general are sophisticated, technically excellent, and of high quality. They are unique in some respects: attractive characters, exciting plots, and sophisticated pictures drawn and painted carefully.

Japanese animations have been developing for the last half century. Countries where animations have developed are countries with developed cultures. When people in other countries enjoy Japanese animations, they are sure to get the impression that Japan is a country with an advanced culture.（146 語）

解答例

テーマ3 尊敬する歴史上の人物と，その理由について書け。

テーマへのアプローチ

自由度の高いテーマで，一見書きやすいように思えるが，外国人の場合は，名前のスペルがわからないと対象として選べないという制約が生じる。また，日本人を選ぶ場合も，その人物に関係する語句（たとえば坂本龍馬なら「維新」とか「幕末」）の英訳ができるかどうかを考えながら選定していく必要がある。こういうテーマに備えて，有名外国人のスペルを何名か綴れるようにしておくとよい。

人物を決める際には，政治・経済・科学・科学技術・発明発見・哲学・文学・娯楽といったジャンルに分けて有名人を思い浮かべてみるとよい。たとえば，「リンゴが落ちるのを見て万有引力の法則（law of gravitation）」を発見したと言われている，数学や光学の発展にも貢献した天才アイザック=ニュートン（Isaac Newton）や，その遺言によってノーベル賞が設立され，死後もなお世界の一流の科学者や文学者たちに力を与え続けているアルフレッド=ノーベル（Alfred Nobel）。また，紛争や対立，苦痛も多い現代の世界に夢と希望を与え続けてくれているウォルト=ディズニー（Walt Disney）などは最適なのではないだろうか。

構成を練る

次の4点について述べていく。

①**意見提示**：人物の選定（ウォルト=ディズニー）。※その功績についても簡単に紹介しておくとよい。

②**意見の根拠(1)**：もしディズニーが生まれていなければ世界はどうなっているだろう（→とても味気ないものになっているだろう）。

③**意見の根拠(2)**：ディズニーが生まれた現実の世界はどうか（→楽しい生活を送れている）。

④**まとめ**：ディズニーへの感謝の念を確認。

日本語で考える

①意見提示

私はウォルト=ディズニーを最も尊敬している。彼のおかげですばらしいアニメを楽しむことができ，笑ったり泣いたりすることができる。それに，ミッキーマウスとその他多くのキャラクターにアニメの中やディズニーランドで会うことができる。

②意見の根拠(1)

ウォルト=ディズニーが生まれていなかったら，今の世界はどうなっているだろう。ディズニーランドもミッキーマウスも存在していないだろう。世界は，この世界ほど楽しくない，味気ないものになっているだろう。生活ももっとつまらなくなり，幸福度も下がるだろう。そのような世界に私は住みたくない。

③意見の根拠(2)

しかし現実には，ディズニーランドや多くのディズニーアニメが私たちを楽しませ，幸せな気分にしてくれる。ウォルト=ディズニー本人は亡くなっているが，彼は今でも私たちに夢と希望を与えてくれるのだ。

④まとめ

彼のおかげで楽しい生活を送れることに私はとても感謝している。

英作のヒント

①意見提示

▶「ミッキーマウスその他のキャラクター」Mickey Mouse and other characters

②意見の根拠(1)

▶意見の根拠(1)は全体を仮定法で表現する。「彼が生まれていなかったら」if Walt Disney had not been born という仮定に対する帰結節として仮定法過去を使う。

▶「ディズニーランドもミッキーマウスも～しないだろう」neither Disneyland nor Mickey Mouse would ～

③意見の根拠(2)

▶「夢と希望を与える」give dreams and hopes

④まとめ

▶「人に～を感謝する」thank〔be thankful to / be grateful to〕+人+for～ / appreciate *someone's doing*

解答例

3．I admire Walt Disney the most. Thanks to him, we can enjoy many excellent animations. We laugh at and are moved to tears by his animations. In addition to this, we can meet Mickey Mouse and many other characters in his animated films and at Disneyland.

I sometimes wonder what the world would be like if Walt Disney hadn't been born. Without him, neither Disneyland nor Mickey Mouse would exist now. The world would be less amusing and less pleasant. We would be living a less exciting life, and we would feel less happy. I don't want to live in such a world.

However, in reality, Disneyland and many characters of Disney animations entertain us and make us happy. Though Walt Disney himself is dead now, he still gives us dreams and hopes.

I am very thankful to him for enabling us to enjoy a more pleasant life.（148語）

52

2010 年度〔3〕

Write 120 to 150 words of English about one of the topics below. Indicate the number of the topic you have chosen. Also, indicate the number of words you have written at the end of the composition.

1 What ecological contributions can you make to society ?

2 Describe one thing that you would like to acquire at Hitotsubashi University if you are accepted.

3 Starting foreign language education at a very early age is a good idea.

解 説

問題文の訳

以下のテーマのうちの１つについて 120 語から 150 語の英文を書きなさい。選んだテーマの番号を示しなさい。さらに，書いた語数を作文の後に記しなさい。

1 あなたは社会に対してどのような環境保護の貢献ができるか。

2 入学を許可されたら一橋大学で身につけたいものを１つ述べよ。

3 外国語教育を早期に始めることはよい考えである。

テーマ1　あなたは社会に対してどのような環境保護の貢献ができるか。

テーマへのアプローチ

個人レベルでできる環境保護活動にはどういったものがあるだろうか。環境保護でよく使われる用語に Three Rs というものがある。これは Reduce, Reuse, Recycle「削減，再利用，再生使用」の略であり，2004 年にノーベル平和賞を受賞したワンガリ=マータイさんは，これに Repair「修繕」を追加して「MOTTAINAI」運動を展開した。環境に優しい活動の具体例について考える際には，この Four Rs がヒントとなるだろう。環境保護のヒントとしては他に，renewable「再生可能な」，sustainable「持続可能な」という用語がある。これは，枯渇する恐れのある資源への依存を弱め，太陽光や風力・波力・潮力・地熱といった無尽蔵に利用できるエネルギーを積極的に発電等に利用していくことを意味する。これらをヒントに，平凡でもよいから無理のない範囲で，高校生が個人的にできる環境保護について考えてみよう。

構成を練る

次の 3 点について述べていく。

①**導入**：私は環境保護の貢献をすでに始めている。

②**具体例**：自分がしている環境保護活動の具体例（複数）。

③**まとめ**：環境保護の大切さを確認する。

日本語で考える

①導入

ささやかで，簡単にできることではあるが，いくつかの活動を通じて私はすでに社会に環境保護の貢献をしてきている。

②具体例

まず，私はゴミの分別を行っている。可燃ゴミ，不燃ゴミ，プラスチック，カン，ガラス瓶である。私はいつも，捨てる前にリサイクルできないかを考えている。二つ目に，私はできる限りゴミを出さないようにし，私がすでに持っていて，使っているものを大切にしている。たとえそれが古くなっても，まだ使えるうちは，新しいものを買ったり，最新の型にグレードアップしたりはしない。三つ目に，家であれ，学校であれ，私は必要のないときはいつも照明や電気製品のスイッチを切るようにしている。

③まとめ

最後に，私は常に環境保護という理念を念頭に置くようにしている。私は，地球に優しく，その理念に基づいて行動することが必要だと思っている。

英作のヒント

①導入

▶与えられたテーマは「どのような貢献ができるか」だが，これに対してたとえば，「私はゴミの分別ができる」などと切り出しては，あとに論をふくらませにくい。よって解答例では「自分はすでにそのような貢献をいくつもしてきている」という導入部を作り，続けてその具体例を複数提示する，という方針で作成した。

②具体例

▶具体例や根拠を「列挙」する際は，First(ly)，Second(ly)，…，Lastly を使用するとよい。このように，論の展開を明快にするために用いられる語を，**ディスコースマーカー**と呼ぶ。「マーカー（標識）」のように論理展開の道しるべになるものという意味である。使えるディスコースマーカーの数を増やしておくことは自由英作文で高得点を得るうえで非常に重要である。

▶「まだ使えるうちは」→「使える限りは」as long as it can be used

▶「照明や電気製品のスイッチを切る」turn off the lights and electric appliances

③まとめ

▶このように長めの自由英作文ではまとめをつけることが望ましい。

解答例

1．I have already been making ecological contributions to society by doing several things, though they are small and easy things to do.

First, I separate trash and garbage into several kinds : burnable garbage, non-burnable garbage, plastics, cans, and glass bottles. I always think whether it can be recycled before throwing it away. Second, I try as much as possible not to produce waste, and I take care of what I have and what I use. Even if it becomes old, I won't buy a new one or upgrade to the latest version as long as it can be used. Third, I always try to turn off the lights and electric appliances when they are not needed, both at home and at school.

Lastly, I always keep in mind the idea of ecology. I think I must be friendly to the earth, and always act on that idea.（147 語）

テーマ２　入学を許可されたら一橋大学で身につけたいものを１つ述べよ。

テーマへのアプローチ

一橋大学志望者の多くは，大学に入学したその先，つまり，卒業後の進路のことを考えているにちがいない。そこでものを言うのは，やはり在学時の優秀な成績や，経済あるいは法律の専門知識，はたまたMBA等の上級資格だろう。それらのうちのどれかを選ぶか。

あるいは発想を変え勉学から離れて，大学時代にしかできない経験を求めるのはどうだろうか？　たとえば一橋大学にあるユニークなサークルやクラブに入ってさまざまな経験を積むというのはどうだろう。生涯にわたりお互いに助け合える，真の友人を得たいというものでもよいかもしれない。

これらのうち１つだけを選ぶのはなかなか悩ましい問題である。しかしだからこそ，自分が特にその１つを選ぶだけの根拠が，説得力をもって示せるものが望ましい。

構成を練る

次の３点について述べていく。

①**意見提示**：一橋大学に入学が許可されたら，人脈を得たい。

②**その根拠**：実業界で成功するためには人脈が不可欠である。

③**まとめ**：自分の意見の確認。

日本語で考える

①**意見提示**

私には身につけたい大切なことがたくさんあるので，一橋大学に入学が許可されたら何を得たいか，１つだけ選ぶのはとても難しい。しかしここでは，あえて１つを選ぶことにする。それは，人脈である。

②**その根拠**

私は将来，実業界で働きたいと思っている。そこで出世するためには，人脈が不可欠である。もちろん，成功するためには勤勉さと経済学の知識も重要だ。しかし実業界は，１人の人間の勤勉さや知識ではなく，無数の人の力の上に成り立つのである。だから，そこで成功するためには，人脈の方がより役に立つ。

③**まとめ**

ゆえに一橋大学でできる限り多くの親友を得たい。その友人たちは将来きっと私の助けとなるだろう。

英作のヒント

①**意見提示**

▶「ここでは，あえて１つを選ぶことにする」here, I will allow myself to choose one thing　allow *oneself* to *do* は「あえて～する，思い切って～する」という意味。

▶「人脈」a network of personal connections / a human network　なお，コロン

（：）は前文の具体例や理由が続くことを意味する。

②その根拠

▶「実業界」the business world

▶「そこで出世する」get ahead and succeed there

▶単に持論を押すばかりでなく，いったん譲歩するのも有効。他の可能性を検討することで，論に客観性を持たせるわけである。譲歩したあとは持論の正当性を確認する。

▶「だから」は therefore が最も便利。so はややくだけた感じになる。thus は逆に therefore より硬い表現。

③まとめ

▶「その友人たちは～」以下は，関係代名詞の非制限用法でつなげて，…, who will be sure to help me in the future とすればよい。

2．It is very difficult to choose only one thing I'd like to acquire if I am accepted into Hitotsubashi University, because there are many important things I want to learn. But here, I will allow myself to choose one thing : a network of personal connections.

I want to work in the business world in the future. In order to get ahead and succeed there, a human network is indispensable. Of course, hard work and knowledge of economics are important to be successful. But the business world rests on the immense networks of human resource, not on hard work or knowledge of an individual. Therefore, in order to succeed in the world of business, a network, that is, connections and contacts, is more useful.

For these reasons, I'd like to make as many close friends as possible at Hitotsubashi University, who will be sure to help me in the future.（149 語）

解答例

テーマ 3　外国語教育を早期に始めることはよい考えである。

テーマへのアプローチ

小学校のカリキュラムに英語が導入されることになった，昨今の日本における英語教育の現状を見ると，文部科学省は早期の英語教育の効果に期待していると思われる。実際，親の仕事の関係などで，幼い頃に何年か英語圏で過ごした経験のある高校生は，リスニングの力もあり，英語が得意な者が多い。学生の側から見ても，早期に英語教育を受けた方が，より楽に英語を身につけることができるのなら，それにこしたことはないだろう。

しかし，専門家の中には早期の英語教育に懐疑的な者もいる。語学の能力には，「話す」「聞く」以外に，「読む」「書く」という領域も含まれる。この 4 技能がバランスよく身につくことが大切なのである。実は，日本の多くの高校の英語教師は，生徒の英語力についてだけ悩んでいるのではなく，生徒の国語力，つまり日本語の読解力と表現力に関しても悩みを抱えている。国語力がないと英語もできないとよく言われる。これはある意味真実であろう。外国語教育で大切なことは何なのかを，よく考えてみよう。

構成を練る

次の 4 点について述べていく。

①**意見提示**：与えられたテーマはよい考えではあるが，全面的には賛成しない。

※本テーマのように，100 パーセント肯定あるいは否定するのが困難な命題は，「部分的には賛成〔反対〕できる（＝譲歩）が，全体としては反対〔賛成〕（＝自分の意見）」というように書いてもよい。

②**譲歩**：確かに，幼少期に外国語を学ぶことには効果がある。

③**意見の根拠**：早期の外国語教育には危険もある（その具体例）。

④**まとめ**：自分の意見の確認。

日本語で考える

①意見提示

外国語教育を早期に始めることは一般的にはよい考えだが，全面的には賛成できない。

②譲歩

確かに，幼少期に 2 つの言語を教えられると，子供はバイリンガルになることがある。その子供は両方の言語を理解し話すようになる。しかし，読み書きできるようになることについてはどうだろうか？

③意見の根拠

早期の外国語教育には危険もある。子供が，母語と外国語の両方とも上達しないこともありうるのである。私はそのような子供たちを知っている。彼らは話したり聞いたりするのは得意だが，書いたり読んだりするのは得意ではない。彼らは日本語の読み書きも得意ではない。それは悲劇である。

④まとめ

外国語教育は，子供が母語をきちんと身につけた後に初めて始めるのが最もよい。

英作のヒント

①意見提示

▶「全面的には賛成できない」は，I cannot completely〔quite〕 agree のように，not completely〔quite〕の部分否定が使える。これとは逆に，「～には概ね賛成である」という場合，I largely agree / for the most part I agree のように書ける。

②譲歩

▶持論以外の可能性を検討し，論に客観性を与える。譲歩の典型は，「確かに〔もちろん〕～。だが…」の形。解答例では Certainly, ～. But …. の形を使ったが，It is true ～, but …. を使うこともできる。

▶「しかし…」以下は，「確かに〔もちろん〕～。だが…」の「だが…」の部分。譲歩で示した可能性に反論する形で持論を補強する。

③意見の根拠

▶「*A* と *B* の両方とも上達しない」good at neither *A* nor *B*

▶「聞いたりする」の部分は，単に listen English などとしては意味が通じない。「話された英語を理解する」understand spoken English などとする。

④まとめ

▶「～して初めて」only after S V

解答例

3．Although it is generally a good idea to start foreign language education at an early age, I cannot completely agree with this idea.

Certainly, a child can be bilingual if he or she is taught two languages at a very early age. The child will learn to understand and speak both languages. But how about learning to read and write?

There is some danger in starting foreign language education at a very early age. Sometimes, the child can be good at neither his or her mother tongue nor the foreign language. I know such children. They can speak and understand spoken English well, but they are not good at writing and reading comprehension. They are not good at writing or reading Japanese, either. It's a tragedy.

I think it is best to start foreign language education only after children have properly learned their mother tongue.（145 語）

53

2009 年度〔3〕

Write 120 to 150 words of English about one of the topics below. Indicate the number of the topic you have chosen. Also, indicate the number of words you have written at the end of the composition.

1 A sense of humour is one of the most important things in life.

2 Japan is a rich country.

3 How do you picture yourself in ten years ?

解　説

問題文の訳

以下のテーマのうちの 1 つについて 120 語から 150 語の英文を書きなさい。選んだテーマの番号を示しなさい。さらに，書いた語数を作文の後に記しなさい。

1 ユーモアのセンスは人生で最も大切なものの 1 つである。

2 日本は豊かな国である。

3 10 年後の自分の姿をどのように思い描くか。

テーマ1 ユーモアのセンスは人生で最も大切なものの1つである。

テーマへのアプローチ

ユーモアのセンスは，生活が味気なくなってしまうのを防いだり，人が窮地に陥ったときに心に若干の余裕を持たせたりする働きがある。上手く使えば，怒りや絶望といったネガティブな感情を笑いや希望に変える魔法の薬にもなるのだ。

与えられたテーマは「最も大切なもの」ではなく「最も大切なものの1つ」となっている点に注意。人生あるいは日々の暮らしの中で最も大切なものは他にも数多く存在するが，その中にユーモアを含めることに異論はないだろう。このテーマを選ぶ場合は，ユーモアがなぜ，そしてどういった点で，人生あるいは日々の暮らしの中で重要なのかや，ユーモアの効能といったものについて，具体例を交えながら述べていくとよい。

構成を練る

次の4点について述べていく。

①**意見提示**：与えられたテーマに賛成する。

②**譲歩**：確かに，人生で大切なものは他にも多くある。

③**意見の根拠**：ユーモアは料理のスパイスのように人生を楽しくしてくれ，不可欠なものである。

④**まとめ**：ユーモアのセンスは人間の持っている精神機能の中でも最も高度なものの1つだ。

日本語で考える

①**意見提示**

私は，ユーモアのセンスは人生で最も大切なものの1つだという意見に賛成する。

②**譲歩**

もちろん，人生で大切なものは他にも多くある。たとえば愛，健康，時間，勤勉，誠実，友達などだ。ユーモアのセンスがそれらと同じくらい人生にとって不可欠だと考える人は非常に少ないだろう。

③**意見の根拠**

しかし，私はユーモアのない人生など，スパイスのない料理のようなものだと思う。そのような人生はとてもつまらないだろう。ユーモアのセンスがあると，私たちの人生がより楽しくなる。たとえば，私たちが窮地に陥ったとき，もしくは重圧を感じたとき，ユーモアは私たちの苦痛を軽減してくれる。またばつの悪いときや気まずいとき，不快なときにも，私たちを和ませてくれる。

④**まとめ**

ユーモアは笑いと同じではないが，笑いと同じように私たちを幸せで楽しい気分にしてくれる。それは，人間にしかない，高度に洗練された精神機能の産物の1つなのである。

英作のヒント

①意見提示

▶「〜という意見に賛成である」I agree with the opinion that 〜. 与えられた主題文を利用すればよい。反対の場合は disagree もしくは do not agree を用いる。

②譲歩

▶「もちろん」は of course や indeed でよいが,「なるほど〔もちろん〕〜だが…」という流れを意識して It is true that …. を用いることもできる。この部分が**③意見の根拠**の「しかし」につながるのである。

▶「たとえば…」such as … 後に続く語句は解答例以外にもさまざまな例があるだろう。「知識」knowledge,「平和」peace,「努力」efforts,「家族」family,「信念」faith など。何か自分の意見を言うときは，具体例や根拠が欠かせない。

▶「〜と考える人は非常に少ないだろう」very few people seem to think 〜 他者の意見を想定して自分の意見と対置することで，論に客観性をもたせることができる。

③意見の根拠

▶「しかし」however というディスコースマーカーによってこれから本論が述べられることを明確にする。

▶「つまらない」dull not interesting でも問題ない。

④まとめ

▶「〜と同じものではない」not the same as 〜

解答例

1．I agree with the opinion that a sense of humor is one of the most important things in life.

Of course, there are many other important things in life, such as love, health, time, diligence, honesty, and friends. Very few people seem to think that humor is as essential to life as those things.

I think, however, that life without humor would be something like food without spice. It would be very dull. A sense of humor makes our life more pleasant. For example, when we are in trouble, or feel under pressure, humor will relieve us of suffering. When we are embarrassed, or feel awkward and uncomfortable, we will find that humor relaxes us.

Though humor is not the same as laughter, it makes us happy and amuses us, as laughter does. It is one of the products of highly sophisticated mental functions that only humans have.（148 語）

テーマ2　日本は豊かな国である。

テーマへのアプローチ

日本は人口ではアメリカの半分以下，中国の10分の1であるが，GDPはこれらの国と並んで世界ベスト3に入る経済大国だ。国内市場も大きく，科学技術や文化のレベルも高い。確かに豊かと言えるかもしれない。

一方で，日本はさまざまな問題も抱えている。ワーキングプアの存在や非正規雇用の問題。少子高齢化。年金問題。孤独死の増加。児童虐待の増加。食糧自給率の低下。政治及び政治家への不信等々。これらを考えれば，日本は果たして「豊かな国だ」と言い切れるのかという疑問もわいてくる。何をもって「豊か」とするのかは，個人の価値観によってさまざまであり，経済的に豊かであっても精神的には貧しいという場合もあるからだ。

構成を練る

次の4点について述べていく。

①**意見提示**：与えられたテーマに手放しで賛成することはできない。

②**譲歩**：確かに，日本は物質的には豊かかもしれない。

③**意見の根拠**：豊かである反面，日本はいくつもの負の側面をかかえている（その具体例）。

④**まとめ**：「日本は豊かだ」をあらためて否定して自分の意見を確認。

日本語で考える

①**意見提示**

私は，日本は豊かな国だという考えには手放しで賛成できない。

②**譲歩**

確かに，日本は世界でも有数のGDPを誇っている。日本の国内市場は大きく，商品も豊富だ。さらに，日本人は高水準の科学技術をも享受している。日本が豊かな国であると言ってさしつかえなさそうである。しかし，本当にそうなのだろうか。

③**意見の根拠**

豊かである反面，日本は負の側面から生じるさまざまな問題に苦しんでいる。出生率の低下は，日本が豊かであることを疑わせる。年金問題は，退職後の生活について人々を不安にさせている。日本の食糧自給率は低下し，食料をますます輸入に頼っている。さらに，政治家が強い指導力を発揮していない。

④**まとめ**

これらを考えれば，日本は豊かな国だと言うのは楽観的すぎる。

英作のヒント

①**意見提示**

▶「手放しで賛成できない」はnot quite〔completely〕の部分否定が使える。

②譲歩

▶「確かに〔なるほど〕～である。(しかし…)」という「譲歩」の文。it is true that … が使える。

▶「さらに」は further でもよいが，ここは「加えて」のニュアンスなので in addition がぴったり。

▶「～と言ってさしつかえなさそうだ」It seems safe to say that ～

▶ Is it true？/ Is it the case？/ Can we say with confidence that Japan is a rich country？など。反対意見や仮説を想定し，その正当性を検証する際に使える表現。

③意見の根拠

▶「豊かである反面」→「豊かな側面とは逆に」contrary to those rich aspects

▶「負の側面」its negative aspects　以下にこの「負の側面」の具体例が続く。

▶「出生率の低下」falling birthrate

▶「年金問題」the pension problem

▶「食糧自給率」food self-sufficiency ratio

▶「さらに」further〔furthermore〕 この場合「さらに悪いことに」の意味なので，what is worse / to make matters worse なども使える。

④まとめ

▶「これらを考えれば」taking these things into account 「こうした状況では」のように置き換え given these circumstances などとしてもよい。

2．I cannot quite agree to the idea that Japan is a rich country.

It is true that Japan has one of the largest GDPs in the world. It has a large domestic market, and is rich in commercial goods. In addition, Japanese people enjoy high levels of science and technology. It seems safe to say that Japan is a rich country. But is it true？

Contrary to those rich aspects, Japan has been suffering from various problems that arise from its negative aspects. The falling birthrate makes us doubt that Japan is a rich country. The pension problem makes people worried about how to live after retirement. Japan's food self-sufficiency ratio has declined, and we are increasingly dependent on imports for food. Further, politicians cannot exercise strong leadership.

Taking these things into account, it is too optimistic to say that Japan is a rich country.（145 語）

解答例

テーマ3 10年後の自分の姿をどのように思い描くか。

テーマへのアプローチ

一橋大学を目指している諸君は，現時点で将来の自分について何らかのビジョンを描いていることであろう。一橋大学は金融関係（銀行・証券・保険）をはじめとする大手有名企業への就職率が高い。大学卒業後の進路は大学選びの条件の1つであり，就職を考えて一橋大学を目指す受験生も多いことだろう。そこでこのテーマだが，10年後というと，大学院に進まずに4年で大学を卒業して就職した場合，社会人になって6年目の年に当たる。大学院に進んだ場合は，就職して間もない時期かもしれない。その時，何をしているか？ 自己実現を目指して努力しているだろうか？ 120語から150語で述べるだけの内容があることをやっているだろうか？ たとえば「大手銀行で働いている」だけでは，語数を持て余すだろう。複数の可能性について述べるのも1つの手である。

構成を練る

次の3点について述べていく。

①**意見提示**：10年後は，銀行か証券取引所で働いているだろう。

②**その根拠**：形はどうあれ，私は経済学の専門家になりたい。

③**まとめ**：10年後にしているであろうことの，自分にとっての意味を述べ，まとめとする。

日本語で考える

①意見提示

10年後の自分は，もしアメリカの大学に留学していなければ，一流の銀行か証券取引所で働いており，専門の仕事に携わっているだろう。そこで国際的に通用するビジネスリーダーになるための努力をしているだろう。

②その根拠

私がこのように言うのは，形はどうあれ，将来的に経済学の専門家になりたいからである。ゆえに，若い間，つまり20代から30代前半の間は，現場でより実践的に経済理論を学びたい。その時期は将来の準備をするうえで最良の時期と考えている。

③まとめ

10年後の自分は，一橋大学で得た知識と経験を活かし，自己実現の土台を築いていることだろう。

英作のヒント

①意見提示

▶このテーマは，Yes/Noで答えたり，ある考えについて自分の主張を展開したりするものではないが，まず設問の要求に明確に応える必要がある。

▶「一流の銀行」a leading bank

▶「証券取引所」the stock exchange

▶「専門の仕事に携わっている」do my own specialized task　解答例では付帯状況の分詞構文で処理している。

▶「国際的に通用するビジネスリーダー」a world-class business leader

▶「～するための努力をする」make efforts to *do*

②その根拠

▶このようなテーマでも，やはり根拠を述べておくことが望ましい。「私がこのように言うのは～だからである」The reason why I say this is ～.

▶「つまり」that is

▶「より実践的に」in a more practical way

③まとめ

▶「自己実現」self-actualization ／ self-realization

▶「土台」foundation

3．If I am not studying at a university in America ten years from now, I will probably be working for a leading bank or at the stock exchange, doing my own specialized task. There, I will be making efforts to become a world-class business leader.

The reason why I say this is that in the future, I want to be a specialist in economics, whatever the profession. So while I am young, that is, in my twenties and early thirties, I hope to learn more about economic theory in the workplace in a more practical way. I think that my twenties and early thirties will be the best time to prepare for my future.

Ten years from now, I will be laying the foundation for self-actualization by utilizing all the experience and knowledge that I will have gained at Hitotsubashi University.（141 語）

解答例

54

2008年度〔3〕

Write 120 to 150 words of English about one of the topics below. Indicate the number of the topic you have chosen. Also, indicate the number of words you have written at the end of the composition.

1 Japanese people need longer vacations.

2 The low birth rate is not really a problem for Japan.

3 The power of words.

解　説

問題文の訳

以下のテーマのうちの1つについて120語から150語の英文を書きなさい。選んだテーマの番号を示しなさい。さらに，書いた語数を作文の後に記しなさい。

1 日本人にはもっと長い休暇が必要だ。

2 低い出生率は実は日本にとっては問題ではない。

3 言葉の力。

テーマ1　日本人にはもっと長い休暇が必要だ。

テーマへのアプローチ

日本人は勤勉であるといわれ，その勤勉さによって日本は経済成長を遂げることができた。だからこそ，きちんと休みを取り，身体や精神の不調に陥らないように気を配ることが大切だ。しかし今や，状況はそう単純ではなくなってきている。幾度かの法改正の結果，非正規雇用労働者が急増しているが，彼らが安定した収入を確保するためには長い休暇を取ることが困難である場合が多い。さらに，正規雇用者の場合でも，人員削減の結果，負担が集中するなどして長期休暇を取りづらい状況にある。

こう考えてみると，休暇を長くするためには改善すべき点がいくつかあることがわかる。まず，非正規雇用者を正社員に昇格していくなどして待遇を改善すること。そして正社員が「ワークシェアリング」のような労働形態によって仕事を分担することで，各人の仕事の量を均等化し，それによって残業をなくすこと。勤務日の労働が軽減されれば，年休（年次有給休暇）も取りやすくなる。そうすれば，この問題の解決が見えてくるだろう。

構成を練る

次の４点について述べていく。

①**意見提示**：与えられたテーマに賛成する。

②**その根拠**：働き過ぎで心身の不調を招くことがある。

③**留保**：賛成のためには条件（非正規雇用者の待遇改善，ワークシェアリングの導入）が必要。

※本テーマのように，賛成／反対を完全に割り切れない場合，留保をつけるとよい。

④**まとめ**：その条件をクリアすれば，長い休暇が可能になるだろう。

日本語で考える

①意見提示

私は，日本人にもっと長い休暇が必要であることに賛成する。

②その根拠

日本人は勤勉な国民といわれ，勤労は美徳と考える者もいる。その結果，働きすぎてさまざまな身体の不調に苦しんだり，鬱病のような心の病にかかり，医者に診てもらわなくてはならない者も出てきている。長期休暇を取ることで，こうした状況を防ぐことができるだろう。

③留保

しかし，日本人は長期の休暇を取るべきだという，この意見に無条件で賛成することはできない。日本でそのようにするためには，まずやるべきことがいくつかある。まずは，非正規雇用者を正規雇用者と同じ扱いにする。次に，社員の間で仕事を分担し，サービス残業をなくし，それによって労働者がためらうことなく年次有給休暇を取れるようにする。

④まとめ

以上のような点が実現すれば，日本人は長期休暇を取ることができるようになるだろう。

英作のヒント

①意見提示

▶テーマ英作文では，まず自分の意見をはっきりと打ち出すことが鉄則。

②その根拠

▶「*A* を *B* と考える」regard〔consider / think of〕*A* as *B*

▶「その結果」as a result〔consequently〕

③留保

▶「無条件では賛成できない」→「完全には賛成できない」cannot entirely agree

▶「まずは…。次に，…」First, …. Next, …

▶「*A* を *B* と同じ扱いにする」→「*A* に *B* と同じ扱いを与える」give *A* the same treatment as *B*

④まとめ

▶最後に，自分の意見を簡単に確認しておくと，論にまとまりをもたせることができる。〔解答例〕では③で一旦留保を行っているので，なおのこと効果的である。

解答例

1．I agree that Japanese people should take longer vacations.

The Japanese are said to be a hardworking people, and some of them regard hard work as a virtue. As a result, they work too hard and end up suffering from various physical or mental disorders, such as depression, and are compelled to consult a doctor. If we take a long vacation, we can prevent these conditions.

However, I cannot entirely agree that Japanese people should take long vacations. Before we do so in Japan, we must do a few things. First, we must give part-time and temporary workers the same treatment as full-time workers. Next, we have to share jobs among the workers and try to do away with unpaid overtime work so that the workers do not hesitate to take paid holidays.

If these aspects are realized, Japanese people will be able to take longer vacations.（147 語）

テーマ２　低い出生率は実は日本にとっては問題ではない。

テーマへのアプローチ

このテーマは，「出生率が低下することから生じるデメリットは克服できる」というテーマに置き換えることができよう。出生率の低下によってまず起こる問題といえば，労働力人口の低下であるが，そこから生じると予想されるGDPの低下は，機械化等の技術革新による生産性の向上や，これまで参入の少なかった分野への高齢者の投入，あるいはまた外国人労働者の受け入れ等によって，防止できるし，補うこともできるという意見もある。それに賛同するかどうかであろう。

しかし，いくら単純労働やサービス業を外国人や高齢者の投入によって補うことができるとはいえ，それは一時的なものでしかない。若者を教育し優秀な人材を育ててこそ，国の未来はあるのだ。技術や知識が必要な分野では特にそうだといえる。技術立国日本は，各専門分野で優秀な若者を育てていかないと，世界経済の中でリードを保つことができなくなるだろう。何よりも問題なのは，出生率が低下して社会が高齢化してくると，現行の年金システムが成り立たなくなることだろう。また，医療費の負担も大きくなる。一時的に労働力人口を補うことはできても，年金や医療費の問題は解決できないのである。政府が適切な施策を講じる必要があるだろう。

構成を練る

次の３点について述べていく。

①**意見提示**：この意見に反対である。

②**その根拠**：高齢化により，年金や医療制度が破綻し，若年層への負担が増大している。政府が効果的な施策を早急に打ち出すことが必要である。

③**まとめ**：政府はこの問題を解決する努力をすべきである。

日本語で考える

①**意見提示**

この意見に反対である。低出生率は日本にとって大きな問題であり，このまま続けば日本の社会によくない影響を与えるだろう。

②**その根拠**

たとえば若者よりも老人が増えるので，人口構成がアンバランスになるだろう。その結果，年金や医療制度に変更を加えねばならなくなる。若い世代は老人の生活を支えていくために今以上の負担を強いられるだろう。政府は安易に税率を上げるのではなく，出生率を上げるために新たな手を打つ必要がある。地方自治体の中には，３人目の子供から特別手当を出すところもある。これは出生率を上げるための良い方法だ。

③**まとめ**

政府は社会が急速に高齢化していくのを防止するために最善を尽くすべきだ。

英作のヒント

①意見提示

▶まずは自分の意見をしっかりと述べる。

②その根拠

▶意見に対する根拠の核となる部分として，「出生率低下」→「人口の高齢化」→「若年層への負担」という問題を指摘してみた。

▶「アンバランス」imbalance　　unbalance は「（精神的な）不安定」を指す。

▶「新たな手を打つ」→「新しい施策を導入する」introduce〔take〕 new measures

▶「３人目の子供から～」は「３人以上の子供がいると」と置き換えればよいが，more than ～ は直後の数字は含まないので，more than two で「３以上」となる。

③まとめ

▶最後に「低い出生率は問題である」とする自分の立場を確認しておく。

2．I disagree with this statement. I think that low birth rate is a major problem for Japan, which will have negative effects on society if it continues.

For example, low birth rate will lead to an imbalance in the population, as there will be more old people than young. As a result, many systems, such as those for pension and health care, will have to be changed. The younger generation will have to shoulder a much heavier burden in order to care for the old. The government should introduce new measures to increase the birth rate instead of raising the tax rates easily. Some local governments give a special bonus to couples when they have more than two children. This is a good way to bring about an increase in the birth rate.

The government should do its best to prevent our society from aging too rapidly.（147 語）

解答例

テーマ3　言葉の力。

テーマへのアプローチ

言葉あるいは言論は，よい意味でも悪い意味でも，人に影響を与え，人を動かす力を持っている。このテーマはそのような「言葉の力」について述べるというものである。解答を作成する際は，ネガティブなものではなく，ポジティブな「言葉の力」を，具体例を挙げて述べていくとよいだろう。

ポジティブな「言葉の力」は，人々をよい方向に鼓舞し，それを聞く人々に生きる力を与える。簡潔で力強く印象的な言葉は，時代を超えて人々に感動を与える。その代表的な言葉の１つが，リンカーンの“Government of the people, by the people, for the people (shall not perish from the Earth).”であろう。また，マーティン=ルーサー=キング=ジュニアの“I have a dream (that …)”という一節も非常に有名である。

言葉は，使い方１つで人を絶望の淵につき落としたり，絶望にかられている人間に夢と希望を与えたりする。人にはだれしも，だれかの温かい励ましの言葉のお陰で困難を乗り切れたという経験があるだろう。そうした体験をもとに解答を作成すればよい。

構成を練る

次の４点について述べていく。

①**意見提示**：言葉の持つ力を信じる。

②**その根拠**：言葉は，人に大きな影響を与える。

③**根拠の具体例**：私の人生も，高校の先生の言葉に大きな影響を受けた。

④**まとめ**：自分の意見の確認。

日本語で考える

①意見提示

私は言葉には力があると信じている。言葉は思わぬ力を発揮することがある。

②その根拠

言葉は喜怒哀楽といった様々な感情を表す。よくも悪くも，人に大きな影響を与えうるのである。

③根拠の具体例

私は高１の時，卒業後の進路について悩んでいた。その時，ある先生がすばらしいアドバイスをしてくれた。先生は私に，心の命じるところに従い，最もよいと思ったことをしなさいと言ってくれたのである。先生のアドバイスに私は本当に力づけられて，迷いがなくなった。それ以来私は，夢をかなえるためにがんばっている。先生の言葉に力づけられなかったら，将来何をしたらいいのか，いまだに自信がなかっただろう。先生の言葉にやどる強い力が，私の人生に影響を与えたのだ。

④まとめ

ゆえに私は，言葉には確かに私たちに影響を与え私たちを変える力があると強く感じている。

英作のヒント

①意見提示

▶本テーマは Yes/No を述べるたぐいのものではないが，何であれ最初に意見を提示することが大切。

▶「～の存在を（～があると）信じる」という場合，believe in ～ が適切。

②その根拠

▶「喜怒哀楽」は逐語訳する必要はなく，代表的な感情を挙げればよい。*one's* emotion だけでも十分表現できる。

▶「よくも悪くも」は good / bad でもよいが，positive / negative がベター。

③根拠の具体例

▶②で述べた「言葉が人に大きな影響を与えうる」の具体例。

▶「卒業後の進路について」→「卒業後どのような進路を選ぶかについて」about what course I should take

▶ advice はつねに単数。また，a piece of advice よりも some advice の方が普通。

▶「迷いがなくなった」→「進路を決定した」I decided on what course to take

④まとめ

▶「確かに」は強調の do で表現すればよい。

3．I believe in the power of words. Words can be more powerful than they are thought to be.

They can express various emotions such as pleasure, sadness, and anger, and have profound influence—both negative and positive — on people.

When I was a freshman in senior high school, I was worried about what course I should take after graduation. Then I received some good advice from a teacher, who told me to follow my heart and do what I thought was best. His advice was truly encouraging, and I decided on what course to take. Since then, I have been studying very hard to realize my dream. Without his words of encouragement, I would still have been unsure of what to do in the future. His powerful words had an impact on my life.

Therefore, I strongly feel that words do possess the power to influence and change us greatly.（150 語）

解答例

55

2007年度〔3〕

Write 120 - 150 words of English about one of the topics below. Indicate the number of the topic you have chosen. Also, indicate the number of words you have written at the end of the composition.

1　Japan is not a democratic society.

2　Christmas should not be celebrated in Japan.

3　The school year in Japan should start in September.

解　説

問題文の訳

以下のテーマのうちの1つについて120語から150語の英文を書きなさい。選んだテーマの番号を示しなさい。さらに，書いた語数を作文の後に記しなさい。

1　日本は民主主義社会ではない。

2　日本ではクリスマスを祝うべきではない。

3　日本の学年度は9月から始めるべきだ。

テーマ1 日本は民主主義社会ではない。

テーマへのアプローチ

民主主義社会というのは，自由・平等の理念のもと，民衆の意見の総和によって物事が決定され運営される社会であるが，今日の日本の社会は，自由・平等で個人の意向が尊重されているだろうか？ 労働形態が多様化する中，正規雇用の労働者（正社員）と，非正規雇用の労働者（パート，アルバイト，日雇い，契約社員，派遣社員）が混在し，正規雇用と非正規雇用では，同じ仕事をしても賃金格差が存在するケースが多い。その結果，所得格差が広がり，いわゆる「格差社会」が生じている。このような社会は，民主的とは言えないだろう。また，思想・信条・言論においても，まったくの自由というわけではない。たとえば，小中高で使用している「検定教科書」は，その名の通り文部科学省によって検定を受けており，記述内容や題材がチェックされる。また，未成年者の凶悪犯罪において，少年法により加害者が必要以上に保護されているのも非民主的であるといえるかもしれない。

構成を練る

次の3点について述べていく。

①意見提示：この意見に賛成である。

②その根拠：⑴労働者の格差。⑵「検定教科書」の存在。⑶少年法のあり方。

③まとめ：自分の意見の確認。

日本語で考える

①意見提示

今の日本が民主的だとは思わない。

②その根拠

かつては日本人の大半が中流意識を抱いていたが，今は貧富の格差が広がっている。終身雇用制度も様変わりしている。正社員が減少し，非正規雇用者が増えている。後者はいわゆる「ハケン」である。彼らの賃金は，正社員と同じ仕事をしても正社員より低い。これはきわめて不公平だ。もう1つの理由は，学校で使用している教科書が，文部科学省の検定を受けてから使用されていることである。さらに，未成年者はいかに凶悪な犯罪を犯しても，その人権が不当に守られている。

③まとめ

これらの理由のため，日本が民主主義社会であるとは思わない。

英作のヒント

①意見提示

▶まずは自分の意見を明確にする。テーマ文の表現を用いればよい。

②その根拠

▶「中流意識を抱く」→「自分たちを中流と考える」consider themselves to be middle class

▶「いわゆる『ハケン』である」「ハケン」は英語としては通じないので，関係代名詞の非制限用法で which means temporary workers と簡単に説明をつけた方がよい。

▶「賃金」wage　非正規雇用者の場合は salary はあまり適切ではない。

▶論拠の移る部分では，「もう１つの理由は～だ」という形にもっていく。「文部科学省（Ministry of Education, Culture, Sports, Science and Technology）の英訳は難しいので，government とか official という語で代用する。

▶「さらに」は，根拠を付け加えていることを示すディスコースマーカー in addition を使うとよい。Furthermore などでもよい。

③まとめ

▶「これらの理由のため」for these reasons / for the reasons mentioned above　結論を導くディスコースマーカー。いくつか覚えておくと便利。

解答例

1．I do not think that contemporary Japan is a democratic society.

Earlier, almost all Japanese people considered themselves to be middle class ; however, today, the gap between the rich and the poor is widening. The system of lifetime employment has changed considerably. The number of regular employees is decreasing, while that of irregular employees is increasing. The latter are referred to as *Haken*, which means temporary workers. Their wages are usually lower than those of regular employees even though the nature of their jobs is the same. This is extremely unfair. Another reason is that the textbooks used in schools are examined officially before being used. In addition, the human rights of teenaged criminals are unfairly protected even if they have committed extremely brutal crimes.

For these reasons, I believe that Japan is not a democratic society.（137語）

テーマ2 日本ではクリスマスを祝うべきではない。

テーマへのアプローチ

このテーマの真意は,「日本は仏教の国であってキリスト教の国ではないのだから」というところにあると思われるが,はたしてこれは妥当な主張なのだろうか? その昔,イエズス会宣教師がキリスト教を日本に伝えて以来,キリスト教は日本に浸透し,各地に教会が建てられた。数の上では少数派にとどまっているものの,日本におけるキリスト教信者の数は200万人余りと考えられている。加えて,現在の日本にはキリスト教を信仰するさまざまな国籍の外国人が居住している。与えられたテーマには,こういった視点が抜け落ちている。

「日本ではクリスマスを祝うべきではない」というのは,2005年度の「日本の次期首相には女性が選ばれるべきだ」というテーマ同様,いささか乱暴な主張であろう。クリスマスは純粋な宗教儀式を超越して,非キリスト教徒の日本人にも夢を与えてくれることもあるからである。たとえば,子供たちの多くはクリスマスを楽しみにし,サンタクロースの贈り物に胸をときめかす。また,クリスマスを演出することで幸せを感じる家庭も多いだろう。さらに,クリスマスの前1カ月は1年のうちで経済活動が最も活発な時期でもある。クリスマスが生み出す経済効果は甚大で,経済の活性化に大きく役立っているともいえるのである。

構成を練る

次の3点について述べていく。

①**意見提示**:この意見に反対である。

②**その根拠**:キリスト教信者にとってクリスマスは必要。/非キリスト教徒(子供や家族)にもクリスマスは必要。/経済的観点から見てもクリスマスは有益。

③**まとめ**:自分の意見の確認。

日本語で考える

①意見提示

この意見に反対である。日本でクリスマスを祝ってはいけないという理由がわからない。

②その根拠

日本には何百万人ものキリスト教徒がいる。彼らはクリスマスイブに教会へ行き,イエス=キリストの生誕を祝う。さらに,外国人のキリスト教徒もいる。彼らにとっては,クリスマスを祝うことは重要だ。クリスマスは非キリスト教徒,特に子供たちにとっても大切な祝典だ。クリスマスが近づくと,子供たちはサンタクロースからプレゼントをもらえるのを楽しみにし,家族の絆は強まる。クリスマスは人が優しい心を通わせ合うときなのだ。クリスマスは商売が盛んになるときでもある。

経済的な影響も大きく，経済の活性化に大きく役立ち，我々に大きな利益をもたらしてくれる。

③まとめ

ゆえに，日本でクリスマスを祝うことは必要である。

英作のヒント

①意見提示

▶２文目は「この意見に反対である」をいい換えたものだが，「日本でクリスマスを祝ってはいけないとは思わない」と１文で表現してもよい。全体の語数と相談して各自で工夫してほしい。

②その根拠

▶「優しい心を通わせ合う」→「優しい気持ちを表現し，心を通わせ合う」express *one's* warm feelings and reach out to each other　英語に直しやすい表現に「和文和訳」する。

▶「（商売が）盛んな，活況の」という場合，brisk がぴったりだが，active，booming などでもよい。

▶〔解答例〕では「もたらしてくれる」の部分を付帯状況の分詞構文で表した。

③まとめ

▶文にまとまりを与えるため，最後に自分の意見を確認する。

▶「ゆえに」therefore〔thus〕もしくは for the reasons mentioned above などを使ってもよい。

２．I disagree with this statement. I do not see any reason why Christmas should not be celebrated in Japan.

There are millions of Christians in Japan, who attend church services on Christmas Eve and celebrate the birth of Jesus Christ. In addition, there are Christian foreigners in Japan. For them, it is important to celebrate Christmas. Christmas is also an important festival for non-Christian Japanese people, especially for children. When Christmas approaches, children look forward to getting presents from Santa Claus, and the bond between family members becomes stronger. Christmas is a time when people happily express their warm feelings and reach out to each other. It is also a time when business is brisk. This festival has significant economic effects and accelerates economic activities, thus benefiting us considerably.

Therefore, it is necessary to celebrate Christmas in Japan.（138 語）

解答例

テーマ3 日本の学年度は9月から始めるべきだ。

テーマへのアプローチ

欧米の国々の多くが学年度の開始を9月としているなら，日本もそれに合わせて9月にすれば，海外に留学する高校生や大学生，また日本に留学する外国人学生や日本に戻ってくる帰国子女にとっては好都合であろう。しかしそのためには，義務教育の中学校・小学校さらには幼稚園・保育園から，学年度開始を9月にしないと，不都合が生じるのではないか。小中学校においては，9月から新学年度をスタートさせた方がよいというこれといった論拠は見当たらない。一部の高校生や大学生に合わせてすべてのシステムを変えるというのは，負担やリスクが大きすぎるのではないか。単純に欧米諸国に合わせればよいというものでもないだろう。

また，日本は会計年度の開始が4月からであり，それに合わせて，会社や企業，官公庁のすべてで，4月から新年度が始まる。入社式も4月1日に行い，新入社員は4月から新たなスタートを切る。学年度を9月からとした場合，たとえば大学の卒業式は，現行では3月中旬から下旬にかけて行うところが大半を占めるが，これが8月に行われることになるだろう。すると，就職して社会人となるまでの半年以上をどこでどう過ごすことになるのだろうか？ さらに，大学入試も，6月から8月にかけて行うことになるだろう。すべての行事を見直し，変更していかねばならない。このように考えると，学年度を9月開始に変更するという案は，非現実的と考えられる。

構成を練る

次の4点について述べていく。

①**意見提示**：この意見には反対である。

②**譲歩（9月新学期の利点）**：留学生にとっては好都合。

③**意見の根拠（9月新学期の不利な点）**：高校・大学のみならず，小中学校でも学年度の見直しが必要となる。／4月始まりの企業や官公庁とのずれ。

④**まとめ**：自分の意見の確認。

日本語で考える

①意見提示

日本の学年度を9月からにすべきだとは思わない。

②譲歩（9月新学期の利点）

確かに，他の欧米諸国の例にならえば，海外留学の希望者や日本に学びに来る外国人学生には好都合であろう。

③意見の根拠（9月新学期の不利な点）

だが，大学や高校の学年度を変えるとなると，小中学校の学年度も変えなくてはいけない。それには多大な危険が伴い，現実的ではない。さらに日本では会社や官公庁は4月始まりである。学年度が9月始まりで卒業式が8月だと，学生たちは大学卒業後，働き始めるまで何をしたらよいのだろう。

④まとめ

ゆえに，日本の学年度は現状のままであるべきだ。

英作のヒント

①意見提示

▶まずは自分の意見を明示する。テーマ文の表現が使える。

②譲歩（9月新学期の利点）

▶自分とは違う立場の意見をあらかじめ検討した上で，最終的に退けることで，自分の意見に説得力をもたせることができる。

▶「確かに…であろう」は it is true that … がぴったり（この表現では後でその内容が却下されることが前提となっている）。

③意見の根拠（9月新学期の不利な点）

▶「だが」However は前文の it is true that … を継承している。

▶「さらに」は furthermore の他にも，moreover，in addition，besides などが使える。

④まとめ

▶「ゆえに」結論を導く語としては，thus や therefore が一般的。so を用いても間違いではないが，ややくだけた感じになる。

解答例

3．I do not think that the school year in Japan should start in September.

It is true that if we adapt to the ways of other Western countries, it would be convenient for some Japanese students who go abroad for further studies and foreign students who come to Japan for the same purpose.

However, if we were to revise the academic years for colleges and high schools, those for both junior high schools and elementary schools would also have to be changed. This would require great compromises and would be impractical. Furthermore, companies and public offices in Japan start their financial year in April. If the academic year starts in September and the graduation ceremony takes place in August, what will the students do in the intervening period after graduation and before being employed?

Thus, I think the academic years for schools in Japan should remain unchanged.（147 語）

56

2006年度〔3〕

Write 120 - 150 words of English about one of the topics below. Indicate the number of the topic you have chosen. Also, indicate the number of words you have written at the end of the composition.

1 What would you do with 100,000,000 yen ?

2 Japan should open its doors to foreign workers.

3 The age of adulthood in Japan should be 18, as in many other countries.

解　説

問題文の訳

以下のテーマのうちの1つについて120語から150語の英文を書きなさい。選んだテーマの番号を示しなさい。さらに，書いた語数を作文の後に記しなさい。

1 あなたなら1億円で何をするか？

2 日本は外国人労働者に対して門戸を開くべきだ。

3 日本の成人年齢は他の多くの国のように18歳にすべきだ。

テーマ1　あなたなら1億円で何をするか？

テーマへのアプローチ

1億円あれば何をするかというテーマである。お金の使い道・活用法としては，貯金する，何かを買う，投資する，寄付する，といったようなことが考えられる。さて，どれにするか？　この本の読者の大半は18歳前後だと思うが，1億円という金額は物価の安い国に移住するならまだしも，日本では，これからの数十年以上の人生を一生遊んで暮らすことのできる額ではない。しかし庶民の感覚からはかけ離れた大金であることに変わりはなく，あまり若いときにこういう大金を手にすると，かえって人生を踏み誤ることになりかねない。賢明な使い道が望まれる。そう考えると，これはけっこう難しい問題だ。各人，自分の将来の夢や目標（たとえば「一橋大に入学したい」という希望）があるはずだから，それとからめて考えていくのがよいだろう。最近の若者は意外と堅実だから，貯蓄という答えが多いと考えられるが，それだけではあまりおもしろみがないし，120語以上の英文に仕立てるのは難しい。また，1億円をどう使うにせよ，120語を超えるためには，その目的や理由をできるだけ具体的に述べねばならない。地味で現実的な案を示すのもいいが，〔解答例〕では，一橋大という性格も考えて，投資の項目も入れることにした。ただし，あくまでも勉学を優先するということを付け加えておくこと。

構成を練る

次の3点について述べていく。

①**自分の使い道**：貯金に3000万円，不動産投資に5000万円，株式投資に2000万円。

②**それぞれの具体的な使い方**：貯蓄の目的，投資の目的を示す。

③**まとめ**：マネーゲームにうつつを抜かしてはいけないという自戒を表明。

日本語で考える

①自分の使い道

1億円があったら，いろいろな方法で使うだろう。まず，3000万円を貯蓄する。次に，5000万円を中古アパートを買うのに充てる。3つ目として，2000万円を株式に投資する。

②それぞれの具体的な使い方

貯蓄3000万円のうち，1000万円は授業料を含む4年間の学資とし，さらに500万円または1000万円を1年か2年の留学費用に使う。残りは両親の老後のためにとっておく。アパート購入は不動産投資として毎月の安定収入を保障してくれるだろう。

③まとめ

もちろん，学生の本分は大学に通い勉学に精を出すことである。不動産および株式投資が単なるマネーゲームにならないようにすべきである。

英作のヒント

①自分の使い道

▶まずは自分の使い道を明示することになるが，必要であれば〔解答例〕のように複数の使い道を示しても構わないだろう。

▶架空の内容なので当然仮定法を使って表現することになる。

②それぞれの具体的な使い方

▶ spend *A* on *B*「*A* を *B* に費やす」が使える。

▶単に使い道のみならず，その目的・根拠も示しておくとよい。

③まとめ

▶「学生の本分」→「自分の最優先事項」my first priority

▶「単なるマネーゲームにならないようにすべき」→「単なるマネーゲームにおちいらないようにすべき」should not be reduced to a mere money game

解答例

1. If I had 100 million yen, I would use it in many ways. First, I would save 30 million yen ; second, I would use 50 million yen to buy a second-hand apartment ; and finally, I would invest 20 million yen in stocks.

Of the 30 million yen saved, I would spend 10 million yen on my four-year college education including tuition, and further 5 or 10 million yen on one or two years of overseas study. I would save the remaining money for supporting my parents in their old age. Buying an apartment would be an investment in real estate, which would ensure a steady income every month.

Of course, I know that my first priority is to attend university and study well. The investment in stocks as well as in real estate should not be reduced to a mere money game.（142 語）

テーマ2　日本は外国人労働者に対して門戸を開くべきだ。

テーマへのアプローチ

外国人労働者に関しては1990年に法律が一部改正され，日本はすでに彼らに対して門戸を開いており，多くの労働者が海外から日本に入ってきている。しかし，外国人や日系人によって，日本の労働力不足が補われている反面，高齢者や女性，若年者の雇用機会が失われるケースも生じている。また，外国人労働者が増加し，その滞在が長期化することにより，教育，医療，福祉といった社会的コストが増大している。不法滞在も後を絶たず，治安が悪化しているのも事実だ。

厚生労働省は経済連携協定に基づいて，平成20年からインドネシア人看護師と介護福祉士の受け入れを始めた。これは日本が医療分野で外国人労働者を正式に受け入れる初めてのケースである。しかし，言葉の不自由な外国人看護師や介護士を導入する前に，なぜ日本人看護師や介護士を増やさないのかという疑問も生じてくる。近年，日本の雇用環境は急速に悪化し，正規雇用が減少して，賃金が低く身分の不安定な非正規雇用者，いわゆる派遣社員が増大している。そして派遣社員は，会社の都合で簡単に解雇される。いわゆる「派遣切り」である。結果，働きたくても仕事がない日本人，つまり失業者が増えている。グローバル化を止めることは難しいが，日本政府に今求められているのは，外国人労働者の受け入れ態勢を見直し，日本人労働者の雇用環境を改善することではないだろうか。

構成を練る

次の3点について述べていく。

①**意見提示**：与えられた意見に同意しない。

②**その根拠**：すでに外国人労働者を数多く受け入れている。／日本人労働者に対するしわ寄せ。／外国人（日系人）労働者が増えることの弊害。

③**まとめ**：日本人労働者の雇用環境の改善を優先すべし（日本政府に対する要望）。

日本語で考える

①**意見提示**

日本は外国人労働者に門戸を開くべきだとは思わない。

②**その根拠**

周知の通り，日本は数十年前から外国人労働者を受け入れている。今では多数の外国人労働者，たとえば，日系ブラジル人が日本に住んでいる。彼らは低賃金で働き，時にはかつての日本人労働者がしていた仕事をする。今日，日本人の正社員が減少し，アルバイトや派遣社員が増えてきている。さらに，外国人労働者とその扶養家族が特定の地域に増えれば増えるほど，その社会が負担するコストも増大し，こうした地域での事件や犯罪の発生件数も増えがちだ。

③**まとめ**

日本政府は外国人労働者受け入れ策を見直し，日本人労働者の雇用環境の改善を図ってもらいたい。外国人労働者を受け入れる前に，日本人の正規雇用者を増やすことを検討すべきなのではないだろうか。

英作のヒント

①意見提示

▶まずは自分の意見をはっきりと。〔解答例〕のように設問文の表現を利用してもよいし，I disagree with the opinion. のようにしてもよい。

②その根拠

▶「周知の通り」It is common knowledge that … / As is commonly known, …

▶「派遣社員」はさまざまな訳語が可能だが，ここでは「一時的な」とか「臨時の」という temporary を使用した。

▶「～すればするほど…」はおなじみの the＋比較級～, the＋比較級…で表現する。

▶「こうした地域での事件や犯罪の発生件数も増えがちだ」は it is ～ for *A* to *do*「*A* が…するのは～だ」の構文を用いている。

③まとめ

▶「日本政府は…してもらいたい」→「日本政府が…することを望む」I hope that the Japanese government …

▶「～を見直す」review

解答例

2．I do not think that Japan should open its doors to foreign workers.

It is common knowledge that Japan has been accepting foreign workers for a few decades. Currently, many foreign workers, for example, Japanese-Brazilian workers, live in Japan. They work at low wages and sometimes do jobs that Japanese workers used to do. Today, the number of full-time Japanese workers is decreasing, while the number of part-time or temporary workers is increasing. Furthermore, the larger the number of foreign workers and their dependents in a particular area is, the higher cost the society has to pay and the more likely it is for incidents and crimes to occur in these areas.

I hope that the Japanese government will review its policy of accepting foreign workers and try to improve the employment situation of Japanese workers. Before accepting foreign workers, the government should consider employing more full-time Japanese workers.（149 語）

テーマ3　日本の成人年齢は他の多くの国のように18歳にすべきだ。

テーマへのアプローチ

この問題は賛否の分かれる難しい問題である。世界的には，成人年齢を18歳としている国が大半を占める。しかし，だからといって日本も18歳に引き下げねばならないわけではない。国によって事情は異なるからである。しかし，そもそも「成人」の定義とは何だろうか？　これが実は曖昧である。たとえば，成人年齢は20歳のままでも，公職選挙法を改正して選挙権を18歳に引き下げることはできるし，成人年齢を18歳に引き下げて，選挙権は20歳のままということもありうる（注：2016年施行の公職選挙法改正により，選挙権年齢は18歳以上に引き下げられている）。

とはいえ，「成人」という言葉には一定の義務や責任が伴うので，その年齢が成人としての義務や責任に耐えられるものでなければならない。中学生のほとんどが高校に進学する日本の場合，成人年齢が18歳に引き下げられると，多くが高3生で成人することになるが，そのときはたしてどれくらいの生徒が，責任ある成人としての自覚を持つことができるだろうか？　日本の学生は欧米の学生などと比べると，経済的に親に依存する傾向が強く，親に出してもらったお金で，大学生がブランド品を身につけたり，卒業旅行と称して海外旅行をしたりするが，欧米の学生からすれば，そのようなことは考えられないという。

構成を練る

次の3点について述べていく。

①**意見提示**：この意見には反対である。

②**その根拠**：国によって事情は異なる。／日本の18歳はまだ経験不足である。

③**まとめ**：自分の意見の確認。

日本語で考える

①意見提示

私は日本が成人年齢を18歳に引き下げる必要があるとは思わない。

②その根拠

世界の国々の大半で成人年齢が18歳であるからといって，日本でも同様にしなければならないというわけではない。日本の18歳の大半は高校生だ。彼らは親のすねをかじっており，まだまだ成長過程にある。生徒を教育して，責任ある大人として考え，行動できるだけの分別をつけさせるために，学校には社会にない独自の規則がある。学生は自分で物事を決定するための経験も判断力も不十分だ。

③まとめ

だから，日本の18歳には大人と同じ権利を与えるべきではない。彼らは責任ある大人になるために20歳までは適切な教育を受け，その後に社会において重要な役割を果たせばよい。

英作のヒント

①意見提示

▶まず自分の意見をはっきりと。与えられたテーマの表現を利用すればよい。

②その根拠

▶「〜だからといって，…というわけではない」の部分は，Although it is true that 〜, it is not necessary that … / It is true that 〜, but it does not follow that … を使えばよい。

▶「同様にしなければならない」は「同様のことが当てはまる」と考え，the same should apply とした（この apply は自動詞）。

▶「親のすねをかじる」→「親に依存している」be dependent〔depend〕 on *one's* parents

▶「成長過程にある」→「一人の人間として成長中である」be growing as individual

▶学生が経験不足であるということの根拠として，社会経験のなさを指摘する。

③まとめ

▶最初に述べた自分の意見を少し変形して再提示し，確認する。

▶「重要な役割を果たす」play an important role

解答例

3．I do not think that the age of adulthood in Japan needs to be lowered to 18.

Although it is true that in most countries, the age of adulthood is 18, it is not necessary that the same should apply in Japan. Most of the 18-year-olds in Japan are senior high school students. They are dependent on their parents in many ways and are still growing as individuals. In order to educate students and make them sensible enough to think and behave as responsible adults, schools have their own rules, which the society does not have. Students lack sufficient experience and judgment to make independent decisions.

Thus, they should not be given the same rights as adults. I think that they should be appropriately trained to become responsible adults until they reach 20 years of age, after which they should play an important role in the society.（147 語）

57

2005年度〔3〕

Choose one of the following topics and write not more than 150 words of English about it. Indicate the number of the topic you are going to write about.

1 Being respected is not important to me.

2 Multiculturalism is important in today's world.

3 A woman should be chosen as the next prime minister of Japan.

解　説

問題文の訳

以下のテーマから1つ選び，それについて150語までの英文を書きなさい。書こうとしているテーマの番号を示しなさい。

1 私にとって尊敬されることは重要ではない。

2 今日の世界で，多文化主義は重要だ。

3 日本の次期首相には女性が選ばれるべきだ。

テーマ1 私にとって尊敬されることは重要ではない。

テーマへのアプローチ

人は何のために努力するのだろうか。他人に尊敬してもらうためだろうか？ たとえば，なぜ一橋大を目指して受験勉強をがんばってやっているのだろうか。一橋大に合格したら，周囲の人間から祝福と尊敬の言葉をもらえるからだろうか？ たぶん，そういう動機で一橋大を目指している受験生はいないだろう。自分の将来の夢や目標のためにがんばっているはずだ。ほめられることはだれしもうれしいことだが，夢と希望にあふれ成長の途上にある若者にとって，尊敬されるということはその価値観の上位にはないだろう。確かに，尊敬されるのも悪くはないが，人はむしろ他人を尊敬することによって，その人から何かを得たり学びとったりできるのではないか。他人から尊敬されて満足しきっている人間は，そこで成長が止まるだろう。しかし他人を尊敬し続けている限り，人は成長を遂げていくのではないだろうか。

構成を練る

次の4点について述べていく。

①**意見提示**：この意見に賛成する。

②**その根拠**：人を尊敬する方が大切である。尊敬する人物から刺激を受け，自分も成長できる。

③**根拠の具体例**：自分も尊敬する友人から刺激を受け，英語が上達した。

④**まとめ**：自分の意見の確認。

日本語で考える

①意見提示

尊敬されることは重要ではないと思う。他人から尊敬されるかどうかはどうでもいいことだ。

②その根拠

むしろ，人を尊敬することの方が自分にとってはずっと大切だ。なぜなら，だれかを尊敬すれば，その人は私の人生になにがしか大切なものを与えてくれるからだ。それに対して，尊敬されることは，気分がよくなるのは確かだが，それほど有益ではないと思う。

③根拠の具体例

一例を挙げれば，私にはとても尊敬する友人がいる。彼には外交官になるという人生の大きな目標がある。そのために彼は英語の勉強に多大な努力を注いでいる。その勉強ぶりを見て私も刺激を受けて，英語の勉強に同じくらいの努力を注ぐことができた。自分が英語において上達できたのは彼のお陰である。彼にはいくら感謝してもし足りない。

④まとめ

以上のように，私は人から尊敬されることは人を尊敬することほど重要ではないと考える。

英作のヒント

①意見提示

▶最初に自分の意見を打ち出すのが鉄則。テーマ文の表現を使えばよい。

▶「…かどうかはどうでもよい」it does not matter whether or not …

②その根拠

▶「人を尊敬する」show respect to others / respect others

▶「なぜなら」This is because … . のようにし，Because … . とはしない。

▶「大切なもの」something important などでもよいが，ここは「意義，値打ち」と考えて value などを使うのがベター。

▶「それに対して」On the other hand / On the contrary などが使えるが，However で表現してもよい。

③根拠の具体例

▶ここまで，〈意見・主張〉→〈根拠・具体例〉という構造を繰り返していることに注目してほしい。論理的な英文では，意見や主張には必ず根拠（具体例）が必要であると心得よう。

④まとめ

▶「以上のように」→「ゆえに」Thus〔Therefore〕

解答例

1．I believe that being respected is not important. It does not matter whether or not other people respect me.

Rather, showing respect to others is much more important to me. This is because when I show respect to someone, he or she adds some value to my life in a certain way. On the other hand, I do not think that getting respect is beneficial, although it certainly makes us happy.

For example, I have a good friend whom I highly respect. His main goal in life is to become a diplomat. He makes considerable efforts in studying English. His hard work has inspired me to put similar efforts in studying English. I owe my proficiency in English to him and cannot thank him enough.

Thus, I believe that getting respect is not as important as showing respect to others.（140 語）

テーマ2 今日の世界で，多文化主義（多文化の存在を認めること）は重要だ。

テーマへのアプローチ

多文化が混在している国の代表格は，移民の国アメリカであろう。一昔前はその多民族社会をたとえるのに「人種のるつぼ」という比喩表現が使われたが，現在では，すべてを混ぜ合わせて融合する「るつぼ」ではなく，それぞれの移民が自分たちの民族の文化や習慣を失うことなく，民族のアイデンティティを保つという意味で，「人種のサラダボウル」という表現が使用される。そのサラダのドレッシングが英語というわけだ。

かたや日本はどうか？ 日本は単一民族国家といわれてきたが，実は日本にもアイヌという少数民族が存在する。そして現在の日本には，在日韓国・朝鮮人や，在日中国・台湾人が数多く居住している。また愛知県の工業地帯等を中心に日系ブラジル人労働者も数多く存在し，彼らの子供のためのブラジル人学校も愛知・静岡・北関東を中心に存在する。さらに，フィリピン人も20万人程度が日本で暮らしている。このように，さまざまな国籍の外国人が日本で暮らし，また新たに日本にやって来ているということを考えれば，日本人が彼らの文化や習慣を理解することも必要であろう。

構成を練る

次の3点について述べていく。

①**意見提示**：与えられた意見に賛成する。

②**その根拠**：現在日本には，数多くの外国人が居住しており，彼らとうまくやっていくためには，その文化について理解しておくことが重要。

③**まとめ**：自分の意見の確認。

日本語で考える

①**意見提示**

私はこの意見に賛成する。

②**その根拠**

今日，世界のほとんどすべての国にさまざまな人種の，さまざまな民族がいる。日本もこの例外ではない。実際，今日の日本には外国籍の人々が多くいる。おまけに，情報技術のおかげで，異なった民族的背景や文化，宗教，マナー，習慣をもった世界中の人々とインターネットで簡単に対話ができる。もし外国から来た人たちの文化について十分な知識がなければ，彼らと付き合っていくことが難しくなる。たとえば，時には宗教上の理由で彼らが食べられない食べ物を勧めたり，彼らにとってはとても失礼に思える身振りをしたりして，彼らの気分を害することもあるだろう。将来はさらに多くの外国人が日本に働きに来ると予想されている。

③**まとめ**

ゆえに，今日の世界で多文化主義が大切なことは間違いない。

英作のヒント

①意見提示

▶まずは自分の意見を明確に。

②その根拠

▶「さまざまな民族がいる」は「さまざまな民族からなる」と考え，consist of ～〔comprise〕を用いるか，「(民族を) 含む」と考え，include を用いる。

▶「おまけに」In addition

▶「～のおかげで」thanks to ～ 以外に「S が O に～することを可能にする」S enable O to *do* も使える。

▶「もし…」以下は意見の根拠の核となる部分。具体例を添えることで厚みをもたせる。

▶「失礼に思える」→「*A* を失礼であると認識する」perceive *A* to be impolite

▶「気分を害する」offend

③まとめ

▶テーマ文の表現を利用すればよい。

2．I agree with this statement.

Today, almost all the countries in the world consist of people belonging to various races. Japan is not an exception to this. In fact, there are many foreigners in Japan today. In addition, thanks to the development of information technology, we can now easily communicate online with people all over the world, who have different ethnic backgrounds, cultures, religions, social etiquette, and customs. If we do not have sufficient knowledge about the cultures of people from other countries, it becomes difficult to interact with them. For example, sometimes, we could offend them by offering food they cannot eat for religious reasons or by making certain gestures toward them that they might perceive to be extremely impolite. The number of foreigners arriving in Japan to seek employment is expected to increase.

Thus, it is certain that multiculturalism is important in today's world.（146語）

解答例

テーマ3 日本の次期首相には女性が選ばれるべきだ。

テーマへのアプローチ

女性の首相や大統領は，世界的に見てもそう多くはない。その中で有名なのは，「鉄の女（iron lady）」の異名を馳せたイギリスのマーガレット=サッチャーと，インドのインディラ=ガンディーだろう。日本はというと，2017年現在，まだ女性首相は誕生していない。アメリカも，初の黒人大統領は誕生したが，女性大統領は誕生に至っていない。しかし，ヒラリー=クリントン上院議員はオバマ政権の国務長官を務め（2013年退任），2016年アメリカ合衆国大統領選挙では民主党の大統領候補に指名されている。また，過去には，コンドリーザ=ライス氏（彼女はアフリカ系アメリカ人）が国務長官を務めたこともある。優秀な人材であれば，女性でも国政の重要ポストについてしかるべきであり，目に見えない人種差別や性差別で昇進を阻むいわゆる「ガラスの天井（glass ceiling）」があってはならない。それが，与えられたテーマの真意であろうか。

しかし，与えられたテーマは，next と should という言葉によって，考察の自由度がせばめられている。「女性も首相に選ばれてしかるべき」という表現なら，賛成意見が多いだろう。しかし next と should で限定されると，「次期首相が，なぜ女性でなければならないのか？」という疑問が生じる。首相の資質に性別を持ち込むのは不適切ではないだろうか。「女性が選ばれるべき」というのは，裏を返せば「男性を選ぶべきではない」ということであり，いわゆる「逆差別」ということになる。首相の資質は，性別に無関係なところにあるはずだ。

構成を練る

次の3点について述べていく。

①**意見提示**：この意見には反対である。

②**その根拠**：今の政界には女性の適任者はいない。性別に関係なく，能力がある人物が首相になるべきだ。

③**まとめ**：自分の意見の確認。

日本語で考える

①意見提示

私は日本の次期首相に女性が選ばれるべきだとは思わない。

②その根拠

今の日本の政界には，首相にふさわしい女性政治家がいない。そもそも，日本の国会には十分な数の女性がいないし，実際その数は男性議員の数よりもはるかに少ないのである。イギリスの議会も，たしかに女性議員の数は少ないのだが，マーガレット=サッチャーは長きにわたりイギリスの首相を務めた。女性であるということとは関係なく，サッチャーには特に優れた政治的才能があったので首相に選ばれたのだ。首相に必要な資質は，政治的リーダーシップと正しい判断である。性別とは関係ない。

③まとめ

ゆえに，日本の次期首相に女性を選ぶべきだというのはどうかと思う。

英作のヒント

①意見提示

▶まず自分の意見を打ち出す。テーマ文の表現を利用すればよい。

②その根拠

▶「十分な数の女性がいない」→「女性議員の数は少ない」the number of female members is small

▶「…ということとは関係なく」regardless of the fact that …

▶「首相に必要な資質は～である」→「首相は～のような資質を持つべきだ」a prime minister should possess qualities such as ～

▶「性別」この場合は「社会的性別」を表す gender を用いる。

③まとめ

▶冒頭で述べた自分の意見を繰り返せばよいが，まったく同じにするとよくないので，部分的に変形させた方がよい。

▶「…というのはどうかと思う」→「…という考えは支持できない」I do not support the idea that …

解答例

3．I do not think that a woman should be chosen as the next prime minister of Japan.

Today, the Japanese political world does not have female politicians who are qualified to be a prime minister. Above all, the number of female members in the Diet of Japan is small and is, in fact, far smaller than that of the male members. Although it is true that the number of female members in the British Parliament is also small, Margaret Thatcher served as the British Prime Minister for a long time. Regardless of the fact that Thatcher was a female, she was elected as the prime minister owing to her exceptional talent for politics. Prime ministers should possess qualities such as political leadership, sound judgment. Gender does not play a role.

Thus, I do not support the idea that a woman should be chosen as the next prime minister of Japan.（150 語）

58

2004年度〔4〕

Choose one of the following topics and write at least 100 words of English about it. Indicate the number of the topic you are going to write about.

1 It is better to marry late rather than early.

2 Men and women should have equal roles in the home and in the workplace.

3 Modern society should value tradition more.

解　説

問題文の訳

以下のテーマから1つ選び，それについて100語以上の英文を書きなさい。書こうとしているテーマの番号を示しなさい。

1 早婚よりも晩婚の方が望ましい。

2 男女の役割は家庭でも職場でも同等であるべきだ。

3 現代社会はもっと伝統を重んじるべきだ。

テーマ1　早婚よりも晩婚の方が望ましい。

テーマへのアプローチ

近年，日本では初婚年齢が次第に高くなってきている。いわゆる「晩婚化」ということであり，結婚しない者が増えている「非婚化」とともに，少子化の一因となっている。まず，考えをまとめるために，一般的な早婚・晩婚のメリット・デメリットを書き出してみよう。

早婚…メリット　：生物学的な意味において，出産と子育てに有利。少子化防止に有効。
　　　デメリット：生活費等の家計は大丈夫か？とか，しつけ等の精神面における子育ては賢明にできるか？といった不安がある。
晩婚…メリット　：働きたい女性にとっては，独身期間が長く，仕事に専念できる。結婚年齢が高いので収入もそれなりに高く，経験や知恵も身につけていると思われるので，子育てに関しても安心感がある。
　　　デメリット：生物学的な意味において，出産に不利。少子化にもつながる。

このように見ていくと，いずれにも一長一短があることがわかる。こうしたそれぞれのメリット，デメリットを踏まえ，自分の価値観に照らして説得力をもった論を展開できる方を選べばよい。

構成を練る

次の4点について述べていく。
①**意見提示**：この意見に賛成する。
②**その根拠**：いろいろと経験を積んでから結婚した方が，子育てをはじめ，何かとうまくいく。
③**補足（晩婚のデメリットをいかに補えばよいか）**：子育て支援を充実させ，出産に不利な社会体制を改善する。
④**まとめ**：自分の意見の確認。

日本語で考える

①意見提示

この意見に賛成する。

②その根拠

結婚は一生の問題だから，じっくりと考え，慎重に相手を見極めるべきだ。20代のうちは男女とも社会生活の中で経験を積み視野を広げるべきである。それによって，結婚後，相手とうまくやっていくのである。経験によって，知恵や常識も培われ，そうしたものが，子育てにおいて重要となるだろう。

③補足（晩婚のデメリットをいかに補えばよいか）

よい伴侶を見つけて結婚すれば，なるたけすみやかに子供を作ることだ。そのためには女性が安心して子供を産み，育てることができる社会体制が整えられていなければならない。日本社会において働く女性の子育て支援がなされれば，少子化に悩むこともなくなるだろう。

④まとめ

以上の理由より，晩婚の方が，より幸福で充実した結婚生活を送ることができると考える。

英作のヒント

①意見提示

▶まずは自分の意見を明確に。

②その根拠

▶「一生の問題」a lifelong commitment〔matter〕

▶「経験によって〜できる」は「経験が我々に〜を可能にする」と考え，experience enables us to *do* とすればよい。

③補足（晩婚のデメリットをいかに補えばよいか）

▶「整えられていなければならない」must be in place

▶「働く女性の子育て支援がなされる」→「働く母親たちを支援する」support working mothers

④まとめ

▶「以上の理由より」for the above reasons / for the reasons mentioned above　結論を導くためによく用いられる表現。

解答例

1. I agree with this opinion.

Since marriage is a lifelong commitment, we should take time to think about it and choose our life partner carefully. When we are in our twenties, both men and women should try to gain experience and broaden our outlook. This will help us get along with our partner after marriage. Experience also enables us to develop our wisdom and common sense, and these things are important when we raise children.

After we find the best possible partner and get married, we should have a child as soon as possible. Then, a social system must be in place that enables women to feel safe having and raising children. If Japanese society supports working mothers, we will not have to worry about a low birthrate.

For the above reasons, I think we can lead a happier and fuller married life by marrying later.（146 語）

テーマ2　男女の役割は家庭でも職場でも同等であるべきだ。

テーマへのアプローチ

『男女共同参画社会基本法』が公布・施行されたのは，1999年のことであった。ところがその後，「男女共同参画」の概念が曲解され，極端で過激な「ジェンダーフリー」思想が，小中学校の教育現場に吹き荒れるという異常事態が一時期生じた。しかし我々に求められているのは，「男女平等」を感情的にそして一面的にとらえるのではなく，生物学的側面を考慮しつつ，冷静にとらえるということではないだろうか。生物学的観点から考察するだけでも，男女がまったく同じにはなり得ないことは容易にわかるであろう。男女が互いの違いを認め，それを互いの個性として尊重し合うところに，真の男女平等は生まれるのではないか。男女の区別は，古くから日本文化の中に存在している。それを「男女差別」と取るのではなく，文化における男女の「役割分担」を示しているにすぎないのだと考えるべきなのではないだろうか。

構成を練る

次の3点について述べていく。

①**意見提示**：与えられた意見には反対である。

②**その根拠**：たしかに男女は平等であるが，生物学的には同じではない。それぞれに適した仕事が存在する。

③**まとめ**：自分の意見の確認。機会均等の重要性にもふれておく。

日本語で考える

①意見提示

与えられた意見には反対である。

②その根拠

もちろん，男女は同じ人間なのだから，社会では平等に扱われるべきだ。しかし同時に，男女間には様々な相違点が存在するのも事実である。たとえば男性は身体的に女性よりも重労働には向いているが，女性は他者に対して愛情深く家族や友人にも気配りする。男性向きの仕事もあれば，女性向きの仕事もあるのである。

③まとめ

以上より，男女は家庭でも職場でも，違った役割を演じるべきだと思う。男女は家庭と職場で互いに助け合うことができるし，社会は彼らにそうできる均等な機会を与えるべきである。

英作のヒント

①意見提示

▶まずは自分の立場を明確にすること。

②その根拠

▶「男女は同じ人間なのだから」→「人間として，我々は皆同等である」as human beings, we are all equal（we all are / all we are は不可）

▶「同時に」は at the same time だが，「一方」on the other hand などとしてもよい。

▶「～に対して愛情深い」affectionate toward ～

▶「～に気配りする」care about ～

▶解答例の for women の前には are meant が省略されている。

③まとめ

▶「以上より，…だと思う」→「これより…ということが導かれると思う」I think that it follows from this that …

▶「彼らに均等な機会を与える」provide them with equal opportunities

2．I disagree with this statement.

Of course, I believe that both men and women should be treated equally in our society because, as human beings, we are all equal. At the same time, however, it is also true that there exist various differences between the sexes. For example, many men are physically stronger than women and can work harder, while most women are more affectionate toward others and care more about their family and friends as compared to men. Some jobs are meant for men, and others, for women.

I think that it follows from this that men and women should have different roles in the home and in the workplace. I believe that they can help each other both at home or in the workplace and that the society should provide them with equal opportunities to do so.（139 語）

解答例

テーマ3　現代社会はもっと伝統を重んじるべきだ。

テーマへのアプローチ

一昔前，一家の中心は父親であった。茶の間では最も重要な位置に父親が陣取り食事をした。それは日本の伝統的食事風景であり，一家団らんの場であった。しかし，テレビの出現でその構図が崩れた。かつて父親が占めていた場所をテレビが占めるようになったのだ。その頃から，食事風景が変わり始めた。家族間の会話が減り始めたのだ。そして，世代交代した現在，パソコン，インターネット，携帯電話が家庭内に浸透し，家族内での孤立化が始まった。一昔前のような家族の一体感や絆は失われ，価値観も多様化し，家族が「下宿屋の同居人」の様相を帯びてきた。その結果，極端なケースであろうが，家族がバラバラに食事をとる家庭が出現した。いわゆる「個食」である。これも時代の流れなのだろうか？

構成を練る

次の4点について述べていく。

①**意見提示**：与えられた意見に賛成である。

②**その根拠**：今日の社会問題の原因は，伝統への敬意が不足していることにある。

③**根拠の具体例**：年長者への敬意の欠如。／家族団らんの減少。

④**まとめ**：自分の意見の確認。

日本語で考える

①**意見提示**

私はこの意見に賛成する。

②**その根拠**

今日我々の社会は多くの問題に直面しているが，その多くは伝統への敬意が不足しているのが原因だ。

③**根拠の具体例**

たとえば今の日本では父親の権威は失墜したようである。若者は父親に畏敬の念を抱くこともないし，お年寄りに敬意を表することもない。しかし父親は家族の大黒柱であるはずだし，お年寄りは若者よりもずっと多くの知恵があり経験を積んでいる。現在若者が何不自由なく暮らしていけるのは，父親やお年寄りのおかげなのだ。もう1つの例は，家族全員が食卓を囲んで楽しく話をしながら食事を楽しむ家族の団らんの減少だ。家族は社会の縮図であり，コミュニケーションの原点だ。一家団らんのない家庭で，子供が社会性を身につけられるのか疑わしい。

④**まとめ**

我々がその豊かな伝統を見直すことが望まれる。

英作のヒント

①意見提示

▶まずは自分の立場を明確に。

②その根拠

▶「その多くは～が原因だ」many of them have been caused by ～

③根拠の具体例

▶「権威が失墜する」は単純に「権威を失う」lose *one's* authority でよい。

▶「～もないし，…もない」は neither ～ nor … の構文で処理する。倒置が起こることに注意。

▶「大黒柱」→「屋台骨」backbone

▶「*A* を *B* に負う」は owe *A* to *B* が使える。

▶「団らん」は family mealtimes としたが，日本語に特有の表現なので的確に表現するのが難しい。テーマ英作文であれば解答例のようにパラフレーズして説明的に表現することも可能である。

▶「原点」は「出発点」ととらえ，the starting point とすればよい。

▶「社会性を身につける」直訳的に develop sociality〔a social nature〕でもよいし，「社会的に発展する」ととらえ，develop socially としてもよい。

▶「…は疑わしい」it is doubtful that …

④まとめ

▶「見直す」→「再発見する」rediscover

3．I agree with this statement.

Today, our society faces several problems, and I think that many of them have been caused by a lack of respect for our traditions.

For example, in contemporary Japan, fathers appear to have lost their authority. Neither are the youth in awe of their fathers nor do they show respect for their elders. However, fathers are the backbone of the family, and elders have a lot more experience and wisdom. The youth today owe their comfortable lives to their fathers and elders. Another example is the decrease in the number of family mealtimes when the entire family sits together, enjoys dinner, and chats happily. A family is a miniature model of the society and the starting point of communication. It is doubtful that children can develop socially in families where happy mealtimes do not exist.

I hope that we rediscover our rich traditions.（148 語）

解答例

第 3 章　文法・語法

59

2019年度〔3〕

次の1～6の文には，それぞれ1箇所ずつ文法・語法上の誤りがある。誤りを含む箇所をイ～ホから選び，その記号を解答欄に書きなさい。

1　A book（イ） you recommended（ロ） the other day（ハ） was（ニ） great read（ホ）.

2　As soon as I will be（イ） done with（ロ） the dishes（ハ）, I will（ニ） do the laundry（ホ）.

3　A gigantic bolt of lightning（イ） stroke（ロ） just meters（ハ） from the camera crew（ニ） a few minutes ago（ホ）.

4　My grandmother（イ） often has（ロ） trouble to remember（ハ） her password（ニ） for Instagram（ホ）.

5　I turned off（イ） my smartphone（ロ） and lied it down（ハ） on top of（ニ） the desk（ホ）.

6　Our staffs（イ）, both full-（ロ） and part-time（ハ）, receive health benefits（ニ） and paid vacations（ホ）.

解説

1　正解はホ

▶「あなたが先日薦めてくれた本は，とても面白い読み物だった〔大いに読まれた〕」

▶ホの部分を a great read とすれば「たいへん面白い読み物」となり（この場合の read は名詞），greatly read とすれば「大いに読まれた」となる。

2　正解はイ

▶「お皿を洗い終えしだい洗濯にかかります」

▶副詞節中では未来形を使用しないので，イが誤り。

▶ be done with ～「～を終える」 do the laundry「洗濯をする」

3　正解はロ

▶「数分前に，撮影隊からほんの数メートル離れた所にものすごい雷が落ちた」

▶ strike「打つ，襲う，雷が落ちる」の過去形は struck なのでロが誤り。stroke は「(脳) 卒中，一撃，水泳などのひとかき，優しくなでる」等の意味を持つ別単語。

▶ just meters from … は副詞句なので，直前に前置詞は不要。

▶ bolt of lightning「稲妻，稲光」

4　正解はハ

▶「祖母はインスタグラムのパスワードを思い出すのにしょっちゅう苦労する」

▶「～するのに苦労する」は have trouble (in) *doing* の形を用いるので，ハが誤り。

▶副詞 often の位置は，has が一般動詞なので，has の直前で正しい。

5　正解はハ

▶「私はスマートフォンの電源を切って机の上に置いた」

▶「置く」の意の他動詞は lay で，その過去形は laid。lied は「嘘をついた」という意味。

▶ on top of ～「～の上に」→ top の前に the をつけるのは誤り。

6　正解はイ

▶「うちの職員は，常勤も非常勤も医療手当と有給休暇をもらえます」

▶ staff「職員，社員，スタッフ」は，family や group，team と同じく集合名詞。staffs とすると，複数の集団としての職員がいることになる。

▶ health benefits「健康保険，医療手当」 paid vacation「有給休暇」

1－ホ　2－イ　3－ロ　4－ハ　5－ハ　6－イ

解答

60

2018年度〔3〕

次の1～6のカッコ内の語句を並べ替えて，最も意味の通る文を作り，並べ替えた部分の中で2番目と6番目に来る語句を解答欄に書きなさい。ただしカッコ内の語句は，文頭に来るものも含め，すべて小文字にしてある。

1 (acting / contrary / expect / of / people / to / us / what) may seem to show that we are free.

2 Cultural relativists claim that (is / is / morally / relative / to / what / wrong) society.

3 Respect for tradition ought not (all / be / imply / taken / that / to / to / traditions) should be respected.

4 Popular American history is most commonly (existence / much / of / reference / the / to / told / without) social classes.

5 It is better that some (be / none / should / than / that / unhappy) should be happy, which would be the same in a general state of equality.

6 (about / bats / behavior / however / humans / learn / much / of / the), there is something we miss—namely, how bats experience the world.

解 説

1 正解は 2番目：contrary 6番目：expect

▶まず，contrary to ～「～に反して，～と違って」という句を作る。

▶ expect *A* of *B* = expect *A* from *B* / expect *A* out of *B*「*B* に *A* を期待する，求める」なので，what people expect of us で，「人が私たちに求めていること」となる。この節を動名詞 acting に続ける。

▶ (Acting contrary to what people expect of us) may seem to show that we are free.「人が私たちに求めていることと違った行動を私たちがすることは，私たちが自由であることを示すように思われるかもしれない」

2 正解は 2番目：is 6番目：relative

▶ that の後はＳＶ構造が続くと考える。

▶ relativist(s)「相対主義者」という主語と relative から，relative to society「社会に相対的で，社会に関連して」という意味の句を作ってみる。次に morally wrong「道徳的に間違っている」が浮かぶので，後は関係代名詞 what を主語にしてＳＶ部分を完成させればよい。

▶ Cultural relativists claim that (what is morally wrong is relative to) society.「文化相対主義者たちは，道徳的に何が間違っているのかということは社会と関係があると主張する」

3 正解は 2番目：be 6番目：that

▶ ought not に続く部分は，to imply that ～「～ということを意味する，示す」が来ると考える。

▶ should be respected の主語が all traditions「すべての伝統」であると仮定すると，ought not (to imply that all traditions) should be … となり文法的には問題ない。後は残った be，taken，to をどう使うか考える。

▶ be taken to ～ と並べると「～すると理解される，～を意味すると理解される」という意味になるので，これを to と imply の間に入れればよいと考える。この問題は，この部分が難しい。

▶ Respect for tradition ought not (to be taken to imply that all traditions) should be respected.「伝統に対する敬意が，すべての伝統を尊敬すべきということを示していると考えるべきではない」

4 正解は 2番目：without 6番目：the

▶ is most commonly の後には told が続いて受動態を作ると推測する。

▶ reference to ～「～への言及，参照」と，the existence of (social classes)「(社会階級) の存在」という句を作る。

▶ without を reference to につけると，without reference to ～「～にはかまわず，～には無関係に」という句となるので，残った much は reference につける。

▶ Popular American history is most commonly (told without much reference to the existence of) social classes.「一般大衆向けのアメリカ史は，社会階級の存在にはあまり関係なく語られるのが最も一般的である」

5　正解は　2番目：be　6番目：none

▶ better と than の存在から，この英文は2つのものを比較していると推測する。

▶比較の対象には同じ形が用いられていると考えられるので，some の述部にはカッコ直後の should be happy を対応させて should be unhappy を作り，カッコの直後の should be happy の主語には some に対応させて none をもってくる。そして比較の対象の than 以下は同じように that 節にする。

▶ It is better that some (should be unhappy than that none) should be happy, which would be the same in a general state of equality.「幸せな者がだれもいないよりは，不幸な者が何人かいる方がましである。それは一般的な平等状態では同じことだろうから」

6　正解は　2番目：much　6番目：the

▶ however の存在から，however ～ S V の構文になると見当をつける。

▶ however much「どれほど多く」，learn about ～「～について学ぶ」，behavior of bats「コウモリの習性」といった意味のかたまりを作ると，humans を主語とする全体の形が浮かび上がる。

▶ (However much humans learn about the behavior of bats), there is something we miss—namely, how bats experience the world.「人間がどれほどコウモリの習性について学んだところで，我々にはわからないことがある。それはつまり，コウモリがどのように世界を体験するのかということだ」

解答

(2番目，6番目の順に) 1．contrary，expect　2．is，relative
3．be，that　4．without，the　5．be，none　6．much，the

61

2017年度〔3〕

次の1～4のカッコ内の単語を並べ替えて，最も適切で意味の通る文を作り，並べ替えた部分の中で2番目と4番目に来る単語を解答欄に書きなさい。ただしカッコ内の単語は，文頭に来るものも含め，すべて小文字にしてある。

1　Entirely controlled by a mind outside itself, a puppet (choice / has / how / in / it / lives / no).

2　Wanting freedom to choose may be a universal impulse, but it (being / far / from / is / strongest / the).

3　The (appears / as / evil / idea / in / it / of) modern secular thought is an inheritance from Christianity.

4　(all / attacks / Christianity / for / his / on), Leopardi did not welcome its decline.

解　説

1　正解は　2番目：no　4番目：in

▶ Entirely controlled by a mind outside itself, a puppet ….「外部の意思に完全に操られているため，操り人形…」

▶… has no choice in how it lives「…はどのように生きるかにおける選択権がない」

▶ puppet「操り人形」の意味を知っていることと，choice in ～「～における選択権〔選択の自由〕」が思いつくかどうかがポイント。

▶ Entirely controlled by a mind outside itself「それ自身の外部の精神によって完全にコントロールされているので」は，操り人形に自由意思はなく，人形使いが操作するということ。

▶ Entirely controlled by a mind outside itself, a puppet (has no choice in how it lives).「外部の意思に完全に操られているため，操り人形はどのように生きるかにおける選択権がない」

2　正解は　2番目：far　4番目：being

▶ Wanting freedom to choose may be a universal impulse, but it ….「選択の自由を欲することは万人共通の欲求〔衝動〕かもしれないが，それ…」

▶… is far from being the strongest「…は決して最も強いものではない」

▶ far from ～「～からはほど遠い，決して～ではない」という慣用句がポイント。→「選択の自由を欲することは最も強い欲求では決してない」という意味になるように並べ替える。the strongest の後には impulse が省略されている。後半部の主語の it は Wanting freedom to choose を指すが，これはつまり universal impulse でもある。universal「普遍的な，万人共通の」 impulse「衝動，欲求，影響」

▶ Wanting freedom to choose may be a universal impulse, but it (is far from being the strongest).「選択の自由を欲することは万人共通の欲求〔衝動〕かもしれないが，それは最も強い欲求では決してない」

3　正解は　2番目：of　4番目：as

▶ The … modern secular thought is an inheritance from Christianity.「現代の宗教的権威とは無関係の世俗的考え…は，キリスト教からの遺産である」

▶ secular thought「宗教的権威とは無関係の世俗的考え」 inheritance from Christianity「キリスト教（から）の遺産」

▶ The idea of evil as it appears in …「…に出現するような悪という考え」は The idea of evil seen in … と同じ意味を表す。evil は「悪，邪悪，悪行」という意味の

名詞。of は同格を表す。it は The idea of evil「悪という考え，悪の概念」を指す。as it appears の as は「～するような」という意味を表す接続詞で，the world as we know it「我々が知っている世界」，the universe as I see it「私が見ている宇宙」のように用いて直前の名詞を修飾する。この as は関係代名詞ではないので，動詞が他動詞の場合はその目的語（ここでは it）が必要となる。as のこの用法を受験生が目にするのは，*A* as we know it「我々が知っているような *A*」という文が一般的である。

▶ The (idea of evil as it appears in) modern secular thought is an inheritance from Christianity.「現代の宗教的権威とは無関係の世俗的考えに出現するような悪という考えは，キリスト教からの遺産である」

4　正解は　2番目：all　4番目：attacks

▶…, Leopardi did not welcome its decline.「…，レオパルディはその衰退を歓迎はしなかった」

▶ For all his attacks on Christianity「キリスト教に対する彼の攻撃にもかかわらず」

▶ for all ～「～があるにもかかわらず」（＝in spite of）というイディオムが浮かぶかどうかがポイント。his は Leopardi を指す。attack on ～「～に対する攻撃」

▶ (For all his attacks on Christianity), Leopardi did not welcome its decline.「キリスト教に対する彼の攻撃にもかかわらず，レオパルディはその衰退を歓迎はしなかった」

＊ Leopardi：ジャコモ=レオパルディ（1798-1837)。19世紀のイタリアの詩人兼哲学者。

（2番目，4番目の順に） 1．no，in　2．far，being　3．of，as
4．all，attacks

62

2016年度〔3〕

次の1～4のカッコ内の単語を並べ替えて，最も適切で意味の通る文を作り，並べ替えた部分の中で3番目に来る単語を解答欄に書きなさい。ただしカッコ内の単語は，文頭に来るものも含め，すべて小文字にしてある。

1 If freedom is an illusion, it is (cannot / one / you / which / without) live or think.

2 The essence of human beings is (able / be / choose / to / to) how to live.

3 (all / is / that / wanted) is the discovery of the principal human needs.

4 (absence / is / it / of / the / wisdom) that ruined Ancient Rome.

解　説

与えられた語の品詞と形から，それがどういう役割をするかを考え，完成した英文の意味を推測しながら整序していく。1は難しい。2はやや難。

1　正解は which

▶ If freedom is an illusion, it is … live or think.「もし自由が幻想ならば，それは…生きることも考えることも…」

▶助動詞 cannot は動詞の前にくるので，cannot live or think「生きることも考えることもできない」という句ができる。この主語は文法的には one か you か which と考えられ，前置詞 without は名詞の前にくる。which が関係詞なのか疑問詞なのかを見極めることが必要となる。

▶仮に cannot live or think の主語が you であると考えると，「自由〔幻想〕なしでは，あなたは生きることも考えることもできない」という意味になることが推測できる。この場合，one と which，without の組み合わせが it is の後にくる。one が an illusion を受ける代名詞で，これを関係代名詞 which の先行詞と考えると，an illusion which の組み合わせができ，which は関係詞と決まる。

▶ without は文法的には one か you か関係代名詞 which にくっつくが，推測される意味から，without は関係代名詞 which にくっつくと考えられる。

▶ If freedom is an illusion, it is (one without which you cannot) live or think.「もし自由が幻想ならば，自由とはそれなしでは生きることも考えることもできない幻想である」

2　正解は able

▶ The essence of human beings is … how to live.「人間の本質は，いかにして生きるか…」

▶まずは is able to *do* という形ができると見当がつく。The essence of human beings is able to *do* だと「人間の本質は～できる」となるが，「本質は～できる」は，無生物主語と考えても不自然。「人間の本質は，いかに生きるかを～できることである」という意味になると考えると自然。

▶ The essence of human beings is (to be able to choose) how to live.「人間の本質は，いかに生きるかを選ぶことができることである」

3　正解は is

▶… is the discovery of the principal human needs.「…は人間の主要な欲求の発見で

ある」

▶ the discovery of ～ は to discover ～ と書き換え可能で，この of は目的関係を表す。

▶整序部分は，all (that) you have to do is ～「～するだけでよい」といった構文と基本は同じだが，本問では関係代名詞 that の後が受動態になっている。

▶(All that is wanted) is the discovery of the principal human needs.「望まれているすべては，人間の主要な欲求を発見することである」→「人間の主要な欲求を発見することしか望まれていない／人間の主な欲求を発見したいとしか思われていない」

4　正解は the

▶… that ruined Ancient Rome.「古代ローマを破滅させたのは…」

▶ it と is とカッコの後の部分から，強調構文の英文ではないのかと推測できる。強調構文なら，It is で始まるはず。the absence of ～ が「～がないこと」という意味を表すので，これを wisdom「知恵，賢明さ」と組み合わせる。

▶(It is the absence of wisdom) that ruined Ancient Rome.「古代ローマを破滅させたのは英知の欠如だ」

▶定冠詞 the は of ～ で限定された absence につく。

解答

1．which　2．able　3．is　4．the

63

2015年度〔3〕

次の1～10の英文のうち，下線部に間違いを含む英文が5つある。間違いを含む英文の番号と間違っている下線部の記号を解答欄に書きなさい。

1 (イ)By the age of five, the child (ロ)had a vocabulary of (ハ)more than 2,000 words.

2 Both horse and rider (イ)were (ロ)dripping with sweat (ハ)within five minutes.

3 It appears reasonable (イ)to assume that, (ロ)other things being equal, most students (ハ)would like single to shared rooms.

4 The majority of (イ)contracts give the publisher (ロ)the right to edit a book after it (ハ)was done.

5 He hesitated (イ)before left, almost (ロ)as though he (ハ)had been hoping for conversation.

6 The thought (イ)made anger (ロ)rise in him and he (ハ)went into a bar and had a double whisky.

7 (イ)No less than 35 percent of the country (ロ)are protected (ハ)in the form of parks and nature sanctuaries.

8 After her death, (イ)her paper — including (ロ)unpublished articles and correspondence—were deposited (ハ)at the library.

9 There is a place in London that (イ)supplies (ロ)practically everything for (ハ)left-handed people.

10 I (イ)found life (ロ)more charming and more astonishing (ハ)than I'd ever dreamed.

解　説

間違い探しは，主語と動詞の呼応や，時制といった動詞部分に特に注意。

1　正しい

▶「5歳になるまでにその子は2,000語を超える単語を知っていた」

2　正しい

▶「5分もたたないうちに，馬も乗り手も汗をぽたぽたしたたらせていた」

3　(ハ)が間違い（would like→would prefer）

▶「他の条件が同じなら，大半の学生が相部屋よりも1人部屋の方を好むだろうと考えるのは妥当だ」→other things being equal は独立分詞構文の慣用句。single は single rooms「1人部屋」の意味で，shared rooms「相部屋」と比較されていることから，(ハ)の would like *A* to *B* は would prefer *A* to *B* でなければいけないことがわかる。これは would like *A* better than *B* と同じである。

4　(ハ)が間違い（was→is）

▶「大多数の契約は，本が完成した後に本を編集する権利を出版社に与える」 この文は一般的事実を表しているので時制は現在形でなければならない。したがって，(ハ)の was は is でなければならない。

5　(イ)が間違い（before left→before leaving / before he left）

▶「彼はまるで会話を期待していたかのように，立ち去る前に躊躇した」 (イ)の before left が文法的におかしいことに気づく。before が前置詞であれば後に名詞か動名詞が続き，接続詞であれば節が続く。しかし left が「左」という意味の名詞ならば前に the がなければならないし，意味もおかしい。したがって，この left は一体何だろう？ということになる。ここを意味をなすように訂正するには，before leaving か before he left とする。「置いていかれる前に」と考えて before being left あるいは before he was left とするのは間違いではないが，この場合は behind が left の後につくのが普通。

6　正しい

▶「そう考えると彼の怒りは増大し，彼は酒場に入ってウイスキーをダブルで飲んだ」 make anger rise「怒りを増大させる」

7 (ロ)が間違い (are protected→is protected)

▶「その国の35パーセントもが公園と自然保護区という形で守られている」 the country が単数なので,「その35パーセント」も単数扱い。したがって,動詞はそれに呼応して is でなければならない。

8 (イ)が間違い (her paper→her papers)

▶「彼女の死後,彼女の私文書——未公表の論文と書簡を含む——は図書館に保管された」 動詞が複数形主語に対応した were になっているのを見ると,主語の her paper は her papers であるべきとわかる。さらにダッシュで挟まれた説明部分からも,paper は複数形にすべきだということがわかる。papers「書類,(私/公)文書,論文」

9 正しい

▶「ロンドンには,左利きの人にほとんどすべてのものを提供してくれる店がある」 supply *A* for *B*「*A* を *B* に供給する」= supply *B* with *A*

10 正しい

▶「私は人生は想像していた以上に魅力的で驚きに満ちていることがわかった」 比較級の ever は強調の意味で使用されている。

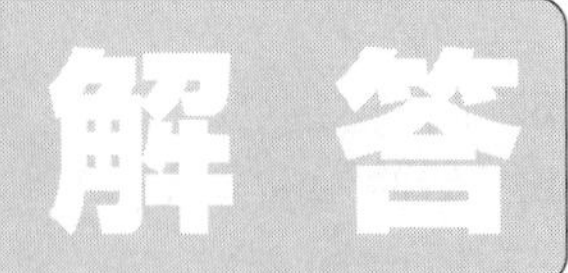

3—(ハ) 4—(ハ) 5—(イ) 7—(ロ) 8—(イ)

64

2014年度〔3〕

次の1～5のカッコ内の単語を並べ替えて，最も適切で意味の通る文を作り，並べ替えた部分の中で3番目に来る単語を解答欄に書きなさい。

1 Karen was an artist in a deeper sense (of / one / only / paints / pictures / than / that / who).

2 His argument was convincing ; otherwise (agreed / have / him / no / one / with / would).

3 What we all want to achieve is (appreciated / having / our / properly / talents).

4 If what I feel for her is true love, (as / defined / expression / have / poets / the), then perhaps I should marry her.

5 Ever since September 11, 2001, American authorities (felt / have / it / monitor / necessary / to) electronic communications.

解 説

1 正解は of

▶ Karen was an artist in a deeper sense ….「カレンは…よりも深い意味で芸術家だった」

▶まず，deeper が比較級で並べ替える語に than があるので，初めに than が来て「～よりも深い」という意味になる。主格の関係代名詞 who の後には動詞が続くので，その動詞は paints であると推理でき，who paints pictures という節ができる。次に，in a deeper sense than that（=the sense）of one（=an artist）に who 以下の節をくっつける。残った only は paints または pictures の直前につくが，いずれにしても解答には無関係である。

▶ Karen was an artist in a deeper sense (than that of one who only paints pictures).「カレンはただ絵を描くだけの画家という意味よりも深い意味において芸術家（画家）だった」

2 正解は would

▶ His argument was convincing ; otherwise ….「彼の主張は説得力があった。さもなければ…」

▶副詞 otherwise の後には節が続くので，まず主語が何になるのかを決定する。「彼の主張に説得力がなかったら…」という前半の文意と agreed with と no から，並べ替える部分の主語と意味は推測できよう。

▶ His argument was convincing ; otherwise (no one would have agreed with him).「彼の主張は説得力があった。さもなければだれも彼に賛成しなかっただろう」

3 正解は talents

▶ What we all want to achieve is ….「我々全員が成し遂げたいと思っていることは…」

▶並べ替える部分は What we all want to achieve の補語となると考えられる。appreciate は「～を正しく認識する，～のよさを認める」という意味なので，having と talents という語から，have は使役動詞で talents はその目的語，appreciated は過去分詞形であることがわかる。our は talents の前につく。properly は appreciated の後ろでも前でもよい。

▶ What we all want to achieve is (having our talents appreciated properly).「我々全員が成し遂げたいと思っているのは，自分の才能をきちんと認めてもらうことだ」

4　正解は have

▶ If what I feel for her is true love, …, then perhaps I should marry her.「もし私が彼女に対して感じているものが真実の愛なら，…，それならひょっとすると私は彼女と結婚すべきなのだろう」

▶ If 節が条件節で主節は then 以下の部分なので，カッコの部分は条件節にかかる挿入節であろうと考える。as を前置詞と考えて define *A* as *B* の形を作ろうとすると語が不足してうまくいかない。as を「～するような」という意味の接続詞と考えて true love を修飾すると考えると，as poets have defined the expression「詩人たちがその表現を定義したような」という節ができる。この場合の the expression は「true love を表す表現」ということ。

▶ If what I feel for her is true love, (as poets have defined the expression), then perhaps I should marry her.「もし私が彼女に対して感じているものが，詩人たちがその表現を定義してきたような真実の愛なら，ひょっとすると私は彼女と結婚すべきなのだろう」

5　正解は it

▶ Ever since September 11, 2001, American authorities … electronic communications.「2001 年 9 月 11 日以来ずっと，米国当局は電子機器による通信を…」

▶アメリカの 9.11 テロの後，当局による電子通信の監視が行われていることを多くの者は背景知識として知っているだろう。monitor には名詞の意味もあるが，カッコ部分に冠詞が与えられていないので，ここでは「監視する」という意味の動詞だということがわかる。Ever since という語句から，述部動詞の時制は現在完了形と考えられるので，have felt であると考えられ，it と to と形容詞 necessary から，ここは形式目的語の構文 have felt it necessary to になる。monitor はこの後に入る。

▶ Ever since September 11, 2001, American authorities (have felt it necessary to monitor) electronic communications.「2001 年 9 月 11 日以来ずっと，米国当局は電子通信を監視する必要があると思っている」

1．of　2．would　3．talents　4．have　5．it

65

2013年度〔3〕

次の1～5について，英単語を正しい順に並べて，日本文とほぼ同じ意味の英文を作るには，それぞれ足りない語が一語ある。その足りない語を適切なかたちにして解答欄に書きなさい。解答欄に語頭の一文字は記してある。（文頭にくる単語も小文字で記してある。）

1　映画に熱中していて，彼女は鞄を盗まれた。
a，bag，fully，had，her，immersed，in，she，she，was，when，movie

2　どのような状況であれ，私は彼のしたことを認めない。
approve，did，he，I，no，under，what，will

3　禁煙しなければ，人生で成功することはできないだろう。
in，life，never，smoking，succeed，will，without，you

4　二つ目の事故が起きても，それでより悲しいわけではないのだった。
accident，be，for，found，I，myself，none，second，the，the，to

5　連絡をとりあう友達がたくさんいて，いいね。
friends，good，have，in，is，it，keep，many，so，that，to，touch，you

〔解答欄〕

1 s______　2 c______　3 q______
4 s______　5 w______

解　説

1　正解は stolen

▶ immerse は「～を浸す」という意味で，そこから be immersed in ～ は「～に熱中して」という意味になる。単語に when があるところから，英文は「彼女は映画に熱中していたときに（→when she was immersed in a movie），鞄を盗まれた」となると考えられる。単語に had があるところから，この had は使役動詞と考え，「盗まれた」にあたる s で始まる単語 stolen を補って，she had her bag stolen とする。残った fully は immersed の前に入れ，immersed を強める働きをさせる。

▶ She had her bag stolen when she was fully immersed in a movie.

2　正解は circumstances または conditions

▶「状況」にあたる c で始まる単語が見あたらないので，circumstances か conditions を補えばよいことがわかる。これらの語は複数形にするという点に注意。「彼のしたこと」は what he did で表すことができるが，「認めない」を will approve と no で表すことはできない。したがってここは，〈否定の副詞句＋疑問文の形〉の倒置文の形を取り，Under no circumstances〔conditions〕～「どのような状況のもとでも～ない」という副詞句で始める。この場合，主節は疑問文の形になるので，will I approve … となる。

▶ Under no circumstances〔conditions〕will I approve what he did.

3　正解は quitting

▶「人生で成功することはできないだろう」は you will never succeed in life だとわかる。すると残った語は smoking と without なので，「禁煙しなければ」を表すには「喫煙をやめることをしなければ」と考え，q で始まる quitting を補って without quitting smoking とすればよいということがわかる。

▶ You will never succeed in life without quitting smoking.

4　正解は sadder

▶「起きる」と「より悲しい」を表す語が見あたらない。補う語は s で始まる語なので，ここは sadder を補い，「起きる」は〈理由・原因〉を表す for で表すことにする。「二つ目の事故のせいで，より悲しいというわけではない」と考え，「～だからといってより…であるわけではない」は，none the＋比較級＋for ～ という構文を利用する。残った be と found と myself と to は組み合わせて「自分が～であるのを見いだした」という句を作る。

▶ I found myself to be none the sadder for the second accident.

5 正解は with

▶「連絡をとりあう」は keep in touch だが，補う語が w で始まるので，with を補って keep in touch with ～という句ができるのではないかと見当をつける。to があるので形容詞用法の不定詞句にして friends を修飾させ，「連絡をとりあうべき多くの友達」という句を作る。ここで good と is と it と that に注目すると，「～ということはよいことだ」という形式主語の構文を使って，日本語の「いいね」を表すことができることがわかる。so は many を強調させるのに使用する。

▶ It is good that you have so many friends to keep in touch with.

解答

1．stolen　2．circumstances または conditions　3．quitting　4．sadder
5．with

66

2012年度〔3〕

次の英文の下線部(1)〜(8)の中に，文法上正しくない形のものが四つある。例にならって，それらを記号で答え，さらにそれらを文法上正しい形に直したものを答えなさい。

（例） I (1)tried (2)persuade him (3)to come, but he was not to be persuaded.
文法上正しくない形のもの　(2)
文法上正しい形に直したもの　to persuade

When I first began teaching in Japan, I met many students who were good at English but afraid to talk to foreign people. I kept (1)to think, "What good is it being able to speak English if you're too shy to talk?"

(2)Being able to talk to strangers is a key social skill in our modern world. It's an enjoyable way to meet people, to get information and to make friends. It's also a great way to practice foreign language skills.

English learners are often shy. That's understandable. Many people begin life shy but learn (3)to grow out of it. I know I did. How do you overcome shyness? Easy! By becoming curious about others, by developing confidence, by finding good role models and by lots of practice.

My role model was my father. As a shy kid (4)grew up in Canada, I was amazed at how easily he could speak to anyone—even complete strangers—in restaurants, on airplanes, in parking lots and in movie theaters. I was (5)impressing by how much he enjoyed (6)talking to people and vowed to become like him when I grew up. Later, as a backpacker traveling in Europe, I realized that being able to talk to strangers was vital for meeting local people and learning about their cultures.

The basic tactics for talking to a stranger are easy to learn. First, you have to start a conversation. The most common ways are to talk about the weather (It's hot today, isn't it?), ask a question (Excuse me. What time is it?) or make a request (Excuse me. Is this seat (7)taken?). Next, ask a few follow-up questions to keep things (8)gone (So, where are you from? How do you like Japan?). Before you know it, you could be having a great conversation with an interesting person!

By Kip Cates, *The Japan Times ST, Sep. 2, 2011*

全 訳

■見知らぬ人と話をする意義とその秘訣

私が最初に日本で教え始めたとき，英語はできるのに，外国人と話すのを怖がる生徒にたくさん出会いました。私は「恥ずかしがって話すのを避けるのなら，英語が話せることに何の意味があるのだろう」とずっと思っていました。

知らない人と話ができることは，我々が住む現代社会では，大切な社交の技術です。それは人と出会い，情報を手に入れ，また友人を作るための楽しい方法なのです。また，外国語を使う技能をみがくための，素晴らしい方法でもあります。

英語学習者は，時として内気になります。その気持ちはわかります。多くの人は，初めは内気ですが，そこから抜け出せるようになります。私自身もそうでした。ではどうしたら，恥ずかしさに打ち勝てるでしょうか。それは簡単です。他人について知りたいという気持ちを強く持ち，自信をつけ，よき手本を見つけ，そして，たくさん練習すればいいのです。

私の手本は父でした。カナダ育ちの恥ずかしがり屋の子どもだった頃，父がレストランや，飛行機の中や，駐車場や映画館で，誰とでも――全く知らない人とでも――とても気楽に話せることに，非常に驚きました。私は父が人々と話すのをとても楽しんでいることに感銘を受け，大人になったら父のような人になろうと誓いを立てました。後にバックパッカーとしてヨーロッパを旅行しているときに，見知らぬ人と話ができることは，地元の人と出会い，彼らの文化について学ぶためには欠かせないものだとわかりました。

見知らぬ人に話しかけるための基本的な作戦を学ぶのは簡単です。まず，会話を始めなければなりません。一番よくあるやり方は，天気について話したり（今日は暑いですね），質問をしたり（すみません，いま何時ですか？），お願いをしたり（すみません，この席は空いていますか？）することです。次に，話を続けるために，いくつか追加の質問をするのです（ところで，どこからいらしたのですか？日本はいかがですか？）。知らないうちに，興味深い人と，楽しい会話をしているかもしれませんよ！

英文読解を背景とした文法問題である。該当個所だけ読んでも解答は可能だが，平易な英文で分量も少ないので，全文を読み通しつつ解答していこう。

解　説

⑴ keep *doing*「〜し続ける」の形にする。keep to *do* という形はない。

⑵動名詞が主語になっており，正しい形。

⑶ learn to *do*「〜するようになる」は正しい形。grow out of 〜 は「成長して〜から抜け出す」。begin life shy の shy は主格補語。shy な状態で begin life するということ。

⑷ As a shy kid は When I was a shy kid の意味なので，grew を現在分詞 growing に変える。これは who was growing と同意。

⑸筆者自身が「感銘を受けた」ということだから過去分詞の impressed にする。

⑹ enjoy *doing* という形で，正しい。

⑺ Is this seat taken〔free〕? は「この席はどなたかお座りですか〔空いていますか〕？」という定型表現。

⑻ keep O *doing*「Oを〜させ続けておく」の形にする。keep things going は直訳すると「事態（things）が進展している（going）状態を保つ（keep)」ということで，ここでは「会話を続ける，場をもたせる」ということ。

⑴ thinking　⑷ growing　⑸ impressed　⑻ going

67

2004年度〔3〕-B

次の1から5の各組の文において，それぞれの空欄に入れるのに最も適切な共通の英語1語は何か。それぞれの組について，その共通の英語1語を答えよ。

1 She is constantly (　　) and out of hospital.
The twin singers are gaining (　　) popularity.
True freedom consists (　　) the absence of laws.

2 Venice is a city known (　　) its beauty.
The meeting is scheduled (　　) next Monday.
The doctor said my condition has changed (　　) the better.

3 (　　) the way, have you finished the task I gave you yet?
They had reached their destination (　　) the time the sun went down.
As time went (　　), the seriousness of the accident came to be realized.

4 I would advise you to follow the path (　　) you think is best.
The belief (　　) the world was round was not peculiar to Columbus.
The climate of Britain is generally milder than (　　) of the Continent.

5 As a grown-up, you (　　) have known better than to make such a stupid mistake.
Ladies and gentlemen, I (　　) like to introduce Mr. John Smith, the prizewinner of this year.
(　　) you have any inquiry, please do not hesitate to contact us at the following e-mail address.

解　説

1　正解は in

▶それぞれの英文の訳と共通語の意味は次のとおり（２以下も同様）。
▶「彼女は入退院を繰り返している」 in and out は「出たり入ったり」の意。
▶「その双子の歌手は人気が出ている」 in は gain in ～「～を増す」より。
▶「本当の自由とは法律のない状態である」 consist in ～ の熟語で「(物事の本質が）～にある」の意。*e. g.* Happiness consists in contentment.「幸せの本質とは満足にある」

2　正解は for

▶「ベネツィアはその美しさで知られた都市だ」 be known for ～ は「～という理由で知られている」という意味。for は理由を表す。
▶「会合は来週の月曜に予定されている」 be scheduled for ～ の慣用表現で「(事柄が）～の日に予定されている」の意になる。
▶「私の状態は快方に向かっていると医者が言った」 change for the better の成句で「よくなる」の意。

3　正解は by

▶「ところで，私が課した仕事はもう終わりましたか？」 by the way は「ところで」という意味の基本的熟語。
▶「彼らは日没までに目的地へ着いた」 ～ by the time … の群接続詞に注意する。
▶「時間の経過とともに，その事故の深刻さが明らかになった」 time goes by で「時間が経過する」の意。

4　正解は that

▶「君が最善だと思う道を進むように忠告するよ」 この文の that は関係代名詞である。you think が挿入的に使われているのに注意する。
▶「地球が丸いという考えは，コロンブスに特有のものではなかった」 この文の that は belief の内容を具体的に述べた名詞節を導く同格の接続詞。
▶「イギリスの気候は，一般的にはヨーロッパ大陸に比べて温暖である」 the climate という名詞の繰り返しを避けるために使われた代名詞。

5　正解は should

▶「大人なのだから，君はそんな馬鹿な間違いをしないだけの分別があってしかるべきだった」 should have *done* で実現しなかった義務を示す。

▶「みなさま，今年度の受賞者ジョン=スミス氏をご紹介します」 この文が最も平易だが，would を入れてしまうと他の2つの文がおかしくなるのに注意する。should like to *do*「～したいと思う」は，イギリス英語でよく使われる。

▶「万一何かご質問がありましたら，以下のメールアドレスへ遠慮なくご連絡ください」「万一～したら」の意味になる助動詞の should を用いた仮定法である。この文は if が省略されて倒置している。

1. in 2. for 3. by 4. that 5. should

MEMO

難関校過去問シリーズ
難関大の過去問を徹底研究。
早稲田の国語
同志社大の英語
京大の理系数学
25カ年
東大の英語リスニング
20カ年
東大の英語
25カ年
科目ごとに
重点対策！

赤本
検索